厚大®法考 Judicial Examination

2025年国家法律职业资格考试

思维导图
Mind Mapping

组编○厚大法考

编著者○崔红玉　卢杨　陈橙　张佳　秦哲　张燕　文君　武娜　高升华

中国政法大学出版社

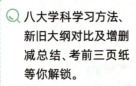

八大学科学习方法、新旧大纲对比及增删减总结、考前三页纸等你解锁。

)) 硬核干货

法考管家 ((

法考公告发布、大纲出台、主客观报名时间、准考证打印等,法考大事及时提醒。

备考阶段计划、心理疏导、答疑解惑,专业讲师与你相约"法考星期天"直播间。

)) 定期直播

新法速递 ((

新修法律法规、司法解释实时推送,最高院指导案例分享;牢牢把握法考命题热点。

图书各阶段配套名师课程的听课方式,课程更新时间获取,法考必备通关神器。

)) 免费课堂

职业规划 ((

了解各地实习律师申请材料、流程,律师执业手册等,分享法律职业规划信息。

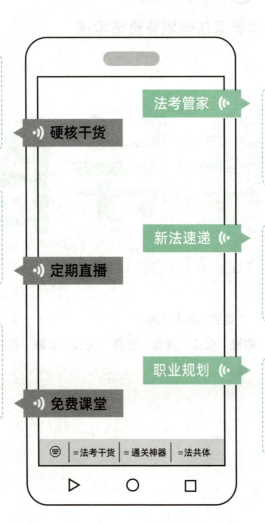

厚大在线

更多信息
关注厚大在线

做法治之光

——致亲爱的考生朋友

如果问哪个群体会真正认真地学习法律，我想答案可能是备战法考的考生。

当厚大的老总力邀我们全力投入法考的培训事业，他最打动我们的一句话就是：这是一个远比象牙塔更大的舞台，我们可以向那些真正愿意去学习法律的同学普及法治的观念。

应试化的法律教育当然要帮助同学们以最便捷的方式通过法考，但它同时也可以承载法治信念的传承。

一直以来，人们习惯将应试化教育和大学教育对立开来，认为前者不登大雅之堂，充满填鸭与铜臭。然而，没有应试的导向，很少有人能够真正自律到系统地学习法律。在许多大学校园，田园牧歌式的自由放任也许能够培养出少数的精英，但不少学生却是在游戏、逃课、昏睡中浪费生命。人类所有的成就靠的其实都是艰辛的训练；法治建设所需的人才必须接受应试的锤炼。

应试化教育并不希望培养出类拔萃的精英，我们只希望为法治建设输送合格的人才，提升所有愿意学习法律的同学整体性的法律知识水平，培育真正的法治情怀。

厚大教育在全行业中率先推出了免费视频的教育模式，让优质的教育从此可以遍及每一个有网络的地方，经济问题不会再成为学生享受这些教育资源的壁垒。

最好的东西其实都是免费的，阳光、空气、无私的爱，越是弥足珍贵，越是免费的。我们希望厚大的免费课堂能够提供最优质的法律教育，一如阳光遍洒四方，带给每一位同学以法律的温暖。

没有哪一种职业资格考试像法考一样，科目之多、强度之大令人咋舌，这也是为什么通过法律职业资格考试是每一个法律人的梦想。

法考之路，并不好走。有沮丧、有压力、有疲倦，但愿你能坚持。

坚持就是胜利，法律职业资格考试如此，法治道路更是如此。

当你成为法官、检察官、律师或者其他法律工作者，你一定会面对更多的挑战、更多的压力，但是我们请你持守当初的梦想，永远不要放弃。

人生短暂，不过区区三万多天。我们每天都在走向人生的终点，对于每个人而言，我们最宝贵的财富就是时间。

感谢所有参加法考的朋友，感谢你愿意用你宝贵的时间去助力中国的法治建设。

我们都在借来的时间中生活。无论你是基于何种目的参加法考，你都被一只无形的大手抛进了法治的熔炉，要成为中国法治建设的血液，要让这个国家在法治中走向复兴。

数以万计的法条，盈千累万的试题，反反复复的训练。我们相信，这种貌似枯燥机械的复习正是对你性格的锤炼，让你迎接法治使命中更大的挑战。

亲爱的朋友，愿你在考试的复习中能够加倍地细心。因为将来的法律生涯，需要你心思格外的缜密，你要在纷繁芜杂的证据中不断搜索，发现疑点，去制止冤案。

亲爱的朋友，愿你在考试的复习中懂得放弃。你不可能学会所有的知识，抓住大头即可。将来的法律生涯，同样需要你在坚持原则的前提下有所为、有所不为。

亲爱的朋友，愿你在考试的复习中沉着冷静。不要为难题乱了阵脚，实在不会，那就绕道而行。法律生涯，道阻且长，唯有怀抱从容淡定的心才能笑到最后。

法律职业资格考试不仅仅是一次考试，它更是你法律生涯的一次预表。

我们祝你顺利地通过考试。

不仅仅在考试中，也在今后的法治使命中——

不悲伤、不犹豫、不彷徨。

但求理解。

厚大®全体老师　谨识

>>> 前 言 <<<

国家法律职业资格考试的备考之路是充满艰辛的，考生需要学习上百万字的教材资料，掌握民法、刑法、行政法、刑诉法、民诉法、商经法、三国法、理论法八个科目的知识点，熟悉几百个法律、法规、司法解释，学习内容之多、难度之大无不在挑战考生的记忆极限。因此，在备考过程中，掌握科学的复习方法及选择合适的应试复习资料，无疑会使考生的备考事半功倍。本书正是从此目的出发，致力于通过化繁为简的框架式知识总结，帮助考生更快地记忆、更好地消化法考八大科目的重难点。

无论是国家法律职业资格考试的客观题部分还是主观题部分，都要求考生在答题时具有一定的逻辑推理能力以及对知识点的记忆梳理能力，而梳理思维导图正是帮助考生培养和锻炼这些能力的绝佳方法。通过一个个思维导图的展示，考生可以清晰地了解、熟悉、掌握各部门法知识点之间的逻辑关系，更加高效、全面地掌握各科的重难点。

本书具有如下鲜明的特点：

1. 体系清晰、逻辑严密

本书中的思维导图按照科目进行分布，根据知识点的特点，进行框架性、逻辑性总结。所谓框架性总结，即每个科目都会附有整体的知识体系图，帮助考生迅速掌握该科目的体系框架，针对每一章节中适合进行框架列举总结的知识点，按照知识脉络进行梳理总结；所谓逻辑性总结，则是从知识点本身的逻辑出发，对较为琐碎的知识点进行逻辑梳理，帮助考生清晰、完整地掌握该知识点。

2. 言简意赅、短时高效

本书进行框架性、逻辑性总结，根本目的在于将各个科目中的知识点连成串，同时把"大部头"的"理论卷"通过总结性的体系图变薄，因此，本书更适合已经完成法考第一轮学习或者正在完成第一轮学习的考生。考生在系统学习过一轮相应科目的课程后，通过思维导图进行回顾复习、背诵记忆，将会有效提高备考效率。

3. 标注清晰、直击重点

本书对于每个科目的重难点，均用"★"加以标注；对于本年度考试涉及的法律的变动点及新增点，均用"▌"加以标注。因此，考生在翻阅本书时，可清晰地把握对应科目的重难点及知识变动点。

在法律培训的道路上，厚大始终秉持着"厚德载志、大道行远"的理念，一切从考生出发。我们一直致力于探索并创新能够帮助考生完成高效复习的图书资料，希望它们能助力更多考生投入祖国的法治建设，成为法治建设的中流砥柱！

厚大法考
2025 年 4 月

目 录

行 政 法

刑 诉 法

民 诉 法

思维导图

民 法

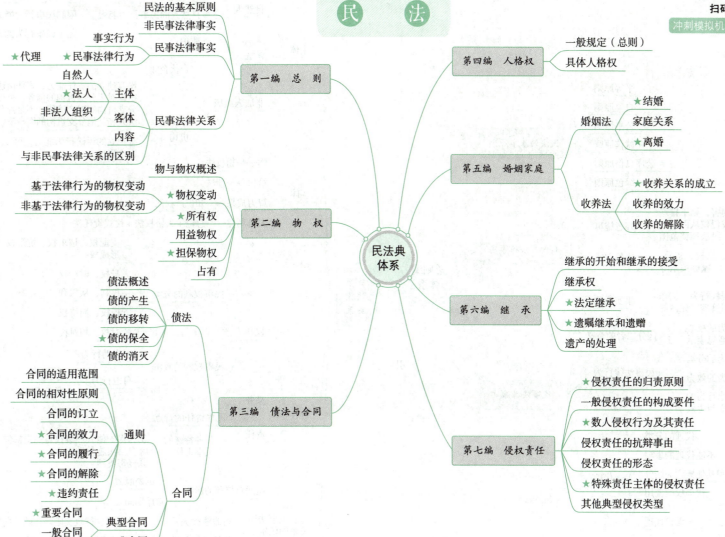

民法典体系

第一编 总则
- 代理
- 民事法律行为
  - 事实行为
  - 非民事法律事实
  - 民事法律事实
- 民事法律关系
  - 主体
    - 自然人
    - 法人
    - 非法人组织
  - 客体
  - 内容
  - 与非民事法律关系的区别
- 民法的基本原则

第二编 物权
- 物权变动
  - 物与物权概述
  - 基于法律行为的物权变动
  - 非基于法律行为的物权变动
- 所有权
- 用益物权
- 担保物权
- 占有

第三编 债法与合同
- 债法
  - 债法概述
  - 债的产生
  - 债的移转
  - 债的保全
  - 债的消灭
- 合同
  - 通则
    - 合同的适用范围
    - 合同的相对性原则
    - 合同的订立
    - 合同的效力
    - 合同的履行
    - 合同的解除
    - 违约责任
  - 典型合同
    - 重要合同
    - 一般合同
  - 准合同

第四编 人格权
- 一般规定（总则）
- 具体人格权

第五编 婚姻家庭
- 婚姻法
  - 结婚
  - 家庭关系
  - 离婚
- 收养法
  - 收养关系的成立
  - 收养的效力
  - 收养的解除

第六编 继承
- 继承的开始和继承的接受
- 继承权
- 法定继承
- 遗嘱继承和遗赠
- 遗产的处理

第七编 侵权责任
- 侵权责任的归责原则
- 一般侵权责任的构成要件
- 数人侵权行为及其责任
- 侵权责任的抗辩事由
- 侵权责任的形态
- 特殊责任主体的侵权责任
- 其他典型侵权类型

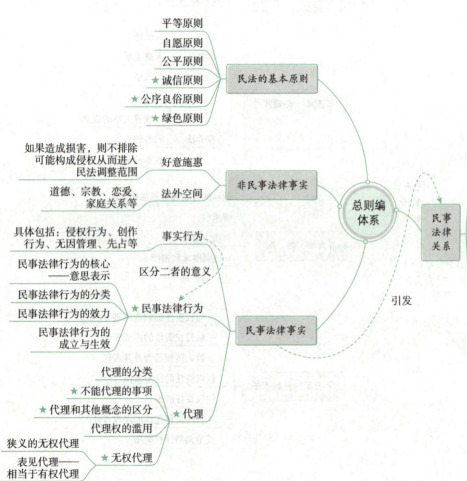
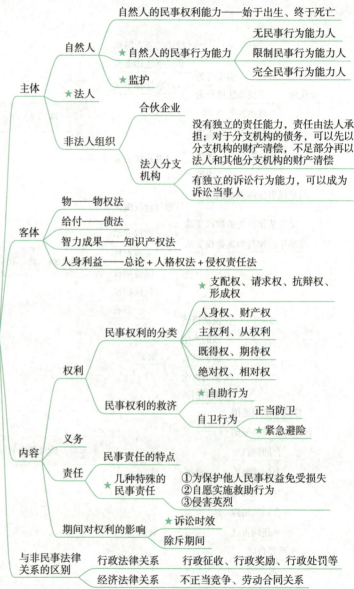

总则编体系

民法的基本原则
- 平等原则
- 自愿原则
- 公平原则
- ★诚信原则
- ★公序良俗原则
- ★绿色原则

非民事法律事实
- 好意施惠 —— 如果造成损害，则不排除可能构成侵权从而进入民法调整范围
- 法外空间 —— 道德、宗教、恋爱、家庭关系等

民事法律事实
- 事实行为 —— 具体包括：侵权行为、创作行为、无因管理、先占等
- 区分二者的意义
- ★民事法律行为
  - 民事法律行为的核心 —— 意思表示
  - 民事法律行为的分类
  - 民事法律行为的效力
  - 民事法律行为的成立与生效
- ★代理
  - 代理的分类
  - ★不能代理的事项
  - ★代理和其他概念的区分
  - 代理权的滥用
  - ★无权代理
    - 狭义的无权代理
    - 表见代理 —— 相当于有权代理

民事法律关系

主体
- 自然人
  - 自然人的民事权利能力 —— 始于出生、终于死亡
  - ★自然人的民事行为能力
    - 无民事行为能力人
    - 限制民事行为能力人
    - 完全民事行为能力人
  - ★监护
- ★法人
- 非法人组织
  - 合伙企业
  - 法人分支机构 —— 没有独立的责任能力，责任由法人承担；对于分支机构的债务，可以先以分支机构的财产清偿，不足部分再以法人和其他分支机构的财产清偿
  - 有独立的诉讼行为能力，可以成为诉讼当事人

客体
- 物 —— 物权法
- 给付 —— 债法
- 智力成果 —— 知识产权法
- 人身利益 —— 总论 + 人格权法 + 侵权责任法

内容
- 权利
  - 民事权利的分类
    - ★支配权、请求权、抗辩权、形成权
    - 人身权、财产权
    - 主权利、从权利
    - 既得权、期待权
    - 绝对权、相对权
  - 民事权利的救济
    - ★自助行为
    - 自卫行为
      - 正当防卫
      - ★紧急避险
- 义务
- 责任
  - 民事责任的特点
  - 几种特殊的民事责任
    - ①为保护他人民事权益免受损失
    - ②自愿实施救助行为
    - ③侵害英烈
- 期间对权利的影响
  - ★诉讼时效
  - 除斥期间
- 与非民事法律关系的区别
  - 行政法律关系 —— 行政征收、行政奖励、行政处罚等
  - 经济法律关系 —— 不正当竞争、劳动合同关系

引发

自然人的民事权利能力与行为能力

├─ 自然人的民事权利能力
│
│ ├─ 始于出生
│ │   ├─ 胎儿
│ │   │   ├─ 侵权　　侵犯胎儿利益的，胎儿享有诉权，为原告；父母为法定代理人
│ │   │   ├─ 继承　　法定应继份额
│ │   │   └─ 赠与　　法定代理人代为实施 + 最终活着出生 = 有效
│ │   └─ 出生的标准　　出生证明 > 户籍证明 > 其他；如其他证据充足，则可以推翻前述记载时间
│ │
│ └─ 终于死亡
│   ├─ 死者利益保护　　侵犯死者利益时，死者的近亲属可以自己名义起诉
│   │   └─ [有顺序：第一顺序：配偶、父母、子女；第二顺序：祖父母、外祖父母、兄弟姐妹、孙子女、外孙子女（与法定继承人范围略有差异）]
│   │
│   └─ ★ 宣告死亡
│   ├─ 失踪期限
│   │   ├─ 4年
│   │   ├─ 2年　　意外事件
│   │   └─ 0　　意外事件 + 有关机关证明不可能生存
│   ├─ 申请人　　利害关系人　　第一顺序继承人（一定是）；其他近亲属（有条件）；债权人、债务人、合伙人等（原则上不是）
│   │   └─ [《民法典总则编解释》新增]
│   ├─ 公告期
│   │   ├─ 1年
│   │   └─ 3个月　　意外事件 + 有关机关证明不可能生存
│   ├─ 与宣告失踪的关系
│   │   ├─ 宣告失踪不是宣告死亡的必经程序
│   │   └─ 有人申请宣告失踪，有人申请宣告死亡的，应当宣告死亡
│   ├─ 死亡日期　　判决宣告之日为死亡日期；因意外事件而被宣告死亡的，意外事件发生之日为死亡日期
│   │   └─ [此处有可能结合代位继承与转继承的知识点加以考查]
│   ├─ 宣告死亡的法律后果
│   │   ├─ 婚姻消灭、继承开始、子女可以单方送养
│   │   └─ 如果被宣告人实际并未死亡，则其在宣告死亡期间所实施的民事法律行为效力不受宣告死亡的影响
│   └─ 撤销死亡宣告的法律后果
│   ① 财产返还：按照继承方式取得的财产应当予以返还，无法返还原物的，应当给予适当补偿；劳动收益、投资收益、经营收益不予返还
│   ② 婚姻恢复，例外：配偶再婚或者书面向婚姻登记机关声明不愿意恢复
│   ③ 收养问题：被宣告死亡的人在被宣告死亡期间，其子女被他人依法收养的，收养行为有效；被宣告死亡的人在死亡宣告被撤销后，不得以未经本人同意为由主张收养行为无效
│
└─ ★ 自然人的民事行为能力
    ├─ 无民事行为能力人　　行为无效，必须由法定代理人代理实施才可以，不存在追认的余地
    ├─ 限制民事行为能力人
    │   ├─ 行为有效　　纯获利益或者与其年龄、智力相适应的行为
    │   │   └─ [注意理解什么叫作纯获利益]
    │   └─ 行为效力待定　　需要法定代理人代理或者经法定代理人同意、追认
    └─ 完全民事行为能力人　　行为效力不受民事行为能力的影响

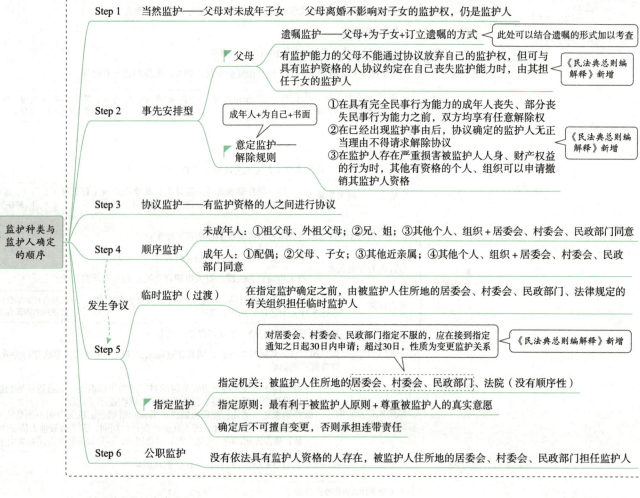

Step 1　当然监护——父母对未成年子女　　父母离婚不影响对子女的监护权，仍是监护人

遗嘱监护——父母+为子女+订立遗嘱的方式　◁ 此处可以结合遗嘱的形式加以考查

▶父母　有监护能力的父母不能通过协议放弃自己的监护权，但可以
具有监护资格的人协议约定在自己丧失监护能力时，由其担
任子女的监护人　　《民法典总则编解释》新增

Step 2　事先安排型

成年人+为自己+书面

▶意定监护——
解除规则

①在具有完全民事行为能力的成年人丧失、部分丧
失民事行为能力之前，双方均享有任意解除权
②在已经出现监护事由后，协议确定的监护人无正
当理由不得请求解除协议　　《民法典总则编
解释》新增
③在监护人存在严重损害被监护人人身、财产权益
的行为时，其他有资格的个人、组织可以申请撤
销其监护人资格

Step 3　协议监护——有监护资格的人之间进行协议

Step 4　顺序监护

未成年人：①祖父母、外祖父母；②兄、姐；③其他个人、组织+居委会、村委会、民政部门同意

成年人：①配偶；②父母、子女；③其他近亲属；④其他个人、组织+居委会、村委会、民政
部门同意

监护人确定
的顺序至关
重要，有前
一种监护时，
不会存在后
一种监护

发生争议

临时监护（过渡）　在指定监护确定之前，由被监护人住所地的居委会、村委会、民政部门、法律规定的
有关组织担任临时监护人

Step 5

对居委会、村委会、民政部门指定不服的，应在接到指定
通知之日起30日内申请；超过30日，性质为变更监护关系　　《民法典总则编解释》新增

▶指定监护

指定机关：被监护人住所地的居委会、村委会、民政部门、法院（没有顺序性）

指定原则：最有利于被监护人原则+尊重被监护人的真实意愿

确定后不可擅自变更，否则承担连带责任

Step 6　公职监护　没有依法具有监护人资格的人存在，被监护人住所地的居委会、村委会、民政部门担任监护人

监护种类与
监护人确定
的顺序

★监护
（一）

监护人职责

被监护人的法定代理人

对被监护人的财产管理权：非为维护被监护人利益不得处分被监护人的财产；否则属于侵权行为，应当承担侵权责任

因发生突发事件等紧急情况，监护人暂时无法履行监护职责，被监护人的生活处于无人照料状态的，被监护人
住所地的居委会、村委会、民政部门应当为被监护人安排必要的临时生活照料措施　　《民法典》新增

对被监护人致人损害的侵权责任承担无过错替代责任

替代责任

对被监护人致人损害的诉讼,监护人作为共同被告;被监护人有财产的,应首先从被监护人的财产中予以支付

**与监护人有关的
侵权责任**

①尽责不免责:监护人尽到监护责任的不免责,但可以减轻责任
②离婚不免责,同等责任:父母离婚不免责,未成年人致人损害的,双方连带;形 — 《民法典侵权责任编
  成抚养关系的继父母也一并连带   解释(一)》新增

不免责情形(高考频)

③擅变不免责:监护人被指定后,不得擅自变更;擅自变更的,原被指定的监护人
  和变更后的监护人承担连带责任
④委托不免责:委托监护成立后,法定监护人的监护职责不转移,受托人有过错的 — 《民法典》变动+《民法典
  才承担(相应的)责任   总则编解释》新增

★监护
(二)

①严重损害被监护人身心健康
撤销事由 ②怠于履行职责,导致被监护人处于危困状态
③无法履行监护职责并且拒绝将监护职责部分或者全部委托给他人,导致被监护人处于危困状态

▌**监护资格的撤销**

撤销权人 唯一机关——法院

撤销申请人 一堆人,但民政部门是第一责任人

①原监护人的监护资格消灭
撤销后法律后果 ②法院根据最有利于被监护人的原则依法指定新监护人
③三费义务不免除

**监护资格的
★撤销与恢复**

三费义务也不受时效限制

前提 父母与子女之间

▌**监护资格撤销后的恢复**

条件 监护人资格非因对被监护人故意实施犯罪而撤销+确有悔改表现+经其申请+尊重被监护人真实
意愿(≥8周岁)

法人（一）

法人分类

- **营利法人** — 有限责任公司、股份有限公司和其他企业法人（一人公司、国有独资企业）
- **非营利法人** — 事业单位、社会团体、基金会、社会服务机构、宗教场所等

> 营利法人和非营利法人的区别
> - ①利润分配不同 — 营利法人将利润分配给其成员；非营利法人不予分配
> - ②剩余财产处理不同 — 营利法人退给其成员；非营利法人不退，转给宗旨相同或者相近的法人

- **特别法人** — 机关法人、农村集体经济组织法人、城镇农村的合作经济组织法人、基层群众性自治组织法人（居委会、村委会）

法人中的两种人

★法定代表人

- 法定代表人以法人的名义从事的民事活动，属于代表行为，其法律后果由法人承担；法定代表人的个人行为，法律后果由其个人承担
- 越法律授权，推定相对人恶意，行为效力待定；越内部授权，推定相对人善意，行为原则上有效，公司可以对内追偿　　（注意越权担保的问题需要结合《公司法》来判断）
- 法定代表人因执行职务造成他人损害的，由法人承担民事责任；法人承担民事责任后，对法定代表人的追偿仅限于法定代表人违反法律或者公司章程规定且有过错的行为
- 民间借贷合同中，法定代表人与法人的共同责任　　名不符实，一起连带

人章之争的问题

- **法定代表人** — 只要是公司的法定代表人，无论其所为的行为是否盖章、盖真章还是假章，都不会影响代表行为的效力
- **代理人**
  - 有权代理 — 无论是否盖章、盖真章还是假章，都不会影响代理行为的效力
  - 无权代理 — 真章，有可能构成表见代理；假章，属于普通的无权代理，效力待定

其他员工　代理制度
越权行为：种类越权，构成无权代理，效力待定；幅度越权，构成表见代理，公司没有追认权

法人责任

- **原则**　法人责任独立
- **★例外：法人人格否认**
  - **情形与责任**
    - 股东滥用公司独立地位和股东有限责任，损害公司债权人利益——滥权股东与公司一起承担连带责任
    - 关联公司之间进行关联交易，人格混同，损害公司债权人利益——关联公司之间承担连带责任
  - **当事人诉讼地位**
    - 债权人与债务人公司之间的债务已由生效法律文书确认，债权人另行提起公司人格否认诉讼，请求股东对公司债务承担连带责任的，列股东为被告，公司为第三人
    - 债权人就其与债务人公司之间的债务提起诉讼的同时，一并提起公司人格否认诉讼，请求股东对公司债务承担连带责任的，列公司和股东为共同被告
    - 债权人与债务人公司之间的债务尚未经生效法律文书确认，债权人直接提起公司人格否认诉讼，请求股东对公司债务承担连带责任的，法院应当向债权人释明，告知其追加公司为共同被告；债权人拒绝追加的，裁定驳回起诉

法 人
（二）

法人的设立
- 设立中的法人性质　合伙
- 设立中的法人责任
  - 设立人以设立中的法人名义从事民事活动的，设立成功，由法人承担责任；设立失败，由设立人承担责任
  - 设立人以自己名义从事民事活动的，第三人有选择权，可以选择由法人或者设立人承担责任
- 设立是否必须登记　营利法人和捐助法人设立必须办理登记，机关法人设立不需要办理登记

法人的分支机构
- 分支机构的性质　非法人组织　可以独立签合同（担保合同除外），但不能独立承担责任，责任由法人承担；对于分支机构的债务，可以先以分支机构的财产清偿，不足部分再以法人和其他分支机构的财产清偿
- 分支机构的诉讼资格　依法设立+领取营业执照=独立诉讼主体资格

法人的合并、分立
- 法人合并的，其债权、债务由合并后的法人享有和承担
- 如果分立后的法人对债权债务分立有内部约定，则该约定有效，但仅具有内部效力，对外不可对抗债权人
- 法人分立的，由分立后的法人享有连带债权和承担连带债务

★法人的终止、清算
- 三禁规则：禁止个别清偿、禁止利润分配、禁止从事与清算无关的民事活动
- 清算义务人
  - 成员　法人的董事、理事等执行机构或者决策机构的成员为清算义务人，债权人不是清算组成员
  - 责任
    - 怠于履行清算义务+造成法人资产流失=在流失范围内对债权人承担连带责任
    - 怠于履行清算义务+造成法人无法清算=对法人的所有债务承担连带责任

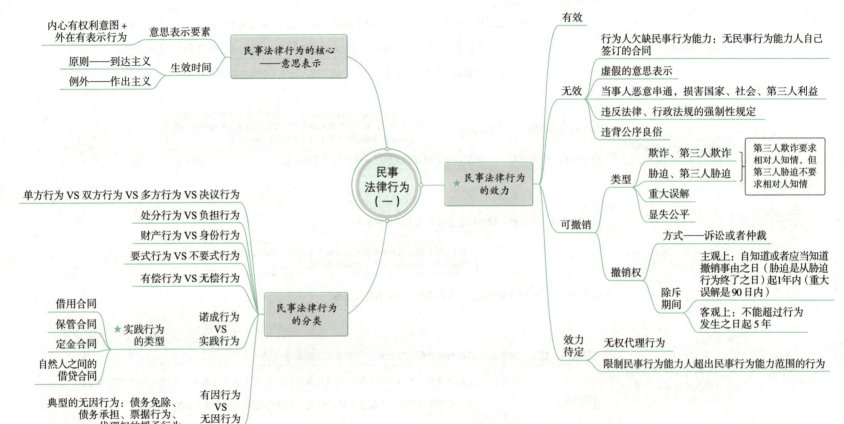

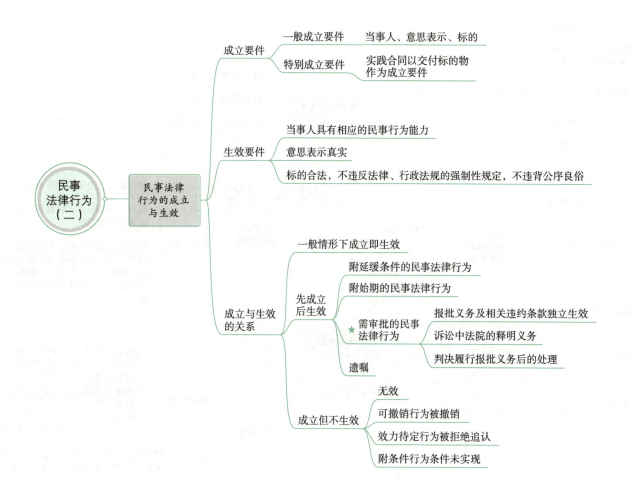

民事法律行为（二）

民事法律行为的成立与生效

成立要件
- 一般成立要件 —— 当事人、意思表示、标的
- 特别成立要件 —— 实践合同以交付标的物作为成立要件

生效要件
- 当事人具有相应的民事行为能力
- 意思表示真实
- 标的合法，不违反法律、行政法规的强制性规定，不违背公序良俗

成立与生效的关系
- 一般情形下成立即生效
- 先成立后生效
  - 附延缓条件的民事法律行为
  - 附始期的民事法律行为
  - ★ 需审批的民事法律行为
    - 报批义务及相关违约条款独立生效
    - 诉讼中法院的释明义务
    - 判决履行报批义务后的处理
  - 遗嘱
- 成立但不生效
  - 无效
  - 可撤销行为被撤销
  - 效力待定行为被拒绝追认
  - 附条件行为条件未实现

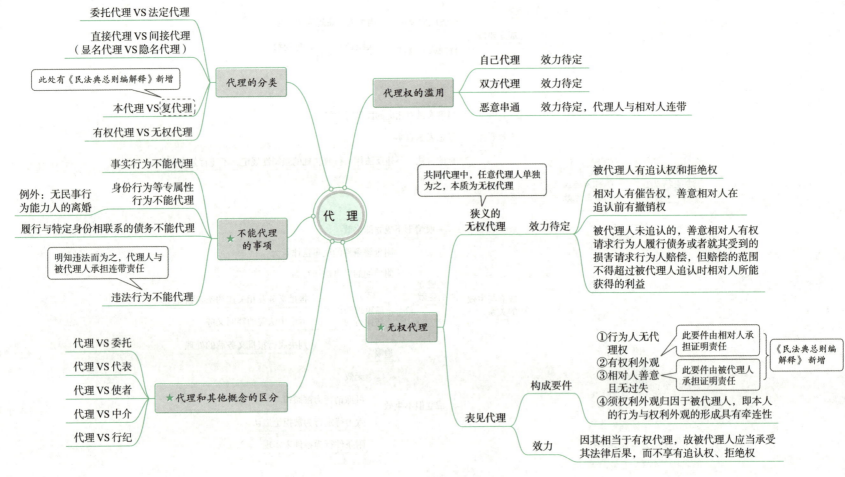

代理

代理的分类
- 委托代理 VS 法定代理
- 直接代理 VS 间接代理（显名代理 VS 隐名代理）
- 此处有《民法典总则编解释》新增
- 本代理 VS 复代理
- 有权代理 VS 无权代理

★不能代理的事项
- 事实行为不能代理
- 身份行为等专属性行为不能代理
  - 例外：无民事行为能力人的离婚
- 履行与特定身份相联系的债务不能代理
- 违法行为不能代理
  - 明知违法而为之，代理人与被代理人承担连带责任

★代理和其他概念的区分
- 代理 VS 委托
- 代理 VS 代表
- 代理 VS 使者
- 代理 VS 中介
- 代理 VS 行纪

代理权的滥用
- 自己代理 效力待定
- 双方代理 效力待定
- 恶意串通 效力待定，代理人与相对人连带

★无权代理

狭义的无权代理 —— 效力待定
- 共同代理中，任意代理人单独为之，本质为无权代理
- 被代理人有追认权和拒绝权
- 相对人有催告权，善意相对人在追认前有撤销权
- 被代理人未追认的，善意相对人有权请求行为人履行债务或者就其受到的损害请求行为人赔偿，但赔偿的范围不得超过被代理人追认时相对人所能获得的利益

表见代理
- 构成要件
  - ①行为人无代理权
    - 此要件由相对人承担证明责任
  - ②有权利外观
  - ③相对人善意且无过失
    - 此要件由被代理人承担证明责任
    - 《民法典总则编解释》新增
  - ④须权利外观归因于被代理人，即本人的行为与权利外观的形成具有牵连性
- 效力
  - 因其相当于有权代理，故被代理人应当承受其法律后果，而不享有追认权、拒绝权

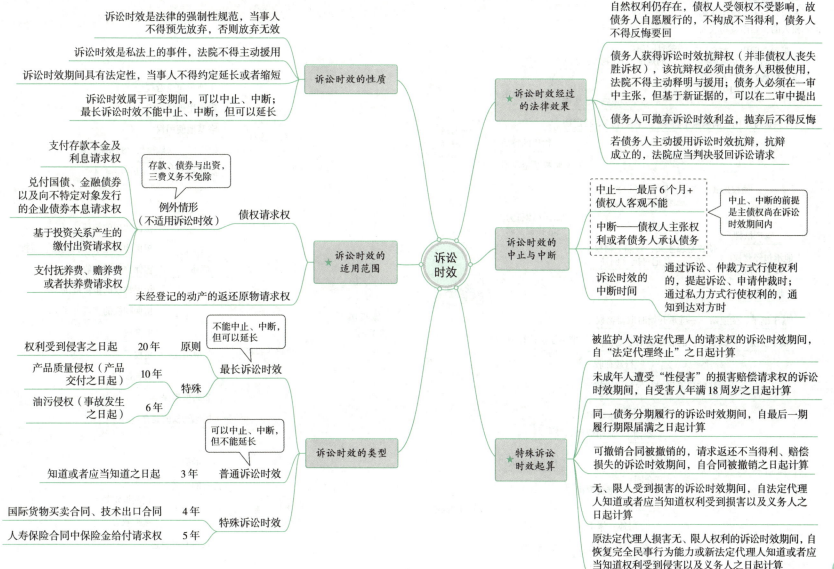

诉讼时效是法律的强制性规范，当事人不得预先放弃，否则放弃无效

诉讼时效是私法上的事件，法院不得主动援用

诉讼时效期间具有法定性，当事人不得约定延长或者缩短

诉讼时效属于可变期间，可以中止、中断；最长诉讼时效不能中止、中断，但可以延长

诉讼时效的性质

支付存款本金及利息请求权

兑付国债、金融债券以及向不特定对象发行的企业债券本息请求权

基于投资关系产生的缴付出资请求权

支付抚养费、赡养费或者扶养费请求权

未经登记的动产的返还原物请求权

存款、债券与出资，三费义务不免除

例外情形（不适用诉讼时效）

债权请求权

★ **诉讼时效的适用范围**

诉讼时效

★ 诉讼时效经过的法律效果

自然权利仍存在，债权人受领权不受影响，故债务人自愿履行的，不构成不当得利，债务人不得反悔要回

债务人获得诉讼时效抗辩权（并非债权人丧失胜诉权），该抗辩权必须由债务人积极使用，法院不得主动释明与援用；债务人必须在一审中主张，但基于新证据的，可以在二审中提出

债务人可抛弃诉讼时效利益，抛弃后不得反悔

若债务人主动援用诉讼时效抗辩，抗辩成立的，法院应当判决驳回诉讼请求

诉讼时效的中止与中断

中止——最后6个月+债权人客观不能

中断——债权人主张权利或者债务人承认债务

中止、中断的前提是主债权尚在诉讼时效期间内

诉讼时效的中断时间

通过诉讼、仲裁方式行使权利的，提起诉讼、申请仲裁时；通过私力方式行使权利的，通知到达对方时

权利受到侵害之日起 20年 原则

产品质量侵权（产品交付之日起） 10年 特殊

油污侵权（事故发生之日起） 6年

不能中止、中断，但可以延长

最长诉讼时效

知道或者应当知道之日起 3年 **普通诉讼时效**

可以中止、中断，但不能延长

国际货物买卖合同、技术出口合同 4年

人寿保险合同中保险金给付请求权 5年

特殊诉讼时效

诉讼时效的类型

★ **特殊诉讼时效起算**

被监护人对法定代理人的请求权的诉讼时效期间，自"法定代理终止"之日起计算

未成年人遭受"性侵害"的损害赔偿请求权的诉讼时效期间，自受害人年满18周岁之日起计算

同一债务分期履行的诉讼时效期间，自最后一期履行期限届满之日起计算

可撤销合同被撤销的，请求返还不当得利、赔偿损失的诉讼时效期间，自合同被撤销之日起计算

无、限人受到损害的诉讼时效期间，自法定代理人知道或者应当知道权利受到损害以及义务人之日起计算

原法定代理人损害无、限人权利的诉讼时效期间，自恢复完全民事行为能力或新法定代理人知道或者应当知道权利受到侵害以及义务人之日起计算

归原物的所有权人；既有所有权人又有用益物权人的，归用益物权人

买卖合同中，孳息以原物的交付为原则，交付前归出卖人，交付后归买受人

孳息归属的规则

原物 VS 孳息

种类物特定化之前风险不转移　种类物 VS 特定物

主物 VS 从物

物的分类

物的特征

★物权法定原则

物与物权概述

用益物权

土地承包经营权
建设用地使用权
宅基地使用权
地役权　　地役权 VS 相邻关系
居住权　《民法典》新增

债权形式主义：合同 + 交付 / 登记 = 物权变动（原则）

基于法律行为的物权变动 ★

动产抵押
土地承包经营权设立、流转
地役权设立

债权意思主义：合同 = 物权变动，登记对抗（例外）

基于继承、受遗赠——继承开始时取得物权
基于法院、仲裁委员会的法律文书变动物权
行政征收
基于合法的建造房屋行为取得物权

非基于法律行为的物权变动

物权变动

物权编体系

担保物权概述

担保物权的特征
担保物权之禁止：流质、流押
担保物的孳息收取
担保物权的担保范围
担保物权的实现方式

典型担保

抵押权
质权
留置权

非典型担保
担保物权的竞存

★担保物权

先占
添附
善意取得

原始取得

合同
继承

继受取得

所有权的取得

房地一体主义
建筑物区分所有权
共有

不动产所有权

所有权

占有

占有的概念
占有的分类
占有的效力
　　权利推定效力
　　保护效力
无权占有的返还

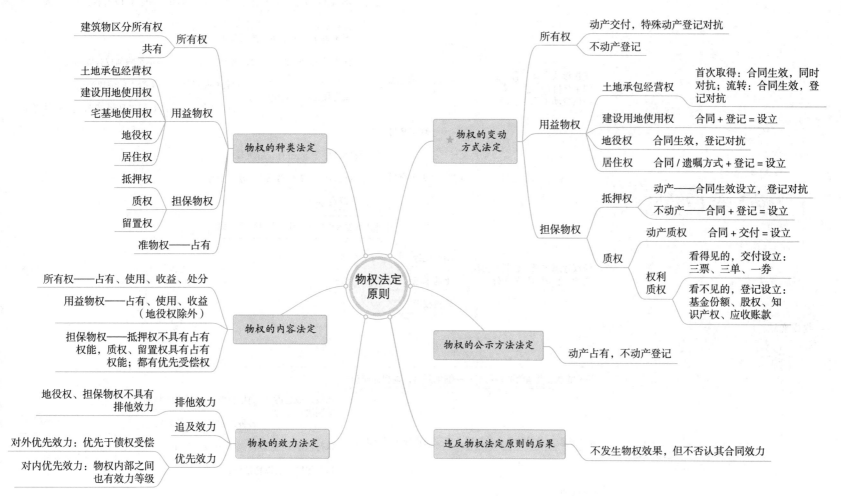

物权法定原则

物权的种类法定
- 所有权
  - 建筑物区分所有权
  - 共有
- 用益物权
  - 土地承包经营权
  - 建设用地使用权
  - 宅基地使用权
  - 地役权
  - 居住权
- 担保物权
  - 抵押权
  - 质权
  - 留置权
- 准物权——占有

★ 物权的变动方式法定
- 所有权
  - 动产交付，特殊动产登记对抗
  - 不动产登记
- 用益物权
  - 土地承包经营权：首次取得：合同生效，同时对抗；流转：合同生效，登记对抗
  - 建设用地使用权：合同 + 登记 = 设立
  - 地役权：合同生效，登记对抗
  - 居住权：合同 / 遗嘱方式 + 登记 = 设立
- 担保物权
  - 抵押权：动产——合同生效设立，登记对抗；不动产——合同 + 登记 = 设立
  - 质权
    - 动产质权：合同 + 交付 = 设立
    - 权利质权：看得见的，交付设立：三票、三单、一券；看不见的，登记设立：基金份额、股权、知识产权、应收账款

物权的内容法定
- 所有权——占有、使用、收益、处分
- 用益物权——占有、使用、收益（地役权除外）
- 担保物权——抵押权不具有占有权能，质权、留置权具有占有权能；都有优先受偿权

物权的公示方法法定
- 动产占有，不动产登记

物权的效力法定
- 排他效力：地役权、担保物权不具有排他效力
- 追及效力
- 优先效力：对外优先效力：优先于债权受偿；对内优先效力：物权内部之间也有效力等级

违反物权法定原则的后果
- 不发生物权效果，但不否认其合同效力

013

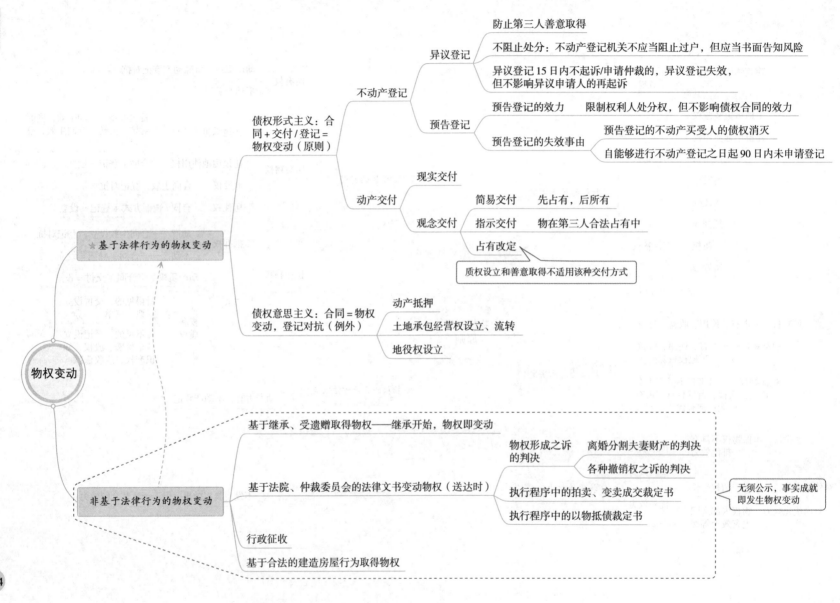

物权变动

★基于法律行为的物权变动

债权形式主义：合同+交付/登记=物权变动（原则）

不动产登记

异议登记
- 防止第三人善意取得
- 不阻止处分：不动产登记机关不应当阻止过户，但应当书面告知风险
- 异议登记15日内不起诉/申请仲裁的，异议登记失效，但不影响异议申请人的再起诉

预告登记
- 预告登记的效力　限制权利人处分权，但不影响债权合同的效力
- 预告登记的失效事由
  - 预告登记的不动产买受人的债权消灭
  - 自能够进行不动产登记之日起90日内未申请登记

动产交付
- 现实交付
- 观念交付
  - 简易交付　先占有，后所有
  - 指示交付　物在第三人合法占有中
  - 占有改定　质权设立和善意取得不适用该种交付方式

债权意思主义：合同=物权变动，登记对抗（例外）
- 动产抵押
- 土地承包经营权设立、流转
- 地役权设立

非基于法律行为的物权变动

- 基于继承、受遗赠取得物权——继承开始，物权即变动
- 基于法院、仲裁委员会的法律文书变动物权（送达时）
  - 物权形成之诉的判决
    - 离婚分割夫妻财产的判决
    - 各种撤销权之诉的判决
  - 执行程序中的拍卖、变卖成交裁定书
  - 执行程序中的以物抵债裁定书
- 行政征收
- 基于合法的建造房屋行为取得物权

无须公示，事实成就即发生物权变动

先占 ── 先占属于事实行为
　　　 └ 无主动产才能先占

添附 ┬ 附合 ┬ 动产+不动产　　归不动产一方所有
　　　│　　　└ 动产+动产　　　归无过错方所有；都无过错的，归价值较大的一方所有；价值相当的，归主物一方所有
　　　├ 混合
　　　├ 加工　　恶意加工的，无论如何都归原料者所有；非恶意加工的，归创造价值大的一方所有
　　　├ 添附后归属原则　　按照充分发挥物的效用以及保护无过错方的原则确定所有权归属
　　　└ 添附的法律效果 ┬ 丧失权利者享有不当得利返还请求权
　　　　　　　　　　　　└ 因添附而受损的原所有权人，有权对有过错的行为人主张侵权损害赔偿

原始取得

善意取得 ┬ 构成要件 ┬ 无权处分
　　　　　│　　　　　├ 处分的合同有效（无效以及被撤销的合同，受让人不能主张善意取得）
　　　　　│　　　　　├ 〔真实权利人举证；物权变动时〕
　　　　　│　　　　　├ 受让人善意，即受让人受让时不知情，且无重大过失
　　　　　│　　　　　├ 以合理的价格受让（不低于市场价 70%）　〔并不要求已实际支付价款〕
　　　　　│　　　　　└ 动产交付/不动产登记
　　　　　├ 法律效果 ┬ 物权效果──受让人取得标的物的所有权，原所有权人的所有权消灭
　　　　　│　　　　　└ 债权效果──原所有权人丧失所有权后，可向无权处分人请求赔偿
　　　　　└ 遗失物的善意取得规则 ┬ 遗失物原则上不适用善意取得
　　　　　　　　　　　　　　　　　├ 权利人有权自知道或者应当知道受让人之日起 2 年内向受让人请求返还原物
　　　　　　　　　　　　　　　　　└ 在权利人知道或者应当知道受让人之日起 2 年后，受让人如果符合善意取得的条件，则可以善意取得遗失物

所有权的取得

继受取得 ┬ 合同
　　　　　　 └ 继承

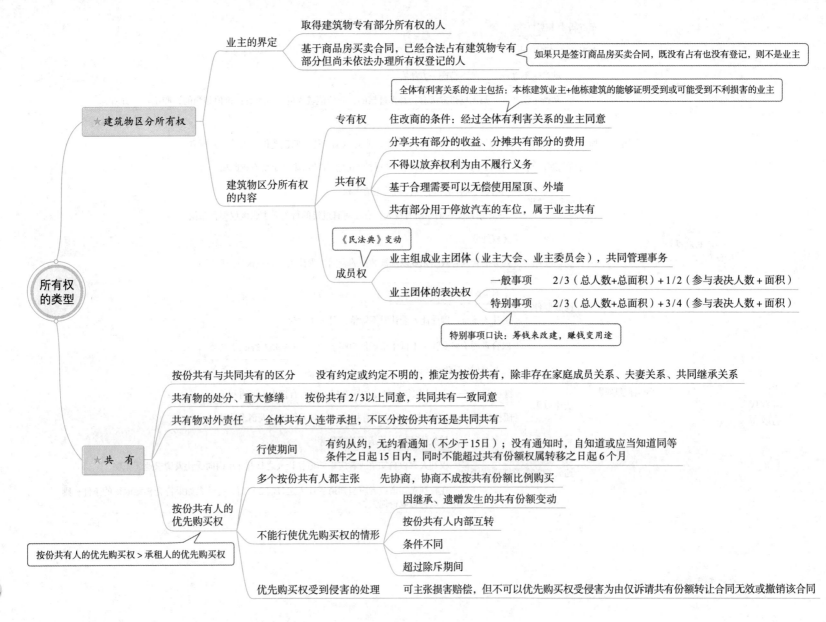

所有权的类型

★建筑物区分所有权
- 业主的界定
  - 取得建筑物专有部分所有权的人
  - 基于商品房买卖合同，已经合法占有建筑物专有部分但尚未依法办理所有权登记的人 —— 如果只是签订商品房买卖合同，既没有占有也没有登记，则不是业主
- 建筑物区分所有权的内容
  - 专有权
    - 全体有利害关系的业主包括：本栋建筑业主+他栋建筑的能够证明受到或可能受到不利损害的业主
    - 住改商的条件：经过全体有利害关系的业主同意
  - 共有权
    - 分享共有部分的收益、分摊共有部分的费用
    - 不得以放弃权利为由不履行义务
    - 基于合理需要可以无偿使用屋顶、外墙
    - 共有部分用于停放汽车的车位，属于业主共有
  - 成员权 《民法典》变动
    - 业主组成业主团体（业主大会、业主委员会），共同管理事务
    - 业主团体的表决权
      - 一般事项　2/3（总人数+总面积）+1/2（参与表决人数+面积）
      - 特别事项　2/3（总人数+总面积）+3/4（参与表决人数+面积）
        - 特别事项口诀：筹钱来改建，赚钱变用途

★共有
- 按份共有与共同共有的区分　没有约定或约定不明的，推定为按份共有，除非存在家庭成员关系、夫妻关系、共同继承关系
- 共有物的处分、重大修缮　按份共有2/3以上同意，共同共有一致同意
- 共有物对外责任　全体共有人连带承担，不区分按份共有还是共同共有
- 按份共有人的优先购买权
  - 行使期间　有约从约，无约看通知（不少于15日）；没有通知时，自知道或应当知道同等条件之日起15日内，同时不能超过共有份额权属转移之日起6个月
  - 多个按份共有人都主张　先协商，协商不成按共有份额比例购买
  - 不能行使优先购买权的情形
    - 因继承、遗赠发生的共有份额变动
    - 按份共有人内部互转
    - 条件不同
    - 超过除斥期间
  - 优先购买权受到侵害的处理　可主张损害赔偿，但不可以优先购买权受侵害为由仅诉请共有份额转让合同无效或撤销该合同

按份共有人的优先购买权＞承租人的优先购买权

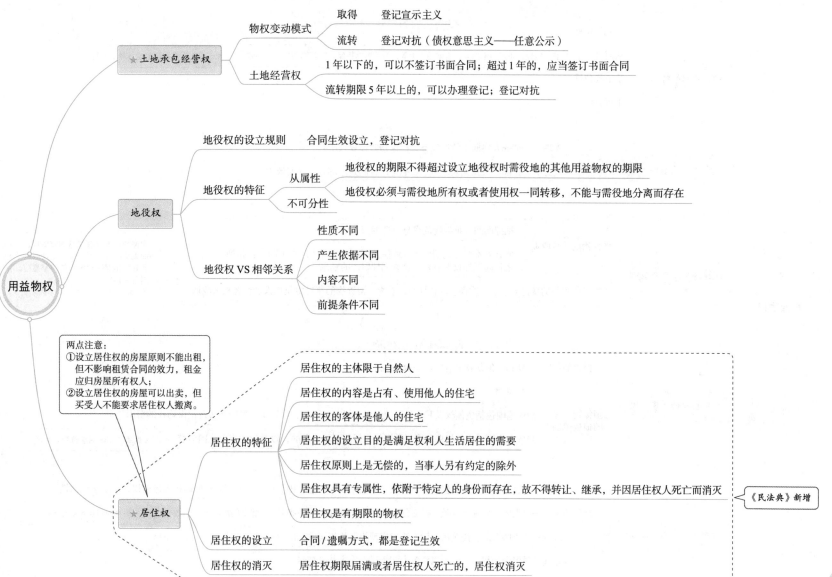

用益物权

★土地承包经营权
- 物权变动模式
  - 取得 —— 登记宣示主义
  - 流转 —— 登记对抗（债权意思主义——任意公示）
- 土地经营权
  - 1年以下的，可以不签订书面合同；超过1年的，应当签订书面合同
  - 流转期限5年以上的，可以办理登记；登记对抗

地役权
- 地役权的设立规则 —— 合同生效设立，登记对抗
- 地役权的特征
  - 从属性 —— 地役权的期限不得超过设立地役权时需役地的其他用益物权的期限
  - 不可分性 —— 地役权必须与需役地所有权或者使用权一同转移，不能与需役地分离而存在
- 地役权 VS 相邻关系
  - 性质不同
  - 产生依据不同
  - 内容不同
  - 前提条件不同

★居住权

两点注意：
①设立居住权的房屋原则不能出租，但不影响租赁合同的效力，租金应归房屋所有权人；
②设立居住权的房屋可以出卖，但买受人不能要求居住权人搬离。

- 居住权的特征
  - 居住权的主体限于自然人
  - 居住权的内容是占有、使用他人的住宅
  - 居住权的客体是他人的住宅
  - 居住权的设立目的是满足权利人生活居住的需要
  - 居住权原则上是无偿的，当事人另有约定的除外
  - 居住权具有专属性，依附于特定人的身份而存在，故不得转让、继承，并因居住权人死亡而消灭
  - 居住权是有期限的物权
- 居住权的设立 —— 合同/遗嘱方式，都是登记生效
- 居住权的消灭 —— 居住权期限届满或者居住权人死亡的，居住权消灭

《民法典》新增

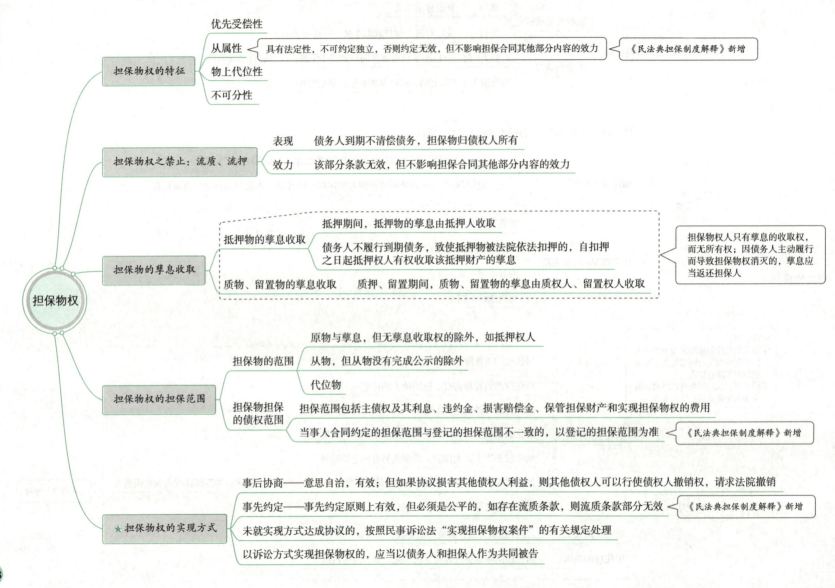

担保物权

担保物权的特征
- 优先受偿性
- 从属性 —— 具有法定性，不可约定独立，否则约定无效，但不影响担保合同其他部分内容的效力 ← 《民法典担保制度解释》新增
- 物上代位性
- 不可分性

担保物权之禁止：流质、流押
- 表现 —— 债务人到期不清偿债务，担保物归债权人所有
- 效力 —— 该部分条款无效，但不影响担保合同其他部分内容的效力

担保物的孳息收取
- 抵押物的孳息收取
  - 抵押期间，抵押物的孳息由抵押人收取
  - 债务人不履行到期债务，致使抵押物被法院依法扣押的，自扣押之日起抵押权人有权收取该抵押财产的孳息
- 质物、留置物的孳息收取 —— 质押、留置期间，质物、留置物的孳息由质权人、留置权人收取

担保物权人只有孳息的收取权，而无所有权；因债务人主动履行而导致担保物权消灭的，孳息应当返还担保人

担保物权的担保范围
- 担保物的范围
  - 原物与孳息，但无孳息收取权的除外，如抵押权人
  - 从物，但从物没有完成公示的除外
  - 代位物
- 担保物担保的债权范围
  - 担保范围包括主债权及其利息、违约金、损害赔偿金、保管担保财产和实现担保物权的费用
  - 当事人合同约定的担保范围与登记的担保范围不一致的，以登记的担保范围为准 ← 《民法典担保制度解释》新增

★ 担保物权的实现方式
- 事后协商——意思自治，有效；但如果协议损害其他债权人利益，则其他债权人可以行使债权人撤销权，请求法院撤销
- 事先约定——事先约定原则上有效，但必须是公平的，如存在流质条款，则流质条款部分无效 ← 《民法典担保制度解释》新增
- 未就实现方式达成协议的，按照民事诉讼法"实现担保物权案件"的有关规定处理
- 以诉讼方式实现担保物权的，应当以债务人和担保人作为共同被告

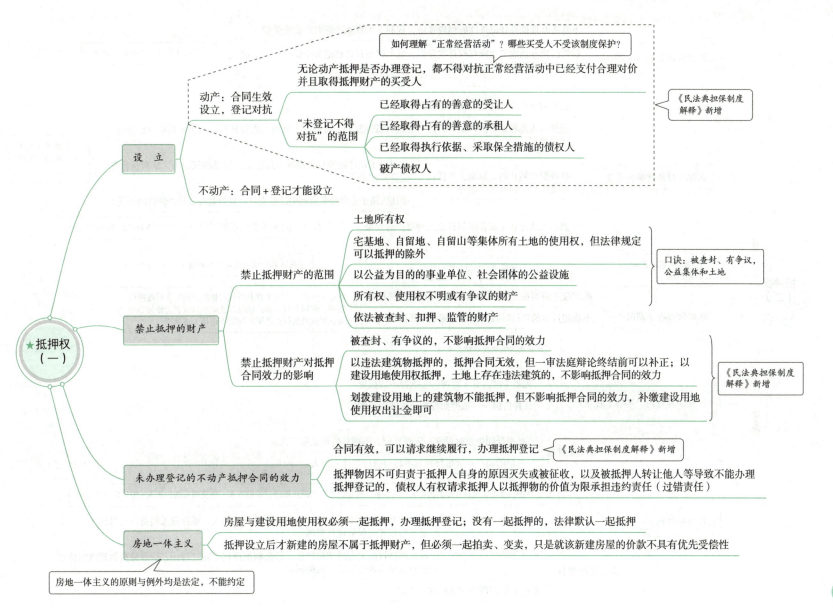

★抵押权（一）

设立
- 动产：合同生效设立，登记对抗
  - 无论动产抵押是否办理登记，都不得对抗正常经营活动中已经支付合理对价并且取得抵押财产的买受人
    - 如何理解"正常经营活动"？哪些买受人不受该制度保护？
  - "未登记不得对抗"的范围
    - 已经取得占有的善意的受让人
    - 已经取得占有的善意的承租人
    - 已经取得执行依据、采取保全措施的债权人
    - 破产债权人
  - 《民法典担保制度解释》新增
- 不动产：合同+登记才能设立

禁止抵押的财产
- 禁止抵押财产的范围
  - 土地所有权
  - 宅基地、自留地、自留山等集体所有土地的使用权，但法律规定可以抵押的除外
  - 以公益为目的的事业单位、社会团体的公益设施
  - 所有权、使用权不明或有争议的财产
  - 依法被查封、扣押、监管的财产
  - 口诀：被查封、有争议，公益集体和土地
- 禁止抵押财产对抵押合同效力的影响
  - 被查封、有争议的，不影响抵押合同的效力
  - 以违法建筑物抵押的，抵押合同无效，但一审法庭辩论终结前可以补正；以建设用地使用权抵押，土地上存在违法建筑的，不影响抵押合同的效力
  - 划拨建设用地上的建筑物不能抵押，但不影响抵押合同的效力，补缴建设用地使用权出让金即可
  - 《民法典担保制度解释》新增

未办理登记的不动产抵押合同的效力
- 合同有效，可以请求继续履行，办理抵押登记 《民法典担保制度解释》新增
- 抵押物因不可归责于抵押人自身的原因灭失或被征收，以及被抵押人转让他人等导致不能办理抵押登记的，债权人有权请求抵押人以抵押物的价值为限承担违约责任（过错责任）

房地一体主义
- 房屋与建设用地使用权必须一起抵押，办理抵押登记；没有一起抵押的，法律默认一起抵押
- 抵押设立后才新建的房屋不属于抵押财产，但必须一起拍卖、变卖，只是就该新建房屋的价款不具有优先受偿性
- 房地一体主义的原则与例外均是法定，不能约定

★抵押权（二）

抵押权预告登记效果
- 不具备办理抵押登记条件的预告登记，权利人无权就抵押财产优先受偿
- 如果已经办理建筑物所有权首次登记，且不存在预告登记失效情形，则认定抵押权自预告登记之日起设立 —— 《民法典担保制度解释》新增

抵押人对抵押物的处分
- 抵押物可以进行转让，应当通知抵押权人
- 抵押权人能够证明抵押财产转让可能损害抵押权的，可以请求抵押人将转让所得的价款提前清偿债务或者提存
- 抵押财产转让的，原则上抵押权不受影响，但有两个例外
  - 如果属于动产抵押权且没有办理登记，则抵押权因为无法对抗善意受让人而消灭
  - 受让人属于正常经营活动中已经支付合理价款并取得抵押物的买受人
- 当事人约定禁止或者限制转让抵押财产的效果　约定有效，但未经登记不得对抗 —— 《民法典担保制度解释》新增

此制度为《民法典》变动，需特别注意

抵押权的存续期间
- 存续期间是法定的，不能约定
- 抵押权人应当在主债权诉讼时效期间行使抵押权
  - 该期间的本质为除斥期间 —— 《民法典担保制度解释》新增
- 不能超过申请执行时效期间，否则也不予保护 —— 《民法典担保制度解释》新增
- 以登记为公示方式的权利质权行使期间问题参照抵押权处理，但留置权、动产质权以及以交付权利凭证为公示方式的权利质权行使期间问题不适用上述规则 —— 《民法典担保制度解释》新增

押租并存时的"买卖不破租赁"
- 先租（已占有）后押——抵押不破租赁
- 先押后租——抵押如有登记则破除租赁

特殊抵押权
- 动产浮动抵押权
  - 抵押合同生效时设立；未经登记，不得对抗善意第三人
  - 登记的动产浮动抵押权也不得对抗价款优先权人
  - 设立抵押权或者保留所有权的出卖人、为价款支付提供融资而设立抵押权的债权人、融资租赁的出租人+10日内办理登记
- 最高额抵押权
  - 最高额抵押权的特点
    - 最高额抵押权设立前已经存在的债权，经抵押人、抵押权人同意，可以转入最高额抵押担保的债权范围
    - 最高额抵押的主合同债权转让，最高额抵押权不随之转让，除非最高额抵押的债权已经确定或者经过抵押人的同意
  - 最高额抵押所担保的债权的确定

质权与留置权

质权

★动产质权
- 合同 + 交付
- 特殊动产质权——金钱质权
- 特殊动产质押——流动质押 → 非传统动产或者不方便直接交付的动产的质押，判断质权是否设立的核心是：债权人是否对该财产享有控制权

权利质权的设立
- 看得见的，交付设立 　三单、三票、一券
- 看不见的，登记设立 　基金份额、股权、知识产权、应收账款

★权利质权
- 仓单担保权竞合的处理 　按照公示的先后顺序清偿；难以确定先后的，按照债权比例清偿
- 应收账款质权问题
  - 应收账款债务人在向质权人确定应收账款的真实性后，又以应收账款不存在或者已经消灭为由主张不承担责任的，法院不予支持
  - 应收账款设立特定账户的，质权人有权就该特定账户内的款项享有优先受偿权
  - 同一应收账款同时存在保理、应收账款质押和债权转让的，受偿排序为：登记 > 通知 > 按比例

《民法典担保制度解释》新增

留置权

留置权的成立要件
- 债权人合法占有债务人交付的动产
- 债权债务属于同一法律关系，但企业之间的留置不要求同一性 → 普通留置权可以善意取得，企业之间的留置权不可以 　《民法典担保制度解释》新增
- 债务人到期不履行债务 → 但此时要求该财产必须是债务人的财产，并且该债权属于企业持续经营中发生的债权，否则依然受同一性的约束

留置权的效力
- 留置财产为可分物的，留置财产的价值应当相当于债务的金额
- 债务人应当在不少于 60 日的期限内履行债务
- 留置权人对留置财产丧失占有或者留置权人接受债务人另行提供的担保时，留置权消灭

担保中的其他重要制度

非典型担保
- 合同效力　当事人订立的具有担保功能的合同，不存在法定无效情形的，应当认定有效
- 约定担保物权的效力　当事人未在法定的登记机构依法进行登记的，担保不具有物权效力
- 让与担保
  - 合同效力　有效
  - 物权效力　动产交付，不动产登记，就有优先受偿权
- 股权让与担保
  - ①股权受让人（债权人）并非真正的股东，其不享有股东相应的权利，也不承担股东的义务，债务人才是真正的股东
  - ②股权转让合同没有流质条款的，完全有效；而存在流质条款的，流质条款部分不发生效力。办理股权转让登记后，债权人只能就该股权获得优先受偿权，而非直接获得股权本身

《民法典担保制度解释》新增

主债变化对担保人责任的影响
- 债权数额变化　未经担保人书面同意，担保人选择对自己有利的承担担保责任
- 主债权的履行期限变动　未经担保人书面同意，担保人在原担保期间内承担担保责任
- 主债权债务转让
  - ①债权转让无影响（保证应当通知）
  - ②债务转让要经担保人书面同意，否则免责；债务加入无影响
- 新贷还旧贷，两个贷款之上的担保问题
  - ①旧贷担保人不再承担责任
  - ②新贷担保人不再承担责任，除非新贷与旧贷的担保人是同一人，或者新贷的担保人知情

担保物权的竞存
- 抵押权竞存　已登记＞未记记；先登记＞后登记；都未登记的，按比例清偿
- 抵押权与质权的竞存　先公示者优先；都未登记的，质权优先
- 抵押权、质权、留置权竞存　留置权最优，质权、抵押权按照前述规则进行

《民法典》新增

动产价金抵押权，即动产抵押担保的主债权是抵押物的价款时，标的物交付后10日内办理抵押登记的，该抵押权优先于其他担保物权人受偿，但留置权除外

共同担保
- 债权人实现担保权的顺序问题　债权人实现担保权原则上无顺序，除非是在混合担保中，且债务人本人提供担保的，则先执行债务人的担保

混合担保＋债务人物保＝债权人唯一顺序

- 担保人之间互相追偿的问题
  - 各担保人之间原则上不能互追，都只能向债务人追偿；如果债务人提供了担保，则担保人可以享有债务人的担保物权
  - 如果各担保人之间约定承担连带共同担保责任或明确约定可以追偿，或者在同一份合同书中签字、盖章、按指印，则可以互追
  - 担保人不可以通过受让债权的方式变相取得追偿权

无约定，不互追，即便受让债权也不行

《民法典担保制度解释》新增

占有的概念 ———— 占有是指对于物具有事实上的管领力的一种状态。法学通说认为，占有是一种事实而不是权利

占有的分类
- 自主占有 VS 他主占有
- 有权占有 VS 无权占有
- 善意占有 VS 恶意占有 ◁ 是对无权占有的再分类
- 直接占有 VS 间接占有
- 自己占有 VS 辅助占有

占 有

占有的效力
- 权利推定效力　在没有相反证据的情况下，推定占有人享有相应的物权或者债权　《民法典担保制度解释》新增
- 保护效力
  - 返还原物请求权　1年除斥期间（自侵占事实发生之日起）
  - 排除妨害、消除危险请求权　不受期间限制
  - 损害赔偿请求权　适用诉讼时效

无权占有的返还
- 无权占有返还请求权的冲突
- 无权占有的返还规则
  - 返还原物与孳息，返还三金
  - 善意的自主占有人不承担损害赔偿责任，善意的他主占有人承担过错责任；恶意占有人承担损害赔偿责任
  - 必要费用　善意占有人有必要费用请求权，恶意占有人无

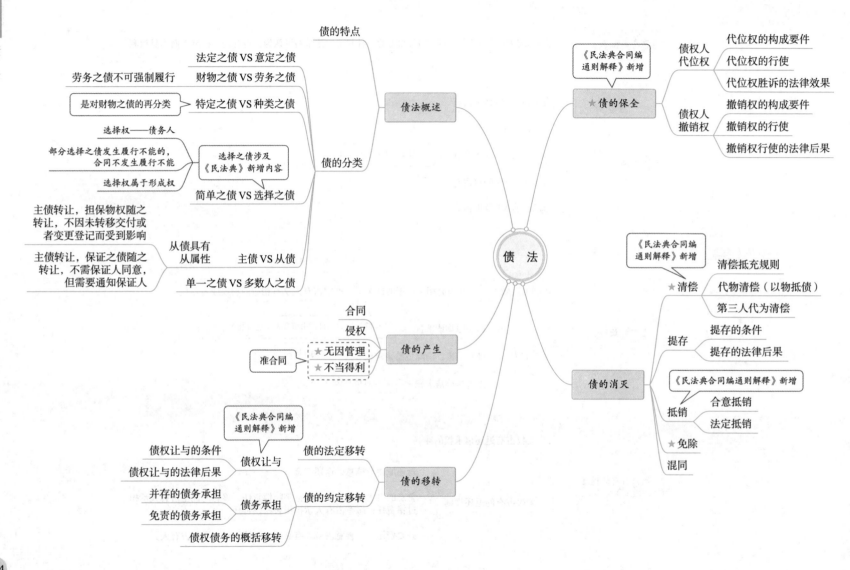

债的特点

债法概述

法定之债 VS 意定之债

劳务之债不可强制履行 —— 财物之债 VS 劳务之债

是对财物之债的再分类 —— 特定之债 VS 种类之债

选择权——债务人

部分选择之债发生履行不能的，合同不发生履行不能 —— 选择之债涉及《民法典》新增内容

选择权属于形成权 —— 简单之债 VS 选择之债

债的分类

主债转让，担保物权随之转让，不因未转移交付或者变更登记而受到影响

主债转让，保证之债随之转让，不需保证人同意，但需要通知保证人 —— 从债具有从属性 —— 主债 VS 从债

单一之债 VS 多数人之债

债 法

债的保全 ★

《民法典合同编通则解释》新增

债权人代位权
- 代位权的构成要件
- 代位权的行使
- 代位权胜诉的法律效果

债权人撤销权
- 撤销权的构成要件
- 撤销权的行使
- 撤销权行使的法律后果

债的产生

合同
侵权
无因管理 ★
不当得利 ★
准合同

债的消灭

清偿 ★
《民法典合同编通则解释》新增
- 清偿抵充规则
- 代物清偿（以物抵债）
- 第三人代为清偿

提存
- 提存的条件
- 提存的法律后果

抵销
《民法典合同编通则解释》新增
- 合意抵销
- 法定抵销

免除 ★

混同

债的移转

债权让与
《民法典合同编通则解释》新增
- 债权让与的条件
- 债权让与的法律后果
债的法定移转

债务承担
- 并存的债务承担
- 免责的债务承担
债的约定移转

债权债务的概括移转

债的移转

债的法定移转
- 继承
- 企业的合并、分立
- 房屋租赁合同的法定承受 ← 就是买卖不破租赁制度

债权让与
- 债权让与的法律后果
  - 通知债务人时，对债务人生效；债务人收到通知后，向新债权人（受让人）给付
  - 让与人或者受让人通知债务人都可以。受让人直接起诉的，自起诉状副本送达时视为通知
  - 履行通知后，让与人不得以债权转让合同不成立、无效等为由主张向自己履行，除非该债权转让通知被依法撤销 ⎫
  - 债务人向受让人确认债权真实性的，即不得再以债权不存在为由拒绝向受让人履行，除非受让人知道或者应当知道不存在 ⎭ 《民法典合同编通则解释》新增
  - 从债权随之转让
  - 债权让与增加的履行费用，由让与人承担
  - 诉讼时效自债权转让通知到达债务人时中断
  - 受让人的抵销权和抗辩权都延续
- 一债数转
  - 基于债权相容性，每个债权让与协议没有其他无效事由的，均为有效
  - 债务人的履行规则 《民法典合同编通则解释》新增
    - ①债务人已经向最先到达债务人的转让通知中载明的受让人履行的，其他受让人可以请求让与人承担违约责任
    - ②如债务人已经向其他人履行，明知不是最先通知的受让人，则最先通知的受让人可以请求债务人继续履行或者请求让与人承担违约责任，但不能请求受让人返还，除非恶意

债的约定移转
- 债务承担
  - 并存的债务承担
    - 不需要经过债权人同意，通知债权人即可
    - 原债务人不脱离，新债务人加入后与原债务人承担连带责任
  - 免责的债务承担
    - 必须经债权人同意；未经债权人同意的，不发生债务承担的效果
    - 如有担保，则须经担保人书面同意，否则担保人就已转让部分不承担责任
    - 原债务人退出债务关系，如其自愿履行，则构成代为清偿
    - 受让人清偿债务，抗辩权延续，但抵销权不延续
    - 主债务的诉讼时效自债务承担的意思表示到达相对人时中断
- 债权债务转让诉讼的第三人问题 《民法典合同编通则解释》新增
  - ①债权转让后，债务人向受让人主张其对让与人的抗辩的，法院可以将让与人列为第三人
  - ②债务转移后，新债务人主张原债务人对债权人的抗辩的，法院可以将原债务人列为第三人
  - ③当事人一方将合同权利义务一并转让后，对方就合同权利义务向受让人主张抗辩的，法院可以将让与人列为第三人
- 债权债务的概括移转

债的保全
（一）

★ 债权人代位权

清偿型代位权

代位权的构成要件

债权人对债务人的债权合法、有效、到期

债务人对次债务人的债权合法、有效、到期，且该债权不具有人身专属性

注意判定是否具有人身专属性（《民法典合同编通则解释》新增）

债务人怠于行使到期债权——未诉讼或者仲裁就视为怠于

债务人的怠于行使给债权人造成伤害（债务人的现有财产不足以清偿债务）

代位权的行使

行使方式：诉讼

原告：债权人

被告：次债务人

无独三：债务人　　法院应当追加！　《民法典合同编通则解释》新增

管辖法院：被告（次债务人）住所地法院（专属管辖除外）

行使范围：不得超过次债务人对债务人所负债务的数额（就低不就高）

代位权诉讼与原债之诉的合并审理、中止审理

都是同一个法院管辖的，合并审理；不是同一个法院管辖的，谁先受理谁先审理，后诉中止审理　《民法典合同编通则解释》新增

代位权胜诉的法律效果

如果次债务人未履行，则债权人依然可以要求债务人履行；次债务人直接向债权人履行的，债务人对债权人、次债务人对债务人的债务在对等额内消灭

诉讼费用由次债务人承担，从实现的债权中优先受偿；除此之外的其他必要费用（律师费、差旅费）由债务人承担

债权人行使代位权后，在代位债权范围内，债务人不能再处分该权利　《民法典合同编通则解释》新增

保存型代位权

债权人的债权到期前，债务人的债权或与该债权有关的从权利存在诉讼时效期间即将届满或者未及时申报破产债权等情形，影响债权人的债权实现的，债权人可以代位向债务人的相对人请求其向债务人履行、向破产管理人申报或者作出其他必要的行为

债的保全（二） — ★债权人撤销权

撤销权的构成要件

- 债权人对债务人的债权合法、有效
  - 陷阱提醒：①受让人恶意、受让价格不合理不会影响合同效力，债务人与受让人之间的合同有效　②债务人与受让人之间的公益、公证的赠与合同等，债权人也可以撤销（不要混淆债权人的撤销权与赠与人的撤销权）

- 债务人在负担债务后，实施了不当处分财产行为，损害了债权人债权
  - 必须是负担债务后的行为；对于负担债务前的行为不可撤销
  - 对于拒绝增加财产的行为也不可撤销
  - 只针对财产行为，涉及身份行为的，也不可撤销
  - 不当处分　①无偿处分行为——不论受让人是否善意，一律可撤销　②不等价处分行为——价格不合理+受让人恶意
    - 提供担保行为只有担保权人恶意才能撤销
    - 若存在亲属关系、关联关系，则不受70%、30%的影响（《民法典合同编通则解释》新增）

撤销权的行使

- 行使方式：诉讼
- 被告：债务人与相对人为共同被告
- 管辖法院：被告住所地法院（专属管辖除外）　《民法典合同编通则解释》新增
- 行使期限：双重除斥期间——自债权人知道或应当知道撤销事由之日起1年+自债务人的不当处分行为发生之日起5年
- 被撤销行为的标的可分的，在受影响的债权范围内撤销；被撤销行为的标的不可分的，全部撤销　《民法典合同编通则解释》新增

撤销权行使的法律后果

- ①撤销后自始无效，返还原物于债务人，债权人无优先受偿权（入库规则）；如债务人不要求受让人返还原物，则债权人可以代位请求受让人返还原物于债务人　②诉讼产生的必要费用由债务人负担；第三人有过错的，适当分担
- 如相对人不履行义务，债权人还可以代位请求采取强制执行措施　《民法典合同编通则解释》新增

债的消灭

★**清偿**
- 清偿抵充规则　　指定>已到期>缺乏担保 or 担保数额最少>负担较重>到期先后顺序>比例
- 代物清偿（以物抵债）
  - 履行期限届满前达成（本质是让与担保）
    - ①该以物抵债协议属于"其他具有担保功能的合同"。没有流质条款就有效；有流质条款的，该部分约定无效，但是不影响合同其他部分的效力。债权人不能获得该物的所有权
    - ②动产交付、不动产过户，则债权人可以获得该物的优先受偿权
    　　《民法典合同编通则解释》变动
    　　涉及《九民纪要》以及与民诉的结合，非常重要
  - 履行期限届满后达成（本质是清偿的一种方式）
    - ①协商一致就生效，债权人可以要求债务人履行以物抵债协议
    - ②债务人履行以物抵债协议后，相应的原债务同时消灭。债务人未按照约定履行以物抵债协议的，形成选择之债，由债权人选择
  - 诉讼中达成　　可以请求法院确认或者制作成以物抵债调解书，文书生效只是具有强制执行效力，而不会直接产生抵债效果或者对抗效果　　《民法典合同编通则解释》变动
  - 执行中达成　　或起诉或恢复，法院不制作以物抵债裁定书
- 第三人代为清偿　　遵守合同相对性

提存
- 提存的法律后果
  - 提存人与提存机关成立保管合同的，提存机关对提存物的毁损、灭失承担过错责任
  - 债务人视为已完成履行义务，提存物的所有权、孳息、风险归债权人，提存费用由债权人承担
  - 债权人5年内未领取的，领取权消灭（除斥期间），扣除提存费用后归国家，但在两个例外情况下，提存人可以取回：
    - ①债权人自提存之日起5年内不领取提存物，且未履行对债务人的到期债务
    - ②债权人自提存之日起5年内向提存部门书面放弃领取提存物的权利
    　　《民法典》新增

抵销
- 法定抵销
  - 条件　　互负债务+债务种类、品质相同+主动债权到期+不属于不能抵销的债务
  - 法定抵销不具有溯及力，自抵销通知到达对方时发生效果　　《民法典合同编通则解释》新增、变动
  - 抵充规则——与清偿抵充规则完全一样
  - 不能抵销的债务——具有人身专属性；故意、重大过失侵权的侵权人不能主张抵销；已过诉讼时效的债务人提出抗辩则不能抵销，不抗辩就可以抵销　　《民法典合同编通则解释》新增

★**免除**
- 免除为单方民事法律行为，无须债务人同意，但允许债务人在合理期间内拒绝
- 免除必须由债权人向债务人作出，意思表示到达相对方时生效，不得损害第三人利益
- 免除为无因行为

混同

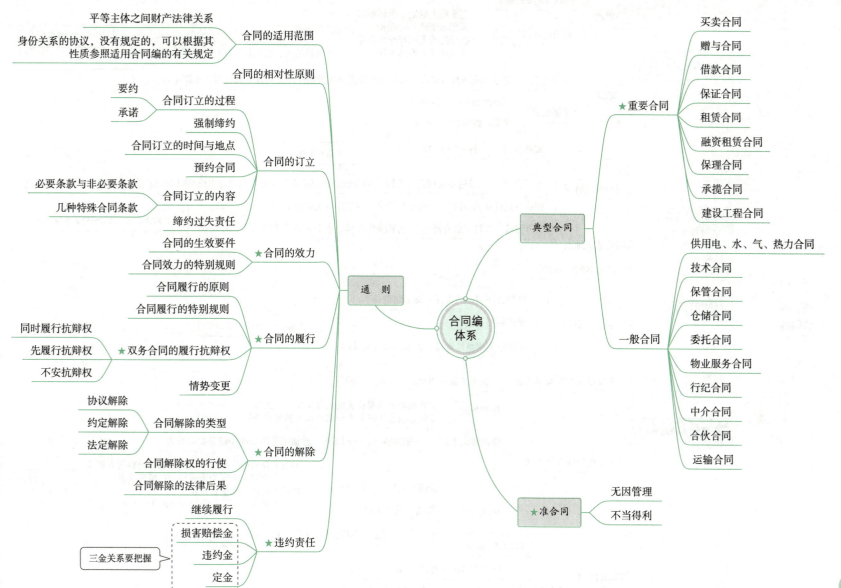

平等主体之间财产法律关系
身份关系的协议，没有规定的，可以根据其性质参照适用合同编的有关规定
合同的适用范围

合同的相对性原则

要约
承诺
合同订立的过程

强制缔约

合同订立的时间与地点

预约合同

必要条款与非必要条款
几种特殊合同条款
合同订立的内容

缔约过失责任

合同的订立

合同的生效要件
合同效力的特别规则
★合同的效力

合同履行的原则

合同履行的特别规则

同时履行抗辩权
先履行抗辩权
不安抗辩权
★双务合同的履行抗辩权
★合同的履行

情势变更

协议解除
约定解除
法定解除
合同解除的类型

合同解除权的行使

合同解除的法律后果
★合同的解除

继续履行

三金关系要把握
损害赔偿金
违约金
定金
★违约责任

通则

合同编体系

典型合同

★重要合同
买卖合同
赠与合同
借款合同
保证合同
租赁合同
融资租赁合同
保理合同
承揽合同
建设工程合同

一般合同
供用电、水、气、热力合同
技术合同
保管合同
仓储合同
委托合同
物业服务合同
行纪合同
中介合同
合伙合同
运输合同

★准合同
无因管理
不当得利

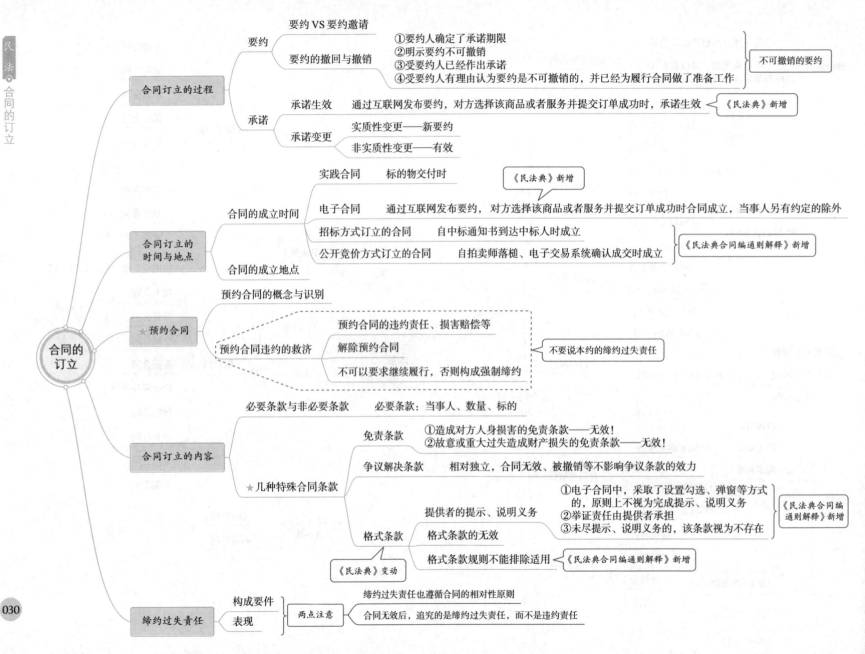

合同的订立

合同订立的过程

- 要约
  - 要约 VS 要约邀请
  - 要约的撤回与撤销
    - ①要约人确定了承诺期限
    - ②明示要约不可撤销
    - ③受要约人已经作出承诺
    - ④受要约人有理由认为要约是不可撤销的，并已经为履行合同做了准备工作 —— 不可撤销的要约
- 承诺
  - 承诺生效 —— 通过互联网发布要约，对方选择该商品或者服务并提交订单成功时，承诺生效 《民法典》新增
  - 承诺变更
    - 实质性变更——新要约
    - 非实质性变更——有效

合同订立的时间与地点

- 合同的成立时间
  - 实践合同 —— 标的物交付时
  - 电子合同 —— 通过互联网发布要约，对方选择该商品或者服务并提交订单成功时合同成立，当事人另有约定的除外 《民法典》新增
  - 招标方式订立的合同 —— 自中标通知书到达中标人时成立
  - 公开竞价方式订立的合同 —— 自拍卖师落槌、电子交易系统确认成交时成立 《民法典合同编通则解释》新增
- 合同的成立地点

★预约合同

- 预约合同的概念与识别
- 预约合同违约的救济
  - 预约合同的违约责任、损害赔偿等
  - 解除预约合同 —— 不要说本约的缔约过失责任
  - 不可以要求继续履行，否则构成强制缔约

合同订立的内容

- 必要条款与非必要条款 —— 必要条款：当事人、数量、标的
- ★几种特殊合同条款
  - 免责条款
    - ①造成对方人身损害的免责条款——无效！
    - ②故意或重大过失造成财产损失的免责条款——无效！
  - 争议解决条款 —— 相对独立，合同无效、被撤销等不影响争议条款的效力
  - 格式条款
    - 提供者的提示、说明义务
      - ①电子合同中，采取了设置勾选、弹窗等方式的，原则上不视为完成提示、说明义务
      - ②举证责任由提供者承担
      - ③未尽提示、说明义务的，该条款视为不存在 《民法典合同编通则解释》新增
    - 格式条款的无效 《民法典》变动
    - 格式条款规则不能排除适用 《民法典合同编通则解释》新增

缔约过失责任

- 构成要件
- 表现
- 两点注意
  - 缔约过失责任也遵循合同的相对性原则
  - 合同无效后，追究的是缔约过失责任，而不是违约责任

合同的效力

★合同的生效要件
- 一般生效要件
  - 当事人缔约时有相应的缔约能力
  - 当事人的意思表示真实
  - 不违反法律、行政法规的强制性规定，不违背公序良俗
- 特别生效要件
  - 附生效条件的合同自条件成就时生效
  - 附生效期限的合同自期限届至时生效
  - 遗嘱行为自立遗嘱人死亡时生效

★合同效力的特别规则
- 依法需要审批的合同
  - 审批前合同效力状态：成立但未生效，具有约束力，但没有履行效力
  - 报批义务条款及违约责任独立生效
  - 未批准诉讼中的法院释明义务——释明变更，否则判驳，但不影响另诉
  - 行政机关没有批准，合同不具有法律上的履行可能性，可以解除

  《民法典合同编通则解释》新增

- 无权代理人以被代理人的名义订立合同，被代理人已经开始履行合同义务或者接受相对人履行的，视为对合同的追认
- ▌法定代表人的越权行为
  - ①越法律授权，推定相对人恶意，原则无效
  - ②越内部授权，推定相对人善意，原则有效
- 当事人超越经营范围订立的合同，不得仅以超越经营范围为由确认合同无效
- ★《民法典合同编通则解释》新增
  - 规避政策的合同效力　属于虚假意思表示与隐藏意思表示
  - 同一交易多份合同效力　均是真实意思表示且不存在其他影响合同效力的情形时，法院按照合同成立顺序确认是否变更
  - 名实不符与合同效力　不应拘泥于合同使用的名称，而应当根据合同约定的内容认定合同效力
  - 公法责任对合同效力的影响
    - ①合同违反法律、行政法规的强制性规定，符合法定情形的，由行为人承担行政责任足以实现该强制性规定的目的，合同不因违反强制性规定而无效
    - ②行为人在订立合同时涉嫌犯罪，或者已经生效的裁判认定构成犯罪的，合同并不当然无效，应当依据《民法典》的有关规定认定合同效力
    - ③合同违反地方性法规、行政规章的强制性规定的，要看该法规是否为了实施法律、行政法规的强制性规定而制定的具体规定，是否导致违背公序良俗而具体认定是否会导致合同无效
  - 在有权代理、有权代表的情形下，印章的真假等不影响合同效力

合同的履行

合同履行的特别规则

- 提前履行
- 部分履行
- 电子合同的履行
  - ①线下交付——签收时视为交付
  - ②线上提供服务——凭证载明的时间视为交付时间；无凭证时，实际提供服务的时间为交付时间
  - ③采用在线传输方式交付的，义务人发送至特定系统并能够检索识别的时间为交付时间
- 涉他合同的履行
  - 为第三人利益的合同——突破合同的相对性原则
    - 第三人享有请求债务人继续履行的权利，不享有解除、撤销合同等其他合同权利
    - 第三人不承担赔偿、返还等义务
    - 《民法典合同编通则解释》新增
  - 由第三人履行的合同——遵守合同的相对性原则

双务合同的履行抗辩权

- 同时履行抗辩权　　没有履行顺序 + 双方都享有
- 先履行抗辩权　　有履行先后顺序 + 后履行方享有
- 不安抗辩权
  - 构成要件　　有履行先后顺序 + 先履行方 + 有确切证据
  - 行使
    - 不安抗辩权人有权中止履行自己的义务
    - 及时通知对方
    - 对方在合理期限内恢复履行能力或者提供相应担保的，不安抗辩权消灭
    - 对方在合理期限内未恢复履行能力且未提供适当担保的，中止履行
  - ①三大抗辩权的前提是，双方当事人基于同一个双务合同互负对待给付义务
  - ②同时履行抗辩权和先履行抗辩权，只能拒绝履行与对方未履行"相应"部分的义务
- 《民法典合同编通则解释》新增
  诉讼中被告行使抗辩权，法院如何处理
  - ①同时履行抗辩权 + 抗辩 = 判决原告在履行自己的义务后才能请求对方履行合同
  - ②同时履行抗辩权 + 反诉 = 判决双方要先履行自己的义务，然后才可以请求对方履行
  - ③先履行抗辩权 + 抗辩 = 判决驳回原告诉讼请求，不影响原告履行自己的义务后另行起诉

★ 情势变更

- 适用条件　　合同成立后、履行完毕前 + 异常变动 + 不可预见 + 不可归责于双方 + 继续履行会显失公平
- 《民法典》变动；《民法典合同编通则解释》新增
  解除权行使方式　　协商；协商不成的，再以诉讼或者仲裁方式解除
  - ①当事人请求变更合同的，法院不得解除合同
  - ②一方要变更 + 一方要解除 = 法院自由裁量变更还是解除
- 股票交易市场发生重大变化导致股票变动太大的，不属于情势变更
- 情势变更制度的适用具有强制性，不能约定排除；约定排除的，约定无效
- 《民法典合同编通则解释》新增

合同的解除

合同解除的类型

协议解除
①当事人就解除合同协商一致时未对合同解除后的违约责任、结算和清理等问题作出处理的，不影响合同解除的效力
②当事人一方主张行使法律规定或者合同约定的解除权，经审理认为不符合解除权行使条件但是对方同意解除的，视为双方协议解除
③双方当事人均不符合解除权行使的条件但是均主张解除合同的，视为双方协议解除
《民法典合同编通则解释》新增

约定解除
违约方的违约程度显著轻微，不影响守约方合同目的实现的，不支持解除合同

★一般法定解除
- 不可抗力
- 预期违约
- 迟延履行　主要义务不履行＋催告
- 根本违约　无须催告，直接解除
- 不定期合同任意解除权　《民法典》新增

★合同解除权的行使

行使方式
通知即可（情势变更要诉讼或者仲裁）

行使期间
①自解除权人知道或者应当知道解除事由之日起1年内行使，否则解除权消灭
②经对方催告后，解除权人在合理期限内不行使解除权的，解除权消灭
《民法典》新增

合同解除的时间点判定
①享有解除权的，合同自通知到达对方时解除；如果解除通知中载明宽限期，则自宽限期届满时合同发生解除
②直接以提起诉讼的方式解除，法院判决支持合同解除的，自起诉状副本送达被告时合同视为解除
③直接以提起诉讼的方式主张解除合同，撤诉后再次起诉主张解除合同的，如果法院支持合同解除，则合同自再次起诉的起诉状副本送达对方时解除。但当事人一方撤诉后又通知对方解除合同且该通知已经到达对方的除外
《民法典合同编通则解释》新增

违约方的解除权
长期性合同＋合同僵局＋特定情形
①违约方不存在恶意违约的情形
②违约方继续履行合同，对其显失公平
③守约方拒绝解除合同，违反诚信原则
《九民纪要》关注点

相对人的异议权
- 行使方式　相对人可以通过诉讼或者仲裁的方式提出异议
- 行使期间　有约从约，没有约定的从合理期限（自接到解除合同的通知之日起）

对于不享有解除权的通知，即便相对人在合理期限内没有提出异议，也不产生合同解除的法律后果　《九民纪要》关注点

★合同解除的法律后果
- 合同尚未履行的部分，终止履行
- 合同已经履行的部分，有可能恢复原状的，当事人可以主张恢复原状；不可能恢复原状的，当事人不得主张恢复原状
- 违约金、定金条款属于结算、清理、纠纷解决条款，具有独立性，不因合同的解除而终止
- 主合同解除后，有担保的，担保人对债务人仍应当承担担保责任，但是担保合同另有约定的除外

违约责任

- 违约行为的形态
  - 预期违约　履行期限届满前，一方当事人无正当理由但明确表示或者以行为表示将不履行合同义务
  - 加害给付　侵权、违约竞合，择一主张
    - 两点注意
      - 《民法典》变动：如果违约造成了人格权损害，则可以在违约之诉中提起精神损害赔偿
      - 在商品销售中，选择违约责任的，只能向销售者主张；选择侵权责任的，既可向生产者主张，也可向销售者主张

- ★违约责任的形态
  - 继续履行　非金钱债务不能继续履行的情形
    - ①法律上或者事实上不能履行
    - ②债务的标的不适于强制履行，如劳务之债
    - ③履行费用过高
    - ④债权人在合理期限内未要求履行
  - 采取补救措施
  - 支付违约金
    - 违约金吸收赔偿损失
    - 若违约金"低于"造成的损失，则债权人可请求法院或者仲裁机构予以"增加"
    - 违约金VS赔偿损失
      - 若违约金"过分高于（30%）"造成的损失，则债务人可以请求法院或者仲裁机构予以"适当减少"。恶意违约的，不受30%的限制，原则上不调整
      - 违约金调整规则的释明：被告不承认自己违约的，法院有释明的义务。一审不释明的，二审可以直接释明，充分保证辩论权利后可以直接调整违约金（《民法典合同编通则解释》新增）
      - 谁主张调整违约金，谁承担举证责任
      - 违约金的调整是强制性规则，不能事先放弃
    - 违约金VS定金　择一，择优
    - 定金VS赔偿损失　定金优先，但可补充并用
    - 定金不能超过主合同标的额的20%，超过部分不发生定金效果
  - 适用定金罚则（《民法典合同编通则解释》新增）
    - 定金合同属于实践合同，自实际交付定金之日起成立
    - 按未履行部分所占比例适用定金罚则
    - 双方均根本违约的，不适用定金罚则
    - 因不可抗力致使合同不能履行的，不适用定金罚则
  - 赔偿损失
    - ①直接利益损失
    - ②可得利益损失——可预见性
    - ③积极减损规则——非违约方有防止损失扩大的义务
    - ④过错相抵与损益相抵规则

准合同
- ★无因管理
  - 构成要件
    - 无约定 or 法定的义务
      - ①超出法定 or 约定义务范畴的，就超出部分成立无因管理
      - ②误以为有义务而管理（欠缺管理意思）的，不成立无因管理
    - 客观上管理他人事务（客观为他人）
      - ①误将自己的事务当成他人的事务进行管理的，即使具有管理意思，也不能成立无因管理
      - ②他人应当是特定的人。如果是不特定多数人，则不成立无因管理
    - 具有管理意思
    - 客观上有利于被管理人，不违反其明示或可推知的意思
  - 法律效果
    - 管理人的义务
      - 返还管理行为获得的利益
      - 尽到善意管理人应尽的义务，承担适当管理、通知以及报告与计算的义务
      - 适当管理
        - 管理人管理他人事务，应当采取有利于受益人的方法；中断管理对受益人不利的，无正当理由不得中断 ◁《民法典》新增
      - 管理行为不当给被管理人造成损害的，管理人在有故意或重大过失时，应当承担赔偿责任
      - 及时通知；管理的事务不需要紧急处理的，应当等待受益人的指示
    - 被管理人的义务
      - ①偿付无因管理的费用与债务，并补偿无因管理人管理行为造成的损失
      - ②无须支付报酬
  - 无因管理转委托合同
    - 管理人管理事务经受益人事后追认的，从管理事务开始时起，适用委托合同的有关规定 ◁《民法典》新增
- ★不当得利
  - 构成要件
    - 一方获得利益
    - 另一方受有损失
    - 一方获益和另一方受损之间有因果关系
    - 获益没有合法根据
  - 不构成不当得利的情形
    - ①履行道德义务
    - ②提前清偿
    - ③自然债务清偿（超过诉讼时效）
    - ④反射利益：土地增值、灯塔捕鱼
    - ⑤强迫得利
    - ⑥非法给付（黄、赌、毒），但不法原因仅存在于受领一方时，可以构成不当得利（保护费）
    - ⑦法律不保护的利益（强迫交易）
  - 不当得利的返还规则
    - ①有得利→原物、孳息、代位物
    - ②善意不当得利人的返还规则：返还现存利益，不负赔偿责任
    - ③恶意不当得利人的返还规则：以所受利益为限，即造成损害的，应当赔偿
    - ④存在善、恶意的转化的，按照损失发生时是善意还是恶意来处理
    - ⑤得利人已经将获得的利益无偿转让给第三人的，受损失的人可以请求第三人在相应范围内承担返还义务 ◁《民法典》新增

★ 买卖合同

买卖合同的一般规则

- 所有权转移规则 —— 动产——交付，但在所有权保留买卖中，支付全部价金时所有权才转移；不动产——登记
- 孳息归属规则 —— 在买卖合同中，孳息归属适用交付主义
- 风险负担规则
  - 一原则：交付
    - ①约定地点的，运到地点交付时风险转移；未约定地点，需要运输的，货交第一承运人时风险转移
    - ②在途货物买卖，合同成立时风险转移；种类物必须特定化风险才转移
  - 两例外
    - ①买受人迟延受领的，自迟延受领之日起风险转移（没交付，但风险已经转移）
    - ②出卖人已经交付，但构成根本违约的，买受人解除合同时风险转移（已交付，但风险不转移）
  - 三无关
    - ①无关所有权——不论所有权是否转移，只要完成标的物本身的交付，风险就发生转移
    - ②无关违约责任——是否承担风险，原则上与违约责任承担是不相关的
    - ③无关其他合同、其他人——风险负担只在买受人与出卖人之间分担，无关其他人
- 买受人的及时检验通知义务
  - 买受人检验期间 —— 有约从约，但有例外
    - 没有约定
      - ①自发现或应当发现之日起的合理期间内通知出卖人
      - ②自收到标的物之日起 2 年内通知出卖人；有质保期则适用质保期
  - 买受人违反及时检验通知义务的法律效果 —— 买受人无权对出卖人主张违约责任；出卖人自愿承担违约责任后，不得反悔

特种买卖合同

- 分期付款买卖
  - 买受人付款的次数为 3 次或 3 次以上
  - 买受人未支付（到期）价款的金额达到全部价款的 1/5 以上，经催告后仍不履行的
    - ①要求买受人一次性支付剩余的全部价款
    - ②行使法定解除权解除合同
- 保留所有权买卖
  - 适用于动产，不动产不能保留所有权
  - 保留所有权的，未经登记不得对抗善意第三人 ◁ 《民法典》新增
  - 出卖人的取回权
    - 未按照约定支付价款的
    - 将标的物出卖、出质或者作出其他不当处分的
  - 出卖人取回权的限制 —— 第三人善意取得 or 已付款超过 75%

  } 本质是以所有权为出卖人的价款提供担保

无权处分与 ★ 多重买卖

- 无权处分的买卖合同
  - 合同效力 —— 不受"无权处分"这一事实的影响，即在不违反合同效力要件时，该买卖合同是有效的
  - 物权变动效力 —— 受让人善意取得
- 多重买卖合同
  - 合同效力 —— 原则上都有效（债权的相容性原则）
  - 履行规则
    - 不动产多重买卖履行规则 —— 先登记者获得所有权
    - 动产多重买卖履行规则
      - ①普通动产的受偿规则：交付＞付款＞合同成立在先
      - ②特殊动产的受偿规则：交付＞登记＞合同成立在先

赠与合同

★ 赠与人的权利义务

任意撤销权
- 原则上不能强制履行，除非属于两公一道德 →
- 条件
  - 转让之前
  - 赠与人本人
  - 不属于具有救灾、扶贫、助残等公益、道德义务性质的赠与或者经过公证的赠与
- 后果　不给了　不具有溯及力，已经给付的无法要求返还
- 具有人身专属性的，不能继承，不能转让

法定撤销权
- 条件　赠与财产已经转移 + 法定事由
  - ①严重侵害赠与人或者赠与人的近亲属
  - ②对赠与人有抚养义务而不履行
  - ③不履行赠与合同约定的义务
- 行使期限
  - ①赠与人的撤销权：知 or 应知 1 年内
  - ②赠与人的继承人或者法定代理人的撤销权：知 or 应知 6 个月内
- 后果　要回来　具有溯及既往效力，合同自始无效，撤销权人有权要求受赠人返还财产

赠与拒绝权
- 条件　合同成立后、财产转移前，赠与人经济情况显著恶化，已经严重影响其生产经营或者家庭生活（不受两公一道德的限制）
- 后果　不给了　不具有溯及既往效力　等穷困事由消除后应当继续履行

瑕疵担保责任
- 原则　赠与人无瑕疵担保责任
- 例外
  - ①附义务的赠与，赠与财产有瑕疵的，赠与人在附义务的限度内承担与出卖人相同的责任
  - ②赠与人故意不告知瑕疵或者保证无瑕疵，造成受赠人损失的，应当承担损害赔偿责任

★ 附义务的赠与 VS 附条件的赠与 VS 遗赠扶养协议
- 附义务的赠与　赠与人先完成赠与，受赠人后履行义务
- 附条件的赠与　条件成就时，赠与人才履行赠与义务
- 遗赠扶养协议　受赠人负责生前赡养的，赠与人死亡时，继承人或者遗产管理人履行遗赠义务

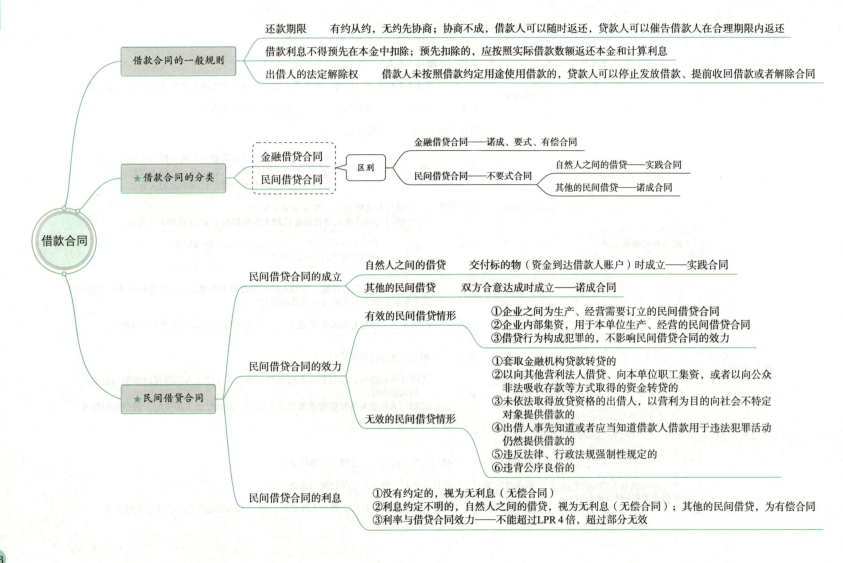

借款合同

借款合同的一般规则
- 还款期限　有约从约，无约先协商；协商不成，借款人可以随时返还，贷款人可以催告借款人在合理期限内返还
- 借款利息不得预先在本金中扣除；预先扣除的，应按照实际借款数额返还本金和计算利息
- 出借人的法定解除权　借款人未按照借款约定用途使用借款的，贷款人可以停止发放借款、提前收回借款或者解除合同

★ 借款合同的分类
- 金融借贷合同
- 民间借贷合同
  - 区别
    - 金融借贷合同——诺成、要式、有偿合同
    - 民间借贷合同——不要式合同
      - 自然人之间的借贷——实践合同
      - 其他的民间借贷——诺成合同

★ 民间借贷合同
- 民间借贷合同的成立
  - 自然人之间的借贷　交付标的物（资金到达借款人账户）时成立——实践合同
  - 其他的民间借贷　双方合意达成时成立——诺成合同
- 民间借贷合同的效力
  - 有效的民间借贷情形
    - ①企业之间为生产、经营需要订立的民间借贷合同
    - ②企业内部集资，用于本单位生产、经营的民间借贷合同
    - ③借贷行为构成犯罪的，不影响民间借贷合同的效力
  - 无效的民间借贷情形
    - ①套取金融机构贷款转贷的
    - ②以向其他营利法人借贷、向本单位职工集资，或者以向公众非法吸收存款等方式取得的资金转贷的
    - ③未依法取得放贷资格的出借人，以营利为目的向社会不特定对象提供借款的
    - ④出借人事先知道或者应当知道借款人借款用于违法犯罪活动仍然提供借款的
    - ⑤违反法律、行政法规强制性规定的
    - ⑥违背公序良俗的
- 民间借贷合同的利息
  - ①没有约定的，视为无利息（无偿合同）
  - ②利息约定不明的，自然人之间的借贷，视为无利息（无偿合同）；其他的民间借贷，为有偿合同
  - ③利率与借贷合同效力——不能超过LPR 4倍，超过部分无效

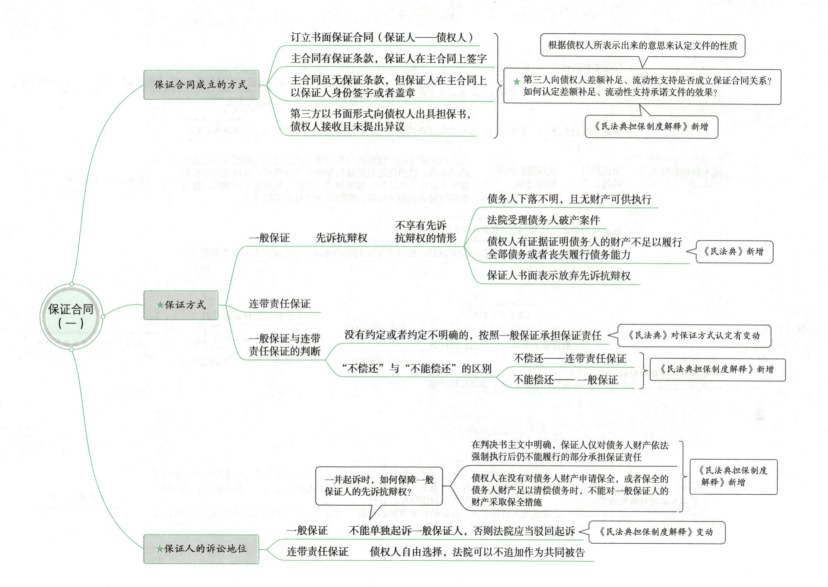

保证合同（一）

保证合同成立的方式
- 订立书面保证合同（保证人——债权人）
- 主合同有保证条款，保证人在主合同上签字
- 主合同虽无保证条款，但保证人在主合同上以保证人身份签字或者盖章
- 第三方以书面形式向债权人出具担保书，债权人接收且未提出异议
  - 根据债权人所表示出来的意思来认定文件的性质
  - ★第三人向债权人差额补足、流动性支持是否成立保证合同关系？如何认定差额补足、流动性支持承诺文件的效果？
    - 《民法典担保制度解释》新增

★保证方式
- 一般保证　先诉抗辩权　不享有先诉抗辩权的情形
  - 债务人下落不明，且无财产可供执行
  - 法院受理债务人破产案件
  - 债权人有证据证明债务人的财产不足以履行全部债务或者丧失履行债务能力　《民法典》新增
  - 保证人书面表示放弃先诉抗辩权
- 连带责任保证
- 一般保证与连带责任保证的判断
  - 没有约定或者约定不明确的，按照一般保证承担保证责任　《民法典》对保证方式认定有变动
  - "不偿还"与"不能偿还"的区别
    - 不偿还——连带责任保证
    - 不能偿还——一般保证　《民法典担保制度解释》新增

★保证人的诉讼地位
- 一并起诉时，如何保障一般保证人的先诉抗辩权？
  - 在判决书主文中明确，保证人仅对债务人财产依法强制执行后仍不能履行的部分承担保证责任
  - 债权人在没有对债务人财产申请保全，或者保全的债务人财产足以清偿债务时，不能对一般保证人的财产采取保全措施
  - 《民法典担保制度解释》新增
- 一般保证　不能单独起诉一般保证人，否则法院应当驳回起诉　《民法典担保制度解释》变动
- 连带责任保证　债权人自由选择，法院可以不追加作为共同被告

保证期间

保证期间的性质　除斥期间——不中止、中断、延长

保证期间的作用　确定债权人是否实质享有保证权

一般保证　对债务人起诉、申请仲裁　以公证债权文书为依据申请强制执行
连带责任保证　向保证人主张

保证期间的长度　有约从约；没有约定或者约定不明的，保证期间为 6 个月　《民法典》变动

保证期间的起算点　主债履行期限届满之日　最高额保证合同对保证期间的计算方式、起算时间没有约定或者约定不明，被担保债权的履行期限均已届满的，保证期间自债权确定之日起开始计算；被担保债权的履行期限尚未届满的，保证期间自最后到期债权履行期限届满之日起开始计算　《民法典担保制度解释》新增

保证期间的独立计算　《民法典担保制度解释》新增

保证合同无效，要求保证人承担相应责任的，必须在保证期间内主张，否则保证人不承担相应责任

保证合同（二）

保证债务诉讼时效

《民法典》变动

一般保证：从执行完毕之日起计算
有先诉抗辩权　终结本次执行的裁定送达时
收到申请执行书满 1 年之日起
无先诉抗辩权　债权人知道或者应当知道之日起
《民法典担保制度解释》新增

连带责任保证：从主张之日起计算

保证人的特殊减免责事由

①一般保证的保证人在主债务履行期限届满后，向债权人提供债务人可供执行财产的真实情况，债权人放弃或者怠于行使权利致使该财产不能被执行的，保证人在其提供可供执行财产的价值范围内不再承担保证责任
②债务人对债权人享有抵销权或者撤销权的，保证人可以在相应范围内拒绝承担保证责任

《民法典》新增

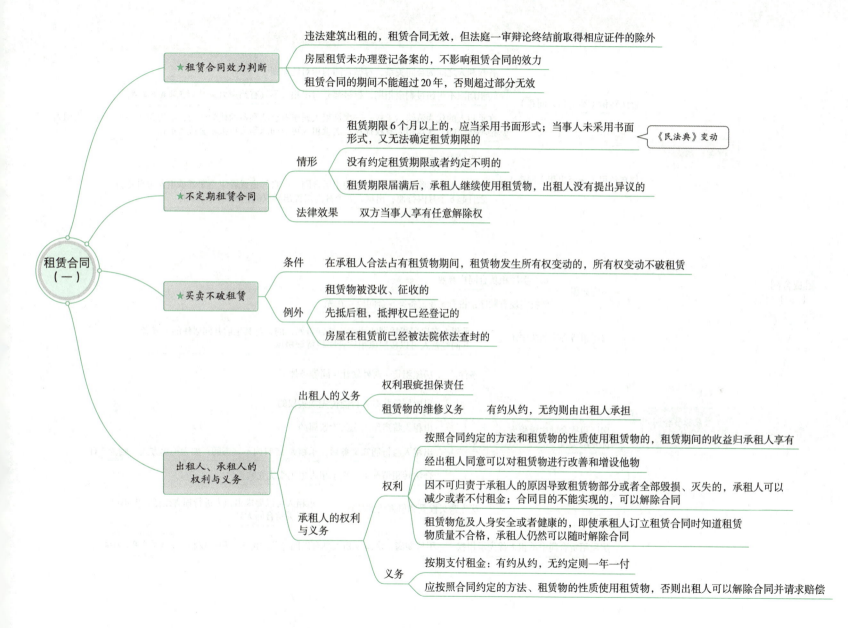

租赁合同
（一）

★租赁合同效力判断
- 违法建筑出租的，租赁合同无效，但法庭一审辩论终结前取得相应证件的除外
- 房屋租赁未办理登记备案的，不影响租赁合同的效力
- 租赁合同的期间不能超过20年，否则超过部分无效

★不定期租赁合同
- 情形
  - 租赁期限6个月以上的，应当采用书面形式；当事人未采用书面形式，又无法确定租赁期限的 《民法典》变动
  - 没有约定租赁期限或者约定不明的
  - 租赁期限届满后，承租人继续使用租赁物，出租人没有提出异议的
- 法律效果
  - 双方当事人享有任意解除权

★买卖不破租赁
- 条件
  - 在承租人合法占有租赁物期间，租赁物发生所有权变动的，所有权变动不破租赁
- 例外
  - 租赁物被没收、征收的
  - 先抵后租，抵押权已经登记的
  - 房屋在租赁前已经被法院依法查封的

出租人、承租人的权利与义务
- 出租人的义务
  - 权利瑕疵担保责任
  - 租赁物的维修义务　有约从约，无约则由出租人承担
- 承租人的权利与义务
  - 权利
    - 按照合同约定的方法和租赁物的性质使用租赁物的，租赁期间的收益归承租人享有
    - 经出租人同意可以对租赁物进行改善和增设他物
    - 因不可归责于承租人的原因导致租赁物部分或者全部毁损、灭失的，承租人可以减少或者不付租金；合同目的不能实现的，可以解除合同
    - 租赁物危及人身安全或者健康的，即使承租人订立租赁合同时知道租赁物质量不合格，承租人仍然可以随时解除合同
  - 义务
    - 按期支付租金：有约从约，无约定则一年一付
    - 应按照合同约定的方法、租赁物的性质使用租赁物，否则出租人可以解除合同并请求赔偿

租赁合同（二）

★转租

合法转租（经出租人同意）
- 各权利人之间的合同关系，遵循合同的相对性原则
- 转租期限不得超过剩余租期，超过部分对出租人不具有约束力 ◁《民法典》变动
- 次承租人的代为清偿请求权——次承租人属于有合法利益的代为清偿，故出租人不得拒绝；出租人拒不接受的，次承租人有权提存；次承租人可以向承租人折抵租金或者追偿

擅自转租（未经出租人同意）
- 擅自转租合同有效
- 出租人有权解除与承租人之间的租赁合同——自知道或者应当知道承租人擅自转租之日起6个月内行使；出租人6个月内未提出异议的，视为同意转租

★房屋租赁合同的特殊问题

一房数租
- 每个房屋租赁合同均有效
- 债权实现有顺序：占有>登记备案>合同成立在先

房屋租赁合同的法定承受
- 承租人在房屋租赁期间死亡、被宣告死亡的，与其生前共同居住的人或者共同经营人可以按照原租赁合同租赁该房屋

房屋租赁合同中承租人优先购买权
- 条件：房屋租赁＋对外转让＋同等条件下
- 例外
  - 房屋按份共有人行使优先购买权的
  - 出租人将房屋出卖给近亲属的
  - 出租人履行通知义务后，承租人15日内不表态的；如为拍卖方式，则为5日
  - 合法转租情况下，次承租人也主张优先购买的
- 优先购买权受到侵害后的处理：承租人可以要求出租人进行损害赔偿，但不可主张买卖合同无效

房屋租赁合同中承租人优先承租权
- 租赁期满，房屋承租人享有以同等条件优先承租的权利 ◁《民法典》新增

融资租赁合同的本质
- 以租赁之名，行融资担保之实
- 融资租赁物的本质是出租人融资款本息债权的担保物

融资租赁合同的效力相关问题
- 租赁物经营使用许可问题不影响融资租赁合同的效力
- 出卖人与承租人是同一人时，不影响融资租赁合同的效力
- 虚构租赁物的，融资租赁合同无效

融资租赁物的责任承担
- 品质瑕疵担保责任——出租人不承担，由承租人对出卖人进行索赔，出租人协助
  - 例外 ①承租人依赖出租人的技能确定租赁物的 ②出租人干预选择租赁物的
- 权利瑕疵担保责任——出租人承担，即出租人应当保证承租人对租赁物的占有和使用，否则出租人要承担违约责任，承租人可以拒付租金
- 物上侵权责任——承租人承担
- 物上维修责任——承租人承担

融资租赁物的归属与风险负担
- 租赁物的归属，有约从约，无约归出租人
  - 所以承租人无权处分租赁物
    - 承租人处分租赁物的，出租人可以解除融资租赁合同，取回租赁物
    - 受让人可以主张善意取得，出租人可以为租赁物办理所有权登记以对抗受让人
- 交付之后，租金的风险负担由承租人承担

出租人租金债权的特殊保护
- 承租人欠付租金，出租人的合同解除权
  - 有约定欠付解除情形，经出租人催告后在合理期限内仍不支付的
  - 没有明确约定，但承租人迟延支付租金达到2期以上，或者数额达到全部租金15%以上，经出租人催告后在合理期限内仍不支付的
- 出租人为租金债权以该租赁物设立担保权，并在交付租赁物的10日内办理登记的，该债权优先于融资租赁物上的其他担保权人受偿
  - 《民法典担保制度解释》新增
- 出租人以诉讼方式保护其债权的，参照民事诉讼法"实现担保物权案件"的有关规定处理

诉讼中的问题
- 出租人请求支付租金的判决生效后，如承租人未履行，则出租人可以再行起诉请求解除融资租赁合同，收回租赁物，法院应当受理
  - 不构成重复起诉
- 因买卖合同或者融资租赁合同发生纠纷，当事人仅对其中一个合同关系提起诉讼，法院经审查认为另一个合同关系的当事人与处理结果有法律上的利害关系的，可以通知其作为第三人参加诉讼
- 承租人基于买卖合同和融资租赁合同直接向出卖人主张买卖合同权利的，法院应当通知出租人作为第三人参加诉讼

融资租赁合同

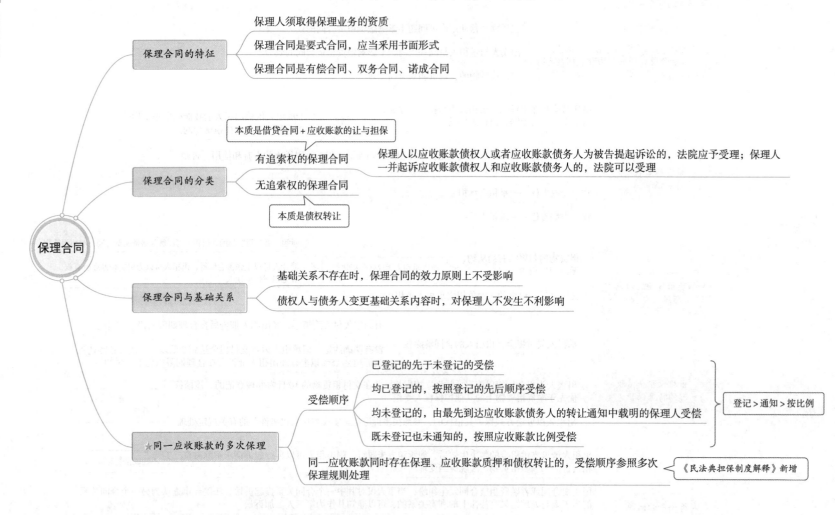

保理合同

保理合同的特征
- 保理人须取得保理业务的资质
- 保理合同是要式合同，应当采用书面形式
- 保理合同是有偿合同、双务合同、诺成合同

保理合同的分类
- 本质是借贷合同+应收账款的让与担保
- 有追索权的保理合同 —— 保理人以应收账款债权人或者应收账款债务人为被告提起诉讼的，法院应予受理；保理人一并起诉应收账款债权人和应收账款债务人的，法院可以受理
- 无追索权的保理合同
- 本质是债权转让

保理合同与基础关系
- 基础关系不存在时，保理合同的效力原则上不受影响
- 债权人与债务人变更基础关系内容时，对保理人不发生不利影响

★同一应收账款的多次保理
- 受偿顺序
  - 已登记的先于未登记的受偿
  - 均已登记的，按照登记的先后顺序受偿
  - 均未登记的，由最先到达应收账款债务人的转让通知中载明的保理人受偿
  - 既未登记也未通知的，按照应收账款比例受偿
  - 登记>通知>按比例
- 同一应收账款同时存在保理、应收账款质押和债权转让的，受偿顺序参照多次保理规则处理 —— 《民法典担保制度解释》新增

承揽合同

合同当事人的义务

承揽人的义务
- 可以将辅助工作交由第三人完成，但主要工作必须自己完成；承揽人就第三人的成果向定作人负责
- 通知义务：承揽人发现定作人提供的材料不符合约定等，应当及时通知定作人，不可擅自更换

定作人的义务
- 支付报酬；定作人未支付报酬的，承揽人对完成的工作成果有留置权或者有权拒绝交付，当事人另有约定的除外
- 特殊情况下的侵权赔偿义务：承揽人在完成工作过程中对第三人造成损害或者造成自身损害的，定作人不承担赔偿责任；但定作人对定作、指示或者选任有过失的，应当承担相应的赔偿责任

★承揽合同中定作人的特殊权利

- 任意解除权　　定作人可以随时解除合同，并赔偿由此给承揽人造成的损失
- 法定解除权　　承揽人擅自将主要工作交给第三人完成的，定作人可以解除合同，此时不需要赔偿
- 任意变更权　　定作人有任意变更权，但定作人中途变更承揽工作的要求，造成承揽人损失的，应当赔偿损失

★承揽中的损害责任

承揽合同中的侵权责任
- 承揽人因承揽行为致人人身损害的，由承揽人承担责任，定作人不存在定作、指示或者选任过失的，不承担责任；但如果存在定作、指示或者选任过失，则与承揽人承担按份责任

承揽关系 VS 雇佣关系
- 承揽关系中承揽人自备工具，雇佣关系中雇主提供工具
- 承揽合同的履行具有一次性，雇佣合同的履行具有连续性

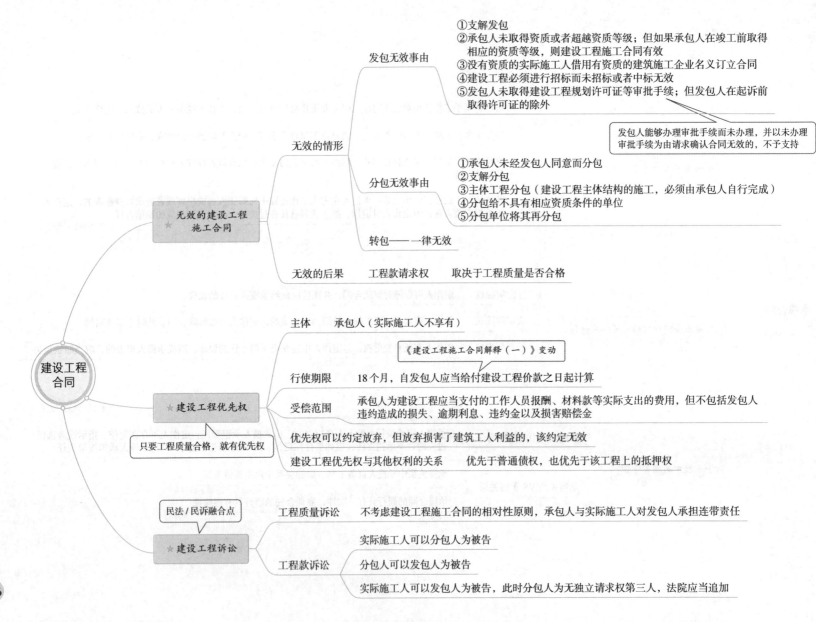

建设工程合同

无效的建设工程施工合同 ★

无效的情形

发包无效事由
①支解发包
②承包人未取得资质或者超越资质等级；但如果承包人在竣工前取得相应的资质等级，则建设工程施工合同有效
③没有资质的实际施工人借用有资质的建筑施工企业名义订立合同
④建设工程必须进行招标而未招标或者中标无效
⑤发包人未取得建设工程规划许可证等审批手续；但发包人在起诉前取得许可证的除外

发包人能够办理审批手续而未办理，并以未办理审批手续为由请求确认合同无效的，不予支持

分包无效事由
①承包人未经发包人同意而分包
②支解分包
③主体工程分包（建设工程主体结构的施工，必须由承包人自行完成）
④分包给不具有相应资质条件的单位
⑤分包单位将其再分包

转包——一律无效

无效的后果 工程款请求权 取决于工程质量是否合格

建设工程优先权 ★

主体 承包人（实际施工人不享有）

《建设工程施工合同解释（一）》变动

行使期限 18个月，自发包人应当给付建设工程价款之日起计算

受偿范围 承包人为建设工程应当支付的工作人员报酬、材料款等实际支出的费用，但不包括发包人违约造成的损失、逾期利息、违约金以及损害赔偿金

只要工程质量合格，就有优先权

优先权可以约定放弃，但放弃损害了建筑工人利益的，该约定无效

建设工程优先权与其他权利的关系 优先于普通债权，也优先于该工程上的抵押权

建设工程诉讼 ★

民法/民诉融合点

工程质量诉讼 不考虑建设工程施工合同的相对性原则，承包人与实际施工人对发包人承担连带责任

工程款诉讼
实际施工人可以分包人为被告
分包人可以发包人为被告
实际施工人可以发包人为被告，此时分包人为无独立请求权第三人，法院应当追加

两个有价值的一般合同

★物业服务合同

物业服务合同的约束力
- 前期物业服务合同依然约束业主
- 物业服务人公开作出的有利于业主的服务承诺，为物业服务合同的组成部分
- 物业服务人擅自转委托的，转委托合同无效

物业费问题
- 业主不得以未接受或者无需接受相关物业服务为由拒绝支付物业费
- 物业使用人与业主对物业费的缴纳承担连带责任

物业服务合同的解除、续聘、终止

解除
- 业主一方享有法定任意解除权，应当提前 60 日书面通知物业服务人，合同另有约定的除外
- 当事人可以随时解除不定期物业服务合同，但是应当提前 60 日书面通知对方

续聘
- 物业服务期限届满前，物业服务人不同意续聘的，应当在合同期限届满前 90 日书面通知业主或者业主委员会，合同另有约定的除外
- 物业服务期限届满后，业主没有依法作出续聘或者另聘物业服务人的决定，物业服务人继续提供物业服务的，原物业服务合同继续有效，但服务期限为不定期

终止
- 物业服务合同终止后，在业主或业主大会选聘的新物业服务人或者决定自行管理的业主接管之前，原物业服务人应当继续处理物业服务事项，并可以请求业主支付该期间的物业费

★合伙合同（民法/商法融合点）

合伙合同中的权利义务
- 出资义务 —— 不受诉讼时效限制
- 损益分配 —— 约定 > 协商 > 实缴出资比例 > 平均

合伙财产
- 合伙合同终止前，合伙人不得请求分割合伙财产

合伙人的债权人的代位权
- 合伙人的债权人不可以代位行使合伙人的共益权，如执行合伙事务的权利、表决权
- 合伙人的债权人可以代位行使合伙人的自益权，如利润分配请求权

不定期合伙合同
情形
- 合伙人对合伙期限没有约定或者约定不明确的
- 合伙期限届满，合伙人继续执行合伙事务，其他合伙人没有提出异议的

效果
- 合伙人可以随时解除不定期合伙合同，但是应当在合理期限之前通知其他合伙人

合伙终止后剩余财产的处理
- 合伙人死亡、丧失民事行为能力或者终止的，合伙合同终止
- 合伙合同终止后，合伙财产在支付因终止而产生的费用以及清偿合伙债务后有剩余的，依据合伙人的损益分配比例，由合伙人取回

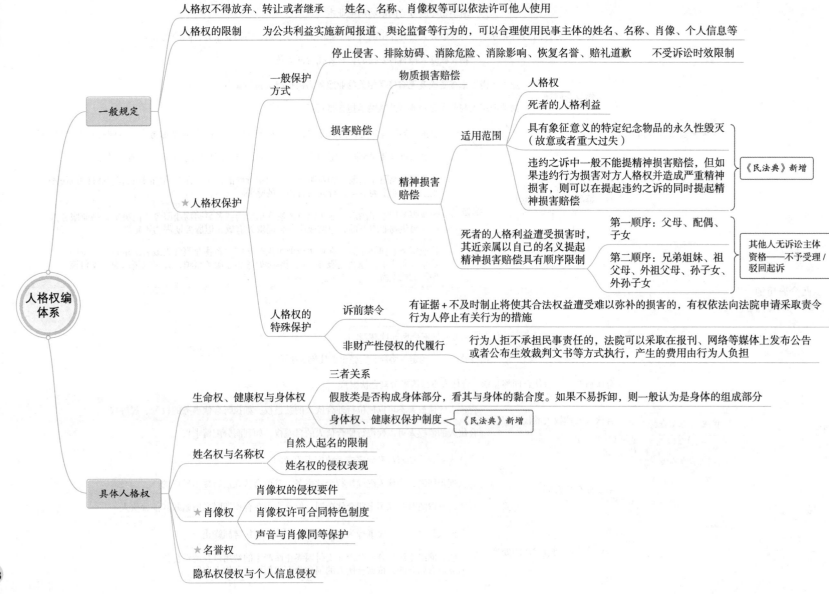

人格权编体系

一般规定

人格权不得放弃、转让或者继承　　姓名、名称、肖像权等可以依法许可他人使用

人格权的限制　　为公共利益实施新闻报道、舆论监督等行为的，可以合理使用民事主体的姓名、名称、肖像、个人信息等

★人格权保护

一般保护方式

停止侵害、排除妨碍、消除危险、消除影响、恢复名誉、赔礼道歉　　不受诉讼时效限制

损害赔偿

物质损害赔偿

精神损害赔偿

适用范围

人格权

死者的人格利益

具有象征意义的特定纪念物品的永久性毁灭（故意或者重大过失）

违约之诉中一般不能提精神损害赔偿，但如果违约行为损害对方人格权并造成严重精神损害，则可以在提起违约之诉的同时提起精神损害赔偿　　《民法典》新增

死者的人格利益遭受损害时，其近亲属以自己的名义提起精神损害赔偿具有顺序限制

第一顺序：父母、配偶、子女

第二顺序：兄弟姐妹、祖父母、外祖父母、孙子女、外孙子女

其他人无诉讼主体资格——不予受理 / 驳回起诉

人格权的特殊保护

诉前禁令　　有证据 + 不及时制止将使其合法权益遭受难以弥补的损害的，有权依法向法院申请采取责令行为人停止有关行为的措施

非财产性侵权的代履行　　行为人拒不承担民事责任的，法院可以采取在报刊、网络等媒体上发布公告或者公布生效裁判文书等方式执行，产生的费用由行为人负担

具体人格权

生命权、健康权与身体权

三者关系

假肢类是否构成身体部分，看其与身体的黏合度。如果不易拆卸，则一般认为是身体的组成部分

身体权、健康权保护制度　　《民法典》新增

姓名权与名称权

自然人起名的限制

姓名权的侵权表现

★肖像权

肖像权的侵权要件

肖像权许可合同特色制度

声音与肖像同等保护

★名誉权

隐私权侵权与个人信息侵权

具体人格权

生命权、健康权与身体权
①增加人体器官捐献制度：完人自己书面捐；生前无相反约定＋书面＋配偶、成年子女、父母共同决定
②禁止以任何形式进行人体细胞、人体组织、人体器官与遗体的买卖，否则行为无效
③增加性骚扰行为的规制
④增加临床试验规制：研制新药、医疗器械、预防和治疗方法＋主管部门批准＋伦理委员会审查同意＋说明并征得书面同意＋不收费用

姓名权与名称权
具有一定社会知名度，被他人使用足以造成公众混淆的笔名、艺名、网名、译名、字号、姓名和名称的简称等，参照适用姓名权和名称权保护的有关规定 〔《民法典》新增〕
自然人起名的限制　①随父姓或者母姓＋直系长辈血亲＋法定扶养人以外的扶养人；②不违背公序良俗
姓名权的侵权表现　①干涉、盗用与假冒；②未经他人同意，以营利之目的，擅自使用他人姓名

★肖像权
肖像权的侵权要件
　积极要件　①面部可识别性＋丑化、污损或者利用信息技术手段伪造等方式
　　　　　②未经同意，制作、使用与公开他人肖像（此后不再要求营利目的）
　消极要件（合理使用）
　　①个人学习、艺术欣赏、教学科研在必要范围内使用已经公开的肖像
　　②新闻报道不可避免地制作、使用、公开
　　③公法上的使用，如在电视、网络上公布犯罪嫌疑人的影像等
　　④为展示特定公共环境不可避免地制作、使用、公开
　　⑤维护公共利益或者肖像权人的合法权益
　〔《民法典》有重要变动〕

肖像权许可合同特色制度
　不利解释规则　对肖像使用条款的理解有争议的，作有利于肖像权人的解释
　合同解除权　①对肖像许可使用期限没有约定或者约定不明确的，双方均享有任意解除权
　　　　　②有约定使用期限时，肖像权人有正当理由的，可以解除，通知＋赔偿
〔对姓名等许可使用，参照适用肖像许可使用的规定〕

声音与肖像同等保护 〔《民法典》新增〕

★名誉权
名誉权的侵权要件　侮辱、诽谤特定人＋公开方式（披露的内容是捏造的）＋社会评价降低
对名誉权的限制　为公共利益实施新闻报道与舆论监督的，不构成侵权
作品侵权认定　已经发表＋以真人真事或者特定人为描述对象＋含有侮辱、诽谤内容，侵害他人名誉权
名誉权的特殊表现形式——信用评价　依法查阅自己的信用评价，发现信用评价不当的，有权提出异议并请求采取更正、删除等必要措施
〔《民法典》新增〕

隐私权侵权与个人信息侵权
隐私权的侵权要件　窃取、刺探、擅自披露（披露的内容是真实的）
〔注意〕①隐私权属于一次性权利　②为了公共利益需要的披露不构成侵犯隐私权
个人信息侵权　非法获取、使用、加工、传输、买卖、提供或者公开个人信息

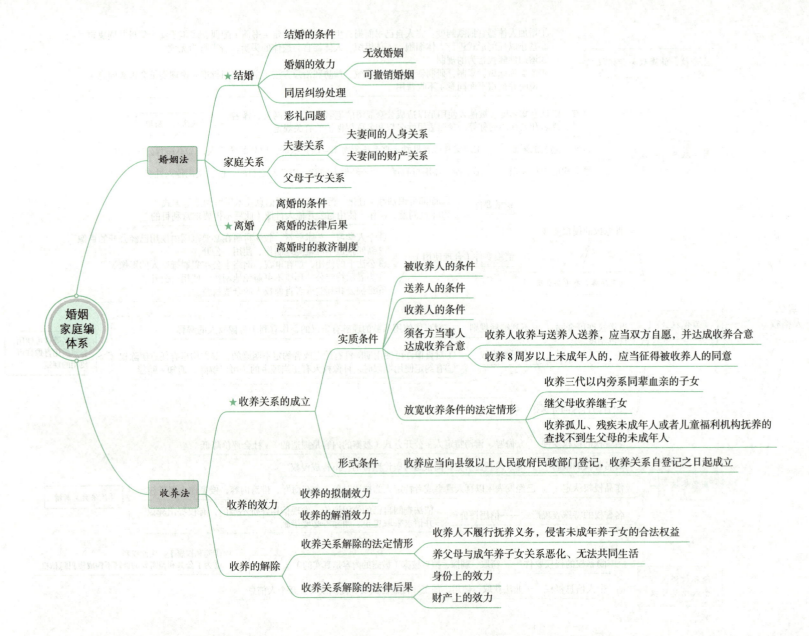

婚姻家庭编体系

婚姻法
　★结婚
　　结婚的条件
　　婚姻的效力
　　　无效婚姻
　　　可撤销婚姻
　　同居纠纷处理
　　彩礼问题
　家庭关系
　　夫妻关系
　　　夫妻间的人身关系
　　　夫妻间的财产关系
　　父母子女关系
　★离婚
　　离婚的条件
　　离婚的法律后果
　　离婚时的救济制度

收养法
　★收养关系的成立
　　实质条件
　　　被收养人的条件
　　　送养人的条件
　　　收养人的条件
　　　须各方当事人达成收养合意
　　　　收养人收养与送养人送养，应当双方自愿，并达成收养合意
　　　　收养8周岁以上未成年人的，应当征得被收养人的同意
　　　放宽收养条件的法定情形
　　　　收养三代以内旁系同辈血亲的子女
　　　　继父母收养继子女
　　　　收养孤儿、残疾未成年人或者儿童福利机构抚养的查找不到生父母的未成年人
　　形式条件
　　　收养应当向县级以上人民政府民政部门登记，收养关系自登记之日起成立
　　收养的效力
　　　收养的拟制效力
　　　收养的解消效力
　　收养的解除
　　　收养关系解除的法定情形
　　　　收养人不履行抚养义务，侵害未成年养子女的合法权益
　　　　养父母与成年养子女关系恶化、无法共同生活
　　　收养关系解除的法律后果
　　　　身份上的效力
　　　　财产上的效力

结婚

★ 结婚的条件

结婚的实质要件

- **结婚的必备要件**：①男女双方完全自愿；②达到法定婚龄——男不得早于 22 周岁，女不得早于 20 周岁；③男女双方均无配偶
- **结婚的禁止要件**：直系血亲或者三代以内的旁系血亲禁止结婚

结婚的形式要件

- 要求结婚的男女双方应当亲自到婚姻登记机关申请结婚登记
- 未办理结婚登记的，应当补办登记；补办结婚登记的效力具有追溯力

★ 婚姻的效力

无效婚姻

- **婚姻无效的法定情形**：①重婚；②有禁止结婚的亲属关系；③未到法定婚龄
- **宣告机关**：法院
- **无效婚姻的补正**：血缘关系不能补正；重婚绝对不能补正；婚龄可以补正 （《民法典婚姻家庭编解释（二）》新增）
- **婚姻被宣告无效的法律后果**
  - 身份上的后果：无效婚姻自始没有法律约束力，当事人自始不具有夫妻的权利和义务
  - 财产上的后果：协议处理；协议不成的，由法院根据照顾无过错方的原则判决；对重婚导致的无效婚姻的财产处理，不得侵害合法婚姻当事人的财产权益
  - 父母子女关系的后果：不改变父母子女关系——不得歧视
  - 损害赔偿责任：婚姻无效的，无过错方有权请求损害赔偿

可撤销婚姻

- **婚姻可撤销的法定情形**：①胁迫；②婚前隐瞒重大疾病
- **撤销权利人**：受胁迫的一方当事人／被欺诈的一方当事人 （《民法典婚姻家庭编解释（一）》新增）
- **撤销机关**：法院
- **撤销权存续期间**
  - 胁迫：应当自胁迫行为终止之日起 1 年内提出；被非法限制人身自由的当事人请求撤销婚姻的，应当自恢复人身自由之日起 1 年内提出，并且该种情形不受 5 年的限制
  - 重大疾病隐瞒：应当自知道或者应当知道撤销事由之日起1年内提出（该"1年"属于除斥期间，不适用诉讼时效中止、中断或者延长的规定）
- **婚姻被撤销的法律后果**：与被宣告无效的婚姻具有相同的法律后果

同居纠纷处理

①同居关系法律不认可，不形成配偶关系，彼此没有继承权；但不影响父母子女关系，子女继承权不受影响；②同居关系纠纷属于非民事法律事实，法院不予受理，但同居引起的财产纠纷、子女抚养纠纷则属于法院受理范围；③同居期间财产归属：有约从约，没有约定时，共同所得才视为共同所有（按份共有），否则都视为个人所有 （《民法典婚姻家庭编解释（二）》新增）

彩礼问题

- 不禁止彩礼，但禁止借婚姻索要财物
- **彩礼返还的情形**（《彩礼纠纷规定》新增）
  - 双方未办理结婚登记手续
  - 双方办理结婚登记手续但确未共同生活 ┐
  - 婚前给付并导致给付人生活困难 ┘ 以离婚为前提
- **不属于彩礼的情形**：①一方在节日、生日等有特殊纪念意义时点给付的价值不大的礼物、礼金；②一方为表达或者增进感情的日常消费性支出；③其他价值不大的财物
- **彩礼返还诉讼的当事人**：①结婚前——婚约一方及其实际给付彩礼的父母可以作为共同原告，婚约另一方及其实际接收彩礼的父母可以作为共同被告；②离婚中——夫妻双方 （《彩礼纠纷规定》新增）

051

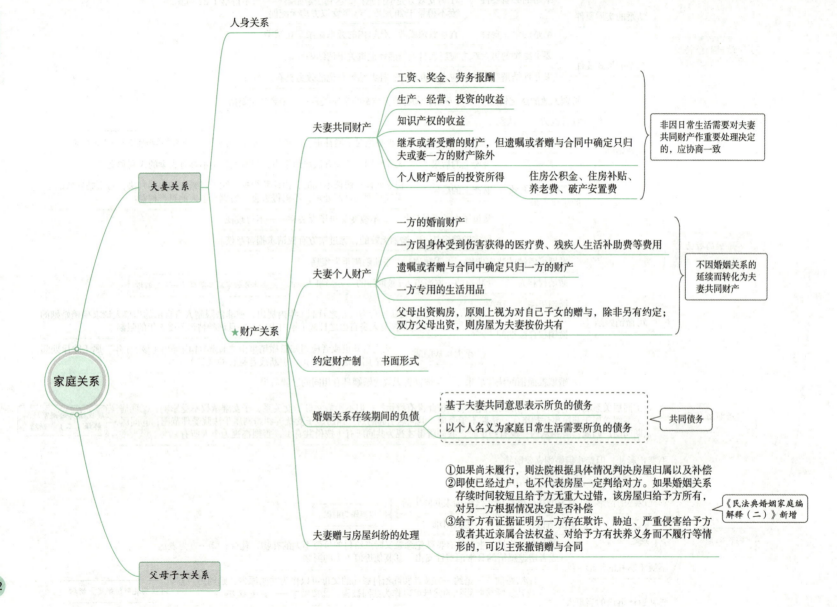

人身关系

夫妻关系

　工资、奖金、劳务报酬

　生产、经营、投资的收益

　知识产权的收益

夫妻共同财产　继承或者受赠的财产，但遗嘱或者赠与合同中确定只归夫或妻一方的财产除外

　个人财产婚后的投资所得　住房公积金、住房补贴、养老费、破产安置费

非因日常生活需要对夫妻共同财产作重要处理决定的，应协商一致

　一方的婚前财产

　一方因身体受到伤害获得的医疗费、残疾人生活补助费等费用

夫妻个人财产　遗嘱或者赠与合同中确定只归一方的财产

　一方专用的生活用品

　父母出资购房，原则上视为对自己子女的赠与，除非另有约定；双方父母出资，则房屋为夫妻按份共有

不因婚姻关系的延续而转化为夫妻共同财产

★财产关系

约定财产制　书面形式

婚姻关系存续期间的负债　基于夫妻共同意思表示所负的债务　以个人名义为家庭日常生活需要所负的债务

共同债务

家庭关系

夫妻赠与房屋纠纷的处理

①如果尚未履行，则法院根据具体情况判决房屋归属以及补偿
②即使已经过户，也不代表房屋一定判给对方。如果婚姻关系存续时间较短且给予方无重大过错，该房屋归给予方所有，对另一方根据情况决定是否补偿
③给予方有证据证明另一方存在欺诈、胁迫、严重侵害给予方或者其近亲属合法权益、对给予方有扶养义务而不履行等情形的，可以主张撤销赠与合同

《民法典婚姻家庭编解释（二）》新增

父母子女关系

离婚
（一）

离婚的条件

★ 登记离婚

登记离婚的条件
①当事人适格：双方当事人均为完全民事行为能力人；双方当事人必须是在中国内地登记的合法夫妻关系
②双方当事人必须有真实的离婚合意；夫妻登记离婚后，一方以双方意思表示虚假为由请求确认离婚无效的，不予支持 《民法典婚姻家庭编解释（二）》新增
③双方当事人对子女的抚养和财产问题已达成协议

登记离婚的程序
双方当事人须亲自到婚姻登记机关申请离婚登记

申请
自婚姻登记机关收到离婚登记申请之日起 30 日内，任何一方不愿意离婚的，可以向婚姻登记机关撤回离婚登记申请
上述期限届满后 30 日内双方应当到婚姻登记机关申请发给离婚证，否则视为撤回离婚登记申请 冷静期制度

审查、登记
婚姻登记机关查明双方确实是自愿离婚，并已经对子女抚养、财产以及债务处理等事项协商一致的，予以登记，发给离婚证

★ 诉讼离婚

诉讼离婚的调解制度
诉讼外调解　非必经程序
诉讼中调解　必经程序

判决离婚的法定理由

感情确已破裂
①重婚或者与他人同居
②实施家庭暴力或者虐待、遗弃家庭成员
③有赌博、吸毒等恶习屡教不改
④因感情不和分居满 2 年
⑤其他导致夫妻感情破裂的情形，如生育权纠纷导致感情破裂

其他法定情形
①一方被宣告失踪，另一方提起离婚诉讼的，应当准予离婚 无法调解，无须调解
②经法院判决不准离婚后，双方又分居满 1 年，一方再次提起离婚诉讼的，应当准予离婚

诉讼离婚的特殊保护

对军人婚姻的特殊保护
现役军人的配偶要求离婚，应当征得军人同意，但是军人一方有重大过错的除外

对女方的特殊保护
女方在怀孕期间、分娩后 1 年内或者终止妊娠后 6 个月内，男方不得提出离婚；但是，女方提出离婚或者法院认为确有必要受理男方离婚请求的除外

离婚（二）

离婚的法律后果

财产关系

- 夫妻共同财产的分割 —— 夫妻离婚财产协议不公平而损害到一方债权人利益时，债权人可以主张撤销离婚财产分割协议 ——《民法典婚姻家庭编解释（二）》新增

- 夫妻共同债务的承担 —— 对外连带 ——《民法典婚姻家庭编解释（二）》新增

- 离婚时将共同财产赠与子女的效果 —— ①如无无效、可撤销情形，任何一方不能随意反悔，除非原配偶双方均反悔；②该赠与属于道德性质的赠与，可以请求继续履行、损害赔偿等；③约定子女可以直接请求的，本质上属于为第三人利益的赠与合同，利益第三人（子女）有请求履行的权利；④一方有证据证明签订离婚协议时存在欺诈、胁迫等情形，请求撤销该约定的，应当予以支持

离婚在父母子女关系方面的后果 ★《民法典》新增

- 父母与子女间的关系，不因父母离婚而消除，父母仍为子女的法定监护人

- 离婚后子女的抚养权归属问题
  - 不满2周岁的子女，以由母亲直接抚养为原则；已满2周岁的子女，父母双方对抚养问题协议不成的，由法院根据双方的具体情况，按照最有利于未成年子女的原则判决
  - 父母双方协议不满2周岁子女由父亲直接抚养，并对子女健康成长无不利影响的，法院应予支持
  - 抢夺、藏匿未成年子女的，同等条件下优先判给另一方 ——《民法典婚姻家庭编解释（二）》新增
  - 条件相同都想要：随祖父母或者外祖父母共同生活，且祖父母或者外祖父母要求并且有能力照顾的优先考虑
  - 在有利于保护子女利益的前提下，父母双方协议轮流直接抚养子女的，法院应予支持

- 抚养费问题 —— 抚养费支付义务不会因为子女成年而免除+抚养费请求权不适用诉讼时效 ——《民法典婚姻家庭编解释（二）》新增

离婚时的救济制度

- 经济补偿请求权 —— 不再要求必须是约定财产制 ——《民法典》变动

- 经济帮助请求权

- 离婚损害赔偿请求权 ★
  - 离婚损害赔偿请求权的条件
    - 须当事人双方具有法律认可的夫妻身份
    - 须夫妻一方实施了法定的过错行为 —— ①重婚；②与他人同居；③实施家庭暴力；④虐待、遗弃家庭成员；⑤有其他重大过错
    - 须因一方的法定过错行为而离婚
    - 须无过错方因离婚而受到损害，包括物质损害和精神损害
    - 须请求权人无过错
  - 对离婚损害赔偿请求权的限制
    - 法院判决不准离婚的案件，对于当事人提出的损害赔偿请求，法院不予支持
    - 在婚姻关系存续期间，当事人不起诉离婚而单独提起损害赔偿请求的，法院不予受理
    - 无过错方作为原告，向法院提起损害赔偿请求的，必须在离婚诉讼的同时提出

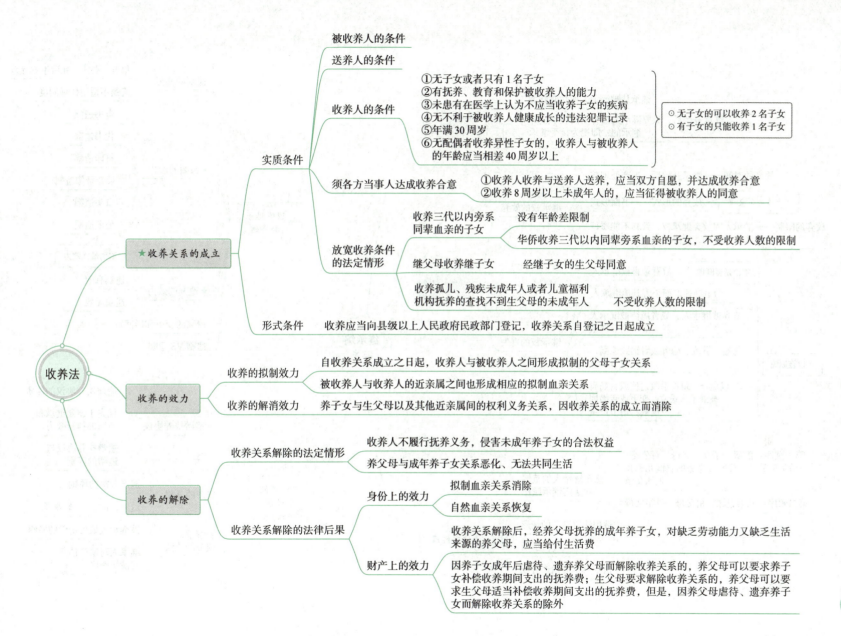

收养法

收养关系的成立 ★

实质条件

被收养人的条件

送养人的条件

收养人的条件
①无子女或者只有 1 名子女
②有抚养、教育和保护被收养人的能力
③未患有在医学上认为不应当收养子女的疾病
④无不利于被收养人健康成长的违法犯罪记录
⑤年满 30 周岁
⑥无配偶者收养异性子女的,收养人与被收养人的年龄应当相差 40 周岁以上

⊙ 无子女的可以收养 2 名子女
⊙ 有子女的只能收养 1 名子女

须各方当事人达成收养合意
①收养人收养与送养人送养,应当双方自愿,并达成收养合意
②收养 8 周岁以上未成年人的,应当征得被收养人的同意

放宽收养条件的法定情形

收养三代以内旁系同辈血亲的子女
没有年龄差限制
华侨收养三代以内同辈旁系血亲的子女,不受收养人数的限制

继父母收养继子女
经继子女的生父母同意

收养孤儿、残疾未成年人或者儿童福利机构抚养的查找不到生父母的未成年人
不受收养人数的限制

形式条件
收养应当向县级以上人民政府民政部门登记,收养关系自登记之日起成立

收养的效力

收养的拟制效力
自收养关系成立之日起,收养人与被收养人之间形成拟制的父母子女关系
被收养人与收养人的近亲属之间也形成相应的拟制血亲关系

收养的解消效力
养子女与生父母以及其他近亲属间的权利义务关系,因收养关系的成立而消除

收养的解除

收养关系解除的法定情形
收养人不履行抚养义务,侵害未成年养子女的合法权益
养父母与成年养子女关系恶化、无法共同生活

收养关系解除的法律后果

身份上的效力
拟制血亲关系消除
自然血亲关系恢复

财产上的效力
收养关系解除后,经养父母抚养的成年养子女,对缺乏劳动能力又缺乏生活来源的养父母,应当给付生活费
因养子女成年后虐待、遗弃养父母而解除收养关系的,养父母可以要求养子女补偿收养期间支出的抚养费;生父母要求解除收养关系的,养父母可以要求生父母适当补偿收养期间支出的抚养费,但是,因养父母虐待、遗弃养子女而解除收养关系的除外

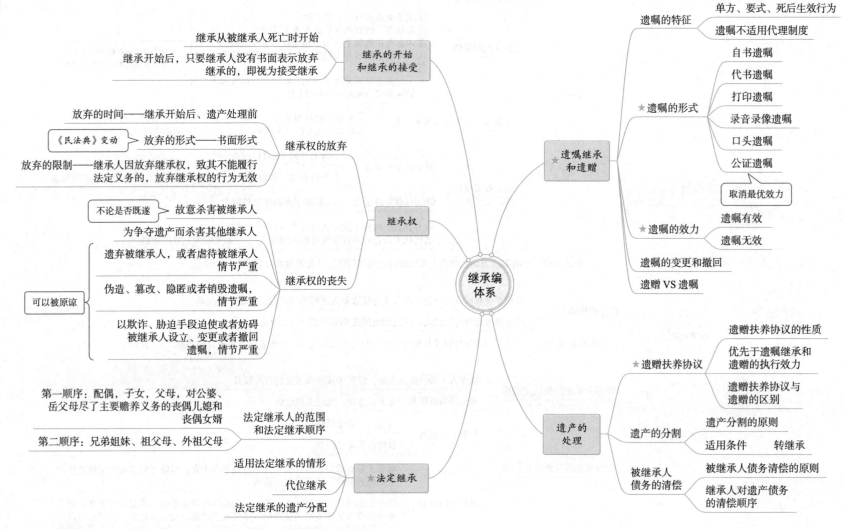

继承从被继承人死亡时开始

继承开始后，只要继承人没有书面表示放弃继承的，即视为接受继承

继承的开始和继承的接受

放弃的时间——继承开始后、遗产处理前

《民法典》变动 放弃的形式——书面形式

放弃的限制——继承人因放弃继承权，致其不能履行法定义务的，放弃继承权的行为无效

继承权的放弃

不论是否既遂 故意杀害被继承人

为争夺遗产而杀害其他继承人

遗弃被继承人，或者虐待被继承人情节严重

伪造、篡改、隐匿或者销毁遗嘱，情节严重

可以被原谅

以欺诈、胁迫手段迫使或者妨碍被继承人设立、变更或者撤回遗嘱，情节严重

继承权的丧失

继承权

继承编体系

第一顺序：配偶，子女，父母，对公婆、岳父母尽了主要赡养义务的丧偶儿媳和丧偶女婿

第二顺序：兄弟姐妹、祖父母、外祖父母

法定继承人的范围和法定继承顺序

适用法定继承的情形

代位继承

法定继承的遗产分配

★法定继承

★遗嘱继承和遗赠

遗嘱的特征
单方、要式、死后生效行为
遗嘱不适用代理制度

★遗嘱的形式
自书遗嘱
代书遗嘱
打印遗嘱
录音录像遗嘱
口头遗嘱
公证遗嘱

取消最优效力

★遗嘱的效力
遗嘱有效
遗嘱无效

遗嘱的变更和撤回

遗赠 VS 遗嘱

遗产的处理

★遗赠扶养协议
遗赠扶养协议的性质
优先于遗嘱继承和遗赠的执行效力
遗赠扶养协议与遗赠的区别

遗产的分割
遗产分割的原则
适用条件 转继承

被继承人债务的清偿
被继承人债务清偿的原则
继承人对遗产债务的清偿顺序

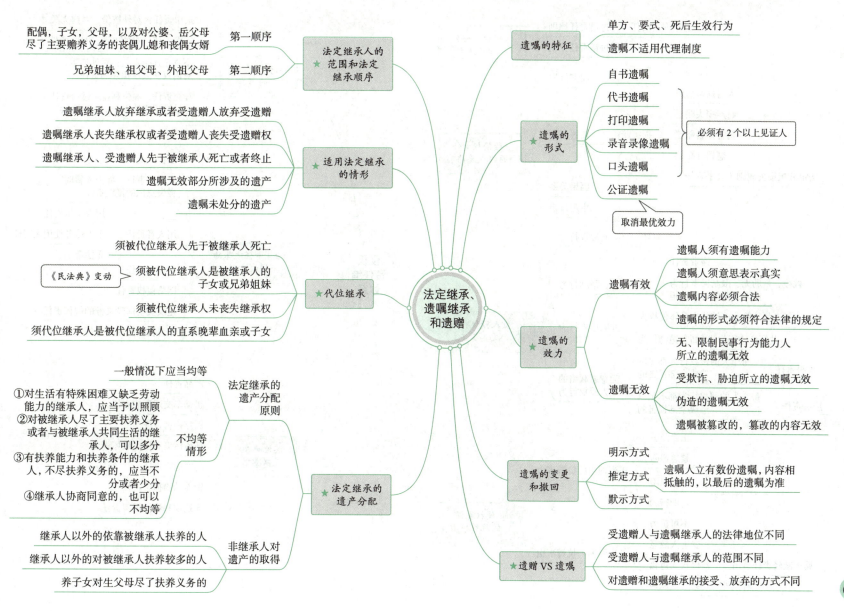

配偶，子女，父母，以及对公婆、岳父母尽了主要赡养义务的丧偶儿媳和丧偶女婿 —— 第一顺序

兄弟姐妹、祖父母、外祖父母 —— 第二顺序

★ 法定继承人的范围和法定继承顺序

单方、要式、死后生效行为

遗嘱不适用代理制度

遗嘱的特征

遗嘱继承人放弃继承或者受遗赠人放弃受遗赠

遗嘱继承人丧失继承权或者受遗赠人丧失受遗赠权

遗嘱继承人、受遗赠人先于被继承人死亡或者终止

遗嘱无效部分所涉及的遗产

遗嘱未处分的遗产

★ 适用法定继承的情形

★ 遗嘱的形式

自书遗嘱

代书遗嘱

打印遗嘱

录音录像遗嘱

口头遗嘱

必须有 2 个以上见证人

公证遗嘱

取消最优效力

须被代位继承人先于被继承人死亡

《民法典》变动

须被代位继承人是被继承人的子女或兄弟姐妹

须被代位继承人未丧失继承权

须代位继承人是被代位继承人的直系晚辈血亲或子女

★ 代位继承

法定继承、遗嘱继承和遗赠

★ 遗嘱的效力

遗嘱有效

遗嘱人须有遗嘱能力

遗嘱人须意思表示真实

遗嘱内容必须合法

遗嘱的形式必须符合法律的规定

遗嘱无效

无、限制民事行为能力人所立的遗嘱无效

受欺诈、胁迫所立的遗嘱无效

伪造的遗嘱无效

遗嘱被篡改的，篡改的内容无效

一般情况下应当均等

①对生活有特殊困难又缺乏劳动能力的继承人，应当予以照顾
②对被继承人尽了主要扶养义务或者与被继承人共同生活的继承人，可以多分
③有扶养能力和扶养条件的继承人，不尽扶养义务的，应当不分或者少分
④继承人协商同意的，也可以不均等

法定继承的遗产分配原则

不均等情形

★ 法定继承的遗产分配

继承人以外的依靠被继承人扶养的人

继承人以外的对被继承人扶养较多的人

养子女对生父母尽了扶养义务的

非继承人对遗产的取得

遗嘱的变更和撤回

明示方式

推定方式

默示方式

遗嘱人立有数份遗嘱，内容相抵触的，以最后的遗嘱为准

★ 遗赠 VS 遗嘱

受遗赠人与遗嘱继承人的法律地位不同

受遗赠人与遗嘱继承人的范围不同

对遗赠和遗嘱继承的接受、放弃的方式不同

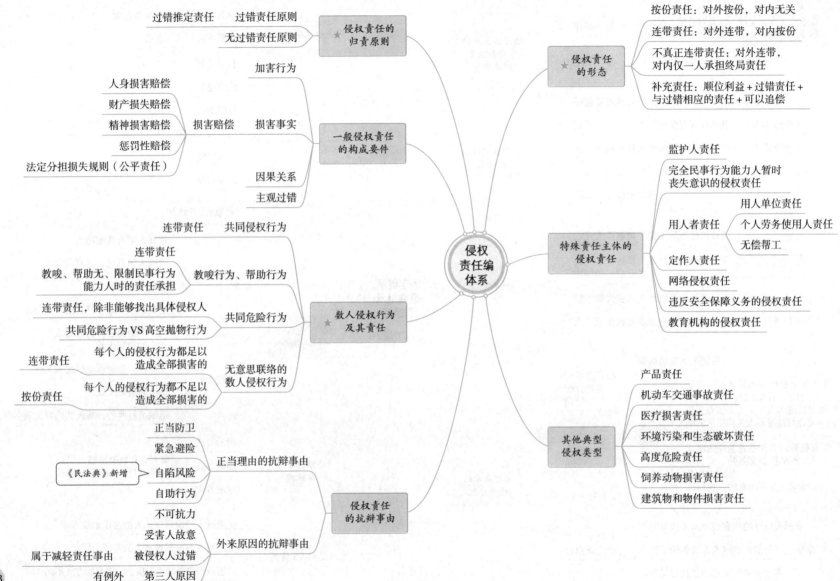

过错推定责任　过错责任原则
　　　　　　　无过错责任原则

★ 侵权责任的归责原则

人身损害赔偿
财产损失赔偿
精神损害赔偿　损害赔偿
惩罚性赔偿
法定分担损失规则（公平责任）

加害行为

损害事实

一般侵权责任的构成要件

因果关系
主观过错

按份责任：对外按份，对内无关
连带责任：对外连带，对内按份
不真正连带责任：对外连带，对内仅一人承担终局责任
补充责任：顺位利益 + 过错责任 + 与过错相应的责任 + 可以追偿

侵权责任的形态

侵权责任编体系

连带责任　共同侵权行为
连带责任
教唆、帮助无、限制民事行为能力人时的责任承担　教唆行为、帮助行为
连带责任，除非能够找出具体侵权人
共同危险行为 VS 高空抛物行为　共同危险行为
每个人的侵权行为都足以造成全部损害的
无意思联络的数人侵权行为
每个人的侵权行为都不足以造成全部损害的

连带责任

按份责任

★ 数人侵权行为及其责任

监护人责任
完全民事行为能力人暂时丧失意识的侵权责任

用人单位责任
用人者责任　个人劳务使用人责任
无偿帮工
定作人责任
网络侵权责任
违反安全保障义务的侵权责任
教育机构的侵权责任

特殊责任主体的侵权责任

正当防卫
紧急避险
《民法典》新增　自陷风险　正当理由的抗辩事由
自助行为

不可抗力
受害人故意
属于减轻责任事由　被侵权人过错　外来原因的抗辩事由
有例外　第三人原因

侵权责任的抗辩事由

产品责任
机动车交通事故责任
医疗损害责任
环境污染和生态破坏责任
高度危险责任
饲养动物损害责任
建筑物和物件损害责任

其他典型侵权类型

侵权责任（总则）

侵权责任的归责原则

过错责任原则
- 过错推定责任
  - 学校对无民事行为能力人受损害的责任
  - 医疗机构违反诊疗规范，隐匿、拒绝提供或者遗失、伪造、篡改、违法销毁病历资料
  - 动物园饲养的动物致人损害
  - 物件责任（基本为过错推定责任）

无过错责任原则
- 替代类责任：监护人、用人者
- 产品责任＋医疗产品责任
- 环境污染责任
- 高度危险责任
- 饲养的动物致人损害（动物园除外）
- 机动车VS非机动车/行人

数人侵权行为及其责任 ★
- 共同侵权行为　　连带责任
- 教唆行为、帮助行为
- 共同危险行为
- 无意思联络的数人侵权行为

侵权责任的抗辩事由 ★
- 正当理由的抗辩事由
  - 正当防卫
  - 紧急避险
    - 有侵权人的，侵权人承担责任
    - 避险人无不当的，不承担责任，由受益人补偿
  - 自陷风险《民法典》新增
    - 其他人免责，故意或者重大过失除外
    - 组织者负有安保义务责任
  - 自助行为
- 外来原因的抗辩事由

损害赔偿
- 人身损害赔偿
- 财产损失赔偿
- 精神损害赔偿
  - 侵害自然人人身权益造成严重精神损害的
  - 因故意或者重大过失侵害自然人具有人身意义的特定物造成严重精神损害的 《民法典》新增
  - 违约之诉不影响受损害方请求精神损害赔偿
- 惩罚性赔偿
  - 故意侵害他人知识产权，情节严重的 《民法典》新增
  - 故意污染环境、破坏生态，造成严重后果的
  - 产品责任，知假售假，造成他人死亡或者健康严重损害的
- 法定分担损失规则（公平责任）
  - 适用条件
    - ①行为人没有过错
    - ②不属于无过错责任原则
    - ③行为人的行为与损害结果之间具有法律上的因果关系

侵权责任的形态
- 按份责任：对外按份，对内无关
- 连带责任：对外连带，对内按份
- 不真正连带责任
- 补充责任
  - 两个补充责任
    - ①校外第三人侵权，学校有过错时的补充责任
    - ②第三人侵权，安保义务人未尽安保义务时的补充责任

一般侵权责任的构成要件
- 加害行为
- 损害事实
- 因果关系
- 主观过错

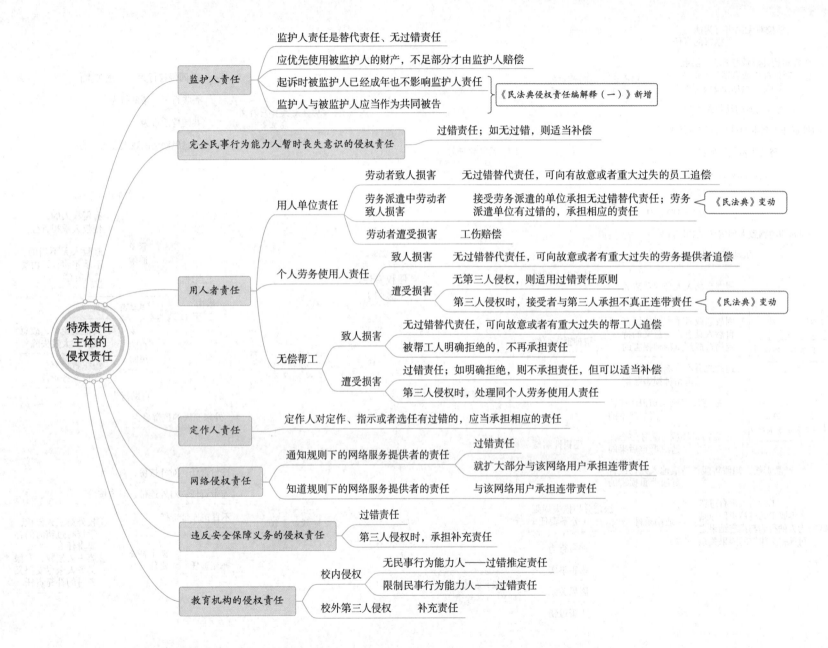

特殊责任主体的侵权责任

监护人责任
- 监护人责任是替代责任、无过错责任
- 应优先使用被监护人的财产，不足部分才由监护人赔偿
- 起诉时被监护人已经成年也不影响监护人责任
- 监护人与被监护人应当作为共同被告 }《民法典侵权责任编解释（一）》新增

完全民事行为能力人暂时丧失意识的侵权责任
- 过错责任；如无过错，则适当补偿

用人者责任
- 用人单位责任
  - 劳动者致人损害 —— 无过错替代责任，可向有故意或者重大过失的员工追偿
  - 劳务派遣中劳动者致人损害 —— 接受劳务派遣的单位承担无过错替代责任；劳务派遣单位有过错的，承担相应的责任 《民法典》变动
  - 劳动者遭受损害 —— 工伤赔偿
- 个人劳务使用人责任
  - 致人损害 —— 无过错替代责任，可向故意或者有重大过失的劳务提供者追偿
  - 遭受损害
    - 无第三人侵权，则适用过错责任原则
    - 第三人侵权时，接受者与第三人承担不真正连带责任 《民法典》变动
- 无偿帮工
  - 致人损害
    - 无过错替代责任，可向故意或者有重大过失的帮工人追偿
    - 被帮工人明确拒绝的，不再承担责任
  - 遭受损害
    - 过错责任；如明确拒绝，则不承担责任，但可以适当补偿
    - 第三人侵权时，处理同个人劳务使用人责任

定作人责任
- 定作人对定作、指示或者选任有过错的，应当承担相应的责任

网络侵权责任
- 通知规则下的网络服务提供者的责任
  - 过错责任
  - 就扩大部分与该网络用户承担连带责任
- 知道规则下的网络服务提供者的责任 —— 与该网络用户承担连带责任

违反安全保障义务的侵权责任
- 过错责任
- 第三人侵权时，承担补充责任

教育机构的侵权责任
- 校内侵权
  - 无民事行为能力人——过错推定责任
  - 限制民事行为能力人——过错责任
- 校外第三人侵权 —— 补充责任

其他典型侵权类型

★产品责任
- 对外无过错责任
- 生产者、销售者承担不真正连带责任
- 明知情形下的惩罚性赔偿

★机动车交通事故责任

归责原则
- 机动车 VS 机动车——过错责任
- 机动车 VS 非机动车/行人——无过错责任

谁使用，谁担责
- ①出租、出借——使用人担责；所有人有过错的，承担按份责任
- ②转让拼装车或者已达到报废标准的机动车——转让人与受让人承担连带责任；如多次转让，则由所有转让人与受让人承担连带责任（不论是否知情）《民法典侵权责任编解释（一）》新增
- ③盗窃、抢夺、抢劫的机动车发生交通事故——保险公司免责，但抢救费用可以由保险公司垫付；侵权人担责，所有人不担责
- ④挂靠的机动车——挂靠人与被挂靠人承担连带责任
- ⑤套牌机动车——允许他人套牌的，套牌者与被套牌者承担连带责任；擅自套牌的，套牌者担责

减、免责事由
- 行人、非机动车故意的，机动车免责；过失的，适当减责
- 机动车能证明自己没有过错的，仅承担不超过10%的责任
- 非营运机动车造成无偿搭乘者损害，无故意、重大过失的，应当减轻或者免除责任
- 机动车驾驶人离开本车后，因未采取制动措施等自身过错受到本车碰撞、碾压所遭受的损害，保险公司免责 《民法典侵权责任编解释（一）》新增

医疗损害责任
- 过错责任为原则，过错推定为例外
- 医疗产品责任为无过错责任，生产者、销售者与医疗机构承担不真正连带责任

★环境污染和生态破坏责任
- 关键词：无过错责任+因果关系举证责任倒置+第三人侵权时的不真正连带责任+故意时的惩罚性赔偿
- 公益诉讼

高度危险责任
- 无过错责任为原则，过错责任为例外
  - 被第三人合法占有时，所有权人属于过错责任
  - 被第三人非法占有时，所有权人、管理人属于过错推定责任

★饲养动物损害责任
- 归责原则　无过错责任　动物园的动物致人损害的，动物园承担过错推定责任
- 因第三人过错导致饲养动物致人损害的　有过错的第三人+饲养人/管理人（无过错）承担不真正连带责任

★建筑物和物件损害责任
- 高空抛物责任
  - 难以确定具体侵权人的（一审法庭辩论终结前）——物业先承担过错赔偿责任，之后再由可能加害人补偿
  - 起诉时知道具体侵权人的——侵权人赔，有过错的物业承担补充赔偿责任，二者可以作为共同被告 《民法典侵权责任编解释（一）》新增
- 脱落、坠落责任——所有人、管理人、使用人——过错推定责任
- 建筑物倒塌责任——建设单位、施工单位连带——过错推定责任（证明建筑物不存在质量缺陷）

思维导图

刑　法

刑法的基础知识
　　刑法概说
　　刑法的基本原则
　　★ 刑法的解释
　　刑法的适用范围

★ 犯罪论体系　　犯罪概说、犯罪构成和构成要件

★ 客观（违法）构成要件　　行为主体、危害行为、危害结果、因果关系、行为对象和行为状态

★ 主观（责任）构成要件　　故意（事实认识错误）、过失、特殊的主观要素

★ 违法阻却事由　　正当防卫、紧急避险、其他违法阻却事由

责任阻却事由　　缺乏刑事责任能力、★ 未到刑事责任年龄、缺乏违法性认识可能性、缺乏期待可能性

★ 犯罪未完成形态　　未完成形态概述、犯罪预备、犯罪未遂、犯罪中止

★ 共同犯罪　　共同犯罪的基本理论、共同正犯、间接正犯、共犯与正犯、共同犯罪人的责任、特殊的共同犯罪、共同犯罪的复杂问题

★ 罪数形态　　基本原理、实质的一罪、法定的一罪、处断的一罪、法律和司法解释的特别规定

刑事责任（法律后果）　　主刑、附加刑、非刑罚的处罚方法

★ 刑罚的裁量　　量刑原则、量刑情节、量刑制度

刑罚的执行与消灭　　减刑、假释、追诉时效期限

刑法的体系（一）—— 总论

刑法分则概说

危害国家安全罪

★ 危害公共安全罪 ── 危险方法类犯罪、破坏公用设施类犯罪、恐怖活动犯罪
             └─ 枪支、弹药、爆炸物、危险物质犯罪

★ 破坏社会主义市场经济秩序罪 ── 生产、销售伪劣商品罪，走私罪，妨害对公司、企业的管理秩序罪
                      └─ 货币犯罪和洗钱罪、非法集资犯罪、金融诈骗罪、危害税收征管罪、侵犯知识产权罪、扰乱市场秩序罪

刑法的体系（二） ── 分 论

★ 侵犯公民人身权利、民主权利罪 ── 侵犯生命、健康的犯罪，侵犯性自主权的犯罪，侵犯自由的犯罪
                      └─ 侵犯婚姻家庭权利的犯罪、侵犯名誉权的犯罪、侵犯民主权利的犯罪

★ 侵犯财产罪 ── 强制占有型的财产犯罪、平和占有型的财产犯罪
         └─ 挪用占有型的财产犯罪、破坏型的财产犯罪

妨害社会管理秩序罪 ── 扰乱公共秩序罪、妨害司法罪、妨害国（边）境管理罪
            ├─ 妨害文物管理罪、危害公共卫生罪、破坏环境资源保护罪
            └─ ★ 走私、贩卖、运输、制造毒品罪，组织、强迫、引诱、容留、介绍卖淫罪，制作、贩卖、传播淫秽物品罪

★ 贪污贿赂罪 ── 贪污犯罪、贿赂犯罪

★ 渎职罪 ── 滥用职权型渎职罪、玩忽职守型渎职罪

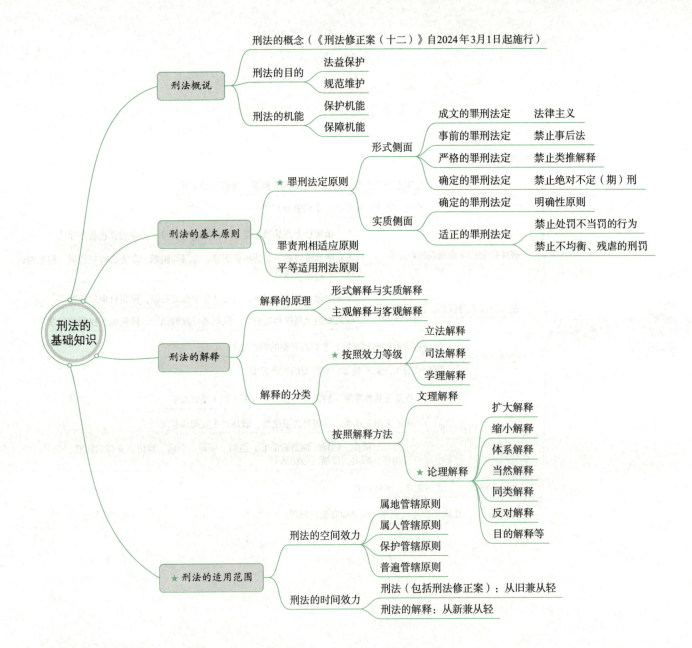

刑法的基础知识

- 刑法概说
  - 刑法的概念（《刑法修正案（十二）》自2024年3月1日起施行）
  - 刑法的目的
    - 法益保护
    - 规范维护
  - 刑法的机能
    - 保护机能
    - 保障机能
- 刑法的基本原则
  - ★ 罪刑法定原则
    - 形式侧面
      - 成文的罪刑法定 —— 法律主义
      - 事前的罪刑法定 —— 禁止事后法
      - 严格的罪刑法定 —— 禁止类推解释
      - 确定的罪刑法定 —— 禁止绝对不定（期）刑
    - 实质侧面
      - 确定的罪刑法定 —— 明确性原则
      - 适正的罪刑法定
        - 禁止处罚不当罚的行为
        - 禁止不均衡、残虐的刑罚
  - 罪责刑相适应原则
  - 平等适用刑法原则
- 刑法的解释
  - 解释的原理
    - 形式解释与实质解释
    - 主观解释与客观解释
  - 解释的分类
    - ★ 按照效力等级
      - 立法解释
      - 司法解释
      - 学理解释
    - 按照解释方法
      - 文理解释
      - ★ 论理解释
        - 扩大解释
        - 缩小解释
        - 体系解释
        - 当然解释
        - 同类解释
        - 反对解释
        - 目的解释等
- ★ 刑法的适用范围
  - 刑法的空间效力
    - 属地管辖原则
    - 属人管辖原则
    - 保护管辖原则
    - 普遍管辖原则
  - 刑法的时间效力
    - 刑法（包括刑法修正案）：从旧兼从轻
    - 刑法的解释：从新兼从轻

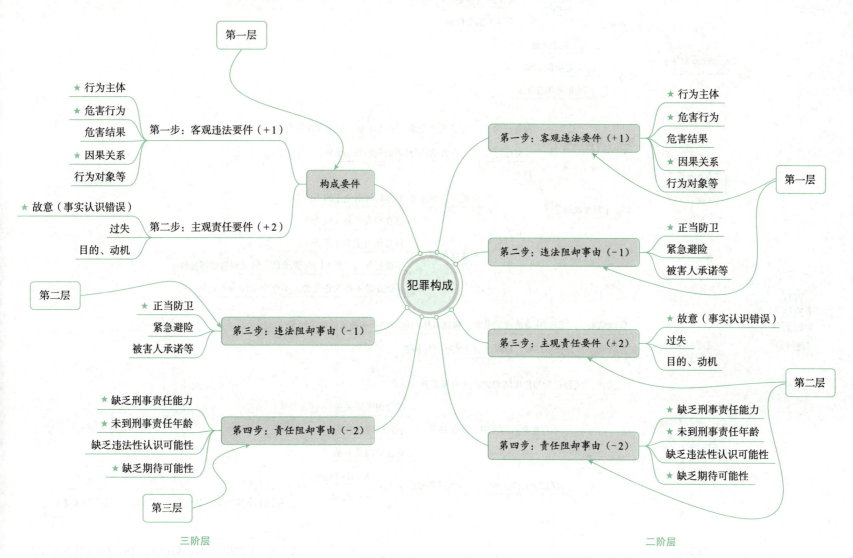

第一层

行为主体
★ 危害行为
危害结果
★ 因果关系
行为对象等

第一步：客观违法要件（+1）

构成要件

★ 故意（事实认识错误）
过失
目的、动机

第二步：主观责任要件（+2）

犯罪构成

第一步：客观违法要件（+1）

★ 行为主体
★ 危害行为
危害结果
★ 因果关系
行为对象等

第一层

第二步：违法阻却事由（-1）

★ 正当防卫
紧急避险
被害人承诺等

第二层

★ 正当防卫
紧急避险
被害人承诺等

第三步：违法阻却事由（-1）

第三步：主观责任要件（+2）

★ 故意（事实认识错误）
过失
目的、动机

第二层

★ 缺乏刑事责任能力
★ 未到刑事责任年龄
缺乏违法性认识可能性
★ 缺乏期待可能性

第四步：责任阻却事由（-2）

第三层

第四步：责任阻却事由（-2）

★ 缺乏刑事责任能力
★ 未到刑事责任年龄
缺乏违法性认识可能性
★ 缺乏期待可能性

三阶层

二阶层

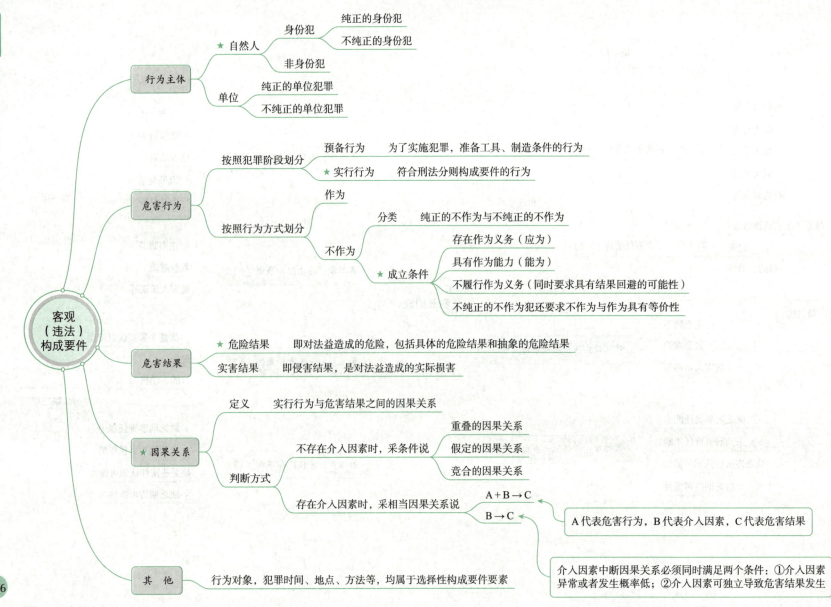

客观（违法）构成要件

行为主体
├─ ★自然人
│   ├─ 身份犯
│   │   ├─ 纯正的身份犯
│   │   └─ 不纯正的身份犯
│   └─ 非身份犯
└─ 单位
    ├─ 纯正的单位犯罪
    └─ 不纯正的单位犯罪

危害行为
├─ 按照犯罪阶段划分
│   ├─ 预备行为　　为了实施犯罪，准备工具、制造条件的行为
│   └─ ★实行行为　　符合刑法分则构成要件的行为
└─ 按照行为方式划分
    ├─ 作为
    └─ 不作为
        ├─ 分类　　纯正的不作为与不纯正的不作为
        └─ ★成立条件
            ├─ 存在作为义务（应为）
            ├─ 具有作为能力（能为）
            ├─ 不履行作为义务（同时要求具有结果回避的可能性）
            └─ 不纯正的不作为犯还要求不作为与作为具有等价性

危害结果
├─ ★危险结果　　即对法益造成的危险，包括具体的危险结果和抽象的危险结果
└─ 实害结果　　即侵害结果，是对法益造成的实际损害

★因果关系
├─ 定义　　实行行为与危害结果之间的因果关系
└─ 判断方式
    ├─ 不存在介入因素时，采条件说
    │   ├─ 重叠的因果关系
    │   ├─ 假定的因果关系
    │   └─ 竞合的因果关系
    └─ 存在介入因素时，采相当因果关系说
        ├─ A＋B→C
        └─ B→C

A代表危害行为，B代表介入因素，C代表危害结果

介入因素中断因果关系必须同时满足两个条件：①介入因素异常或者发生概率低；②介入因素可独立导致危害结果发生

其他　　行为对象，犯罪时间、地点、方法等，均属于选择性构成要件要素

主观（责任）构成要件

故意
- 含义
  - 认识因素
    - 其指行为人明知自己的行为会发生危害社会的结果的心理态度
    - 对规范性构成要件要素的认识与对记述性构成要件要素的认识不同
  - 意志因素 —— 其指行为人希望或者放任危害结果发生的心理态度
- ★类型
  - 直接故意 —— 其指行为人明知自己的行为必然发生或者可能发生危害社会的结果，并且希望这种结果发生的心理态度
  - 间接故意 —— 其指行为人明知自己的行为可能发生危害社会的结果，并且放任这种结果发生的心理态度

认识错误
- 法律认识错误 —— 法律认识错误原则上不影响行为的定性，除非缺乏违法性认识可能性，进而阻却责任
- ★事实认识错误
  - 具体的事实认识错误
    - 对象错误 —— 除选择性罪名以外，具体符合说与法定符合说结论一致
    - 打击错误 —— 具体符合说与法定符合说结论不一致
    - 因果关系错误
      - 狭义的因果关系错误 —— 不存在不同观点
      - 事前的故意 —— 存在不同观点
      - 结果的提前实现 —— 存在不同观点
  - 抽象的事实认识错误
    - 只存在对象错误、打击错误
    - 无论哪种错误，均要实现主客观相统一，可分三步进行分析
      - 先从主观认识出发，分析行为人触犯何罪？是否既遂？
      - 再从客观事实出发，分析行为人触犯何罪？是否成立犯罪或者既遂？
      - 在前两步基础上分析最终需要认定行为人触犯何罪？是否需要想象竞合？

过失
- 疏忽大意的过失 —— 其指应当预见自己的行为可能发生危害社会的结果，因为疏忽大意而没有预见，以致发生这种结果的心理态度
- 过于自信的过失 —— 其指已经预见自己的行为可能发生危害社会的结果，但轻信可以避免，以致发生这种结果的心理态度

无罪过事件 —— 其指行为在客观上虽然造成了危害结果，但不是由于行为人的故意或者过失，而是由不能抗拒或者不能预见的原因引起的，不是犯罪
- 意外事件
- 不可抗力

特殊的主观要素
- ★目的 —— 注意主观的超过要素，如绑架罪中"勒索财物"的目的，拐卖妇女、儿童罪中"出卖"的目的，挪用公款罪中"用"的目的
- 动机 —— 多数情况下影响量刑，少数情况下影响定罪

违法阻却事由（一） — 法定的违法阻却事由（1）

正当防卫

成立条件

★ 防卫意图
- 防卫认识：其指防卫人意识到国家、公共利益，本人或者他人的人身、财产等合法权利受到正在进行的不法侵害
- 防卫意志：其指防卫人出于保护国家、公共利益，本人或者他人的人身、财产等合法权利免受正在进行的不法侵害的目的；防卫意志要求防卫人的内心动机必须具有极高的纯粹性
- 注意防卫挑拨、互相斗殴、偶然防卫的定性

★ 防卫起因（即正在进行的不法侵害）
- 不法侵害必须是自然人实施的不法侵害，无需行为人具有刑事责任能力，但对于行为人是否应具有故意、过失则存在不同观点
- 不法侵害必须现实存在，否则属于假想防卫
- 不法侵害需要具备紧迫性、进攻性、破坏性
- 在国家机关能够及时有效保护公民法益的情况下，公民没有必要，也不应当进行防卫

防卫时间
- 不法侵害必须正在进行，否则属于防卫不适时（事前防卫或者事后防卫）
- 在财产犯罪中，不法侵害人虽已取得财物，但通过追赶、阻击等措施能够追回财物的，可以视为不法侵害仍在进行

★ 防卫对象
- 只能针对不法侵害人本人；若存在共犯，则可以针对在现场共同实施不法侵害的人进行防卫
- 正当防卫中出现打击错误防卫到无关第三人的，视情形可能存在不同观点

★ 防卫限度
- 正当防卫不能明显超过必要限度
- 防卫是否"明显超过必要限度"，应当综合不法侵害的性质、手段、强度等情节，考虑双方力量对比，立足防卫人防卫时所处情境，结合社会公众的一般认知作出判断

★ 防卫过当
- 其指正当防卫明显超过必要限度，造成了重大损害，行为人应当负刑事责任，但是应当减轻或者免除处罚
- "造成重大损害"是指造成不法侵害人重伤、死亡；造成轻伤及以下损害的，不属于重大损害
- 防卫行为虽然明显超过必要限度但没有造成重大损害的，不应认定为防卫过当

★ 特殊防卫
- 其指针对正在进行的行凶、杀人、抢劫、强奸、绑架以及其他严重危及人身安全的暴力犯罪采取防卫行为，造成不法侵害人伤亡的，不属于防卫过当，行为人不负刑事责任
- "杀人、抢劫、强奸、绑架"是指具体犯罪行为，而不是具体罪名
- "其他严重危及人身安全的暴力犯罪"应当是与杀人、抢劫、强奸、绑架行为危害程度相当，并具有致人重伤或者死亡的紧迫危险和现实可能的暴力犯罪
- 刑法关于特殊防卫的规定属于"注意规定"而非"法律拟制"，因此，对于不符合特殊防卫条件的防卫行为致不法侵害人伤亡的，如果没有明显超过必要限度，也应认定为正当防卫，行为人不负刑事责任

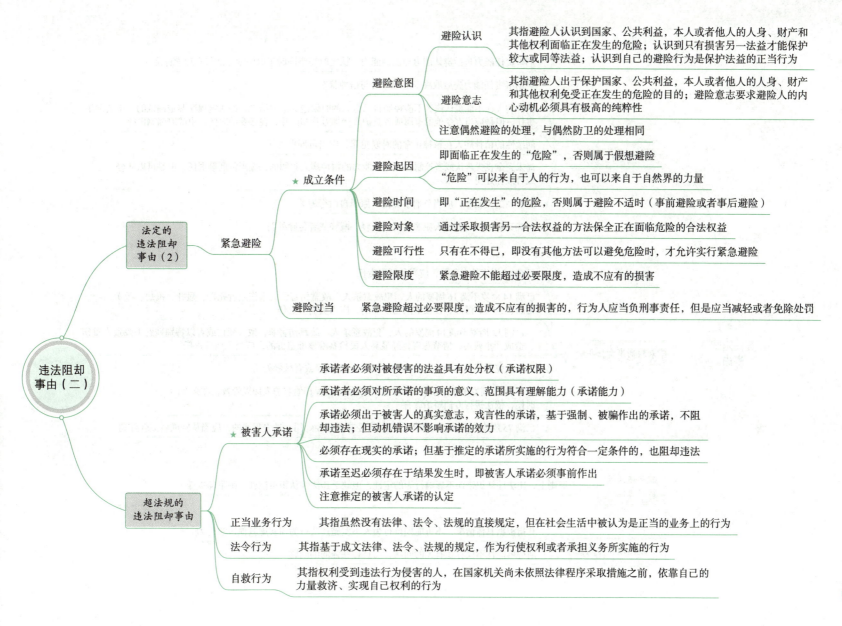

违法阻却事由（二）

法定的违法阻却事由（2）

紧急避险

成立条件 ★

避险意图
- 避险认识：其指避险人认识到国家、公共利益，本人或者他人的人身、财产和其他权利面临正在发生的危险；认识到只有损害另一法益才能保护较大或同等法益；认识到自己的避险行为是保护法益的正当行为
- 避险意志：其指避险人出于保护国家、公共利益，本人或者他人的人身、财产和其他权利免受正在发生的危险的目的；避险意志要求避险人的内心动机必须具有极高的纯粹性
- 注意偶然避险的处理，与偶然防卫的处理相同

避险起因
- 即面临正在发生的"危险"，否则属于假想避险
- "危险"可以来自于人的行为，也可以来自于自然界的力量

避险时间：即"正在发生"的危险，否则属于避险不适时（事前避险或者事后避险）

避险对象：通过采取损害另一合法权益的方法保全正在面临危险的合法权益

避险可行性：只有在不得已，即没有其他方法可以避免危险时，才允许实行紧急避险

避险限度：紧急避险不能超过必要限度，造成不应有的损害

避险过当：紧急避险超过必要限度，造成不应有的损害的，行为人应当负刑事责任，但是应当减轻或者免除处罚

超法规的违法阻却事由

被害人承诺 ★
- 承诺者必须对被侵害的法益具有处分权（承诺权限）
- 承诺者必须对所承诺的事项的意义、范围具有理解能力（承诺能力）
- 承诺必须出于被害人的真实意志，戏言性的承诺，基于强制、被骗作出的承诺，不阻却违法；但动机错误不影响承诺的效力
- 必须存在现实的承诺；但基于推定的承诺所实施的行为符合一定条件的，也阻却违法
- 承诺至迟必须存在于结果发生时，即被害人承诺必须事前作出
- 注意推定的被害人承诺的认定

正当业务行为：其指虽然没有法律、法令、法规的直接规定，但在社会生活中被认为是正当的业务上的行为

法令行为：其指基于成文法律、法令、法规的规定，作为行使权利或者承担义务所实施的行为

自救行为：其指权利受到违法行为侵害的人，在国家机关尚未依照法律程序采取措施之前，依靠自己的力量救济、实现自己权利的行为

责任阻却事由

缺乏刑事责任能力

- 刑事责任能力包括辨认能力与控制能力，认定时需要同时采取医学标准与心理学标准
- ★ 刑事责任能力先后取决于生理年龄与精神状态
- 精神病人在不能辨认或者不能控制自己行为的时候造成危害结果，经法定程序鉴定确认的，不负刑事责任，但是应当责令他的家属或者监护人严加看管和医疗；在必要的时候，由政府强制医疗
- 间歇性的精神病人在精神正常的时候犯罪，应当负刑事责任
- 尚未完全丧失辨认或者控制自己行为能力的精神病人犯罪的，应当负刑事责任，但是可以从轻或者减轻处罚
- ★ 醉酒的人犯罪，应当负刑事责任（原因自由行为）
- 又聋又哑的人或者盲人犯罪，可以从轻、减轻或者免除处罚

未到刑事责任年龄

- 已满16周岁的人犯罪，应当负刑事责任
- 已满14周岁不满16周岁的人，犯故意杀人、故意伤害致人重伤或者死亡、强奸、抢劫、贩卖毒品、放火、爆炸、投放危险物质罪的，应当负刑事责任
- ★ 已满12周岁不满14周岁的人，犯故意杀人、故意伤害罪，致人死亡或者以特别残忍手段致人重伤造成严重残疾，情节恶劣，经最高人民检察院核准追诉的，应当负刑事责任
- 对被追究刑事责任的不满18周岁的人，应当从轻或者减轻处罚
- 因不满16周岁不予刑事处罚的，责令其父母或者其他监护人加以管教；在必要的时候，依法进行专门矫治教育
- 已满75周岁的人故意犯罪的，可以从轻或者减轻处罚；过失犯罪的，应当从轻或者减轻处罚

缺乏违法性认识可能性

- 原则上，违法性认识错误不影响行为的定性，但缺乏违法性认识可能性，则阻却责任

★ 缺乏期待可能性

- 其指根据具体情况，不可能期待行为人不实施违法行为而实施其他适法行为
- 期待可能性不仅存在有无的问题，而且存在强弱的问题

犯罪形态

★ 完成形态
- 成立 —— 过失犯罪
- 既遂 —— 故意犯罪
- 以产生危险为既遂条件的为危险犯；以发生实害结果为既遂条件的为实害犯；过失犯罪均为实害犯

未完成形态

犯罪预备
- 定义 —— 故意实施了犯罪预备行为，但是由于意志以外的原因未能着手实行犯罪
- ★ 分类
  - 自己预备罪与他人预备罪
  - 从属预备罪与独立预备罪
- 注意 —— 预备行为与犯意表示、实行行为的区别
- 处罚 —— 对于预备犯，可以比照既遂犯从轻、减轻处罚或者免除处罚

★ 犯罪未遂
- 定义 —— 已经着手实施犯罪，但是由于犯罪分子意志以外的原因而未得逞（欲而不能）
- 分类
  - 实行终了的未遂与未实行终了的未遂
  - 能犯未遂与不能犯未遂
  - 注意：理论上有不能犯与未遂犯的区分
- 特殊情况 —— 犯罪未遂与犯罪既遂并存时如何处理（如欲敲诈勒索数额特别巨大财物，但只获得数额较大财物）
- 处罚 —— 对于未遂犯，可以比照既遂犯从轻或者减轻处罚

犯罪中止
- 定义 —— 在犯罪过程中自动放弃犯罪或者自动有效地防止犯罪结果发生（能而不欲）
- 分类
  - 积极的中止 —— 在实行行为终了的情况下，自动有效地防止犯罪结果的发生
  - 消极的中止 —— 在犯罪预备阶段或者在实行行为还没有终了的情况下，自动放弃犯罪
- ★ 成立条件 —— 时间性、自动性、客观性、有效性
- 特殊情况
  - 中止行为与危害结果不发生之间不需要存在因果关系
  - 犯罪中止不仅可以存在于基本犯中，而且可以存在于其他的犯罪构成中
  - 足以防止结果发生的中止行为独立地导致原犯罪的侵害结果发生时，如果应将侵害结果归责于该行为，则不妨碍原犯罪成立犯罪中止
  - 即使原犯罪的既遂结果已经出现，但是该既遂结果与原行为并无因果关系的，只要中止行为足以防止既遂结果发生，也可认定为犯罪中止
  - 即使在因果关系发展的短暂进程中，行为人一度以为或者估计犯罪已经既遂，但在能继续实施犯罪行为的情况下放弃犯罪或者自动有效地防止犯罪结果发生的，也认定为犯罪中止
- ★ 处罚
  - 对于中止犯，没有造成损害的，应当免除处罚；造成损害的，应当减轻处罚
  - "损害"仅限于行为造成的实害，不包括行为造成的危险
  - "损害"必须是中止行为之前的行为造成的损害，而不能是中止行为本身或者之后的行为造成的损害
  - "造成损害"，是指该行为符合某种重罪的中止的成立条件，同时又构成了某种轻罪的既遂

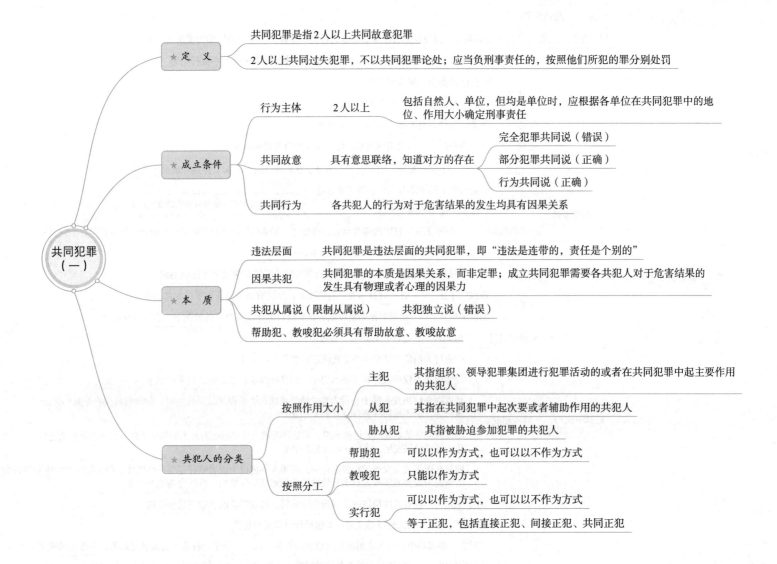

共同犯罪（一）

★ 定 义
- 共同犯罪是指2人以上共同故意犯罪
- 2人以上共同过失犯罪，不以共同犯罪论处；应当负刑事责任的，按照他们所犯的罪分别处罚

★ 成立条件
- 行为主体 — 2人以上 — 包括自然人、单位，但均是单位时，应根据各单位在共同犯罪中的地位、作用大小确定刑事责任
- 共同故意 — 具有意思联络，知道对方的存在
  - 完全犯罪共同说（错误）
  - 部分犯罪共同说（正确）
  - 行为共同说（正确）
- 共同行为 — 各共犯人的行为对于危害结果的发生均具有因果关系

★ 本 质
- 违法层面 — 共同犯罪是违法层面的共同犯罪，即"违法是连带的，责任是个别的"
- 因果共犯 — 共同犯罪的本质是因果关系，而非定罪；成立共同犯罪需要各共犯人对于危害结果的发生具有物理或者心理的因果力
- 共犯从属说（限制从属说） — 共犯独立说（错误）
- 帮助犯、教唆犯必须具有帮助故意、教唆故意

★ 共犯人的分类
- 按照作用大小
  - 主犯 — 其指组织、领导犯罪集团进行犯罪活动的或者在共同犯罪中起主要作用的共犯人
  - 从犯 — 其指在共同犯罪中起次要或者辅助作用的共犯人
  - 胁从犯 — 其指被胁迫参加犯罪的共犯人
- 按照分工
  - 帮助犯 — 可以以作为方式，也可以以不作为方式
  - 教唆犯 — 只能以作为方式
  - 实行犯
    - 可以以作为方式，也可以以不作为方式
    - 等于正犯，包括直接正犯、间接正犯、共同正犯

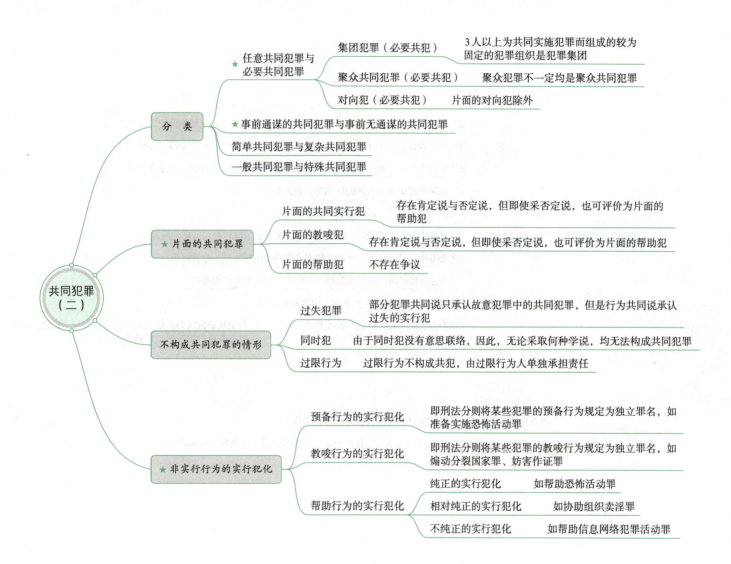

共同犯罪（二）

分类
- ★ 任意共同犯罪与必要共同犯罪
  - 集团犯罪（必要共犯）—— 3人以上为共同实施犯罪而组成的较为固定的犯罪组织是犯罪集团
  - 聚众共同犯罪（必要共犯）—— 聚众犯罪不一定均是聚众共同犯罪
  - 对向犯（必要共犯）—— 片面的对向犯除外
- ★ 事前通谋的共同犯罪与事前无通谋的共同犯罪
- 简单共同犯罪与复杂共同犯罪
- 一般共同犯罪与特殊共同犯罪

★ 片面的共同犯罪
- 片面的共同实行犯 —— 存在肯定说与否定说，但即使采否定说，也可评价为片面的帮助犯
- 片面的教唆犯 —— 存在肯定说与否定说，但即使采否定说，也可评价为片面的帮助犯
- 片面的帮助犯 —— 不存在争议

不构成共同犯罪的情形
- 过失犯罪 —— 部分犯罪共同说只承认故意犯罪中的共同犯罪，但是行为共同说承认过失的实行犯
- 同时犯 —— 由于同时犯没有意思联络，因此，无论采取何种学说，均无法构成共同犯罪
- 过限行为 —— 过限行为不构成共犯，由过限行为人单独承担责任

★ 非实行行为的实行犯化
- 预备行为的实行犯化 —— 即刑法分则将某些犯罪的预备行为规定为独立罪名，如准备实施恐怖活动罪
- 教唆行为的实行犯化 —— 即刑法分则将某些犯罪的教唆行为规定为独立罪名，如煽动分裂国家罪、妨害作证罪
- 帮助行为的实行犯化
  - 纯正的实行犯化 —— 如帮助恐怖活动罪
  - 相对纯正的实行犯化 —— 如协助组织卖淫罪
  - 不纯正的实行犯化 —— 如帮助信息网络犯罪活动罪

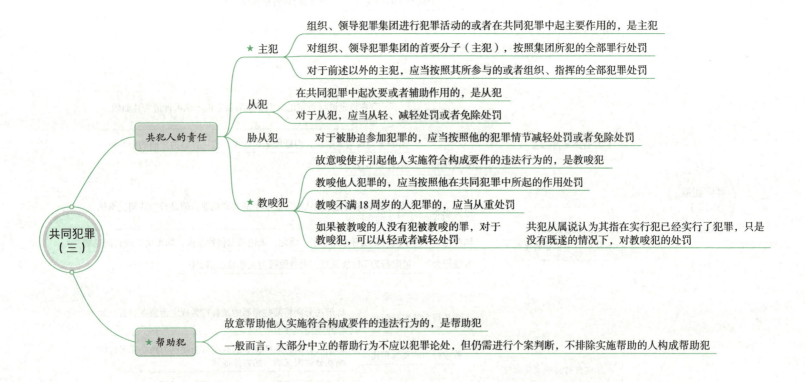

共同犯罪
（三）

共犯人的责任

★ 主犯
- 组织、领导犯罪集团进行犯罪活动的或者在共同犯罪中起主要作用的，是主犯
- 对组织、领导犯罪集团的首要分子（主犯），按照集团所犯的全部罪行处罚
- 对于前述以外的主犯，应当按照其所参与的或者组织、指挥的全部犯罪处罚

从犯
- 在共同犯罪中起次要或者辅助作用的，是从犯
- 对于从犯，应当从轻、减轻处罚或者免除处罚

胁从犯
- 对于被胁迫参加犯罪的，应当按照他的犯罪情节减轻处罚或者免除处罚

★ 教唆犯
- 故意唆使并引起他人实施符合构成要件的违法行为的，是教唆犯
- 教唆他人犯罪的，应当按照他在共同犯罪中所起的作用处罚
- 教唆不满18周岁的人犯罪的，应当从重处罚
- 如果被教唆的人没有犯被教唆的罪，对于教唆犯，可以从轻或者减轻处罚 —— 共犯从属说认为其指在实行犯已经实行了犯罪，只是没有既遂的情况下，对教唆犯的处罚

★ 帮助犯
- 故意帮助他人实施符合构成要件的违法行为的，是帮助犯
- 一般而言，大部分中立的帮助行为不应以犯罪论处，但仍需进行个案判断，不排除实施帮助的人构成帮助犯

共同犯罪（四）

- ★ **间接正犯**
  - 其指那些未出现在犯罪现场，也未参与共同实行，而是通过强制或者欺骗手段支配直接实行者，从而支配构成要件实现的人
  - 类型
    - 被利用者欠缺客观构成要件要素（例如，司法工作人员利用同监所犯人刑讯逼供另一犯人的，司法工作人员构成刑讯逼供罪的间接正犯）
    - 被利用者具有违法阻却事由
      - 利用他人的合法行为
      - 利用被害人的自我侵害行为
    - 被利用者欠缺责任
      - 利用欠缺故意的行为
      - 利用欠缺目的的行为
      - 利用无责任能力的行为
      - 利用他人缺乏违法性认识可能性的行为
  - 注意
    - 无身份者不会构成真正身份犯的间接正犯
    - 传统刑法认为间接正犯与共同犯罪属于互斥关系，但现有观点认为两者并非绝对的排斥关系

- **承继的共犯**
  - 其指在实行犯实施犯罪的过程中，参与到该犯罪进程中的行为人临时与该实行犯形成共同犯罪故意的情形
  - ★ **承继的时间** 除了继续犯（持续犯）以外，承继的共犯只能存在于犯罪既遂之前
  - ★ **定性**
    - 原则上，承继的共犯与被承继的共犯的行为性质相同，因此应按照被承继的共犯的行为性质定性
    - 后行为人仅参与后一犯罪的，不成立类似结合犯，仅构成后一犯罪
    - 根据因果关系原理，承继的共犯对于其承继之前的行为造成的结果不承担责任
  - 类型
    - 承继的帮助犯
    - 承继的实行犯

- ★ **共犯与身份**
  - 真正身份犯的共同犯罪 原则上按照实行犯的性质进行认定，不具有身份的人不能构成身份犯的实行犯
  - 特殊规定
    - 司法解释规定，非国家工作人员与国家工作人员通谋，分别利用各自的职务便利为他人谋取利益，共同收受他人财物的，按照主犯的犯罪性质追究刑事责任；不能分清主从犯的，可以以受贿罪追究刑事责任
    - 司法解释规定，对于在公司、企业或者其他单位中，非国家工作人员与国家工作人员勾结，分别利用各自的职务便利，共同将本单位财物非法占有的，按照主犯的犯罪性质定罪；难以区分主从犯的，可以以贪污罪定罪处罚
  - 不真正身份犯的共同犯罪 刑法关于刑罚加减的规定仅适用于具有加减身份的人

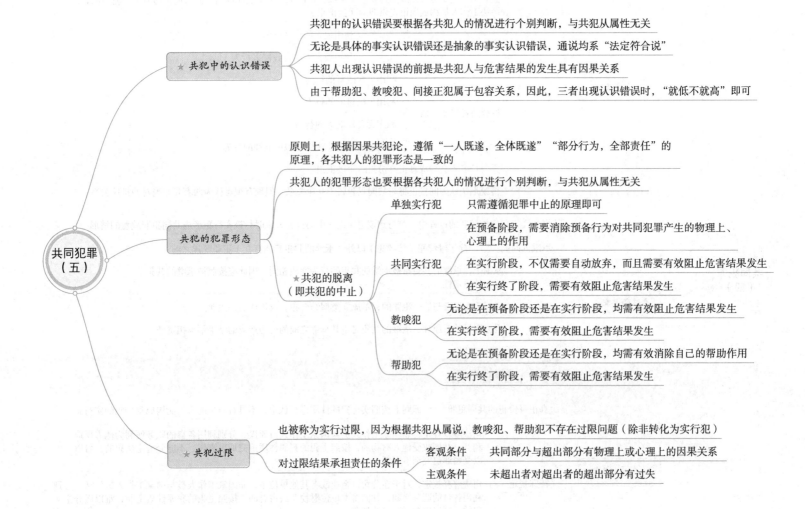

共同犯罪（五）

★ 共犯中的认识错误
- 共犯中的认识错误要根据各共犯人的情况进行个别判断，与共犯从属性无关
- 无论是具体的事实认识错误还是抽象的事实认识错误，通说均系"法定符合说"
- 共犯人出现认识错误的前提是共犯人与危害结果的发生具有因果关系
- 由于帮助犯、教唆犯、间接正犯属于包容关系，因此，三者出现认识错误时，"就低不就高"即可

共犯的犯罪形态
- 原则上，根据因果共犯论，遵循"一人既遂，全体既遂""部分行为，全部责任"的原理，各共犯人的犯罪形态是一致的
- 共犯人的犯罪形态也要根据各共犯人的情况进行个别判断，与共犯从属性无关
- ★ 共犯的脱离（即共犯的中止）
  - 单独实行犯：只需遵循犯罪中止的原理即可
  - 共同实行犯
    - 在预备阶段，需要消除预备行为对共同犯罪产生的物理上、心理上的作用
    - 在实行阶段，不仅需要自动放弃，而且需要有效阻止危害结果发生
    - 在实行终了阶段，需要有效阻止危害结果发生
  - 教唆犯
    - 无论是在预备阶段还是在实行阶段，均需有效阻止危害结果发生
    - 在实行终了阶段，需要有效阻止危害结果发生
  - 帮助犯
    - 无论是在预备阶段还是在实行阶段，均需有效消除自己的帮助作用
    - 在实行终了阶段，需要有效阻止危害结果发生

★ 共犯过限
- 也被称为实行过限，因为根据共犯从属说，教唆犯、帮助犯不存在过限问题（除非转化为实行犯）
- 对过限结果承担责任的条件
  - 客观条件：共同部分与超出部分有物理上或心理上的因果关系
  - 主观条件：未超出者对超出者的超出部分有过失

基本原理 —— 罪数理论本身比较复杂，从应试角度来看，要格外注意刑法以及司法解释的特别规定

罪数形态

├─ 实质的一罪
│   ├─ 继续犯
│   │   ├─ 其指犯罪行为与不法状态在一定时间内处于持续状态的情况
│   │   ├─ 追诉时效从犯罪行为结束之日起计算
│   │   └─ 行为跨越新旧刑法的，适用新法
│   │
│   ├─ ★ 结果加重犯
│   │   ├─ 必须基于刑法的明确规定，与情节加重犯合称"加重的犯罪构成"
│   │   ├─ 要求基本行为与加重结果之间具有因果关系
│   │   ├─ 要求行为人对加重结果具有责任（故意或者过失）
│   │   └─ 传统刑法里的转化犯本质上属于法律拟制，与结果加重犯属于不同概念
│   │
│   └─ ★ 想象竞合犯
│   ├─ 其指一个行为触犯了数个罪名的情况
│   ├─ 原则上从一重罪论处
│   └─ 与法条竞合的区分
│   ├─ 想象竞合属于动态的竞合，法条竞合属于静态的竞合（法条本身就存在包容关系）
│   ├─ 法条竞合原则上特别法优于普通法，特殊情况下亦可择一重罪处罚
│   └─ 法条竞合不仅可以存在于相异的法条中，也可以存在于同一法条的不同条款中
│
├─ 法定的一罪
│   ├─ 结合犯
│   │   ├─ 定义 —— 其指数个原本独立的犯罪行为，根据刑法分则的明文规定，结合成为另一独立新罪的情况
│   │   └─ 处罚 —— 以结合的新罪论处，不以数罪论处
│   └─ 集合犯
│   ├─ 定义 —— 其指犯罪构成预定了数个同种类的行为的情况
│   └─ 分类 —— 常习犯（我国没有）、职业犯、营业犯
│
└─ 处断的一罪
    ├─ 连续犯
    │   ├─ 定义 —— 其指基于同一的或者概括的犯罪故意，连续实施性质相同的数个行为，触犯同一罪名的情况
    │   └─ 相关问题的处理
    │   ├─ 犯罪行为有连续状态的，追诉时效从行为终了之日起计算
    │   ├─ 犯罪行为跨越新旧刑法的，如果新旧刑法都认为是犯罪，即使现行刑法规定的处罚较重，也适用现行刑法，但是在量刑时可以适当从宽处罚
    │   └─ 连续犯在我国按一罪处罚
    │
    ├─ ★ 牵连犯
    │   ├─ 定义 —— 其指行为人实施某个犯罪，该犯罪的手段行为或结果行为又触犯其他罪的情况
    │   └─ 处罚 —— 原则上择一重罪论处或者择一重罪从重论处，但是有特殊情况仍需数罪并罚
    │
    └─ ★ 吸收犯
        ├─ 定义 —— 其指一个犯罪行为因为是另一个犯罪行为的必经阶段、组成部分或当然结果，而被另一个犯罪行为吸收的情况
        ├─ 分类
        │   ├─ 吸收必经阶段
        │   ├─ 吸收组成部分
        │   └─ 吸收当然结果（不可罚之事后行为）
        └─ 处罚 —— 对吸收犯仅按吸收之罪处断，不实行数罪并罚

刑事责任（法律后果）（一） ← **刑罚（1）** — **主刑**

管制
- 管制的期限，为 3 个月以上 2 年以下
- 判处管制，可以根据犯罪情况，同时禁止犯罪分子在执行期间从事特定活动，进入特定区域、场所，接触特定的人；违反禁止令的，由公安机关依照《治安管理处罚法》的规定处罚
- 对判处管制的犯罪分子，依法实行社区矫正
- 被判处管制的犯罪分子，管制期满，执行机关应立即向本人和其所在单位或者居住地的群众宣布解除管制
- 管制的刑期，从判决执行之日起计算；判决执行以前先行羁押的，羁押1日折抵刑期2日

拘役
- 拘役的期限，为 1 个月以上 6 个月以下
- 被判处拘役的犯罪分子，由公安机关就近执行
- 在执行期间，被判处拘役的犯罪分子每月可以回家 1~2 天；参加劳动的，可以酌量发给报酬
- 拘役的刑期，从判决执行之日起计算；判决执行以前先行羁押的，羁押 1 日折抵刑期 1 日

★ 有期徒刑
- 有期徒刑的期限，除特殊情形外，为 6 个月以上 15 年以下
- 被判处有期徒刑的犯罪分子，在监狱或者其他执行场所执行（罪犯在被交付执行刑罚前，剩余刑期在 3 个月以下的，由看守所代为执行）；凡有劳动能力的，都应当参加劳动，接受教育和改造
- 有期徒刑的刑期，从判决执行之日起计算；判决执行以前先行羁押的，羁押 1 日折抵刑期 1 日

无期徒刑
- 无期徒刑是剥夺犯罪分子的终身自由，强制其参加劳动并接受教育改造的刑罚方法。它是仅次于死刑的一种严厉的刑罚
- 被判处无期徒刑的犯罪分子，除无劳动能力的以外，都要在监狱或其他执行场所中参加劳动，接受教育和改造

★ 死刑
- 死刑只适用于罪行极其严重的犯罪分子；对于应当判处死刑的犯罪分子，如果不是必须立即执行的，可以判处死刑同时宣告缓期二年执行
- 死刑除依法由最高人民法院判决的以外，都应当报请最高人民法院核准；死刑缓期执行的，可以由高级人民法院判决或者核准
- 犯罪的时候不满18周岁的人和审判的时候怀孕的妇女，不适用死刑
- 审判的时候已满75周岁的人，不适用死刑，但以特别残忍手段致人死亡的除外
- 判处死刑缓期执行的，在死刑缓期执行期间，如果没有故意犯罪，2 年期满以后，减为无期徒刑；如果确有重大立功表现，2 年期满以后，减为25年有期徒刑；如果故意犯罪，情节恶劣的，报请最高人民法院核准后执行死刑；对于故意犯罪未执行死刑的，死刑缓期执行的期间重新计算，并报最高人民法院备案
- 对被判处死刑缓期执行的累犯以及因故意杀人、强奸、抢劫、绑架、放火、爆炸、投放危险物质或者有组织的暴力性犯罪被判处死刑缓期执行的犯罪分子，人民法院根据犯罪情节等情况可以同时决定对其限制减刑
- 死刑缓期执行的期间，从判决确定之日起计算；死刑缓期执行减为有期徒刑的刑期，从死刑缓期执行期满之日起计算

判处罚金，应当根据犯罪情节决定罚金数额

罚金在判决指定的期限内一次或者分期缴纳；期满不缴纳的，强制缴纳；对于不能全部缴纳罚金的，人民法院在任何时候发现被执行人有可以执行的财产，应当随时追缴

★ 罚金 —— 由于遭遇不能抗拒的灾祸等原因缴纳确实有困难的，经人民法院裁定，可以延期缴纳、酌情减少或者免除

刑法没有明确规定罚金数额标准的，罚金的最低数额不能少于 1000 元；对未成年罪犯判处罚金刑时，最低数额不得少于 500 元

对被判处罚金刑的未成年罪犯，其监护人或者其他人自愿代为垫付罚金的，人民法院应当允许

没收财产是没收犯罪分子个人所有财产的一部或者全部；没收全部财产的，应当对犯罪分子个人及其扶养的家属保留必需的生活费用

没收财产 —— 在判处没收财产的时候，不得没收属于犯罪分子家属所有或者应有的财产

没收财产以前犯罪分子所负的正当债务，需要以没收的财产偿还的，经债权人请求，应当偿还

刑事责任（法律后果）（二） — 刑罚（2） — 附加刑

剥夺政治权利的期限，除特殊情形外，为 1 年以上 5 年以下

判处管制附加剥夺政治权利的，剥夺政治权利的期限与管制的期限相等，同时执行

对于危害国家安全的犯罪分子应当附加剥夺政治权利；对于故意杀人、强奸、放火、爆炸、投毒、抢劫等严重破坏社会秩序的犯罪分子，可以附加剥夺政治权利

独立适用剥夺政治权利的，依照刑法分则的规定

★ 剥夺政治权利 —— 对于被判处死刑、无期徒刑的犯罪分子，应当剥夺政治权利终身

在死刑缓期执行减为有期徒刑或者无期徒刑减为有期徒刑的时候，应当把附加剥夺政治权利的期限改为 3 年以上 10 年以下

附加剥夺政治权利的刑期，从徒刑、拘役执行完毕之日或者从假释之日起计算；剥夺政治权利的效力当然施用于主刑执行期间

被剥夺政治权利的犯罪分子，在执行期间，应当遵守法律、行政法规和国务院公安部门有关监督管理的规定，服从监督；不得行使各项政治权利

驱逐出境 —— 对于犯罪的外国人，可以独立适用或者附加适用驱逐出境

单独判处驱逐出境的，从判决生效之日起执行；附加判处驱逐出境的，从主刑执行完毕之日起执行

《刑法》第 37 条规定："对于犯罪情节轻微不需要判处刑罚的，可以免予刑事处罚，但是可以根据案件的不同情况，予以训诫或者责令具结悔过、赔礼道歉、赔偿损失，或者由主管部门予以行政处罚或者行政处分。"

★《刑法》第 37 条之一第 1、3 款规定："因利用职业便利实施犯罪，或者实施违背职业要求的特定义务的犯罪被判处刑罚的，人民法院可以根据犯罪情况和预防再犯罪的需要，禁止其自刑罚执行完毕之日或者假释之日起从事相关职业，期限为 3 年至 5 年。其他法律、行政法规对其从事相关职业另有禁止或者限制性规定的，从其规定。"

《刑法》第 37 条之一第 2 款规定："被禁止从事相关职业的人违反人民法院依照前款规定作出的决定的，由公安机关依法给予处罚；情节严重的，依照本法第313条（拒不执行判决、裁定罪）的规定定罪处罚。"

刑事责任（法律后果）（三） — 非刑罚的处罚方法

《刑法》第 64 条规定："犯罪分子违法所得的一切财物，应当予以追缴或者责令退赔；对被害人的合法财产，应当及时返还；违禁品和供犯罪所用的本人财物，应当予以没收。没收的财物和罚金，一律上缴国库，不得挪用和自行处理。"

★ 禁止令，是指人民法院对犯罪分子判处管制、宣告缓刑的同时，判令禁止其从事特定活动，进入特定区域、场所，接触特定的人的命令

禁止令的期限，既可以与管制执行、缓刑考验的期限相同，也可以短于管制执行、缓刑考验的期限，但判处管制的，禁止令的期限不得少于 3 个月，宣告缓刑的，禁止令的期限不得少于 2 个月

判处管制的犯罪分子在判决执行以前先行羁押以致管制执行的期限少于 3 个月的，禁止令的期限不受前述规定的最短期限的限制

禁止令由司法行政机关指导管理的社区矫正机构负责执行；禁止令的执行期限，从管制、缓刑执行之日起计算

刑罚
的裁量
（一）

量刑原则 —— 对犯罪分子决定刑罚的时候，应当根据犯罪的事实、犯罪的性质、情节和对于社会的危害程度，依照《刑法》的有关规定判处

量刑情节

★ 法定量刑情节

从重处罚	犯罪分子具有《刑法》规定的从重处罚情节的，应当在法定刑的限度以内判处刑罚
从轻处罚	犯罪分子具有《刑法》规定的从轻处罚情节的，应当在法定刑的限度以内判处刑罚
减轻处罚	犯罪分子具有《刑法》规定的减轻处罚情节的，应当在法定刑以下判处刑罚；《刑法》规定有数个量刑幅度的，应当在法定量刑幅度的下一个量刑幅度内判处刑罚
	犯罪分子虽然不具有《刑法》规定的减轻处罚情节，但是根据案件的特殊情况，经最高人民法院核准，也可以在法定刑以下判处刑罚
免除处罚	人民法院在判决中对犯罪分子作出有罪宣告，同时决定对其免除刑罚处罚，但是其有可能仍被施加非刑罚的处罚措施

酌定量刑情节

酌定情节，是指人民法院从审判经验中总结出来的，在刑罚裁量过程中灵活掌握、酌情适用的情节

刑法司法实践中常见的酌定情节，主要有以下七种：①犯罪的动机；②犯罪的手段；③犯罪的时间、地点；④犯罪侵害的对象；⑤犯罪造成的损害结果；⑥犯罪分子的一贯表现；⑦犯罪后的态度

量刑情节的竞合 —— 如果犯罪分子有数个量刑情节，应当予以分别考虑，而不能任意改变量刑情节的功能

```
                                                    被判处有期徒刑以上刑罚的犯罪分子，刑罚执行完毕或者赦免以后，在5年以内再犯应当判处有期
                                         一般累犯    徒刑以上刑罚之罪的，是累犯，应当从重处罚，但是过失犯罪和不满18周岁的人犯罪的除外；前述
                                                    规定的期限，对于被假释的犯罪分子，从假释期满之日起计算
                              ★ 累犯                所谓"刑罚执行完毕"，是指主刑执行完毕，不包括附加刑在内。主刑执行完毕后5年内又犯罪的，即
                                                    使附加刑未执行完毕，仍构成累犯
                                         特别累犯    危害国家安全犯罪、恐怖活动犯罪、黑社会性质的组织犯罪的犯罪分子，在刑罚执行完毕或者赦免
                                                    以后，在任何时候再犯上述任一类罪的，都以累犯论处

                                                    犯罪以后自动投案，如实供述自己的罪行的，是自首；对于自首的犯罪分子，可以从轻或者减轻
                                                    处罚；犯罪较轻的，可以免除处罚

                                                    所谓"自动投案"，是指在犯罪事实或者犯罪嫌疑人尚未被司法机关发觉，或者虽被发觉，但犯罪嫌疑人
                                                    尚未受到讯问、未被采取强制措施时，主动、直接向公安机关、人民检察院或者人民法院投案
                                         一般自首    犯罪嫌疑人自动投案后又逃跑的，不能认定为自首，但潜逃后又投案的，仍应认定为自动投案

                                                    被采取强制措施后逃跑然后再投案的，对被采取强制措施的犯罪不能成立自动投案，但对新犯之罪
                                                    仍能成立自动投案

                              ★ 自首                犯罪嫌疑人自动投案并如实供述自己的罪行后又翻供的，不能认定为自首；但在一审判决前又能如
                                                    实供述的，应当认定为自首

                                                    被采取强制措施的犯罪嫌疑人、被告人和正在服刑的罪犯，如实供述司法机关还未掌握的本人其他
                                                    罪行的，以自首论
    刑罚           量刑制度（1）
    的裁量                                            所谓"强制措施"，是指我国《刑事诉讼法》规定的拘传、拘留、取保候审、监视居住和逮捕
    （二）
                                         特别自首    犯罪嫌疑人、被告人在被采取强制措施期间如实供述本人的其他罪行，该罪行与司法机关已掌握的
                                                    罪行属同种罪行还是不同种罪行，一般应以罪名区分

                                                    如实供述的其他罪行的罪名与司法机关已掌握的罪行的罪名不同，但如实供述的其他罪行与司法机关
                                                    已掌握的罪行属选择性罪名或者在法律、事实上密切关联，如因受贿被采取强制措施后，又交代因受
                                                    贿为他人谋取利益的行为，构成滥用职权罪，应当认定为同种罪行

                              坦白                  犯罪嫌疑人虽不具有自首情节，但是如实供述自己罪行的，可以从轻处罚；因其如实供述自己罪行，避免特别严重
                                                    后果发生的，可以减轻处罚

                                                    犯罪分子有揭发他人犯罪行为，查证属实的，或者提供重要线索，从而得以侦破其他案件等立功表
                                                    现的，可以从轻或者减轻处罚

                                         ★ 一般立功   一般立功表现为：①犯罪分子到案后有检举、揭发他人犯罪的行为，包括共同犯罪案件中的犯罪分子揭发
                              立功                  同案犯共同犯罪以外的其他犯罪，经查证属实；②提供侦破其他案件的重要线索，经查证属实；③阻止他
                                                    人犯罪活动；④协助司法机关抓捕其他犯罪嫌疑人（包括同案犯）；⑤具有其他有利于国家和社会的突出
                                                    表现的行为

                                                    有重大立功表现的，可以减轻或者免除处罚
                                         重大立功    重大立功中的"重大犯罪""重大案件""重大犯罪嫌疑人"的标准，一般是指犯罪嫌疑人、被告人可能
                                                    被判处无期徒刑以上刑罚或者案件在本省、自治区、直辖市或全国范围内有较大影响等情形
```

《刑法》第 69 条第 1 款规定："判决宣告以前一人犯数罪的，除判处死刑和无期徒刑的以外，应当在总和刑期以下、数刑中最高刑期以上，酌情决定执行的刑期，但是管制最高不能超过 3 年，拘役最高不能超过 1 年，有期徒刑总和刑期不满 35 年的，最高不能超过 20 年，总和刑期在 35 年以上的，最高不能超过 25 年。"

《刑法》第 69 条第 2 款规定："数罪中有判处有期徒刑和拘役的，执行有期徒刑。数罪中有判处有期徒刑和管制，或者拘役和管制的，有期徒刑、拘役执行完毕后，管制仍须执行。"

《刑法》第 69 条第 3 款规定："数罪中有判处附加刑的，附加刑仍须执行，其中附加刑种类相同的，合并执行，种类不同的，分别执行。"

★ 数罪并罚

《刑法》第 70 条规定："判决宣告以后，刑罚执行完毕以前，发现被判刑的犯罪分子在判决宣告以前还有其他罪没有判决的，应当对新发现的罪作出判决，把前后两个判决所判处的刑罚，依照本法第 69 条的规定，决定执行的刑罚。已经执行的刑期，应当计算在新判决决定的刑期以内。"（先并后减）

《刑法》第 71 条规定："判决宣告以后，刑罚执行完毕以前，被判刑的犯罪分子又犯罪的，应当对新犯的罪作出判决，把前罪没有执行的刑罚和后罪所判处的刑罚，依照本法第 69 条的规定，决定执行的刑罚。"（先减后并）

刑罚的裁量（三）

量刑制度（2）

★ 对于被判处拘役、3 年以下有期徒刑的犯罪分子，同时符合下列条件的，可以宣告缓刑，对其中不满 18 周岁的人、怀孕的妇女和已满 75 周岁的人，应当宣告缓刑：①犯罪情节较轻；②有悔罪表现；③没有再犯罪的危险；④宣告缓刑对所居住社区没有重大不良影响

宣告缓刑，可以根据犯罪情况，同时禁止犯罪分子在缓刑考验期限内从事特定活动，进入特定区域、场所，接触特定的人

被宣告缓刑的犯罪分子，如果被判处附加刑，附加刑仍须执行

拘役的缓刑考验期限为原判刑期以上 1 年以下，但是不能少于 2 个月；有期徒刑的缓刑考验期限为原判刑期以上 5 年以下，但是不能少于 1 年

缓刑考验期限，从判决确定之日起计算

对于累犯和犯罪集团的首要分子，不适用缓刑

缓刑

被宣告缓刑的犯罪分子，应当遵守下列规定：①遵守法律、行政法规，服从监督；②按照考察机关的规定报告自己的活动情况；③遵守考察机关关于会客的规定；④离开所居住的市、县或者迁居，应当报经考察机关批准

对宣告缓刑的犯罪分子，在缓刑考验期限内，依法实行社区矫正，如果没有《刑法》第 77 条规定的情形，缓刑考验期满，原判的刑罚就不再执行，并公开予以宣告

★ 被宣告缓刑的犯罪分子，在缓刑考验期限内犯新罪或者发现判决宣告以前还有其他罪没有判决的，应当撤销缓刑，对新犯的罪或者新发现的罪作出判决，把前罪和后罪所判处的刑罚，依照《刑法》第 69 条的规定，决定执行的刑罚

被宣告缓刑的犯罪分子，在缓刑考验期限内，违反法律、行政法规或者国务院有关部门关于缓刑的监督管理规定，或者违反人民法院判决中的禁止令，情节严重的，应当撤销缓刑，执行原判刑罚

减刑

★ 对象条件
- 减刑只适用于被判处管制、拘役、有期徒刑、无期徒刑的犯罪分子
- 被判处死刑立即执行的犯罪分子不能适用减刑
- 被判处死刑缓期执行的犯罪分子减为无期徒刑或者有期徒刑后，符合减刑条件的，可以适用减刑
- 被判处拘役或者3年以下有期徒刑，并宣告缓刑的犯罪分子，一般不适用减刑；在缓刑考验期内有重大立功表现的，可以参照减刑的规定予以减刑，同时应当依法缩减其缓刑考验期

★ 实质条件
- 可以减刑的实质条件，即犯罪分子在刑罚执行期间认真遵守监规，接受教育改造，确有悔改表现，或者有立功表现
- 应当减刑的实质条件，即犯罪分子在刑罚执行期间有重大立功表现

★ 限度条件
- 判处管制、拘役、有期徒刑的，实际执行的刑期不能少于原判刑期的1/2
- 判处无期徒刑的，实际执行的刑期不能少于13年
- 对被判处死刑缓期执行的累犯以及因故意杀人、强奸、抢劫、绑架、放火、爆炸、投放危险物质或者有组织的暴力性犯罪被判处死刑缓期执行的犯罪分子，若被限制减刑，缓期执行期满后依法减为无期徒刑的，实际执行的刑期不能少于25年；缓期执行期满后依法减为25年有期徒刑的，实际执行的刑期不能少于20年
- 被判处死刑缓期执行的犯罪分子（未被限制减刑）经过一次或者几次减刑后，实际执行的刑期不得少于15年，死刑缓期执行期间不包括在内

★ 假释

对象条件
- 假释只能适用于判处有期徒刑、无期徒刑的犯罪分子；但被判处死刑缓期执行的犯罪分子减为无期徒刑或者有期徒刑后，符合假释条件的，可以适用假释

实质条件
- 犯罪分子必须认真遵守监规，接受教育改造，确有悔改表现，没有再犯罪的危险

限度条件
- 只有被判处有期徒刑的犯罪分子，执行原判刑期1/2以上，被判处无期徒刑的犯罪分子，实际执行13年以上，才可以适用假释；被判处死刑缓期执行的犯罪分子减为无期徒刑或者有期徒刑后，实际执行15年以上，方可假释，该实际执行时间应当从死刑缓期执行期满之日起计算
- 如果有特殊情况，经最高人民法院核准，可以不受上述执行刑期的限制；"特殊情况"，是指有国家政治、国防、外交等方面特殊需要的情况
- 对累犯以及因故意杀人、强奸、抢劫、绑架、放火、爆炸、投放危险物质或者有组织的暴力性犯罪被判处10年以上有期徒刑、无期徒刑的犯罪分子，不得假释；因前述情形和被判处死刑缓期执行的犯罪分子，被减为无期徒刑、有期徒刑后，也不得假释
- 对犯罪分子决定假释时，应当考虑其假释后对所居住社区的影响

减刑与假释的关系
- 犯罪分子既符合法定减刑条件，又符合法定假释条件的，可以优先适用假释；年满80周岁、身患疾病或者生活难以自理、没有再犯罪危险的犯罪分子，既符合减刑条件，又符合假释条件的，优先适用假释
- 人民法院按照审判监督程序重新审理的案件，裁定维持原判决、裁定的，原减刑、假释裁定继续有效；再审裁判改变原判决、裁定的，原减刑、假释裁定自动失效，执行机关应当及时报请有管辖权的人民法院重新作出是否减刑、假释的裁定

刑罚的消灭

定义：刑罚消灭，是指针对特定犯罪人的刑罚权因法定事由而归于消灭；刑罚消灭以成立犯罪为前提，无犯罪即无刑罚，无刑罚即无刑罚消灭

法定事由：导致刑罚消灭的法定原因大致有以下六种情况：刑罚执行完毕、缓刑考验期满、假释考验期满、犯罪人死亡、超过时效期限、赦免

★追诉时效期限

一般规定
- 法定最高刑为不满 5 年有期徒刑的，经过 5 年
- 法定最高刑为 5 年以上不满 10 年有期徒刑的，经过 10 年
- 法定最高刑为 10 年以上有期徒刑的，经过 15 年
- 法定最高刑为无期徒刑、死刑的，经过 20 年；如果 20 年以后认为必须追诉的，须报请最高人民检察院核准

期限延长
- 在人民检察院、公安机关、国家安全机关立案侦查或者在人民法院受理案件以后，逃避侦查或者审判的，不受追诉期限的限制
- 根据最高人民法院的指导案例精神，在追诉期限内未被司法机关发现或者采取强制措施的犯罪嫌疑人，应当受追诉时效期限的限制
- 被害人在追诉期限内提出控告，人民法院、人民检察院、公安机关应当立案而不予立案的，不受追诉期限的限制

期限计算与中断
- 追诉期限从犯罪之日起计算；犯罪行为有连续或者继续状态的，从犯罪行为终了之日起计算
- 所谓"犯罪行为有连续或者继续状态"，是指连续犯和继续犯
- 在追诉期限以内又犯罪的，前罪追诉的期限从犯后罪之日起计算
- 共同犯罪中，在追诉期限内又犯罪的共犯人，其前罪追诉的期限从犯后罪之日起计算；在追诉期限内没有再犯罪的共犯人，其犯罪的追诉期限并不中断

赦免
- 目前我国只存在特赦；特赦，是指国家对特定的犯罪分子的赦免，即对于受罪刑宣告的特定犯罪分子免除其刑罚的全部或部分的执行；这种赦免只赦其刑，不赦其罪
- 最近的两次特赦为 2015 年 8 月 29 日、2019 年 6 月 29 日，由全国人大常委会决定，国家主席发布的特赦令

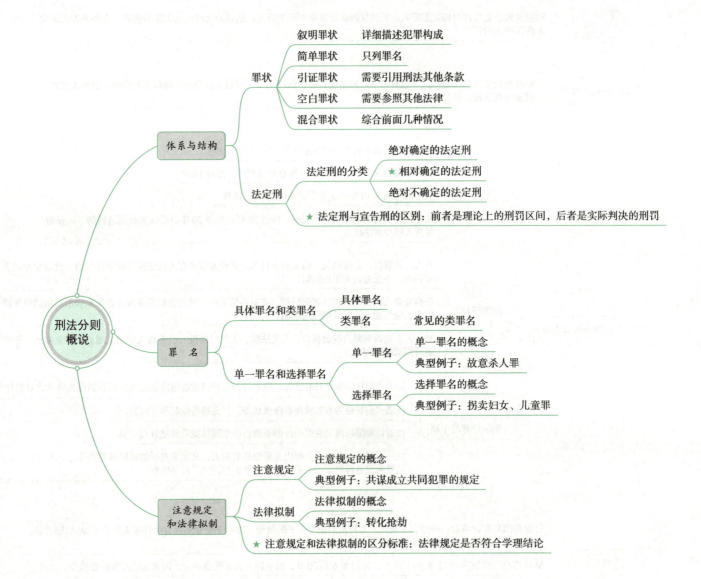

体系与结构
　罪状
　　叙明罪状　　详细描述犯罪构成
　　简单罪状　　只列罪名
　　引证罪状　　需要引用刑法其他条款
　　空白罪状　　需要参照其他法律
　　混合罪状　　综合前面几种情况
　法定刑
　　法定刑的分类
　　　绝对确定的法定刑
　　　★ 相对确定的法定刑
　　　绝对不确定的法定刑
　　★ 法定刑与宣告刑的区别：前者是理论上的刑罚区间，后者是实际判决的刑罚

刑法分则概说

罪名
　具体罪名和类罪名
　　具体罪名
　　类罪名　　常见的类罪名
　单一罪名和选择罪名
　　单一罪名
　　　单一罪名的概念
　　　典型例子：故意杀人罪
　　选择罪名
　　　选择罪名的概念
　　　典型例子：拐卖妇女、儿童罪

注意规定和法律拟制
　注意规定
　　注意规定的概念
　　典型例子：共谋成立共同犯罪的规定
　法律拟制
　　法律拟制的概念
　　典型例子：转化抢劫
　★ 注意规定和法律拟制的区分标准：法律规定是否符合学理结论

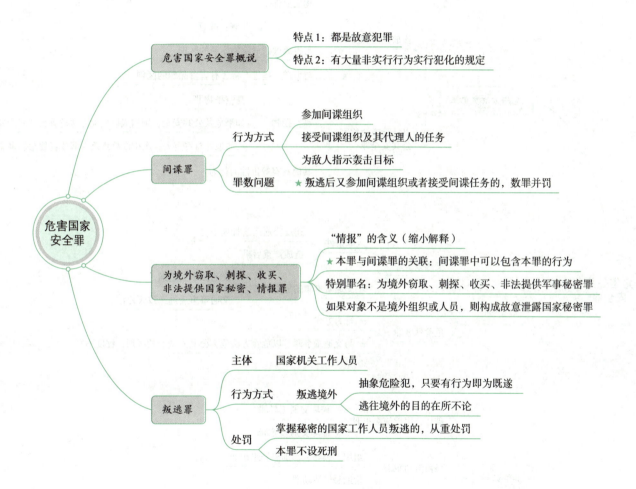

危害国家安全罪概说 ─┬─ 特点1：都是故意犯罪
　　　　　　　　　　└─ 特点2：有大量非实行行为实行犯化的规定

间谍罪 ─┬─ 行为方式 ─┬─ 参加间谍组织
　　　　│　　　　　　├─ 接受间谍组织及其代理人的任务
　　　　│　　　　　　└─ 为敌人指示轰击目标
　　　　└─ 罪数问题 ─── ★ 叛逃后又参加间谍组织或者接受间谍任务的，数罪并罚

危害国家安全罪

为境外窃取、刺探、收买、非法提供国家秘密、情报罪 ─┬─ "情报"的含义（缩小解释）
　　　　　　　　　　　　　　　　　　　　　　　　　├─ ★ 本罪与间谍罪的关联：间谍罪中可以包含本罪的行为
　　　　　　　　　　　　　　　　　　　　　　　　　├─ 特别罪名：为境外窃取、刺探、收买、非法提供军事秘密罪
　　　　　　　　　　　　　　　　　　　　　　　　　└─ 如果对象不是境外组织或人员，则构成故意泄露国家秘密罪

叛逃罪 ─┬─ 主体 ─── 国家机关工作人员
　　　　├─ 行为方式 ─── 叛逃境外 ─┬─ 抽象危险犯，只要有行为即为既遂
　　　　│　　　　　　　　　　　　　└─ 逃往境外的目的在所不论
　　　　└─ 处罚 ─┬─ 掌握秘密的国家工作人员叛逃的，从重处罚
　　　　　　　　　└─ 本罪不设死刑

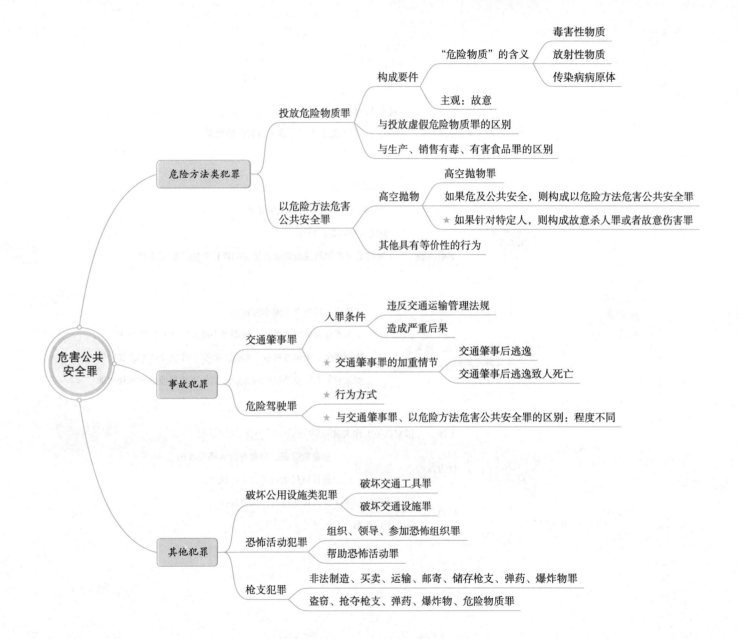

危害公共安全罪

危险方法类犯罪
- 投放危险物质罪
  - 构成要件
    - "危险物质"的含义
      - 毒害性物质
      - 放射性物质
      - 传染病病原体
    - 主观：故意
  - 与投放虚假危险物质罪的区别
  - 与生产、销售有毒、有害食品罪的区别
- 以危险方法危害公共安全罪
  - 高空抛物
    - 高空抛物罪
    - 如果危及公共安全，则构成以危险方法危害公共安全罪
    - ★ 如果针对特定人，则构成故意杀人罪或者故意伤害罪
  - 其他具有等价性的行为

事故犯罪
- 交通肇事罪
  - 入罪条件
    - 违反交通运输管理法规
    - 造成严重后果
  - ★ 交通肇事罪的加重情节
    - 交通肇事后逃逸
    - 交通肇事后逃逸致人死亡
- 危险驾驶罪
  - ★ 行为方式
  - ★ 与交通肇事罪、以危险方法危害公共安全罪的区别：程度不同

其他犯罪
- 破坏公用设施类犯罪
  - 破坏交通工具罪
  - 破坏交通设施罪
- 恐怖活动犯罪
  - 组织、领导、参加恐怖组织罪
  - 帮助恐怖活动罪
- 枪支犯罪
  - 非法制造、买卖、运输、邮寄、储存枪支、弹药、爆炸物罪
  - 盗窃、抢夺枪支、弹药、爆炸物、危险物质罪

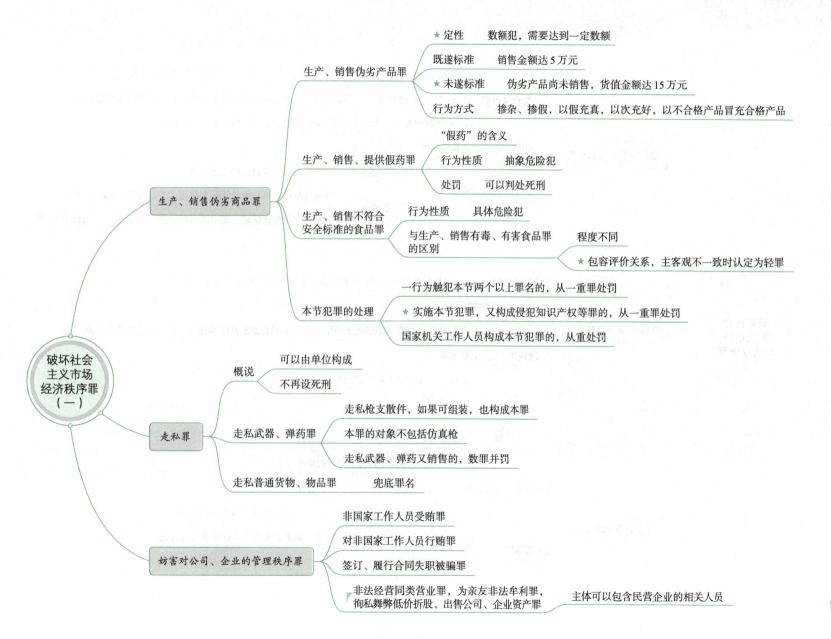

生产、销售伪劣商品罪
- 生产、销售伪劣产品罪
  - ★定性　　数额犯，需要达到一定数额
  - 既遂标准　　销售金额达 5 万元
  - ★未遂标准　　伪劣产品尚未销售，货值金额达 15 万元
  - 行为方式　　掺杂、掺假，以假充真，以次充好，以不合格产品冒充合格产品
- 生产、销售、提供假药罪
  - "假药"的含义
  - 行为性质　　抽象危险犯
  - 处罚　　可以判处死刑
- 生产、销售不符合安全标准的食品罪
  - 行为性质　　具体危险犯
  - 与生产、销售有毒、有害食品罪的区别
    - 程度不同
    - ★包容评价关系，主客观不一致时认定为轻罪
- 本节犯罪的处理
  - 一行为触犯本节两个以上罪名的，从一重罪处罚
  - ★实施本节犯罪，又构成侵犯知识产权等罪的，从一重罪处罚
  - 国家机关工作人员构成本节犯罪的，从重处罚

破坏社会主义市场经济秩序罪（一）

走私罪
- 概说
  - 可以由单位构成
  - 不再设死刑
- 走私武器、弹药罪
  - 走私枪支散件，如果可组装，也构成本罪
  - 本罪的对象不包括仿真枪
  - 走私武器、弹药又销售的，数罪并罚
- 走私普通货物、物品罪　　兜底罪名

妨害对公司、企业的管理秩序罪
- 非国家工作人员受贿罪
- 对非国家工作人员行贿罪
- 签订、履行合同失职被骗罪
- 非法经营同类营业罪，为亲友非法牟利罪，徇私舞弊低价折股、出售公司、企业资产罪　　主体可以包含民营企业的相关人员

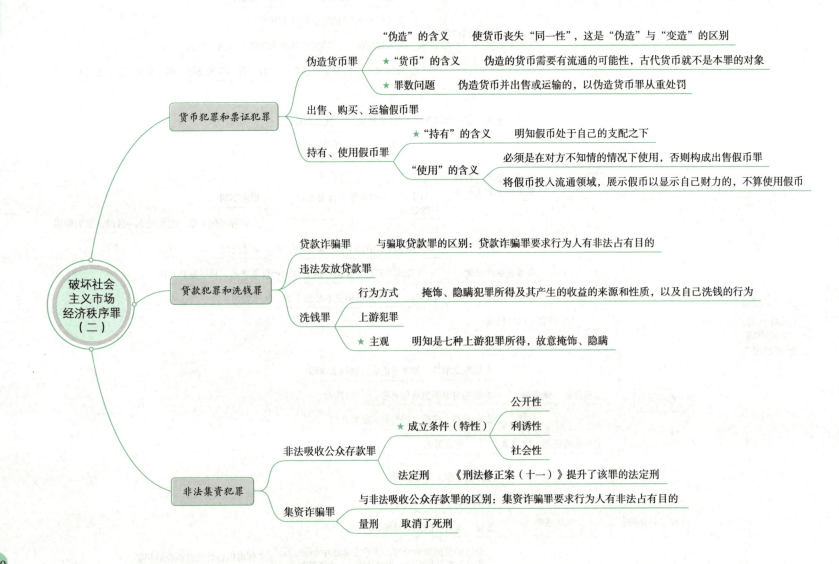

破坏社会主义市场经济秩序罪（二）

货币犯罪和票证犯罪
- 伪造货币罪
  - "伪造"的含义　使货币丧失"同一性"，这是"伪造"与"变造"的区别
  - ★ "货币"的含义　伪造的货币需要有流通的可能性，古代货币就不是本罪的对象
  - ★ 罪数问题　伪造货币并出售或运输的，以伪造货币罪从重处罚
- 出售、购买、运输假币罪
- 持有、使用假币罪
  - ★ "持有"的含义　明知假币处于自己的支配之下
  - "使用"的含义
    - 必须是在对方不知情的情况下使用，否则构成出售假币罪
    - 将假币投入流通领域，展示假币以显示自己财力的，不算使用假币

贷款犯罪和洗钱罪
- 贷款诈骗罪　与骗取贷款罪的区别：贷款诈骗罪要求行为人有非法占有目的
- 违法发放贷款罪
- 洗钱罪
  - 行为方式　掩饰、隐瞒犯罪所得及其产生的收益的来源和性质，以及自己洗钱的行为
  - 上游犯罪
  - ★ 主观　明知是七种上游犯罪所得，故意掩饰、隐瞒

非法集资犯罪
- 非法吸收公众存款罪
  - ★ 成立条件（特性）
    - 公开性
    - 利诱性
    - 社会性
  - 法定刑　《刑法修正案（十一）》提升了该罪的法定刑
- 集资诈骗罪
  - 与非法吸收公众存款罪的区别：集资诈骗罪要求行为人有非法占有目的
  - 量刑　取消了死刑

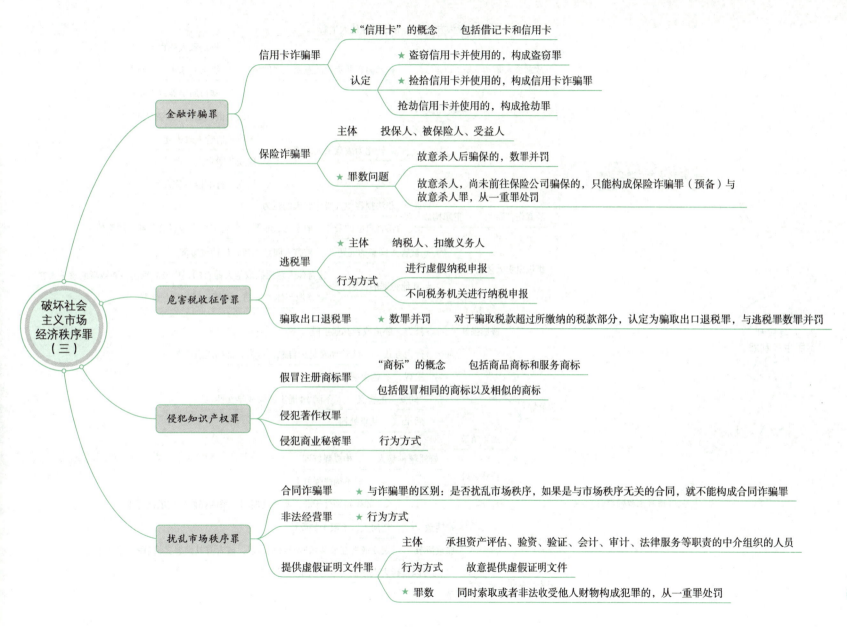

破坏社会主义市场经济秩序罪（三）

金融诈骗罪
- 信用卡诈骗罪
  - ★"信用卡"的概念　包括借记卡和信用卡
  - 认定
    - ★ 盗窃信用卡并使用的，构成盗窃罪
    - ★ 捡拾信用卡并使用的，构成信用卡诈骗罪
    - 抢劫信用卡并使用的，构成抢劫罪
- 保险诈骗罪
  - 主体　投保人、被保险人、受益人
  - ★ 罪数问题
    - 故意杀人后骗保的，数罪并罚
    - 故意杀人，尚未前往保险公司骗保的，只能构成保险诈骗罪（预备）与故意杀人罪，从一重罪处罚

危害税收征管罪
- 逃税罪
  - ★ 主体　纳税人、扣缴义务人
  - 行为方式
    - 进行虚假纳税申报
    - 不向税务机关进行纳税申报
- 骗取出口退税罪　★ 数罪并罚　对于骗取税款超过所缴纳的税款部分，认定为骗取出口退税罪，与逃税罪数罪并罚

侵犯知识产权罪
- 假冒注册商标罪
  - "商标"的概念　包括商品商标和服务商标
  - 包括假冒相同的商标以及相似的商标
- 侵犯著作权罪
- 侵犯商业秘密罪　行为方式

扰乱市场秩序罪
- 合同诈骗罪　★ 与诈骗罪的区别：是否扰乱市场秩序，如果是与市场秩序无关的合同，就不能构成合同诈骗罪
- 非法经营罪　★ 行为方式
- 提供虚假证明文件罪
  - 主体　承担资产评估、验资、验证、会计、审计、法律服务等职责的中介组织的人员
  - 行为方式　故意提供虚假证明文件
  - ★ 罪数　同时索取或者非法收受他人财物构成犯罪的，从一重罪处罚

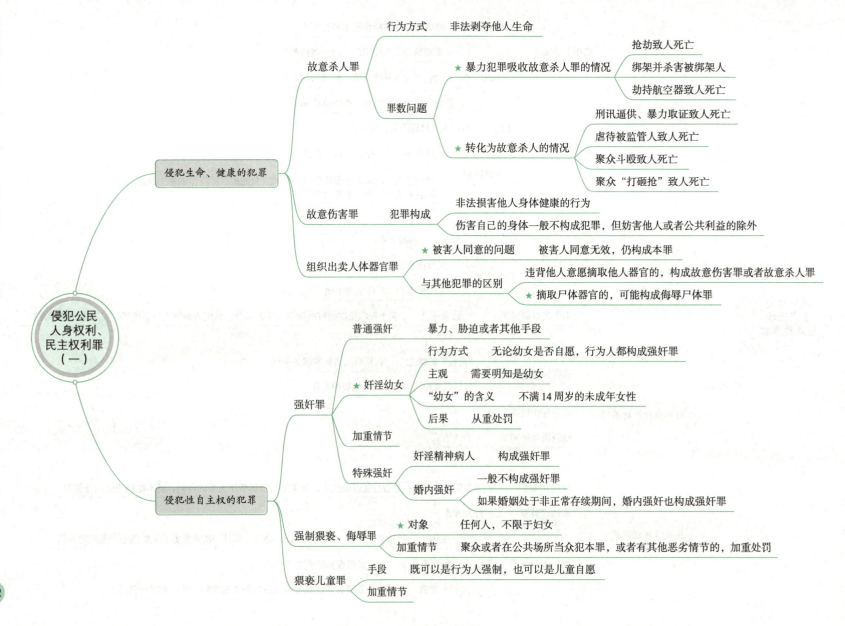

侵犯公民人身权利、民主权利罪（一）

侵犯生命、健康的犯罪
- 故意杀人罪
  - 行为方式 —— 非法剥夺他人生命
  - 罪数问题
    - ★ 暴力犯罪吸收故意杀人罪的情况
      - 抢劫致人死亡
      - 绑架并杀害被绑架人
      - 劫持航空器致人死亡
    - ★ 转化为故意杀人的情况
      - 刑讯逼供、暴力取证致人死亡
      - 虐待被监管人致人死亡
      - 聚众斗殴致人死亡
      - 聚众"打砸抢"致人死亡
- 故意伤害罪 —— 犯罪构成
  - 非法损害他人身体健康的行为
  - 伤害自己的身体一般不构成犯罪，但妨害他人或者公共利益的除外
- 组织出卖人体器官罪
  - ★ 被害人同意的问题 —— 被害人同意无效，仍构成本罪
  - 与其他犯罪的区别
    - 违背他人意愿摘取他人器官的，构成故意伤害罪或者故意杀人罪
    - ★ 摘取尸体器官的，可能构成侮辱尸体罪

侵犯性自主权的犯罪
- 强奸罪
  - 普通强奸 —— 暴力、胁迫或者其他手段
  - ★ 奸淫幼女
    - 行为方式 —— 无论幼女是否自愿，行为人都构成强奸罪
    - 主观 —— 需要明知是幼女
    - "幼女"的含义 —— 不满14周岁的未成年女性
    - 后果 —— 从重处罚
  - 加重情节
  - 特殊强奸
    - 奸淫精神病人 —— 构成强奸罪
    - 婚内强奸
      - 一般不构成强奸罪
      - 如果婚姻处于非正常存续期间，婚内强奸也构成强奸罪
- 强制猥亵、侮辱罪
  - ★ 对象 —— 任何人，不限于妇女
  - 加重情节 —— 聚众或者在公共场所当众犯本罪，或者有其他恶劣情节的，加重处罚
- 猥亵儿童罪
  - 手段 —— 既可以是行为人强制，也可以是儿童自愿
  - 加重情节

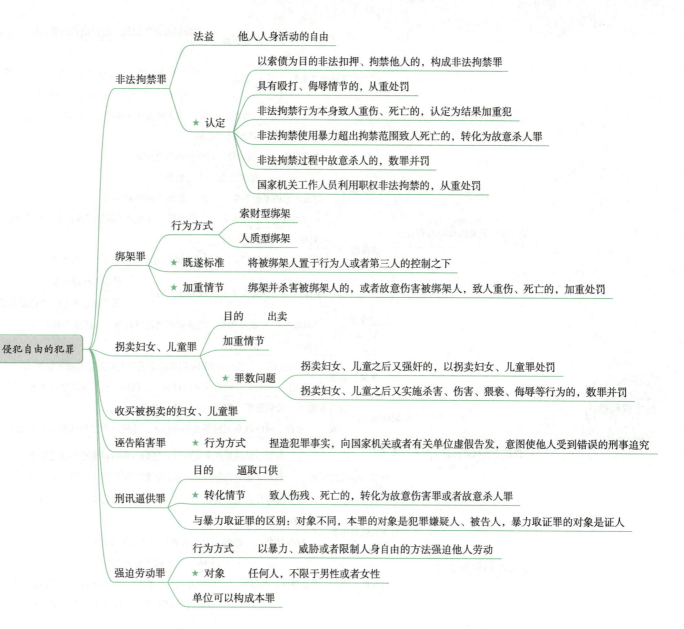

侵犯公民人身权利、民主权利罪（二）

侵犯自由的犯罪

非法拘禁罪
- 法益　他人人身活动的自由
- ★认定
  - 以索债为目的非法扣押、拘禁他人的，构成非法拘禁罪
  - 具有殴打、侮辱情节的，从重处罚
  - 非法拘禁行为本身致人重伤、死亡的，认定为结果加重犯
  - 非法拘禁使用暴力超出拘禁范围致人死亡的，转化为故意杀人罪
  - 非法拘禁过程中故意杀人的，数罪并罚
  - 国家机关工作人员利用职权非法拘禁的，从重处罚

绑架罪
- 行为方式
  - 索财型绑架
  - 人质型绑架
- ★既遂标准　将被绑架人置于行为人或者第三人的控制之下
- ★加重情节　绑架并杀害被绑架人的，或者故意伤害被绑架人，致人重伤、死亡的，加重处罚

拐卖妇女、儿童罪
- 目的　出卖
- 加重情节
- ★罪数问题
  - 拐卖妇女、儿童之后又强奸的，以拐卖妇女、儿童罪处罚
  - 拐卖妇女、儿童之后又实施杀害、伤害、猥亵、侮辱等行为的，数罪并罚

收买被拐卖的妇女、儿童罪

诬告陷害罪
- ★行为方式　捏造犯罪事实，向国家机关或者有关单位虚假告发，意图使他人受到错误的刑事追究

刑讯逼供罪
- 目的　逼取口供
- ★转化情节　致人伤残、死亡的，转化为故意伤害罪或者故意杀人罪
- 与暴力取证罪的区别：对象不同，本罪的对象是犯罪嫌疑人、被告人，暴力取证罪的对象是证人

强迫劳动罪
- 行为方式　以暴力、威胁或者限制人身自由的方法强迫他人劳动
- ★对象　任何人，不限于男性或者女性
- 单位可以构成本罪

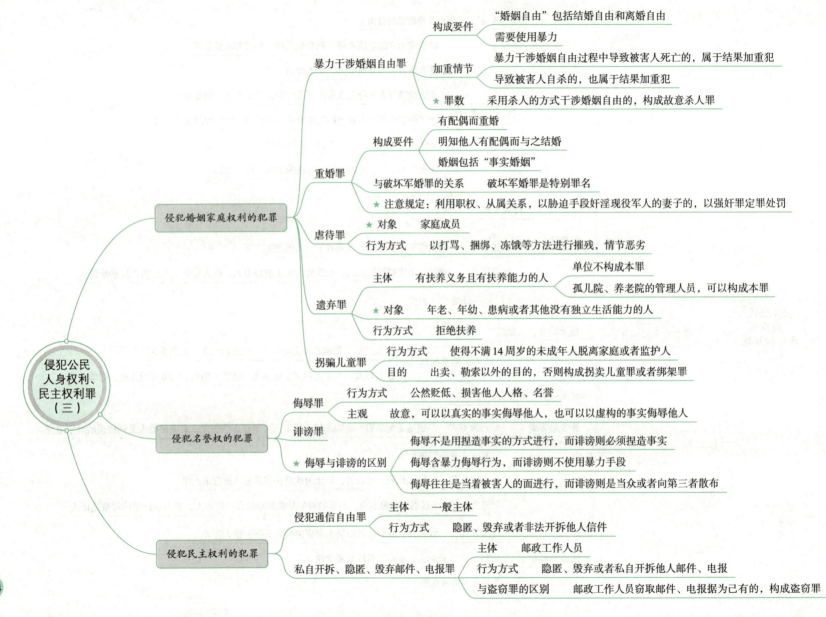

侵犯公民人身权利、民主权利罪（三）

侵犯婚姻家庭权利的犯罪

暴力干涉婚姻自由罪
- 构成要件
  - "婚姻自由"包括结婚自由和离婚自由
  - 需要使用暴力
- 加重情节
  - 暴力干涉婚姻自由过程中导致被害人死亡的，属于结果加重犯
  - 导致被害人自杀的，也属于结果加重犯
- ★ 罪数　采用杀人的方式干涉婚姻自由的，构成故意杀人罪

重婚罪
- 构成要件
  - 有配偶而重婚
  - 明知他人有配偶而与之结婚
  - 婚姻包括"事实婚姻"
- 与破坏军婚罪的关系　破坏军婚罪是特别罪名
- ★ 注意规定：利用职权、从属关系，以胁迫手段奸淫现役军人的妻子的，以强奸罪定罪处罚

虐待罪
- ★ 对象　家庭成员
- 行为方式　以打骂、捆绑、冻饿等方法进行摧残，情节恶劣

遗弃罪
- 主体　有扶养义务且有扶养能力的人
  - 单位不构成本罪
  - 孤儿院、养老院的管理人员，可以构成本罪
- ★ 对象　年老、年幼、患病或者其他没有独立生活能力的人
- 行为方式　拒绝扶养

拐骗儿童罪
- 行为方式　使得不满14周岁的未成年人脱离家庭或者监护人
- 目的　出卖、勒索以外的目的，否则构成拐卖儿童罪或者绑架罪

侵犯名誉权的犯罪

侮辱罪
- 行为方式　公然贬低、损害他人人格、名誉
- 主观　故意，可以以真实的事实侮辱他人，也可以以虚构的事实侮辱他人

诽谤罪

★ 侮辱与诽谤的区别
- 侮辱不是用捏造事实的方式进行，而诽谤则必须捏造事实
- 侮辱含暴力侮辱行为，而诽谤则不使用暴力手段
- 侮辱往往是当着被害人的面进行，而诽谤则是当众或者向第三者散布

侵犯民主权利的犯罪

侵犯通信自由罪
- 主体　一般主体
- 行为方式　隐匿、毁弃或者非法开拆他人信件

私自开拆、隐匿、毁弃邮件、电报罪
- 主体　邮政工作人员
- 行为方式　隐匿、毁弃或者私自开拆他人邮件、电报
- 与盗窃罪的区别　邮政工作人员窃取邮件、电报据为己有的，构成盗窃罪

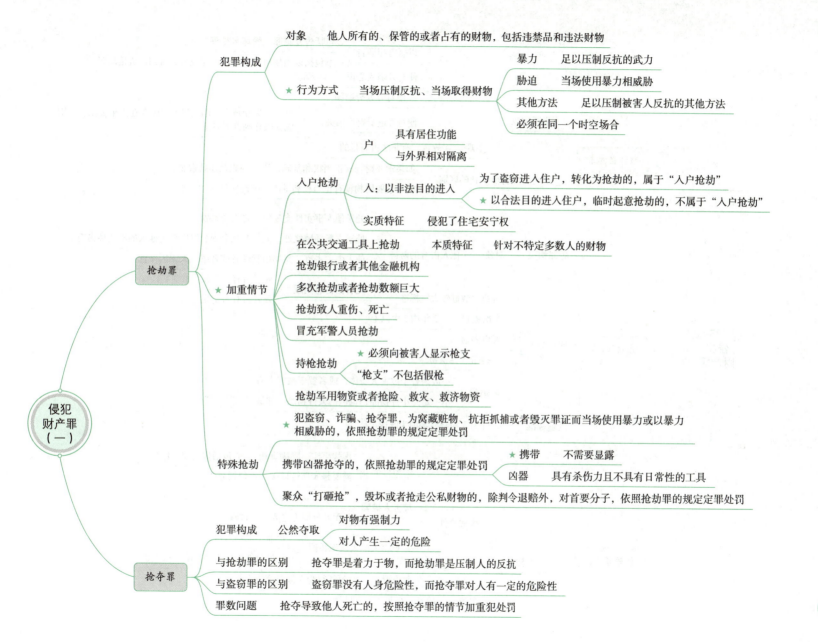

侵犯财产罪（一）

抢劫罪

犯罪构成
- 对象　他人所有的、保管的或者占有的财物，包括违禁品和违法财物
- ★ 行为方式　当场压制反抗、当场取得财物
  - 暴力　足以压制反抗的武力
  - 胁迫　当场使用暴力相威胁
  - 其他方法　足以压制被害人反抗的其他方法
  - 必须在同一个时空场合

★ 加重情节
- 入户抢劫
  - 户
    - 具有居住功能
    - 与外界相对隔离
  - 入：以非法目的进入
    - 为了盗窃进入住户，转化为抢劫的，属于"入户抢劫"
    - ★ 以合法目的进入住户，临时起意抢劫的，不属于"入户抢劫"
  - 实质特征　侵犯了住宅安宁权
- 在公共交通工具上抢劫　本质特征　针对不特定多数人的财物
- 抢劫银行或者其他金融机构
- 多次抢劫或者抢劫数额巨大
- 抢劫致人重伤、死亡
- 冒充军警人员抢劫
- 持枪抢劫
  - ★ 必须向被害人显示枪支
  - "枪支"不包括假枪
- 抢劫军用物资或者抢险、救灾、救济物资

特殊抢劫
- ★ 犯盗窃、诈骗、抢夺罪，为窝藏赃物、抗拒抓捕或者毁灭罪证而当场使用暴力或以暴力相威胁的，依照抢劫罪的规定定罪处罚
- 携带凶器抢夺的，依照抢劫罪的规定定罪处罚
  - ★ 携带　不需要显露
  - 凶器　具有杀伤力且不具有日常性的工具
- 聚众"打砸抢"，毁坏或者抢走公私财物的，除判令退赔外，对首要分子，依照抢劫罪的规定定罪处罚

抢夺罪
- 犯罪构成　公然夺取
  - 对物有强制力
  - 对人产生一定的危险
- 与抢劫罪的区别　抢夺罪是着力于物，而抢劫罪是压制人的反抗
- 与盗窃罪的区别　盗窃罪没有人身危险性，而抢夺罪对人有一定的危险性
- 罪数问题　抢夺导致他人死亡的，按照抢夺罪的情节加重犯处罚

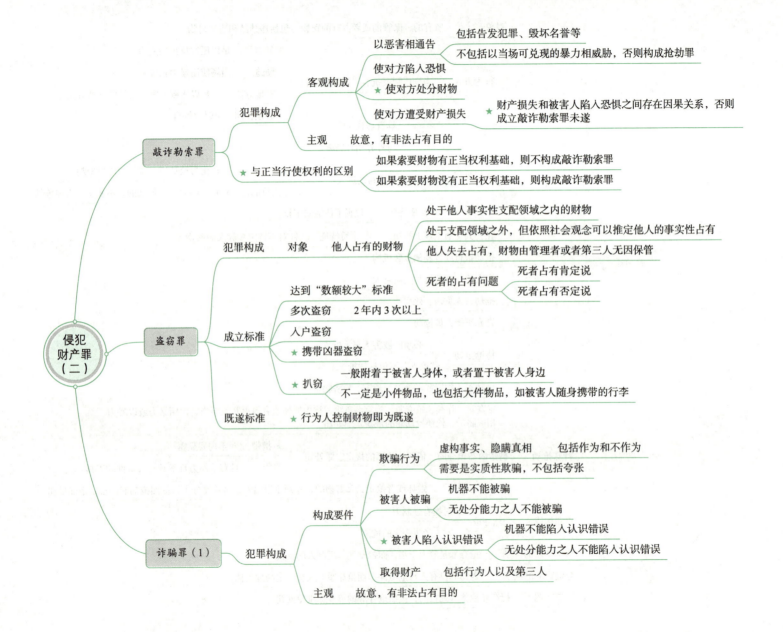

敲诈勒索罪

犯罪构成
- 客观构成
  - 以恶害相通告
    - 包括告发犯罪、毁坏名誉等
    - 不包括以当场可兑现的暴力相威胁，否则构成抢劫罪
  - 使对方陷入恐惧
  - ★ 使对方处分财物
  - 使对方遭受财产损失
    - ★ 财产损失和被害人陷入恐惧之间存在因果关系，否则成立敲诈勒索罪未遂
- 主观　故意，有非法占有目的

★ 与正当行使权利的区别
- 如果索要财物有正当权利基础，则不构成敲诈勒索罪
- 如果索要财物没有正当权利基础，则构成敲诈勒索罪

侵犯财产罪（二）

盗窃罪

犯罪构成　对象　他人占有的财物
- 处于他人事实性支配领域之内的财物
- 处于支配领域之外，但依照社会观念可以推定他人的事实性占有
- 他人失去占有，财物由管理者或者第三人无因保管
- 死者的占有问题
  - 死者占有肯定说
  - 死者占有否定说

成立标准
- 达到"数额较大"标准
- 多次盗窃　2年内3次以上
- 入户盗窃
- ★ 携带凶器盗窃
- ★ 扒窃
  - 一般附着于被害人身体，或者置于被害人身边
  - 不一定是小件物品，也包括大件物品，如被害人随身携带的行李

既遂标准　★ 行为人控制财物即为既遂

诈骗罪（1）

犯罪构成
- 构成要件
  - 欺骗行为
    - 虚构事实、隐瞒真相　包括作为和不作为
    - 需要是实质性欺骗，不包括夸张
  - 被害人被骗
    - 机器不能被骗
    - 无处分能力之人不能被骗
  - ★ 被害人陷入认识错误
    - 机器不能陷入认识错误
    - 无处分能力之人不能陷入认识错误
  - 取得财产　包括行为人以及第三人
- 主观　故意，有非法占有目的

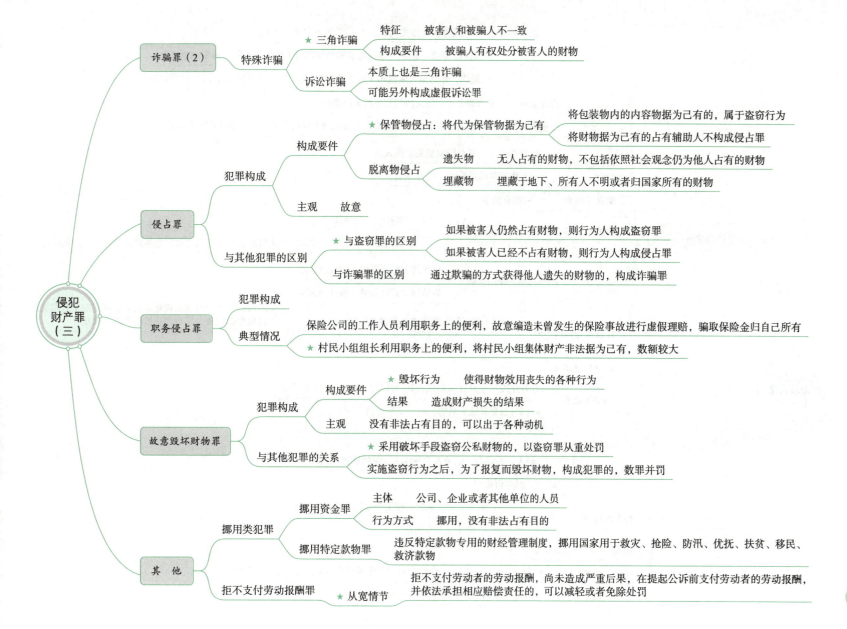

侵犯财产罪（三）

诈骗罪（2）
├─ 特殊诈骗
│   ├─ ★ 三角诈骗
│   │   ├─ 特征　　被害人和被骗人不一致
│   │   └─ 构成要件　　被骗人有权处分被害人的财物
│   └─ 诉讼诈骗
│   ├─ 本质上也是三角诈骗
│   └─ 可能另外构成虚假诉讼罪

侵占罪
├─ 犯罪构成
│   ├─ 构成要件
│   │   ├─ ★ 保管物侵占：将代为保管物据为己有
│   │   │   ├─ 将包装物内的内容物据为己有的，属于盗窃行为
│   │   │   └─ 将财物据为己有的占有辅助人不构成侵占罪
│   │   └─ 脱离物侵占
│   │   ├─ 遗失物　　无人占有的财物，不包括依照社会观念仍为他人占有的财物
│   │   └─ 埋藏物　　埋藏于地下、所有人不明或者归国家所有的财物
│   └─ 主观　　故意
└─ 与其他犯罪的区别
     ├─ ★ 与盗窃罪的区别
     │   ├─ 如果被害人仍然占有财物，则行为人构成盗窃罪
     │   └─ 如果被害人已经不占有财物，则行为人构成侵占罪
     └─ 与诈骗罪的区别　　通过欺骗的方式获得他人遗失的财物的，构成诈骗罪

职务侵占罪
├─ 犯罪构成
└─ 典型情况
     ├─ 保险公司的工作人员利用职务上的便利，故意编造未曾发生的保险事故进行虚假理赔，骗取保险金归自己所有
     └─ ★ 村民小组组长利用职务上的便利，将村民小组集体财产非法据为己有，数额较大

故意毁坏财物罪
├─ 犯罪构成
│   ├─ 构成要件
│   │   ├─ ★ 毁坏行为　　使得财物效用丧失的各种行为
│   │   └─ 结果　　造成财产损失的结果
│   └─ 主观　　没有非法占有目的，可以出于各种动机
└─ 与其他犯罪的关系
     ├─ ★ 采用破坏手段盗窃公私财物的，以盗窃罪从重处罚
     └─ 实施盗窃行为之后，为了报复而毁坏财物，构成犯罪的，数罪并罚

其他
├─ 挪用类犯罪
│   ├─ 挪用资金罪
│   │   ├─ 主体　　公司、企业或者其他单位的人员
│   │   └─ 行为方式　　挪用，没有非法占有目的
│   └─ 挪用特定款物罪　　违反特定款物专用的财经管理制度，挪用国家用于救灾、抢险、防汛、优抚、扶贫、移民、救济款物
└─ 拒不支付劳动报酬罪
     └─ ★ 从宽情节　　拒不支付劳动者的劳动报酬，尚未造成严重后果，在提起公诉前支付劳动者的劳动报酬，并依法承担相应赔偿责任的，可以减轻或者免除处罚

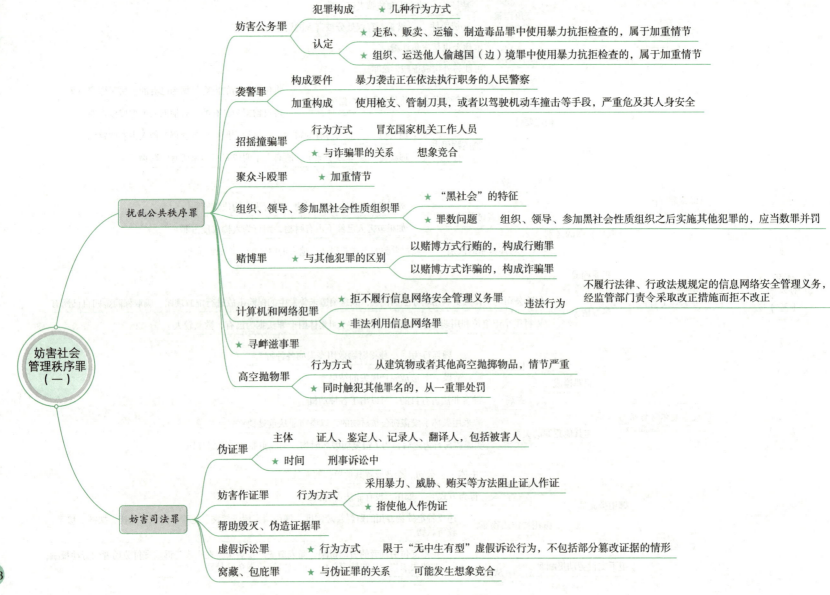

妨害社会管理秩序罪（一）

抗乱公共秩序罪

妨害公务罪
- 犯罪构成 — ★ 几种行为方式
- 认定
  - ★ 走私、贩卖、运输、制造毒品罪中使用暴力抗拒检查的，属于加重情节
  - ★ 组织、运送他人偷越国（边）境罪中使用暴力抗拒检查的，属于加重情节

袭警罪
- 构成要件 — 暴力袭击正在依法执行职务的人民警察
- 加重构成 — 使用枪支、管制刀具，或者以驾驶机动车撞击等手段，严重危及其人身安全

招摇撞骗罪
- 行为方式 — 冒充国家机关工作人员
- ★ 与诈骗罪的关系 — 想象竞合

聚众斗殴罪
- ★ 加重情节

组织、领导、参加黑社会性质组织罪
- ★ "黑社会"的特征
- ★ 罪数问题 — 组织、领导、参加黑社会性质组织之后实施其他犯罪的，应当数罪并罚

赌博罪
- ★ 与其他犯罪的区别
  - 以赌博方式行贿的，构成行贿罪
  - 以赌博方式诈骗的，构成诈骗罪

计算机和网络犯罪
- ★ 拒不履行信息网络安全管理义务罪 — 违法行为 — 不履行法律、行政法规规定的信息网络安全管理义务，经监管部门责令采取改正措施而拒不改正
- ★ 非法利用信息网络罪

★ 寻衅滋事罪

高空抛物罪
- 行为方式 — 从建筑物或者其他高空抛掷物品，情节严重
- ★ 同时触犯其他罪名的，从一重罪处罚

妨害司法罪

伪证罪
- 主体 — 证人、鉴定人、记录人、翻译人，包括被害人
- ★ 时间 — 刑事诉讼中

妨害作证罪
- 行为方式
  - 采用暴力、威胁、贿买等方法阻止证人作证
  - ★ 指使他人作伪证

帮助毁灭、伪造证据罪

虚假诉讼罪
- ★ 行为方式 — 限于"无中生有型"虚假诉讼行为，不包括部分篡改证据的情形

窝藏、包庇罪
- ★ 与伪证罪的关系 — 可能发生想象竞合

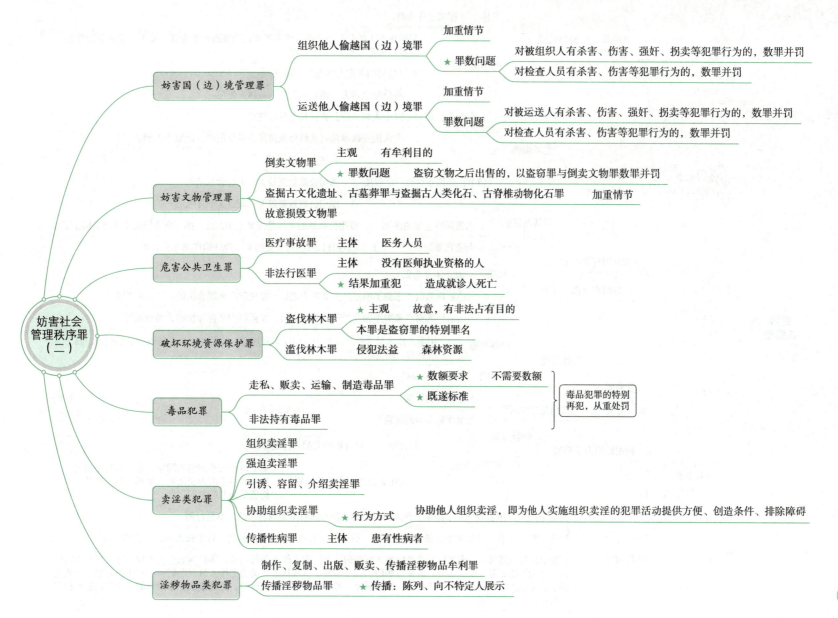

妇害社会管理秩序罪（二）

妨害国（边）境管理罪
- 组织他人偷越国（边）境罪
  - 加重情节
  - ★ 罪数问题
    - 对被组织人有杀害、伤害、强奸、拐卖等犯罪行为的，数罪并罚
    - 对检查人员有杀害、伤害等犯罪行为的，数罪并罚
- 运送他人偷越国（边）境罪
  - 加重情节
  - 罪数问题
    - 对被运送人有杀害、伤害、强奸、拐卖等犯罪行为的，数罪并罚
    - 对检查人员有杀害、伤害等犯罪行为的，数罪并罚

妨害文物管理罪
- 倒卖文物罪
  - 主观　　有牟利目的
  - ★ 罪数问题　　盗窃文物之后出售的，以盗窃罪与倒卖文物罪数罪并罚
- 盗掘古文化遗址、古墓葬罪与盗掘古人类化石、古脊椎动物化石罪　　加重情节
- 故意损毁文物罪

危害公共卫生罪
- 医疗事故罪　　主体　　医务人员
- 非法行医罪
  - 主体　　没有医师执业资格的人
  - ★ 结果加重犯　　造成就诊人死亡

破坏环境资源保护罪
- 盗伐林木罪
  - ★ 主观　　故意，有非法占有目的
  - 本罪是盗窃罪的特别罪名
- 滥伐林木罪　　侵犯法益　　森林资源

毒品犯罪
- 走私、贩卖、运输、制造毒品罪
  - ★ 数额要求　　不需要数额
  - ★ 既遂标准
- 非法持有毒品罪

{ 毒品犯罪的特别再犯，从重处罚

卖淫类犯罪
- 组织卖淫罪
- 强迫卖淫罪
- 引诱、容留、介绍卖淫罪
- 协助组织卖淫罪　　★ 行为方式　　协助他人组织卖淫，即为他人实施组织卖淫的犯罪活动提供方便、创造条件、排除障碍
- 传播性病罪　　主体　　患有性病者

淫秽物品类犯罪
- 制作、复制、出版、贩卖、传播淫秽物品牟利罪
- 传播淫秽物品罪　　★ 传播：陈列、向不特定人展示

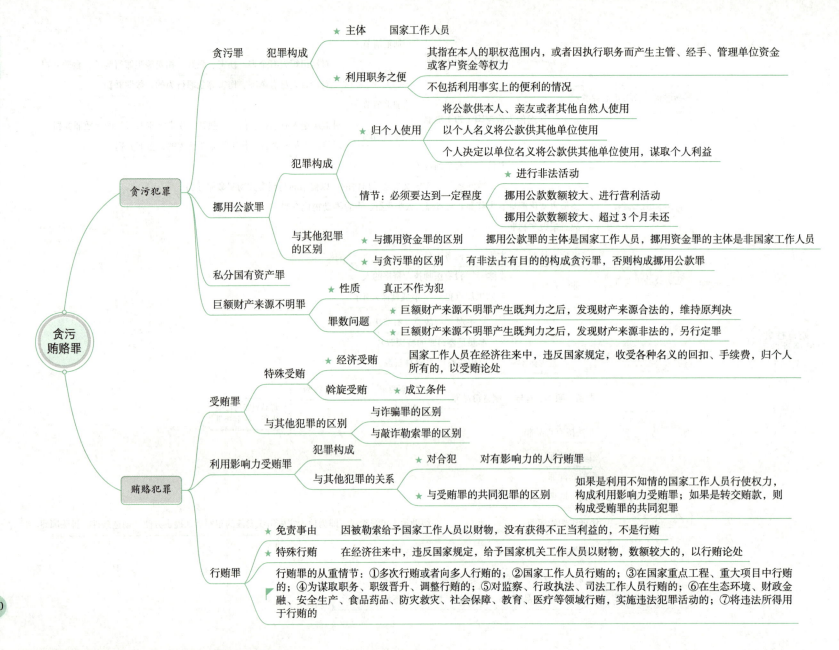

贪污贿赂罪

贪污犯罪
- 贪污罪 — 犯罪构成
  - ★ 主体　国家工作人员
  - ★ 利用职务之便
    - 其指在本人的职权范围内，或者因执行职务而产生主管、经手、管理单位资金或客户资金等权力
    - 不包括利用事实上的便利的情况
- 挪用公款罪
  - 犯罪构成
    - ★ 归个人使用
      - 将公款供本人、亲友或者其他自然人使用
      - 以个人名义将公款供其他单位使用
      - 个人决定以单位名义将公款供其他单位使用，谋取个人利益
    - 情节：必须要达到一定程度
      - ★ 进行非法活动
      - 挪用公款数额较大、进行营利活动
      - 挪用公款数额较大、超过3个月未还
  - 与其他犯罪的区别
    - ★ 与挪用资金罪的区别　挪用公款罪的主体是国家工作人员，挪用资金罪的主体是非国家工作人员
    - ★ 与贪污罪的区别　有非法占有目的的构成贪污罪，否则构成挪用公款罪
- 私分国有资产罪
- 巨额财产来源不明罪
  - ★ 性质　真正不作为犯
  - 罪数问题
    - ★ 巨额财产来源不明罪产生既判力之后，发现财产来源合法的，维持原判决
    - ★ 巨额财产来源不明罪产生既判力之后，发现财产来源非法的，另行定罪

贿赂犯罪
- 受贿罪
  - 特殊受贿
    - ★ 经济受贿　国家工作人员在经济往来中，违反国家规定，收受各种名义的回扣、手续费，归个人所有的，以受贿论处
    - 斡旋受贿　★ 成立条件
  - 与其他犯罪的区别
    - 与诈骗罪的区别
    - 与敲诈勒索罪的区别
- 利用影响力受贿罪
  - 犯罪构成
  - 与其他犯罪的关系
    - ★ 对合犯　对有影响力的人行贿罪
    - ★ 与受贿罪的共同犯罪的区别　如果是利用不知情的国家工作人员行使权力，构成利用影响力受贿罪；如果是转交贿款，则构成受贿罪的共同犯罪
- 行贿罪
  - ★ 免责事由　因被勒索给予国家工作人员以财物，没有获得不正当利益的，不是行贿
  - ★ 特殊行贿　在经济往来中，违反国家规定，给予国家机关工作人员以财物，数额较大的，以行贿论处
  - ▶ 行贿罪的从重情节：①多次行贿或者向多人行贿的；②国家工作人员行贿的；③在国家重点工程、重大项目中行贿的；④为谋取职务、职级晋升、调整行贿的；⑤对监察、行政执法、司法工作人员行贿的；⑥在生态环境、财政金融、安全生产、食品药品、防灾救灾、社会保障、教育、医疗等领域行贿，实施违法犯罪活动的；⑦将违法所得用于行贿的

渎职罪
├─ 滥用职权型渎职罪
│   ├─ 滥用职权罪
│   │   ├─ 犯罪构成
│   │   │   ├─ 客观行为：不法行使职务上的权限，即就形式上属于国家机关工作人员一般职务权限的事项，以不当目的或者以不法方法，实施违反职务行为宗旨的活动
│   │   │   │   ├─ 超越职权，擅自处理自己没有处理权限的事务
│   │   │   │   ├─ 玩弄职权，随心所欲地对事项作出决定
│   │   │   │   ├─ 故意不履行应当履行的职责
│   │   │   │   └─ 以权谋私、假公济私，不正确地履行职责
│   │   │   └─ ★ 主观：故意
│   │   │   ├─ 对滥用职权的行为本身存在故意
│   │   │   └─ 对滥用职权导致的结果可能是故意，也可能是过失
│   │   └─ 罪数问题　受贿之后滥用职权的，数罪并罚
│   ├─ 徇私枉法罪
│   │   ├─ 犯罪构成
│   │   │   ├─ 构成要件
│   │   │   │   ├─ ★ 主体　司法工作人员
│   │   │   │   ├─ 行为方式　徇私枉法、徇情枉法，对明知是无罪的人而使他受追诉、对明知是有罪的人而故意包庇不使他受追诉，或者在刑事审判活动中故意违背事实和法律作枉法裁判
│   │   │   │   └─ ★ 场合　刑事诉讼
│   │   │   └─ 主观　故意
│   │   ├─ ★ 罪数问题　犯本罪，又构成受贿罪的，从一重罪处罚
│   │   └─ 与包庇罪的区别
│   │   ├─ 如果利用职务之便作假证，则构成徇私枉法罪
│   │   └─ 如果没有利用职务之便单纯作假证，则构成包庇罪
│   ├─ 民事、行政枉法裁判罪
│   │   ├─ 主体　司法工作人员
│   │   ├─ 行为方式　故意违背事实和法律作枉法裁判，情节严重
│   │   └─ 场合　民事、行政诉讼
│   └─ 私放在押人员罪
│   ├─ 主体　司法工作人员
│   ├─ 行为方式　擅自将在押人员释放，使其脱离监管机关的监控范围
│   └─ ★ 与其他犯罪的区别
│   ├─ 与失职致使在押人员脱逃罪的区别　主观不同
│   └─ 与脱逃罪的帮助犯的区别　身份不同，私放在押人员罪需要司法工作人员的身份，而脱逃罪的帮助犯不需要身份
└─ 玩忽职守型渎职罪
    └─ 玩忽职守罪
        ├─ 主体　国家机关工作人员
        ├─ 行为方式　不履行或不正确履行应负的职责，致使公共财产、国家和人民利益遭受重大损失
        └─ 主观　由于行为人职务上的过失，如疏忽大意、过于自信、擅离职守等

思 维 导 图

行 政 法

行政法概述　　　行政法上的行政属于公共行政（公共行政 VS 私人行政 → 看争议背后的利益属性）

行政法的目的　　　控制行政权力，保护公民权利

行政法基础

行政分类
- 对行政相对人是否有利　　　负担行政 VS 授益行政
- 受法律拘束的程度　　　羁束行政 VS 裁量行政
- 是否以当事人申请为条件　　　依职权 VS 依申请
- 是否需要具备法定的形式　　　要式的 VS 非要式的

行政法的基本原则　　　合法行政、合理行政、诚实守信、程序正当、高效便民、权责统一

行政组织法

行政组织　　　中央行政机关（机构设置和编制管理）、地方行政机关（机构设置与编制管理）、实施行政职能的非政府组织（派出机关与派出机构的性质）

公务员法　　　公务员的录用、公务员的职位管理、公务员的处分与救济

行政行为法

抽象行政行为　　　行政立法的程序、行政立法的监督与效力

具体行政行为　　　具体行政行为的种类、效力问题

行政许可法　　　行政许可的概念、设定权限、实施程序、监督管理

行政处罚法
- 行政处罚的概念、设定权限、实施主体与管辖适用，行政处罚的决定程序与执行程序
- 治安管理处罚的实施主体与调查、决定、执行程序

行政强制法　　　行政强制的概念及与其他概念的区分问题、行政强制措施程序、行政强制执行程序

政府信息公开条例　　　政府信息公开的主体、范围、程序及监督和救济

行政救济法

行政复议法　　　行政复议的范围、行政复议参加人、行政复议机关、行政复议的受理及审理程序、行政复议的决定及执行程序

行政诉讼法　　　行政诉讼的受案范围、行政诉讼的参加人、行政诉讼的管辖、行政诉讼的程序、行政诉讼的特殊制度、行政诉讼的审理依据、行政诉讼的结案与执行

国家赔偿法　　　国家赔偿的概念，行政赔偿的程序，司法赔偿的程序，国家赔偿的方式、标准和费用

行政法与行政诉讼法体系

行政法基础

行政法的目的 —— 控制行政权力，保护公民权利

行政分类 —— 以对行政相对人是否有利进行划分
- 负担行政 —— 行政机关限制公民权利，使公民负担义务的行为，典型如行政处罚、行政强制、行政收税等
- 授益行政 —— 行政机关为公民提供利益和赋予权利、减免义务的行为，典型如行政许可、行政给付、行政奖励等

行政法的基本原则

★ 合法行政
- 法律优先（有法必依） —— 实施行政管理活动必须依照法律、法规、规章进行
- 法律保留（无法不为） —— 行政活动应当依照法律的授权进行，没有法律、法规、规章的依据，不得作出影响相对人合法权益或者增加相对人义务的决定

★ 合理行政
- 公平公正 —— 行政机关中立、不偏私，平等对待相对人，不歧视
- 考虑相关因素 —— 行政机关实施行政管理，只应考虑与法律目的相关的各种因素，不得考虑与法律目的不相关的因素
- 比例原则 —— ①适当性：手段须有助于目的的达成，且是正确的手段；②必要性：在有多种手段可供选择时，应选择侵害相对人权益最小的手段；③衡量性：手段不能给相对人权益带来超过行政目的之价值的侵害

诚实守信
- 诚实 —— 行政机关提供的信息应当真实、准确、全面
- ★ 信赖保护（俗称禁止反言原则） —— ①存续保护：行政授益行为不得随意更改或废止，禁止反复无常；②财产保护：基于公共利益，依照法定程序可以改变或废止行政授益行为，但须对行政相对人因信赖利益而造成的损失进行补偿

程序正当
- 行政公开 —— 为保障公民知情权，行政机关有义务公开自己在履行职责过程中制作或者获取的，以一定形式记录、保存的信息
- 公众参与 —— 行政机关作出重要工作和决策前要听取公众意见，作出不利决定前听取陈述、申辩
- 回避 —— 对行政权行使存在不利影响的人，应当回避

高效便民
- 高效 —— 行政机关应积极履行职责，遵守法定时限，提高办事效率
- 便民 —— 行政机关应简化行政程序，提供优质服务，方便公民、法人和其他组织

权责一致
- 行政效能 —— 行政机关履行行政职责，需由法律、法规赋予其相应的执法手段，保证政令有效
- 行政责任 —— 行政机关行使行政权须依法接受监督，行政违法或不当应承担法律责任

行政组织

中央行政机关

国务院办公厅、组成部门、直属机构、办事机构、组成部门管理的国家行政机构设立司级内设机构由国务院编制管理机关审核方案报国务院批准，设立处级内设机构由国务院行政机构决定报国务院机构编制管理机关备案

国务院工作机构　　主要指国务院办公厅（协助领导处理国务院日常工作），对外无行政主体资格

国务院组成部门（部委行署）　　履行基本行政职能，对外有行政主体资格，有规章制定权

国务院直属机构（总局、总署等）　　主管专门业务，对外有行政主体资格，有规章制定权

国务院部门管理的国家行政机构（局等）　　主管特定业务，对外有行政主体资格

国务院议事协调机构（指挥部、领导小组等）　　经授权有行政主体资格，不单独确定编制

国务院办事机构（办公室等）　　对外无行政主体资格

其设撤并由国务院编制管理机关提出方案后由总理提请全国人大（常委会）决定

★ 其设撤并由国务院机构编制管理机关提出方案后报国务院决定

地方行政机关

注意派出机关与派出机构

地方各级政府行政机构的设撤并改由本级政府提方案，报上一级政府批准（县级以上的地方各级政府则需同时报本级人大常委会备案）

例外：议事协调机构由本级政府设立

地方各级政府行政机构的内设机构由该机构报本级政府机构编制管理机关审批

地方行政机构之间对职责划分有异议的先协商，协商一致报本级政府编制管理机关备案，协商不一致由本级政府决定

★ 地方行政编制总额由省（自治区、直辖市）政府提出，经国务院编制管理机关审核后报国务院批准

实施行政职能的非政府组织

行政授权　　法律、法规、规章授权的组织（如相关事业单位），有行政主体资格

行政委托　　行政机关决定的受委托的组织，无行政主体资格

公务员法

公务员的录用

公务员录用条件的排除
①因犯罪受过刑事处罚的；②被开除中国共产党党籍的；③被开除公职的；④被依法列为失信联合惩戒对象的；⑤有法律规定不得录用的其他情形的

录用的程序 — 步骤

- **体检**：体检项目和标准的具体办法由中央公务员主管部门会同国务院卫生健康行政部门规定
- **试用期**：新录用的公务员试用期为1年；试用期满合格的，予以任职；不合格的，取消录用
- **例外简化**：录用特殊职位的公务员，经省级以上公务员主管部门批准，可以简化程序或者采用其他测评办法

公务员的职位管理

公务员的职位、职级和级别
公务员领导职务实行选任制、委任制和聘任制；公务员职级实行委任制和聘任制

★ 聘任制
①审批程序：经省级以上公务员主管部门批准实行聘任制；②职位限制：不涉密，专业性强&辅助性职位；③聘任合同：签书面聘任合同，期限为1~5年，试用期为1~12个月，实行协议工资，合同签订、变更或者解除，须报同级公务员主管部门备案；④管理：双重管理

公务员兼职
原则上不允许兼职，因工作需要可以兼职，但需满足：经过有关机关批准；不能拿报酬

★ 公务员回避

- **任职回避**
  - 夫妻关系、直系或三代以内旁系血亲关系、近姻亲关系不得在：①同一机关双方直接隶属于同一领导人员的职位工作；②有直接上下级领导关系的职位工作；③其中一方担任领导职务的机关从事组织、人事、纪检、监察、审计、财务等工作
  - 公务员不得在其配偶、子女及其配偶经营的企业、营业性组织的行业监管或主管部门担任领导成员
- **地域回避**：乡级、县级、设区的市级机关及其有关部门的主要正职领导职务；例外：民族乡乡长、自治县县长、自治州州长
- **公务回避**：涉及利害关系的人可能影响其公正执行公务的
- **离职回避**：针对辞去公职或退休的公务员（禁止从事与原工作业务相关的营利性活动）

公务员的公职退出

- **辞职**
  - **不得辞退**：①未满最低年限；②涉密岗位未满脱密期；③重要公务尚未处理完毕且须本人继续处理；④正在接受审计、纪律审查、监察调查或犯罪未走完司法程序
  - **应当辞职**：领导成员因工作严重失误造成恶劣社会影响，对事故负领导责任的，应当引咎辞去领导职务
- **辞退**
  - **予以辞退**：能力不行，态度也不好的
  - **不得辞退**：①因公致残；②患病或在医疗期内；③女性孕期或哺乳期内

公务员的处分与救济

行政处分的种类
警告（6个月）、记过（12个月）、记大过（18个月）、降级和撤职（24个月）、开除

公务员在受处分期间不得晋升职务和级别，其中，受记过、记大过、降级、撤职处分的，不得晋升工资档次；受撤职处分的，按照规定降低级别

行政处分解除
受开除处分以外的处分，处分期确有悔改表现，且没有再发生违纪违法行为的，处分期满自动解除处分；解除降级、撤职处分的，不视为恢复原级别、原职务、原职级

公务员的救济

- **选任制、委任制公务员**：原机关复核（非必经步骤）→ 上一级机关申诉 → 申诉处理机关的上一级机关再申诉
- **聘任制公务员**：向人事争议仲裁委员会申请仲裁；对仲裁裁决不服的，向法院提起诉讼

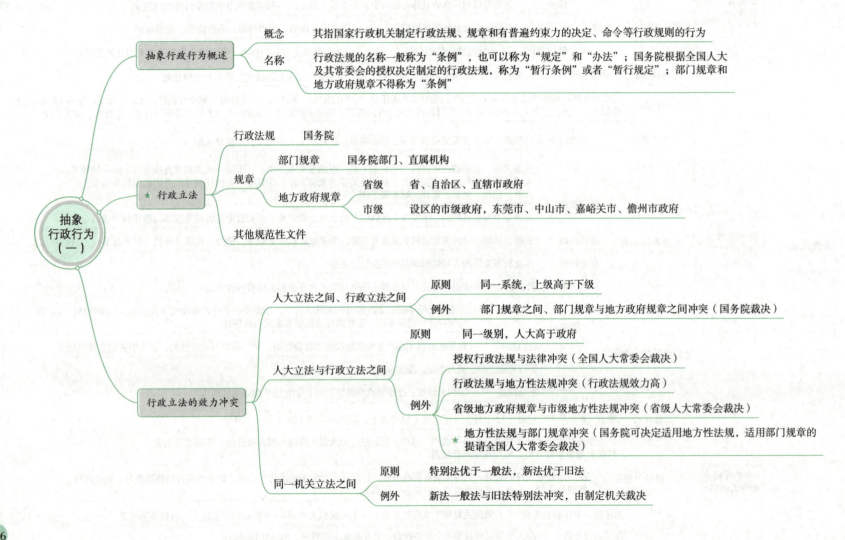

抽象行政行为（一）

抽象行政行为概述
- 概念　其指国家行政机关制定行政法规、规章和有普遍约束力的决定、命令等行政规则的行为
- 名称　行政法规的名称一般称为"条例"，也可以称为"规定"和"办法"；国务院根据全国人大及其常委会的授权决定制定的行政法规，称为"暂行条例"或者"暂行规定"；部门规章和地方政府规章不得称为"条例"

★ 行政立法
- 行政法规　国务院
- 规章
  - 部门规章　国务院部门、直属机构
  - 地方政府规章
    - 省级　省、自治区、直辖市政府
    - 市级　设区的市级政府，东莞市、中山市、嘉峪关市、儋州市政府
- 其他规范性文件

行政立法的效力冲突
- 人大立法之间、行政立法之间
  - 原则　同一系统，上级高于下级
  - 例外　部门规章之间、部门规章与地方政府规章之间冲突（国务院裁决）
- 人大立法与行政立法之间
  - 原则　同一级别，人大高于政府
  - 例外
    - 授权行政法规与法律冲突（全国人大常委会裁决）
    - 行政法规与地方性法规冲突（行政法规效力高）
    - 省级地方政府规章与市级地方性法规冲突（省级人大常委会裁决）
    - ★ 地方性法规与部门规章冲突（国务院可决定适用地方性法规，适用部门规章的提请全国人大常委会裁决）
- 同一机关立法之间
  - 原则　特别法优于一般法，新法优于旧法
  - 例外　新法一般法与旧法特别法冲突，由制定机关裁决

抽象
行政行为
（二） — 行政立法程序

立项
- **行政法规**　国务院有关部门报请立项；法制机构拟订的立法工作计划可根据实际情况调整
- **规章**
  - 部门规章　　国务院部门的行政机构向部门报请立项
  - 地方政府规章　　政府工作部门或者下级政府向政府报请立项

起草
- **行政法规**　国务院组织起草；国务院部门或法制机构具体负责起草；重要草案法制机构组织起草
- **规章**
  - 部门规章　　国务院部门组织起草；行政机构或法制机构具体负责起草
  - 地方政府规章　　政府组织起草；政府工作部门或法制机构具体负责起草

审查
- **行政法规**　法制机构负责审查送审稿
- **规章**　法制机构负责审查送审稿
  - ★ 制定的基本条件尚不成熟，主要制度存在较大争议的，法制机构可缓办或者退回起草部门

决定与公布 ★
- **决定**
  - 行政法规　　由国务院常务会议审议或由国务院审批
  - 规章
    - 部门规章　　由部门部务会议或者委员会会议决定
    - 地方政府规章　　由本级政府常务会议或者全体会议决定
- **公布**
  - 行政法规　　总理签署国务院令公布，在国务院公报和中国政府法制信息网以及全国范围内发行的报纸上刊载
  - 规章
    - 部门规章　　部门首长签署命令公布，在部门公报或者国务院公报和中国政府法制信息网以及在全国范围内发行的报纸上刊载
    - 地方政府规章　　政府首长签署命令公布，在本级政府公报和中国政府法制信息网以及在本行政区域范围内发行的报纸上刊载
- **施行**　行政法规、部门规章、地方政府规章应当自公布之日起 30 日后施行；但涉及国家安全、外汇汇率、货币政策的确定的，可以自公布之日起施行
- **备案**
  - 行政法规　　在公布后的 30 日内由国务院办公厅报全国人大常委会备案
  - 规章　　部门规章在公布后 30 日内由法制机构报请国务院备案；地方政府规章在公布后 30 日内由法制机构报请国务院、本级人大常委会备案

解释 ★
- **行政法规**　条文本身需要明确界限或作出补充规定的，国务院部门或省政府报请国务院解释；对属于行政工作中具体应用的问题，由法制机构解释
- **规章**　规章的规定需要进一步明确具体含义的，或者规章制定后出现新的情况，需要明确适用规章依据的，由规章制定机关解释
  - 制定机关是解释主体；解释同文件本身具有同等的效力

具体行政行为

★ 概　念　其指行政主体依法就特定事项对特定的公民、法人或者其他组织权利义务作出单方行政职权行为

种　类

- 行政处罚　其指行政机关依法对违反行政管理秩序的公民、法人或者其他组织，以减损权益或者增加义务的方式予以惩戒的具体行政行为
- 行政许可　其指行政机关根据相对人的申请，通过颁发许可证、执照等形式，依法赋予相对人从事某种活动的法律资格或者实施某种行为的法律权利的具体行政行为
- 行政强制措施　其指行政机关在行政管理过程中，为制止违法行为、防止证据损毁、避免危害发生、控制危险扩大等情形，依法对公民的人身自由实施暂时性限制，或者对公民、法人或者其他组织的财物实施暂时性控制的具体行政行为
- 行政强制执行　其指行政机关对不履行行政决定的公民、法人或者其他组织，依法强制履行义务的具体行政行为
- 行政征用　其指行政机关为了公共利益的需要，依照法定程序强制征用相对方财产或劳务并给予补偿的具体行政行为
- 行政征收　其指行政机关根据法律规定，以强制方式取得相对方财产所有权的具体行政行为
- 行政给付　其指行政机关对公民在年老、疾病或者丧失劳动能力等情况或其他特殊情况下，依照有关法律、法规规定，赋予其一定的物质权益或与物质有关的权益的具体行政行为
- 行政裁决　其指行政机关依据法律授权，对发生在行政管理活动中的平等主体间的特定民事争议进行审查并作出裁决的具体行政行为
- 行政确认　其指行政机关依法对相对人的法律地位、权利义务和相关的法律事实进行甄别，予以确定、许可证明并予以宣告的具体行政行为
- 其他具体行政行为

成立要件　主体上享有行政职权，内容上影响权利义务，程序上进行送达

★ 效　力

原则上，具体行政行为一经成立就可以立即生效；例外：附条件生效

效力内容
①拘束力：具体行政行为一经生效，行政机关和相对人应予遵守
②确定力：具体行政行为过了法定争议期后效力固定
③执行力：当事人不履行生效的行政行为的，行政机关可以强制执行

效力状态
①无效：行为明显重大违法，自始不发生任何效力，可随时主张无效
②撤销：一般违法或明显不当，被撤销前推定为有效，撤销后溯及自始无效
③废止：原有法律依据已改变，客观情况发生重大变化，废止前有效，废止后无效

具体行政行为合法性判断　主体合法、合乎法定职权范围、证据确凿、适用法律法规正确、程序法定、不滥用职权、无明显不当

★ 除法律、法规、国务院决定、省政府规章外，其他规范性文件一律不得设定行政许可；在上位法设定许可范围外，不得增设许可

行政许可法

- **行政许可的设定**
  - 法律、行政法规设定经常性的全国范围内有效的许可；国务院决定可设定临时性的全国范围内有效的许可；地方性法规可设定经常性的本行政区域内的许可；省级政府规章可设定临时性的本行政区域内的许可

- **行政许可的实施**
  - 实施主体　法律、法规授权的具有管理公共事务职能的组织；以法律、法规、规章为依据的受委托的行政机关
  - 一般程序
    - 申请　可委托申请，必须亲自到场的除外；申请方式不限（注意：行政机关提供的格式文本不得收费，没有例外）
    - 受理　符合条件的应予受理；材料不齐全的当场告知或5日内一次性告知补正；逾期不告知的，自收到申请材料之日起即为受理（注意：受理与不受理的决定都必须书面作出）
    - 审查　对实质内容核实的应指派2名以上工作人员
    - 决定　当场作出决定或受理之日起20日内作出，负责人批准可延长至30日；集中办理的自受理之日起45日内决定，经负责人批准可延至60日
    - 发证　发证并非是所有行政许可的必经步骤；行政机关应当自作出许可决定之日起10日内向申请人颁发、送达行政许可证件，或者加贴标签，加盖检验、检测、检疫印章
    - ★ 延续　需要延续许可的，应在许可有效期届满30日前申请，法律、法规、规章另有规定的除外；许可机关在有效期届满前作出决定，逾期的视为准予延续
  - 听证程序
    - ★ 听证范围　依职权（涉及重大公益的许可）、依申请（涉及重大私人利益的许可），都应向社会公告
    - 听证程序　当事人在被告知听证权之日起5日内申请，行政机关20日内组织，于举行听证7日前告知时间、地点；利害关系主持人回避；根据听证笔录作出行政许可；公开举行听证，行政机关承担费用
  - 特殊程序
    - 特许事项的许可，行政机关应当通过招标、拍卖等公平竞争的方式作出决定
    - 设备设施的行政许可，应进行检验、检测、检疫

- **行政许可的监督检查**
  - 吊销　从事行政许可事项有重大违法行为给予的行政处罚
  - 撤销　被许可人以欺骗、贿赂等不正当手段取得行政许可的应撤销，行政机关滥用职权、超越职权等准予许可的可撤销；由许可的决定机关或其上级机关撤销
  - 撤回　当事人已合法取得许可，但因公共利益需要或法律法规变化而撤回
  - 注销　①行政许可有效期届满未延续的；②赋予公民特定资格的行政许可，该公民死亡或者丧失行为能力的；③法人或者其他组织依法终止的；④行政许可依法被撤销、撤回，或者行政许可证件依法被吊销的；⑤因不可抗力导致行政许可事项无法实施的
    - 区别于吊销、撤销、撤回，只是对行政许可的程序处理

设定是创设新的处罚种类，区别于具体规定。例如，上位法对违法行为已经作出行政处罚规定，下位法不得再设定；下位法需作具体规定的，不得超过上位法规定的行政处罚行为、种类和幅度的范围；除法律、法规、规章以外，其他规范性文件不得设定行政处罚。

行政处罚法（一）

行政处罚的设定

处罚种类 ①行政拘留；②吊销营业执照；③暂扣许可证件、降低资质等级、吊销许可证件；④责令关闭、责令停产停业、限制开展生产经营活动、限制从业；⑤没收违法所得、没收非法财物；⑥罚款；⑦警告、通报批评等

法律可以设定所有的处罚种类；行政法规可以设定除限制人身自由之外的处罚；地方性法规可以设定除限制人身自由、吊销营业执照之外的处罚；规章可以设定警告、通报批评和一定数额的罚款处罚

行政处罚的实施

实施主体

国家在城市管理、市场监管、生态环境、文化市场、交通运输、应急管理、农业等领域推行建立综合行政执法制度，相对集中行政处罚权

法律法规授权的具有管理公共事务职能的组织

法律、法规、规章规定的受委托组织是具有管理公共事务职能的组织，其不得再委托

国务院或者省、自治区、直辖市人民政府可以决定一个行政机关集中行使有关行政机关的行政处罚权。其中，限制人身自由的行政处罚权只能由公安机关和法律规定的其他机关行使

实施程序

简易程序 — 适用条件 违法事实确凿，公民处200元以下罚款，法人处3000元以下罚款或警告；执法人员当场作出，处罚决定书当场交付（决定书由执法人员签名或盖章）

一般程序

先行登记 证据可能灭失或以后难以取得，经行政机关负责人批准，可以先行登记保存，并在7日内及时作出处理决定

行政处罚决定前需要法制审核情形：①涉及重大公共利益的；②直接关系当事人或者第三人重大权益，经过听证程序的；③案件情况疑难复杂、涉及多个法律关系的；④法律、法规规定应当进行法制审核的其他情形

处罚决定书宣告后当场交付；当事人不在场的，于7日内按照《民事诉讼法》的有关规定送达

听证程序

应当告知听证范围 ①较大数额罚款；②没收较大数额违法所得、没收较大价值非法财物；③降低资质等级、吊销许可证件；④责令停产停业、责令关闭、限制从业；⑤其他较重的行政处罚；⑥法律、法规、规章规定的其他情形

程序 当事人5日内提出申请，行政机关7日前通知；非本案调查人员主持听证；听证应制作笔录；当事人不承担组织听证的费用

实施规则

应当从轻或减轻处罚 ①已满14周岁不满18周岁的未成年人；②主动消除或减轻违法行为危害后果的；③受他人胁迫或者诱骗实施违法行为的；④主动供述行政机关尚未掌握的违法行为的；⑤配合行政机关查处违法行为有立功表现的

一事不再罚 对当事人同一违法行为不得给予2次以上罚款处罚；同一个违法行为违反多个法律规范应当给予罚款处罚的，按照罚款数额高的规定处罚

处罚时效 违法行为2年内未被发现的，不再处罚；涉及公民生命健康安全、金融安全且有危害后果的，前述期限延长至5年；法律另有规定除外（治安处罚6个月）

行政处罚法（二）

行政处罚的执行

- 执行程序
  - 一般规定　行政处罚决定依法作出后，当事人应当在行政处罚决定书载明的期限内，予以履行；当事人确有经济困难，需要延期或者分期缴纳罚款的，经当事人申请和行政机关批准，可以暂缓或者分期缴纳
  - 收缴
    - 原则　罚缴分离
    - 例外　可当场收缴
      - 行政处罚给予 100 元以下罚款的，或者不当场收缴事后难以执行的
      - 自收缴之日起 2 日内交至行政机关，行政机关 2 日内交至指定银行
- 行政处罚的强制执行
  - 到期不缴纳罚款的，每日按罚款数额的 3% 加处罚款，加处罚款的数额不得超出罚款的数额
  - 根据法律规定，将查封、扣押的财物拍卖、依法处理或者将冻结的存款、汇款划拨抵缴罚款
  - 根据法律规定，采取其他行政强制执行方式
  - 依照《行政强制法》的规定申请法院强制执行

治安管理处罚的实施

- 实施主体：一般县级以上公安机关决定，派出所作警告、500 元以下罚款决定
- ★ 实施程序
  - 传唤　对违反治安管理行为人，经批准使用传唤证传唤；现场发现经出示工作证件可口头传唤，需注明
  - 询问　不得超 8 小时；可能使用行政拘留的，不得超 24 小时
  - 检查　对与违反治安管理行为有关的场所、物品、人身进行检查；不得少于 2 人且两证齐全
  - 扣押　与案件有关的需要作为证据扣押，无关的不得扣押，被侵害人或善意第三人合法占有的不得扣押但需登记；开列清单一式两份
- 实施规则
  - 可以从轻减轻或不予处罚　盲人或又聋又哑的人
  - ★ 调解与处罚　对于因民间纠纷引起的打架斗殴违反治安管理情节轻微的，由公安机关调解；达成协议的，不予处罚；未达成协议或达成不履行的，应按照规定给予处罚，并告知可就民事争议提起民事诉讼
- 拘留暂缓执行
  - 条件　被处罚人申请复议、诉讼时向公安机关申请暂缓执行且不致发生社会危险的
  - 方式
    - 人保　无牵连、有自由、有固定住所、有能力（担保人不履行担保义务，致使被担保人逃避行政拘留处罚的执行的，由公安机关对其处以 3000 元以下罚款）
    - 金钱保　每日 200 元；逃避执行的保证金没收；拘留被撤销保证金退还

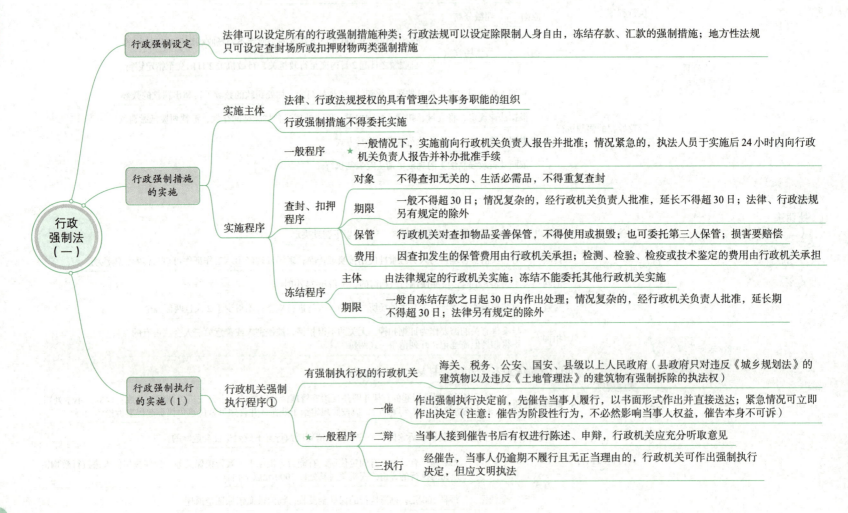

行政强制法（一）

- 行政强制设定 —— 法律可以设定所有的行政强制措施种类；行政法规可以设定除限制人身自由，冻结存款、汇款的强制措施；地方性法规只可设定查封场所或扣押财物两类强制措施

- 行政强制措施的实施
  - 实施主体
    - 法律、行政法规授权的具有管理公共事务职能的组织
    - 行政强制措施不得委托实施
  - 实施程序
    - 一般程序 ★ —— 一般情况下，实施前向行政机关负责人报告并批准；情况紧急的，执法人员于实施后24小时内向行政机关负责人报告并补办批准手续
    - 查封、扣押程序
      - 对象 —— 不得查扣无关的、生活必需品，不得重复查封
      - 期限 —— 一般不得超30日；情况复杂的，经行政机关负责人批准，延长不得超30日；法律、行政法规另有规定的除外
      - 保管 —— 行政机关对查扣物品妥善保管，不得使用或损毁；也可委托第三人保管；损害要赔偿
      - 费用 —— 因查扣发生的保管费用由行政机关承担；检测、检验、检疫或技术鉴定的费用由行政机关承担
    - 冻结程序
      - 主体 —— 由法律规定的行政机关实施；冻结不能委托其他行政机关实施
      - 期限 —— 一般自冻结存款之日起30日内作出处理；情况复杂的，经行政机关负责人批准，延长期不得超30日；法律另有规定的除外

- 行政强制执行的实施（1）
  - 行政机关强制执行程序①
    - 有强制执行权的行政机关 —— 海关、税务、公安、国安、县级以上人民政府（县政府只对违反《城乡规划法》的建筑物以及违反《土地管理法》的建筑物有强制拆除的执法权）
    - 一般程序 ★
      - 一催 —— 作出强制执行决定前，先催告当事人履行，以书面形式作出并直接送达；紧急情况可立即作出决定（注意：催告为阶段性行为，不必然影响当事人权益，催告本身不可诉）
      - 二辩 —— 当事人接到催告书后有权进行陈述、申辩，行政机关应充分听取意见
      - 三执行 —— 经催告，当事人仍逾期不履行且无正当理由的，行政机关可作出强制执行决定，但应文明执法

行政强制法（二）

行政强制执行的实施（2）

行政机关强制执行程序②

特别程序

- **间接执行** 加处罚款或者滞纳金的标准应告知当事人，且数额不得超过金钱给付义务的数额
- **直接执行** 金钱给付义务，当事人不履行、不复议、不诉讼，经催告仍不履行的，行政机关对已查封、扣押的财物可依法拍卖，抵缴罚款
- **代履行**
  - **适用范围** 行政机关作出要求当事人履行排除妨碍、恢复原状的行政决定，当事人不履行，经催告仍不履行，已经或将危害交通安全、造成环境污染或者资源破坏的
  - **主体** 行政机关可以代履行，或者委托没有利害关系的第三人代履行
  - **程序** 代履行3日前催告当事人履行；对需要立即清除道路、河道等公共场所的遗洒物等，当事人不能履行的，行政机关可立即实施代履行；费用由当事人承担，法律另有规定的除外

特殊制度

- **中止执行** ①当事人履行决定确有困难或者暂无履行能力的；②第三人对执行标的主张权利，确有理由的；③执行可能造成难以弥补的损失，且中止执行不损害公共利益的；④行政机关认为需要中止执行的其他情形

  ★ 中止执行的情形消失后，行政机关应当恢复执行；对没有明显社会危害，当事人确无能力履行，中止执行满3年未恢复执行的，不再执行

- **终结执行** ①公民死亡，无遗产可供执行，又无义务承受人的；②法人或者其他组织终止，无财产可供执行，又无义务承受人的；③执行标的灭失的；④据以执行的行政决定被撤销的；⑤行政机关认为需要终结执行的其他情形
- **执行协议** 在不损害公共利益和他人合法权益的情况下，行政机关可与当事人达成执行协议；执行协议可分阶段履行；当事人采取补救措施的，可以减免加处的罚款或者滞纳金；当事人不履行执行协议的，行政机关应当恢复强制执行

申请法院强制执行

- **条件** 行政机关无强制执行权（例外：海关、税务两种方式都行），当事人在法定期限内不复议、不诉讼、不履行的，应自期限届满之日起3个月内申请执行
- **催告** 行政机关已催告当事人履行义务，且催告期已满10日
- **执行法院** 行政机关所在地基层法院（执行标的为不动产的，为不动产所在地基层法院）
- ★ **审查** 一般为书面审查，自受理之日起7日内作出执行裁定；明显缺乏事实根据、法律依据或其他明显违法的，自受理之日起30日内作出是否执行的裁定

政府信息公开条例

- 政府信息公开的主体 —— 行政机关制作的，由制作机关公开；行政机关从公民处获取的，由保存机关公开；从其他行政机关处获取的，由制作或最初获取的行政机关公开

- ★ 政府信息公开的范围
  - 涉及国家秘密、可能危及三安全一稳定的信息一律不公开
  - 涉及商业秘密、个人隐私的信息原则上不公开；经当事人同意公开或行政机关认为不公开对公共利益造成影响的除外
  - 行政机关内部事务信息，如人事管理、后勤管理、内部工作流程等信息，可以不公开
  - 行政机关在履行行政管理职能过程中形成的讨论记录、过程稿、磋商信函、请示报告等过程性信息以及行政执法案卷信息，可以不公开

- 政府信息公开的程序
  - 主动公开政府信息的程序
    - ★ 公开信息 —— 对涉及公众利益调整、需要公众广泛知晓或者需要公众参与决策的政府信息
    - 公开形式 —— 通过政府公报、政府网站、统一的政府信息公开平台、国家档案馆、公共图书馆、信息公告栏等
    - 公开期限 —— 应当自政府信息形成或变更之日起 20 日内予以公开（无延长）；法律、法规另有规定的除外
  - ★ 依申请公开政府信息的程序
    - 申请 —— 向行政机关的政府信息公开工作机构提出申请；可口头可书面；需要提供身份证明；行政机关针对申请内容不明确的，应指导释明；不同方式申请，其收到申请之日不同
    - 第三方征求意见 —— 申请公开的信息涉及第三人权益的，应书面征求意见；行政机关认为不公开的，要说明理由
    - 答复
      - 对申请公开的答复 —— 行政机关决定不予公开的，要说明理由；信息不存在的，要告知申请人信息不存在；信息中含有应公开和不予公开内容的，要区分处理
      - 答复期限 —— 能当场答复的，应当场答复；不能当场答复的，应在 20 个工作日内予以答复，特殊可以延长 20 个工作日
    - 特殊申请处理
      - 频繁申请的处理 —— 申请人申请超过合理范围的，可以要求申请人说明理由；可以收取信息处理费（一般不收取费用）
      - 申请更正政府信息的处理 —— 公民有证据证明行政机关提供的与其自身相关的信息不准确，不属于本行政机关职能范围的，可以转送有权更正的机关处理，或者告知申请人向有权更正的机关提出

- 政府信息公开的监督和救济
  - 监督 —— 政府信息公开工作主管部门对行政机关未按照要求开展信息公开工作的，予以督促整改；需要对相关人员追究责任的，向有权机关提出处理建议
  - 救济 —— 公民认为行政机关信息公开行为侵犯其合法权益的，可以向上一级行政机关或者政府信息公开主管部门（无监察部门）投诉、举报，也可以申请复议或提起诉讼

★行政复议法（一）

- **行政复议的范围**
  - 标准　　既审查行政行为的合法性，也审查行政行为的合理性
  - 能够受理的事项　　行政处罚、行政强制、行政许可、行政协议等侵犯其他合法权益的行政行为
  - 复议排除的事项　　内部行政行为、抽象行政行为等

- **行政复议参加人**
  - 行政复议申请人
    - 申请人资格转移　　公民死亡的，由其近亲属申请；法人或组织终止的，由承受其权利的法人或组织申请
    - 委托代理人　　可以委托1至2名代理人；书面委托&口头委托
    - 众多申请人代表　　同一行政复议案件申请人超过5人的，推选1~5名代表参加行政复议
  - 行政复议被申请人
    - 一般案件情形　　授权行政案件（被授权组织为被申请人）、委托行政案件（委托机关为被申请人）、不作为案件（有作为义务的机关为被申请人）、行政机关被撤销或者职权变更（继续行使其职权的行政机关为被申请人）等
    - 特殊案件情形　　经上级行政机关批准的案件（批准机关为被申请人）
  - 行政复议第三人
    - 有利害关系　　复议机构可以通知其作为第三人参加，也可以申请参加；第三人可以委托1至2名代理人参加复议；第三人不参加行政复议，不影响行政复议案件的审理

- **★行政复议机关**（注意：行政复议机关负责法制工作的机构是行政复议机构）
  - 被申请人→复议机关
    - 县级以上地方人民政府作为复议机关
      - 本级人民政府工作部门
      - 本级人民政府或者其工作部门管理的法律、法规、规章授权的组织
      - 各级人民政府工作部门依照法律、法规、规章设立的派出机构
      - 本级人民政府依法设立的派出机关
      - 下一级人民政府
      - 省、自治区、直辖市人民政府（自我复议）
    - 国务院部门作为复议机关
      - 本部门
      - 本部门依法设立的派出机构
      - 本部门管理的法律、行政法规、部门规章授权的组织
    - 上一级主管部门作为复议机关　　实行垂直领导的行政机关
    - 本级人民政府或者上一级司法行政部门作为复议机关　　地方人民政府司法行政部门

    （以政府为原则，部门为例外）

行政复议法（二）

行政复议的申请与受理

★ 行政复议的申请
- 从知或应知之日起60日内申请行政复议，法律规定申请期限超过60日的除外（不知诉权：1年；不知内容：涉及不动产20年，其他案件5年）
- 申请可口头可书面
- 复议前置案件　　纳税争议、经营者集中、自然资源确权、当场处罚、行政不作为、信息不公开等

行政复议的受理
- 收到复议申请后5日内审查
- 申请材料不全的，复议机关在收到申请之日起5日内书面通知补正，一次性载明补正事项
- 申请被受理以后、复议决定作出之前，申请人依真实意思可以撤回复议申请

★行政复议法（二）

★ **行政复议的审理**

复议证据
- 当事人举证
  - 被申请人举证
    - 被申请人提交证据证明行政行为的合法性、适当性
    - 复议期间，被申请人不得自行向申请人和其他有关单位或者个人收集证据
  - 申请人举证
    - 认为被申请人不履行法定职责的，提供曾经要求被申请人履行法定职责的证据，除非属于被申请人主动履责或者其他正当理由
    - 提出赔偿请求的，提供受行政行为侵害而造成损害的证据，但因被申请人原因导致无法举证的，责任倒置
- 复议机关调查取证　　行政复议人员不得少于2人，并出示证件
- 在行政复议期间被申请人可以改变原行政行为，不影响行政复议案件的审理

普通程序
- 审理方式
  - 听取意见　　行政复议机构应当当面或者通过互联网、电话方式听取意见并记录在案；因当事人原因不能听取的，可以书面审理
  - 听证　　重大、疑难、复杂的案件，应当组织听证；有必要或者依申请的案件，可以组织听证。3+1人员，根据听证笔录作出复议决定
  - 复议委员会咨询意见　　复杂、专业、有必要的案件，行政复议机构应提请行政复议委员会提出咨询意见；咨询意见属于复议决定的重要参考依据
- 审理期限　　自受理之日起60日内作出复议决定，但法律规定少于60日的除外；情况复杂的，经行政复议机构负责人批准，最多延长30日

简易程序
- 适用范围
  - 法定　　事实清楚、权利义务关系明确、争议不大的行政复议案件：①当场作出行为；②警告或通报批评；③款额3000元以下；④政府信息公开案件
  - 约定　　当事人各方同意适用简易程序的，可以适用简易程序
- 审理期限　　自受理申请之日起30日内作出复议决定

★行政复议法（三）

行政复议的决定与执行

- 复议决定书　　行政复议决定书一经送达，即发生法律效力

- 决定种类
  - 维持决定：事实清楚、证据确凿、适用依据正确、程序合法、内容适当
  - 履行法定职责决定：被申请人不履行法定职责
  - 变更决定：①事实清楚，证据确凿，适用依据正确，程序合法，但是内容不适当；②事实清楚，证据确凿，程序合法，但是未正确适用依据；③事实不清、证据不足，经行政复议机关查清事实和证据
  - 撤销决定：①主要事实不清、证据不足；②违反法定程序；③适用的依据不合法；④超越职权或者滥用职权
  - 确认违法决定：①行政行为依法应予撤销，但是撤销会给国家利益、社会公共利益造成重大损害；②行政行为程序轻微违法，但是对申请人权利不产生实际影响；③行政行为违法，但是不具有可撤销内容；④被申请人改变原违法行政行为，申请人仍要求撤销或者确认该行政行为违法；⑤被申请人不履行或者拖延履行法定职责，责令履行没有意义
  - 驳回决定：①行政不作为案件中被申请人没有相应法定职责或者在受理前已经履行法定职责；②受理行政复议申请后，发现复议申请不符合受理条件

- ★复议调解　　行政复议机关办理行政复议案件，可以进行调解。遵循合法、自愿原则，不损害国、社、他利益，不违反法律、法规规定

- 附带审查
  - 复议时一并提出审查申请的：复议机关有权处理的，应在30日内依法处理；复议机关无权处理的，在7日内按照法定程序转送有权处理的行政机关，有权处理的行政机关在收到转送之日起60日内依法处理
  - 行政机关依职权主动审查的：复议机关有权处理的，应在30日内依法处理；复议机关无权处理的，在7日内按照法定程序转送有权处理的国家机关，有权处理的国家机关在收到转送之日起60日内依法处理

- 行政复议的执行
  - 被申请人不履行行政复议决定　　行政复议机关或上级机关责令被申请人限期履行，并可以约谈负责人或者通报批评
  - 申请人、第三人不履行行政复议决定　　由作出行政行为的行政机关依法强制执行或者申请法院强制执行

行政诉讼法（一）

行政诉讼受案范围

- 能受理的案件
  - 受案标准　行政行为的合法性审查
  - 有名字的　《行政诉讼法》第12条列举的
  - 无名字的　从行为的实质来判断（对公民、法人、其他组织权利义务产生实际影响）

- 不能受理的案件　★《行政诉讼法》第13条和《行诉解释》第1条列举的［注意：行政终局（国务院的最终裁决、出入境管理中的最终裁决、外商投资的国家安全审查决定）］

- 特殊案件受理范围
  - 行政许可：行政许可过程中的告知补正申请材料、听证等通知行为，不具有终局性，不可诉；但导致许可程序事实上终止的，可诉
  - 政府信息公开：申请内容更改、补充的告知行为，申请公开出版物，要求处理加工政府信息，行政程序中案卷材料查阅等不在受案范围中
  - 国际贸易行政案件、反倾销行政案件、反补贴行政案件都存在某些能够受理的案件

行政诉讼的参加人（1）

行政行为的相对人以及其他与行政行为有利害关系的公民、法人或者其他组织，有权提起诉讼（《行政诉讼法》第25条第1款）

主要指行政相对人和行政相关人（利害关系人）

- 原告
  - 相邻权人的原告资格
  - 公平竞争权人的原告资格
  - 受害人的原告资格
    - 加害人或者受害人中，起诉的一方是原告，没有起诉的一方是第三人
    - 加害人认为行政处罚过重而起诉，受害人认为处罚过轻也同时起诉的，受害人和加害人都是原告，但不是共同原告
  - 合伙组织的原告资格　合伙企业向法院起诉的，应以核准登记的字号为原告；未依法登记领取营业执照的个人合伙起诉的，全体合伙人为共同原告
  - 个体工商户的原告资格　以营业执照上登记的经营者为原告；有字号的，以营业执照上登记的字号为原告
  - 营利法人投资人的原告资格　联营、合资、合作各方，以自己的名义起诉
  - 非营利法人出资人、设立人的原告资格　出资人、设立人可以以自己的名义起诉
  - 股份制企业的原告资格　股份制企业的股东会、董事会可以以企业的名义起诉
  - 非国有企业的原告资格　企业或者其法定代表人可以以自己的名义起诉
  - ★投诉举报案件的原告资格　为维护自身合法权益向行政机关投诉
  - 行政协议案件的原告资格　因行政协议的订立、履行、变更、终止等行为损害其合法权益的，公民、法人或者其他组织具有原告资格
  - 原告资格转移　有权提起诉讼的公民死亡的，其近亲属可以提起诉讼

```
                                                        ┌─ 授权与委托 ── 在授权行政中，被授权组织是被告；在委托行政中，委托的机关是被告
                                                        │               （注意：授权的依据是法律、法规、规章，防止假授权真委托的情况）
                                                        │
                                          ┌─ ★一般情况被告 ─┼─ 行政机关被撤销或职权变更 ── 继续行使其职权的行政机关是被告；没有继续行使职权的，
                                          │               │                            以所属人民政府为被告
                                          │               │
                                          │               ├─ 不作为案件的被告以具有承担作为职责的行政机关为原则，以接到申请的行政机关为例外
                                          │               │
                                          │               └─ 经上级机关批准而作出行政行为 ── 被告应是在生效行政处理决定书上署名的机关
                                          │
                                          │               ┌─ 开发区管理机构有行政主体资格 ── 由国务院、省级政府批准设立的开发区，开发区管理机构
行政          行政诉讼的参加人              │               │                              和开发区管理机构所属职能部门都有行政主体资格；其他
诉讼法 ── （2） ── 被告① ─┼─ 开发区案件被告 ─┤                              开发区，开发区管理机构有行政主体资格
（二）                                     │               │
                                          │               └─ 开发区管理机构没有行政主体资格 ── 针对的是无法律依据设立的开发区，设立开发区管理
                                          │                                              机构的地方政府有行政主体资格
                                          │
                                          │               （复议改变：改变原行政行为的处理        （复议维持：复议机关改变事实依据但未改变原
                                          │                 结果；确认原行政行为违法（以违          行政行为处理结果；以违反法定程序为由确认
                                          │                 反法定程序为由确认的除外）；确          违法；既存在维持内容又有改变或者不予受理
                                          │                 认原行政行为无效）                     内容；复议机关驳回复议申请或请求）
                                          └─ ★经复议案件被告 ─┬─ 复议作为 ── 复议改变的，单独告；复议维持的，共同告
                                                            │
                                                            └─ 复议不作为 ── 选择告，看原告起诉什么行为
                                                                            （复议不作为：复议机关于法定期限内不作出复议决定，或复议
                                                                              机关以复议申请不符合受理条件为由驳回复议申请）
```

行政诉讼法（三） —— 行政诉讼的参加人（3）

被告②

★ 行政许可案件被告
- 原则 —— 作出行政许可决定的机关为被告
- 下级行政机关作出的许可（须经上级行政机关批准）
  - 对行政许可决定不服的 → 以下级行政机关为被告
  - 对批准或者不批准行为不服的 → 以下级行政机关与上级行政机关为共同被告
- 上级行政机关作出许可（须经下级行政机关初步审查并上报）
  - 对不予初步审查或者不予上报不服的 → 以下级行政机关为被告
- 多个行政机关统一办理行政许可 —— 以对当事人作出具有实质影响的不利行为的行政机关为被告

行政机关负责人出庭应诉
- 负责人出庭 —— 行政机关的正职、副职负责人以及其他参与分管的负责人，可另行委托 1 至 2 名诉讼代理人
- 应当出庭的案件 —— 涉及食品药品安全、生态环境和资源保护、公共卫生安全等重大公共利益，社会高度关注或者可能引发群体性事件等的案件
- 可以通知出庭的案件
  - 被诉行政行为涉及公民、法人或者其他组织重大人身、财产权益的
  - 行政公益诉讼
  - 被诉行政机关的上级机关规范性文件要求行政机关负责人出庭应诉的
  - 其他情形
- 不能出庭的正当事由
  - 不可抗力
  - 意外事件
  - 需要履行他人不能代替的公务
  - 无法出庭的其他正当事由
- 不出庭的后果 —— 法院应当记录在案和在裁判文书中载明；法院可以建议有关机关依法作出处理

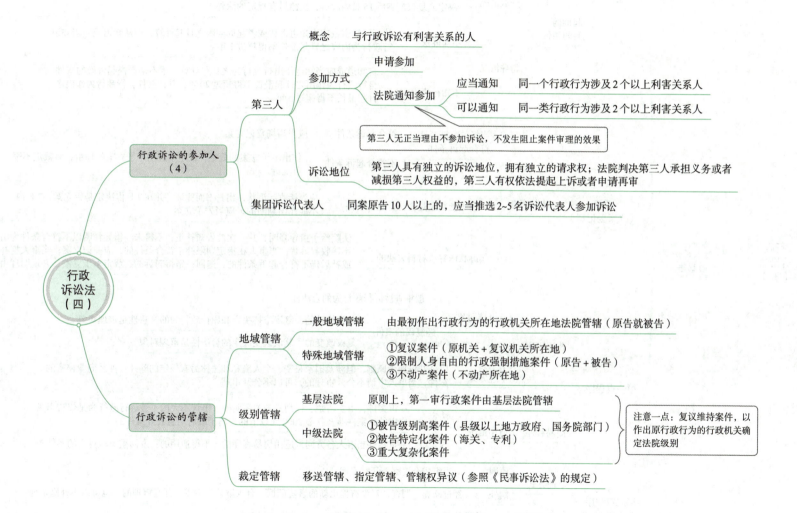

行政诉讼法（四）

行政诉讼的参加人（4）

第三人
- 概念　　与行政诉讼有利害关系的人
- 参加方式
  - 申请参加
  - 法院通知参加
    - 应当通知　　同一个行政行为涉及 2 个以上利害关系人
    - 可以通知　　同一类行政行为涉及 2 个以上利害关系人
  - 第三人无正当理由不参加诉讼，不发生阻止案件审理的效果
- 诉讼地位　　第三人具有独立的诉讼地位，拥有独立的请求权；法院判决第三人承担义务或者减损第三人权益的，第三人有权依法提起上诉或者申请再审

集团诉讼代表人　　同案原告 10 人以上的，应当推选 2~5 名诉讼代表人参加诉讼

行政诉讼的管辖

地域管辖
- 一般地域管辖　　由最初作出行政行为的行政机关所在地法院管辖（原告就被告）
- 特殊地域管辖
  - ①复议案件（原机关＋复议机关所在地）
  - ②限制人身自由的行政强制措施案件（原告＋被告）
  - ③不动产案件（不动产所在地）

级别管辖
- 基层法院　　原则上，第一审行政案件由基层法院管辖
- 中级法院
  - ①被告级别高案件（县级以上地方政府、国务院部门）
  - ②被告特定化案件（海关、专利）
  - ③重大复杂化案件

注意一点：复议维持案件，以作出原行政行为的行政机关确定法院级别

裁定管辖　　移送管辖、指定管辖、管辖权异议（参照《民事诉讼法》的规定）

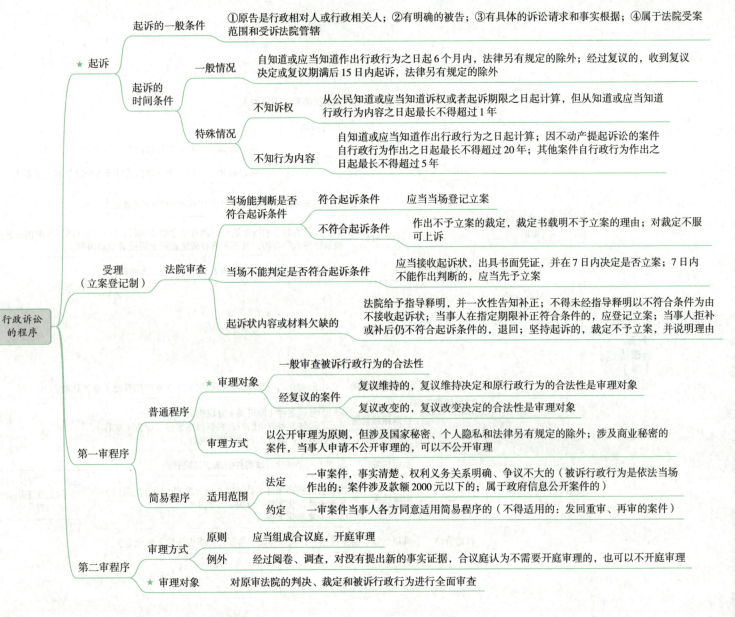

行政诉讼法（五）

行政诉讼的程序

起诉

起诉的一般条件 ①原告是行政相对人或行政相关人；②有明确的被告；③有具体的诉讼请求和事实根据；④属于法院受案范围和受诉法院管辖

起诉的时间条件

一般情况 自知道或应当知道作出行政行为之日起6个月内，法律另有规定的除外；经过复议的，收到复议决定或复议期满后15日内起诉，法律另有规定的除外

特殊情况

不知诉权 从公民知道或应当知道诉权或者起诉期限之日起计算，但从知道或应当知道行政行为内容之日起最长不得超过1年

不知行为内容 自知道或应当知道作出行政行为之日起计算；因不动产提起诉讼的案件自行政行为作出之日起最长不得超过20年；其他案件自行政行为作出之日起最长不得超过5年

受理（立案登记制）

法院审查

当场能判断是否符合起诉条件

符合起诉条件 应当当场登记立案

不符合起诉条件 作出不予立案的裁定，裁定书载明不予立案的理由；对裁定不服可上诉

当场不能判定是否符合起诉条件 应当接收起诉状，出具书面凭证，并在7日内决定是否立案；7日内不能作出判断的，应当先予立案

起诉状内容或材料欠缺的 法院给予指导释明，并一次性告知补正；不得未经指导释明以不符合条件为由不接收起诉状；当事人在指定期限补正符合条件的，应登记立案；当事人拒补或补后仍不符合起诉条件的，退回；坚持起诉的，裁定不予立案，并说明理由

第一审程序

普通程序

★审理对象

一般审查被诉行政行为的合法性

经复议的案件

复议维持的，复议维持决定和原行政行为的合法性是审理对象

复议改变的，复议改变决定的合法性是审理对象

审理方式 以公开审理为原则，但涉及国家秘密、个人隐私和法律另有规定的除外；涉及商业秘密的案件，当事人申请不公开审理的，可以不公开审理

简易程序

适用范围

法定 一审案件，事实清楚、权利义务关系明确、争议不大的（被诉行政行为是依法当场作出的；案件涉及款额2000元以下的；属于政府信息公开案件的）

约定 一审案件当事人各方同意适用简易程序的（不得适用的：发回重审、再审的案件）

第二审程序

审理方式

原则 应当组成合议庭，开庭审理

例外 经过阅卷、调查，对没有提出新的事实证据，合议庭认为不需要开庭审理的，也可以不开庭审理

★审理对象 对原审法院的判决、裁定和被诉行政行为进行全面审查

行政诉讼期间不停止执行；当事人对停止执行或者不停止执行的裁定不服的，可申请复议一次

行政诉讼法（六） — 行政诉讼的特殊制度（1） — 行政案件审理的特殊制度

★ 撤诉
- 申请撤诉：当事人主动向受诉法院提出申请；撤诉必须经法院准予
- 视为撤诉
  - 原告或上诉人经传票传唤，无正当理由拒不到庭的
  - 原告或上诉人未经法庭许可中途退庭的
  - 原告或上诉人未按规定的期限预交案件受理费，又不提出缓交、减交申请的
- 撤诉后果
  - 导致诉讼程序的终结
  - 原告以同一事实和理由重新起诉的，法院不予受理；但按撤诉处理后在规定期限内缴纳诉讼费，再次起诉或上诉的，法院应当受理

被告缺席
- 情形：经法院传票传唤，被告无正当理由拒不到庭；被告未经法庭许可中途退庭
- 处理：法院可以缺席判决；可以将被告拒不到庭或者中途退庭的情况予以公告；可以向监察机关或者被告的上一级行政机关提出依法给予其主要负责人或者直接责任人员处分的司法建议

先予执行
- 适用权利义务关系明确的抚恤金、最低生活保障金、工伤与医疗社会保险金案件；原告申请
- ★ 当事人对先予执行裁定不服的，可以申请复议一次；复议期间不停止裁定的执行

★ 被告改变被诉行政行为
- 情形
  - 实质改：改变主要事实证据；改变依据且对定性有影响；撤销、部分撤销或者变更处理结果
  - 视为改：履行职责；采取补救措施；行政裁决中书面认可原告与第三人达成的和解
- 程序：被告既可在一审期间改变，也可在二审期间和再审期间改变；被告改变被诉行为应书面告知法院
- 行政诉讼的变化
  - 原告申请撤诉，经法院准予后诉讼结束
  - 原告不撤诉，法院继续审理原行为
  - 原告或第三人起诉新的行为，法院审理新行为并作出判决
- 被告改变被诉行政行为，原告申请撤诉，法院裁定准予的条件：①申请撤诉是当事人真实意思表示；②被告改变被诉具体行政行为，不违反法律、法规的禁止性规定，不超越或者放弃职权，不损害公共利益和他人合法权益；③被告已经改变或者决定改变被诉具体行政行为，并书面告知法院；④第三人无异议

行政诉讼的调解
- 适用于行政赔偿、行政补偿、行政裁量和行政协议的案件
- 调解书应当写明诉讼请求、案件的事实和调解结果；由审判人员、书记员署名，加盖法院印章，送达双方当事人，经双方当事人签收后具有法律效力
- 经法院准许，第三人可以参加调解，法院也可以通知第三人参加调解

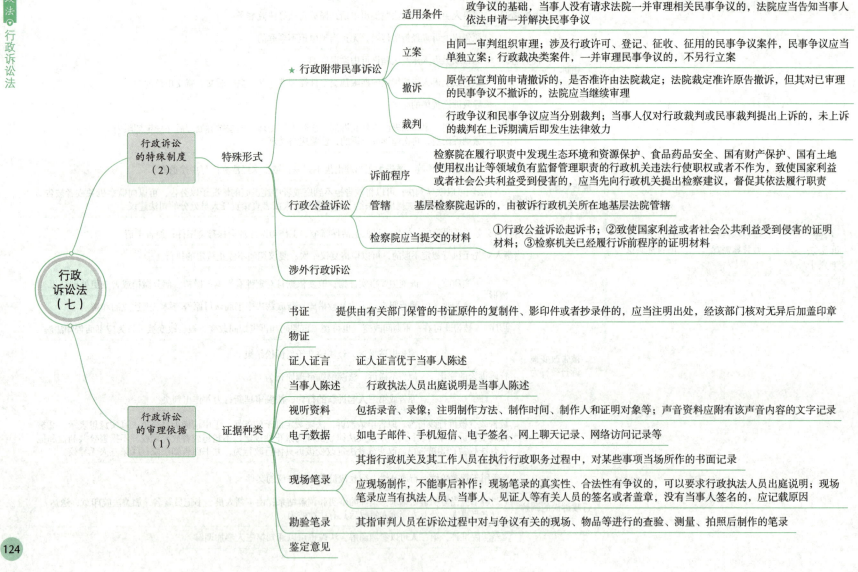

行政诉讼法（七）

行政诉讼的特殊制度（2）

特殊形式

★ 行政附带民事诉讼

适用条件：涉及行政许可、登记、征收、征用和行政裁决的行政诉讼；当事人申请一并解决相关民事争议；在第一审开庭审理前提出；法院在审理行政案件中发现民事争议为解决行政争议的基础，当事人没有请求法院一并审理相关民事争议的，法院应当告知当事人依法申请一并解决民事争议

立案：由同一审判组织审理；涉及行政许可、登记、征收、征用的民事争议案件，民事争议应当单独立案；行政裁决类案件，一并审理民事争议的，不另行立案

撤诉：原告在宣判前申请撤诉的，是否准许由法院裁定；法院裁定准许原告撤诉，但其对已审理的民事争议不撤诉的，法院应当继续审理

裁判：行政争议和民事争议应当分别裁判；当事人仅对行政裁判或民事裁判提出上诉的，未上诉的裁判在上诉期满后即发生法律效力

行政公益诉讼

诉前程序：检察院在履行职责中发现生态环境和资源保护、食品药品安全、国有财产保护、国有土地使用权出让等领域负有监督管理职责的行政机关违法行使职权或者不作为，致使国家利益或者社会公共利益受到侵害的，应当先向行政机关提出检察建议，督促其依法履行职责

管辖：基层检察院起诉的，由被诉行政机关所在地基层法院管辖

检察院应当提交的材料：①行政公益诉讼起诉书；②致使国家利益或者社会公共利益受到侵害的证明材料；③检察机关已经履行诉前程序的证明材料

涉外行政诉讼

行政诉讼的审理依据（1）

证据种类

书证：提供由有关部门保管的书证原件的复制件、影印件或者抄录件的，应当注明出处，经该部门核对无异后加盖印章

物证

证人证言：证人证言优于当事人陈述

当事人陈述：行政执法人员出庭说明是当事人陈述

视听资料：包括录音、录像；注明制作方法、制作时间、制作人和证明对象等；声音资料应附有该声音内容的文字记录

电子数据：如电子邮件、手机短信、电子签名、网上聊天记录、网络访问记录等

现场笔录：其指行政机关及其工作人员在执行行政职务过程中，对某些事项当场所作的书面记录

应现场制作，不能事后补作；现场笔录的真实性、合法性有争议的，可以要求行政执法人员出庭说明；现场笔录应当有执法人员、当事人、见证人等有关人员的签名或者盖章，没有当事人签名的，应记载原因

勘验笔录：其指审判人员在诉讼过程中对与争议有关的现场、物品等进行的查验、测量、拍照后制作的笔录

鉴定意见

行政诉讼法（八）

行政诉讼的审理依据（2）

- 行政诉讼的举证
  - 被告举证责任
    - 对行政行为合法性负举证责任
    - 对超过法定起诉期限负举证责任
    - 作出原行政行为的行政机关和复议机关对原行政行为的合法性共同承担举证责任，复议机关对复议决定的合法性承担举证责任
  - 原告举证责任
    - 证明符合起诉条件
    - 在行政赔偿、行政补偿中，原告应当对行政行为造成的损害提供证据；因被告原因导致原告无法举证的，由被告承担举证责任
      - 因客观原因无法鉴定的，法院应当结合当事人的主张和在案证据，遵循法官职业道德，运用逻辑推理和生活经验、生活常识等，酌情确定赔偿数额

- 行政协议案件的举证责任
  - 被告订立、履行、变更、解除行政协议 —— 由被告对自己具有法定职权、履行法定程序、履行相应职责以及订立、履行、变更、解除行政协议行为的合法性承担举证责任
  - 原告主张撤销、解除行政协议 —— 由原告对撤销、解除行政协议的事由承担举证责任
  - 对行政协议是否履行发生争议 —— 由负有履行义务的当事人承担举证责任

- 证据的调取与保全
  - 依职权调取 —— ①涉及国家利益、公共利益或者他人合法利益的事实认定；②涉及依职权追加当事人、中止诉讼、终结诉讼、回避等程序性事项
  - 依申请调取 —— ①由国家有关部门保存而须由法院调取的证据；②涉及国家秘密、商业秘密、个人隐私的证据材料；③确因客观原因不能自行收集的其他证据

- 证据的质证与认定
  - 原则 —— 所有的证据经过质证才能作为定案依据，未经质证的证据不能作为定案依据
  - 质证
    - 涉及国家秘密、商业秘密和个人隐私的证据，不得在开庭时公开质证
    - 依申请调取的证据由当事人质证；依职权调取的证据无须质证
    - 二审程序提供的新证据应当质证；对一审认定的证据仍有争议的，也要质证
    - 生效文书确认的事实证据无须质证
  - 行政诉讼证据的认定 —— ★ 复议机关做共同被告的复议维持案件，复议机关在复议程序中依法收集和补充的证据，既可以作为法院认定复议决定合法的依据，也可以作为法院认定原行政行为合法的依据

- 行政诉讼的法律适用 —— ★ 法律、法规是行政审判的依据；规章在行政诉讼中是参照适用；其他规范性文件是参考；最高院司法解释是在裁判文书上援引

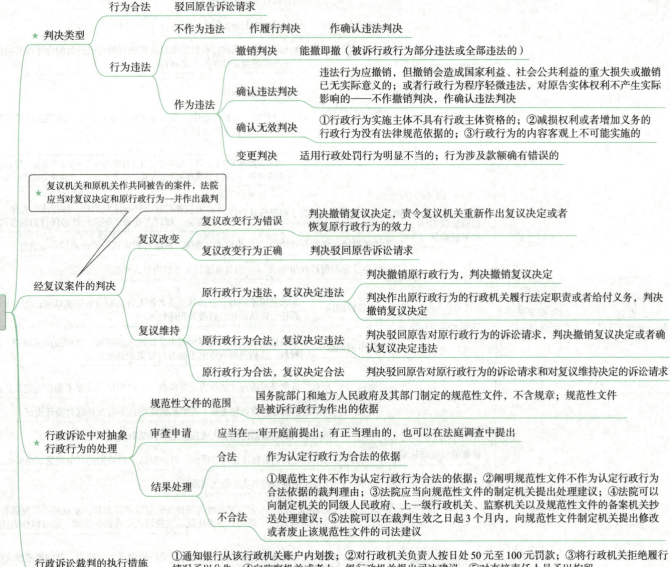

行政诉讼法（九）

行政诉讼的结案与执行

★ **判决类型**
- 行为合法 —— 驳回原告诉讼请求
- 不作为违法 —— 作履行判决 —— 作确认违法判决
- 行为违法
  - 作为违法
    - 撤销判决 —— 能撤即撤（被诉行政行为部分违法或全部违法的）
    - 确认违法判决 —— 违法行为应撤销，但撤销会造成国家利益、社会公共利益的重大损失或撤销已无实际意义的；或者行政行为程序轻微违法，对原告实体权利不产生实际影响的——不作撤销判决，作确认违法判决
    - 确认无效判决 —— ①行政行为实施主体不具有行政主体资格的；②减损权利或者增加义务的行政行为没有法律规范依据的；③行政行为的内容客观上不可能实施的
    - 变更判决 —— 适用行政处罚行为明显不当的；行为涉及款额确有错误的

★ 复议机关和原机关作共同被告的案件，法院应当对复议决定和原行政行为一并作出裁判

经复议案件的判决
- 复议改变
  - 复议改变行为错误 —— 判决撤销复议决定，责令复议机关重新作出复议决定或者恢复原行政行为的效力
  - 复议改变行为正确 —— 判决驳回原告诉讼请求
- 复议维持
  - 原行政行为违法，复议决定违法 —— 判决撤销原行政行为，判决撤销复议决定
  - —— 判决作出原行政行为的行政机关履行法定职责或者给付义务，判决撤销复议决定
  - 原行政行为合法，复议决定违法 —— 判决驳回原告对原行政行为的诉讼请求，判决撤销复议决定或者确认复议决定违法
  - 原行政行为合法，复议决定合法 —— 判决驳回原告对原行政行为的诉讼请求和对复议维持决定的诉讼请求

★ **行政诉讼中对抽象行政行为的处理**
- 规范性文件的范围 —— 国务院部门和地方人民政府及其部门制定的规范性文件，不含规章；规范性文件是被诉行政行为作出的依据
- 审查申请 —— 应当在一审开庭前提出；有正当理由的，也可以在法庭调查中提出
- 结果处理
  - 合法 —— 作为认定行政行为合法的依据
  - 不合法 —— ①规范性文件不作为认定行政行为合法的依据；②阐明规范性文件不作为认定行政行为合法依据的裁判理由；③法院应当向规范性文件的制定机关提出处理建议；④法院可以向制定机关的同级人民政府、上一级行政机关、监察机关以及规范性文件的备案机关抄送处理建议；⑤法院可以在裁判生效之日起3个月内，向规范性文件制定机关提出修改或者废止该规范性文件的司法建议

行政诉讼裁判的执行措施 —— ①通知银行从该行政机关账户内划拨；②对行政机关负责人按日处50元至100元罚款；③将行政机关拒绝履行情况予以公告；④向监察机关或者上一级行政机关提出司法建议；⑤对直接责任人员予以拘留

国家赔偿法（一） — ★行政赔偿

范围
- ①侵犯人身自由权的行为；②侵犯财产权的行为
- **不承担赔偿责任的情形**
  - 行政机关工作人员实施的与行使职权无关的个人行为
  - 因受害人自己的行为致使损害发生的
  - 第三人致使损害发生的；但第三人赔偿不足或无力承担，行政机关又未尽保护、监管或救助义务的除外
  - 不可抗力致使损害发生的；但行政机关不依法履行导致未及时止损或使损害扩大的除外

主体
- **行政赔偿请求人**
  - 请求人确定：受害的公民、法人或其他组织
    - ▸ 受害的公民死亡的，支付受害公民医疗费、丧葬费等合理费用的人也可成为请求人
  - 资格转移
    - 公民死亡的，其继承人和其他有抚养关系的亲属
    - 法人或组织终止的，承受其权利的法人或组织
- ▸ **行政赔偿义务机关**
  - 一般情况
    - 行政机关及其工作人员（包括授权组织）实施侵权：行政机关赔偿
    - 2个以上行政机关共同实施侵权：机关共同赔偿（连带）
    - 2个以上行政机关分别实施侵权
      - 每个行为都足以造成全部损害的：机关共同赔偿（连带）
      - 分别实施侵权行为造成同一损害的：机关各自赔偿（按份）
    - 受委托组织或个人实施侵权：委托机关赔偿
    - 赔偿义务机关被撤销　继续行使职权的机关赔偿；无继受机关的，撤销机关赔偿
  - 经复议的
    - 复议维持：原机关为赔偿义务机关
    - 复议改变：复议减轻改变的，原机关为赔偿义务机关；复议加重改变的，原行为损害部分由原机关赔偿，复议加重部分损害由复议机关赔偿，两者不是共同赔偿义务机关，不负连带责任

★程序
- **在行政诉讼程序中一并解决行政赔偿的程序**
  - 一审
    - 一并提出　法院一并判决被告是否依法需要给予赔偿
    - 未提出
      - 判决确认违法或无效的，责令被告采取补救措施，判决承担赔偿责任
      - 被告不依法履行或违法变更解除行政协议的，判决被告承担继续履行、采取补救措施或赔偿损失等责任
  - 二审
    - 一审判决遗漏赔偿请求
      - 二审认为不应当赔偿的，判决驳回赔偿请求
      - 二审认为应当赔偿的，可就赔偿部分调解；调解不成，发回重审
    - 二审中提出赔偿请求　先调解；调解不成的，告知当事人另诉
- **单独提起行政赔偿的程序**
  - 赔偿义务机关先行处理（赔偿请求人请求赔偿的时效为2年）
  - ▸ 提起行政赔偿诉讼（3个月内起诉或行政复议赔偿处理后15日内起诉）

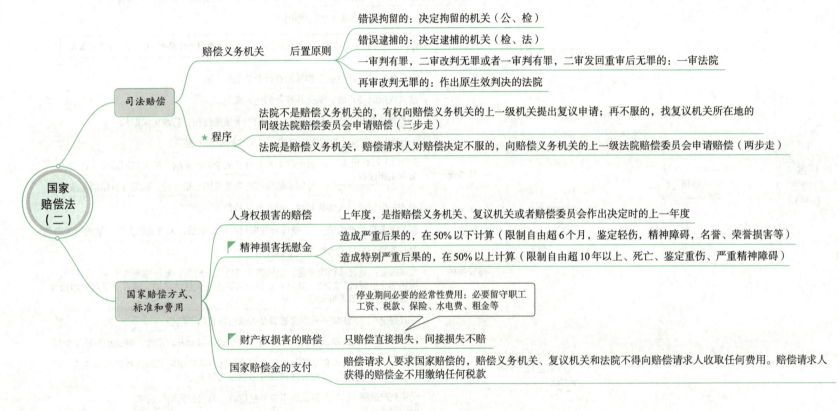

国家赔偿法（二）

司法赔偿
├─ 赔偿义务机关
│   └─ 后置原则
│   ├─ 错误拘留的：决定拘留的机关（公、检）
│   ├─ 错误逮捕的：决定逮捕的机关（检、法）
│   ├─ 一审判有罪，二审改判无罪或者一审判有罪，二审发回重审后无罪的：一审法院
│   └─ 再审改判无罪的：作出原生效判决的法院
└─ ★程序
    ├─ 法院不是赔偿义务机关的，有权向赔偿义务机关的上一级机关提出复议申请；再不服的，找复议机关所在地的同级法院赔偿委员会申请赔偿（三步走）
    └─ 法院是赔偿义务机关，赔偿请求人对赔偿决定不服的，向赔偿义务机关的上一级法院赔偿委员会申请赔偿（两步走）

国家赔偿方式、标准和费用
├─ 人身权损害的赔偿
│   └─ 上年度，是指赔偿义务机关、复议机关或者赔偿委员会作出决定时的上一年度
├─ 精神损害抚慰金
│   ├─ 造成严重后果的，在50%以下计算（限制自由超6个月，鉴定轻伤，精神障碍，名誉、荣誉损害等）
│   └─ 造成特别严重后果的，在50%以上计算（限制自由超10年以上、死亡、鉴定重伤、严重精神障碍）
├─ 财产权损害的赔偿
│   ├─ 停业期间必要的经常性费用：必要留守职工工资、税款、保险、水电费、租金等
│   └─ 只赔偿直接损失，间接损失不赔
└─ 国家赔偿金的支付
    └─ 赔偿请求人要求国家赔偿的，赔偿义务机关、复议机关和法院不得向赔偿请求人收取任何费用。赔偿请求人获得的赔偿金不用缴纳任何税款

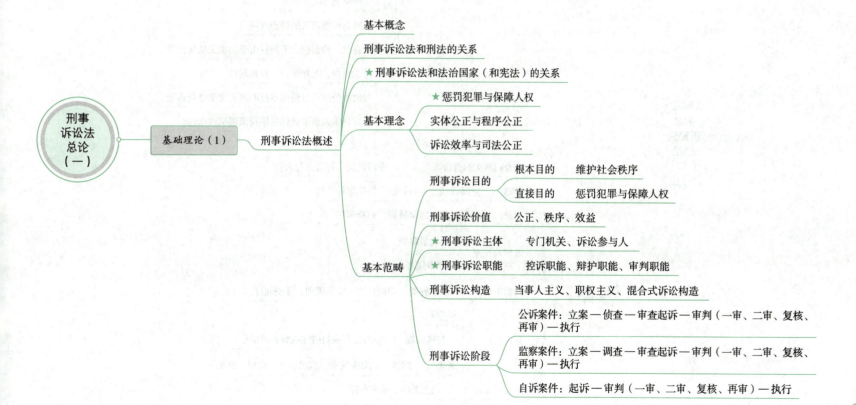

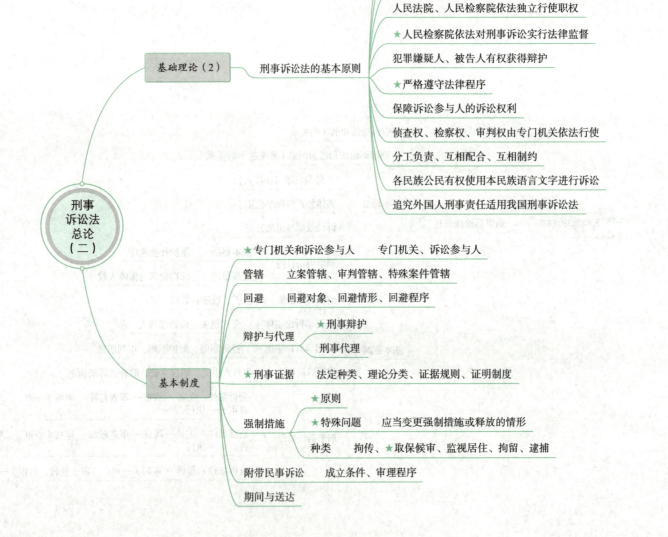

刑事诉讼法总论（二）

基础理论（2） —— 刑事诉讼法的基本原则
- ★ 认罪认罚从宽
- ★ 具有法定情形不予追究刑事责任
- ★ 未经人民法院依法判决，对任何人都不得确定有罪
- 人民法院、人民检察院依法独立行使职权
- ★ 人民检察院依法对刑事诉讼实行法律监督
- 犯罪嫌疑人、被告人有权获得辩护
- ★ 严格遵守法律程序
- 保障诉讼参与人的诉讼权利
- 侦查权、检察权、审判权由专门机关依法行使
- 分工负责、互相配合、互相制约
- 各民族公民有权使用本民族语言文字进行诉讼
- 追究外国人刑事责任适用我国刑事诉讼法

基本制度
- ★ 专门机关和诉讼参与人　专门机关、诉讼参与人
- 管辖　立案管辖、审判管辖、特殊案件管辖
- 回避　回避对象、回避情形、回避程序
- 辩护与代理
  - ★ 刑事辩护
  - 刑事代理
- ★ 刑事证据　法定种类、理论分类、证据规则、证明制度
- 强制措施
  - ★ 原则
  - ★ 特殊问题　应当变更强制措施或释放的情形
  - 种类　拘传、★取保候审、监视居住、拘留、逮捕
- 附带民事诉讼　成立条件、审理程序
- 期间与送达

立案　　立案程序（材料来源）、立案条件、立案管辖、★立案监督

★侦查　　侦查行为、侦查程序、侦查终结（补充侦查）、侦查羁押期限

起诉　　审查起诉后的处理、提起公诉的程序、提起自诉的程序

审判
- 刑事审判概述　　审判模式、★审判原则、审判制度
- ★第一审程序　　公诉案件第一审程序，自诉案件第一审程序，★简易程序与速裁程序，判决、裁定与决定
- 第二审程序　　二审程序的提起、二审程序的审理、涉案财物的处理、在法定刑以下判处刑罚的核准程序
- ★死刑复核程序　　死刑缓期二年执行的复核程序、死刑立即执行的复核程序
- 审判监督程序　　审判监督程序的启动、审判监督程序的审理

诉讼阶段

执行　　各种判决和裁定的执行程序、执行的变更程序

刑事诉讼法分论

特别程序
- ★未成年人刑事案件诉讼程序　　范围、原则、具体规定
- 当事人和解的公诉案件诉讼程序　　条件、★范围、和解主体、★和解事项、和解协议
- ★缺席审判程序　　★适用条件、审判管辖、权利保障、★到案处理
- ★违法所得的没收程序　　适用范围、权利保障、★程序转换
- 依法不负刑事责任的精神病人的强制医疗程序　　适用条件、程序启动、★权利救济
- 涉外刑事诉讼程序与刑事司法协助制度　　涉外刑事诉讼程序、刑事司法协助

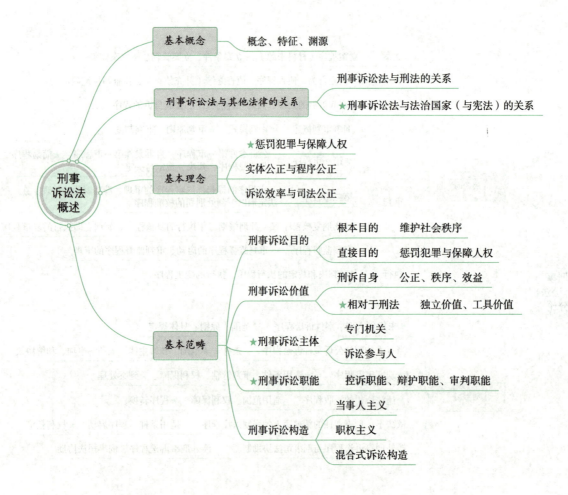

刑事诉讼法概述
- 基本概念 —— 概念、特征、渊源
- 刑事诉讼法与其他法律的关系
  - 刑事诉讼法与刑法的关系
  - ★刑事诉讼法与法治国家（与宪法）的关系
- 基本理念
  - ★惩罚犯罪与保障人权
  - 实体公正与程序公正
  - 诉讼效率与司法公正
- 基本范畴
  - 刑事诉讼目的
    - 根本目的　维护社会秩序
    - 直接目的　惩罚犯罪与保障人权
  - 刑事诉讼价值
    - 刑诉自身　公正、秩序、效益
    - ★相对于刑法　独立价值、工具价值
  - ★刑事诉讼主体
    - 专门机关
    - 诉讼参与人
  - ★刑事诉讼职能　控诉职能、辩护职能、审判职能
  - 刑事诉讼构造
    - 当事人主义
    - 职权主义
    - 混合式诉讼构造

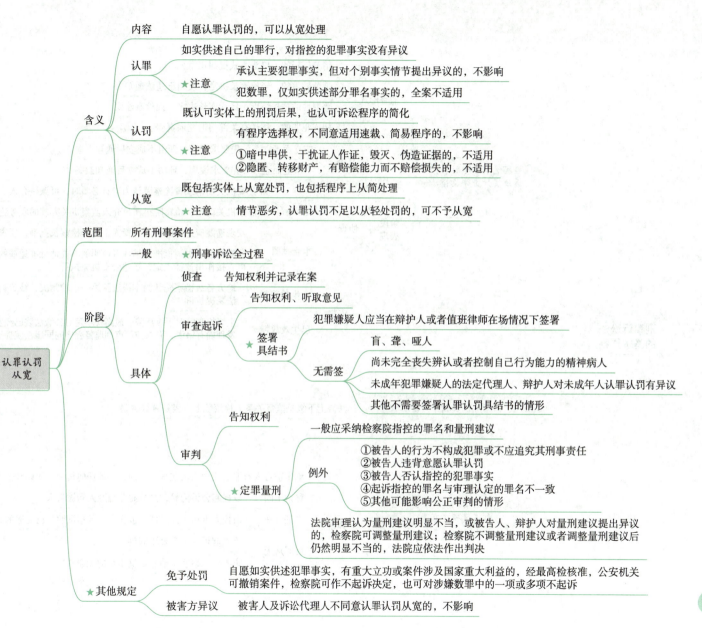

刑事诉讼法的基本原则（一）

认罪认罚从宽

含义

- 内容　自愿认罪认罚的，可以从宽处理
- 认罪
  - 如实供述自己的罪行，对指控的犯罪事实没有异议
  - ★注意
    - 承认主要犯罪事实，但对个别事实情节提出异议的，不影响
    - 犯数罪，仅如实供述部分罪名事实的，全案不适用
- 认罚
  - 既认可实体上的刑罚后果，也认可诉讼程序的简化
  - 有程序选择权，不同意适用速裁、简易程序的，不影响
  - ★注意　①暗中串供，干扰证人作证，毁灭、伪造证据的，不适用
    ②隐匿、转移财产，有赔偿能力而不赔偿损失的，不适用
- 从宽
  - 既包括实体上从宽处罚，也包括程序上从简处理
  - ★注意　情节恶劣，认罪认罚不足以从轻处罚的，可不予从宽

范围　所有刑事案件

阶段

- 一般　★刑事诉讼全过程
- 具体
  - 侦查　告知权利并记录在案
  - 审查起诉
    - 告知权利、听取意见
    - 签署具结书　犯罪嫌疑人应当在辩护人或者值班律师在场情况下签署
    - 无需签
      - 盲、聋、哑人
      - 尚未完全丧失辨认或者控制自己行为能力的精神病人
      - 未成年犯罪嫌疑人的法定代理人、辩护人对未成年人认罪认罚有异议
      - 其他不需要签署认罪认罚具结书的情形
  - 审判
    - 告知权利
    - ★定罪量刑
      - 一般应采纳检察院指控的罪名和量刑建议
      - 例外
        - ①被告人的行为不构成犯罪或不应追究其刑事责任
        - ②被告人违背意愿认罪认罚
        - ③被告人否认指控的犯罪事实
        - ④起诉指控的罪名与审理认定的罪名不一致
        - ⑤其他可能影响公正审判的情形
      - 法院审理认为量刑建议明显不当，或被告人、辩护人对量刑建议提出异议的，检察院可调整量刑建议；检察院不调整量刑建议或者调整量刑建议后仍然明显不当的，法院应依法作出判决

★其他规定

- 免予处罚　自愿如实供述犯罪事实，有重大立功或案件涉及国家重大利益的，经最高检核准，公安机关可撤销案件，检察院可作不起诉决定，也可对涉嫌数罪中的一项或多项不起诉
- 被害方异议　被害人及诉讼代理人不同意认罪认罚从宽的，不影响

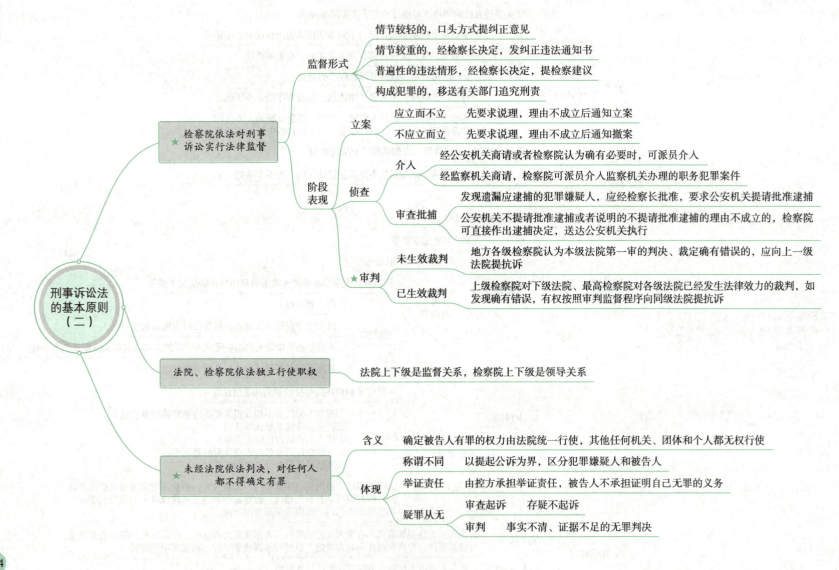

刑事诉讼法的基本原则（二）

检察院依法对刑事诉讼实行法律监督

★ 监督形式
- 情节较轻的，口头方式提纠正意见
- 情节较重的，经检察长决定，发纠正违法通知书
- 普遍性的违法情形，经检察长决定，提检察建议
- 构成犯罪的，移送有关部门追究刑责

阶段表现

立案
- 应立而不立　先要求说明，理由不成立后通知立案
- 不应立而立　先要求说明，理由不成立后通知撤案

侦查

介入
- 经公安机关商请或者检察院认为确有必要时，可派员介入
- 经监察机关商请，检察院可派员介入监察机关办理的职务犯罪案件

审查批捕
- 发现遗漏应逮捕的犯罪嫌疑人，应经检察长批准，要求公安机关提请批准逮捕
- 公安机关不提请批准逮捕或者说明的不提请批准逮捕的理由不成立的，检察院可直接作出逮捕决定，送达公安机关执行

★ 审判
- 未生效裁判　地方各级检察院认为本级法院第一审的判决、裁定确有错误的，应向上一级法院提抗诉
- 已生效裁判　上级检察院对下级法院、最高检察院对各级法院已经发生法律效力的裁判，如发现确有错误，有权按照审判监督程序向同级法院提抗诉

法院、检察院依法独立行使职权
- 法院上下级是监督关系，检察院上下级是领导关系

★ 未经法院依法判决，对任何人都不得确定有罪

含义
- 确定被告人有罪的权力由法院统一行使，其他任何机关、团体和个人都无权行使

体现
- 称谓不同　以提起公诉为界，区分犯罪嫌疑人和被告人
- 举证责任　由控方承担举证责任，被告人不承担证明自己无罪的义务
- 疑罪从无
  - 审查起诉　存疑不起诉
  - 审判　事实不清、证据不足的无罪判决

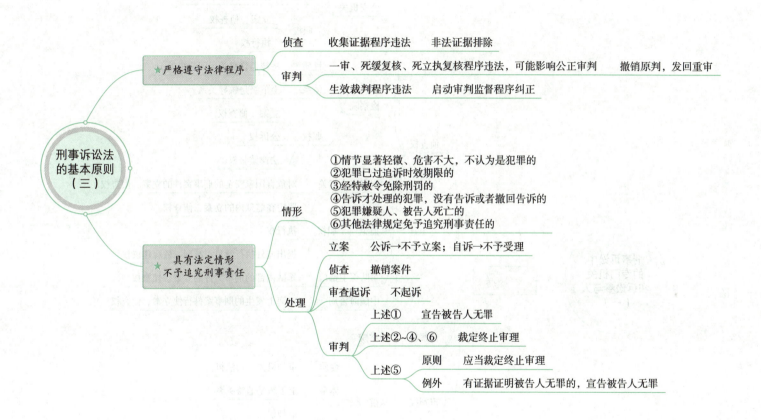

刑事诉讼法的基本原则（三）

★ 严格遵守法律程序
- 侦查　收集证据程序违法　非法证据排除
- 审判
  - 一审、死缓复核、死立执复核程序违法，可能影响公正审判　撤销原判，发回重审
  - 生效裁判程序违法　启动审判监督程序纠正

★ 具有法定情形不予追究刑事责任
- 情形
  ①情节显著轻微、危害不大，不认为是犯罪的
  ②犯罪已过追诉时效期限的
  ③经特赦令免除刑罚的
  ④告诉才处理的犯罪，没有告诉或者撤回告诉的
  ⑤犯罪嫌疑人、被告人死亡的
  ⑥其他法律规定免予追究刑事责任的
- 处理
  - 立案　公诉→不予立案；自诉→不予受理
  - 侦查　撤销案件
  - 审查起诉　不起诉
  - 审判
    - 上述①　宣告被告人无罪
    - 上述②~④、⑥　裁定终止审理
    - 上述⑤
      - 原则　应当裁定终止审理
      - 例外　有证据证明被告人无罪的，宣告被告人无罪

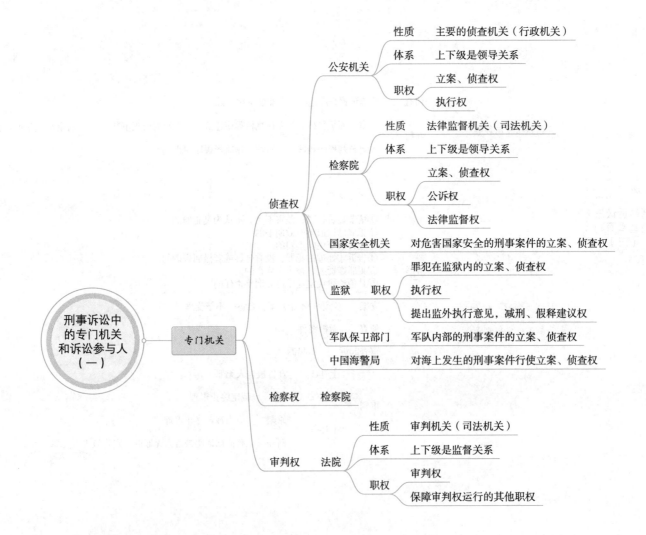

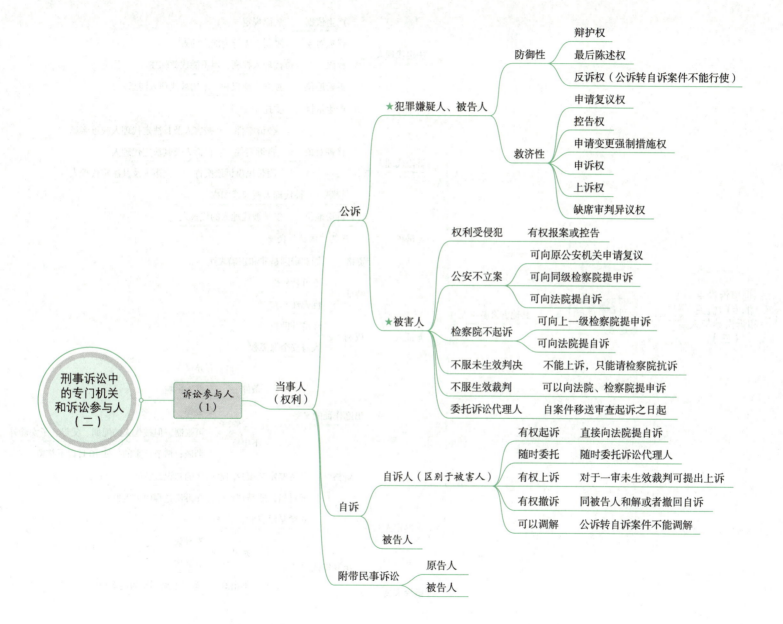

刑事诉讼中的专门机关和诉讼参与人（二）

诉讼参与人（1）

当事人（权利）

公诉

★犯罪嫌疑人、被告人

防御性
- 辩护权
- 最后陈述权
- 反诉权（公诉转自诉案件不能行使）

救济性
- 申请复议权
- 控告权
- 申请变更强制措施权
- 申诉权
- 上诉权
- 缺席审判异议权

★被害人
- 权利受侵犯　有权报案或控告
- 公安不立案
  - 可向原公安机关申请复议
  - 可向同级检察院提申诉
  - 可向法院提自诉
- 检察院不起诉
  - 可向上一级检察院提申诉
  - 可向法院提自诉
- 不服未生效判决　不能上诉，只能请检察院抗诉
- 不服生效裁判　可以向法院、检察院提申诉
- 委托诉讼代理人　自案件移送审查起诉之日起

自诉
- 自诉人（区别于被害人）
  - 有权起诉　直接向法院提自诉
  - 随时委托　随时委托诉讼代理人
  - 有权上诉　对于一审未生效裁判可提出上诉
  - 有权撤诉　同被告人和解或者撤回自诉
  - 可以调解　公诉转自诉案件不能调解
- 被告人

附带民事诉讼
- 原告人
- 被告人

137

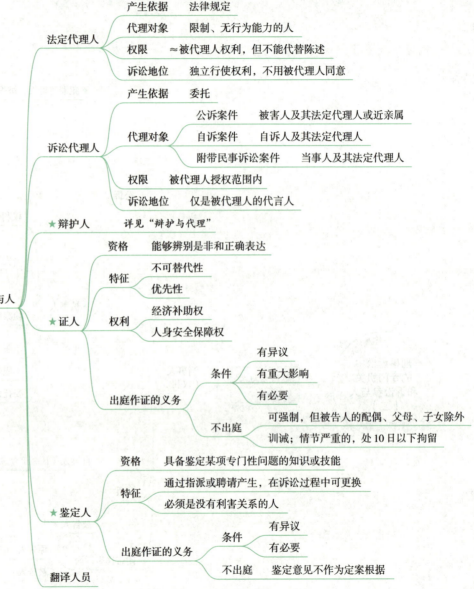

刑事诉讼中的专门机关和诉讼参与人（三）

诉讼参与人（2）

其他诉讼参与人

法定代理人
- 产生依据　法律规定
- 代理对象　限制、无行为能力的人
- 权限　≈被代理人权利，但不能代替陈述
- 诉讼地位　独立行使权利，不用被代理人同意

诉讼代理人
- 产生依据　委托
- 代理对象
  - 公诉案件　被害人及其法定代理人或近亲属
  - 自诉案件　自诉人及其法定代理人
  - 附带民事诉讼案件　当事人及其法定代理人
- 权限　被代理人授权范围内
- 诉讼地位　仅是被代理人的代言人

★辩护人　详见"辩护与代理"

★证人
- 资格　能够辨别是非和正确表达
- 特征
  - 不可替代性
  - 优先性
- 权利
  - 经济补助权
  - 人身安全保障权
- 出庭作证的义务
  - 条件
    - 有异议
    - 有重大影响
    - 有必要
  - 不出庭
    - 可强制，但被告人的配偶、父母、子女除外
    - 训诫；情节严重的，处10日以下拘留

★鉴定人
- 资格　具备鉴定某项专门性问题的知识或技能
- 特征
  - 通过指派或聘请产生，在诉讼过程中可更换
  - 必须是没有利害关系的人
- 出庭作证的义务
  - 条件
    - 有异议
    - 有必要
  - 不出庭　鉴定意见不作为定案根据

翻译人员

公安　　一般刑事案件，法律另有规定的除外（检、国、监、军、海）

司法职权　　检察院在对诉讼活动实行法律监督中发现的司法工作人员利用职权实施的侵犯公民权利、损害司法公正的犯罪，可由检察院立案侦查

★检察院（自侦案件）　案件

机动侦查　　对于公安管辖的国家机关工作人员利用职权实施的重大犯罪案件，需要由检察院直接受理的，经省级以上检察院决定，可由检察院立案侦查

级别　　设区的市一级

★监察机关（调查案件）　案件　　贪污贿赂、玩忽职守、滥用职权、徇私舞弊、重大责任事故等犯罪案件

对象　　公务员或从事公务的人

告诉才处理的案件　　①侮辱、诽谤案件；②暴力干涉婚姻自由案件；③虐待案件；④侵占案件（无例外）

被害人有证据证明的轻微刑事案件　　①故意伤害（轻伤）案件；②重婚案件；③遗弃案件；④非法侵入住宅案件；⑤侵犯通信自由案件；⑥生产、销售伪劣商品案件；⑦侵犯知识产权案件

法院（自诉案件）　　《刑法》分则第四、五章规定的，对被告人可能判处 3 年有期徒刑以下刑罚的案件

公诉转自诉的案件　　被害人有证据证明对被告人侵犯自己人身、财产权利的行为应当依法追究刑责，且有证据证明曾经提出控告，而公安或检察院不予追究被告人刑责的案件

管辖（一）　立案管辖　分工

检察院 VS 公安　　检察院应将属于公安管辖的刑事案件移送公安

如果涉嫌的主罪属于公安管辖，由公安为主侦查；如果涉嫌的主罪属于检察院管辖，则由检察院为主侦查

★自诉 VS 公诉　　告诉才处理的案件，告知被害人向法院直接提起自诉

法院可受理的其他类型的自诉案件，可立案进行侦查，和公诉案件一并移送法院，由法院合并审理

竞合

其他机关在工作中发现职务违法或者职务犯罪的线索时，应移送监察机关调查处置

★普通 VS 监察　　监察机关对于不属于本机关管辖的线索，应当移送主管机关处理

被调查人既涉嫌严重职务违法或职务犯罪，又涉嫌其他违法犯罪的，一般应由监察机关为主调查，其他机关协助

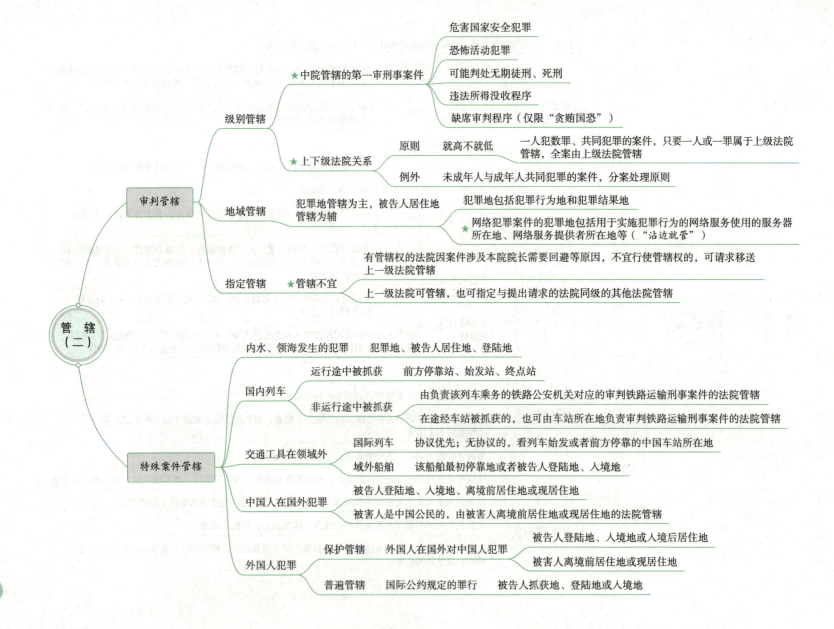

管辖
（二）

审判管辖

级别管辖

★中院管辖的第一审刑事案件
- 危害国家安全犯罪
- 恐怖活动犯罪
- 可能判处无期徒刑、死刑
- 违法所得没收程序
- 缺席审判程序（仅限"贪贿国恐"）

★上下级法院关系
- 原则　就高不就低　　一人犯数罪、共同犯罪的案件，只要一人或一罪属于上级法院管辖，全案由上级法院管辖
- 例外　未成年人与成年人共同犯罪的案件，分案处理原则

地域管辖
犯罪地管辖为主，被告人居住地管辖为辅
- 犯罪地包括犯罪行为地和犯罪结果地
- ★网络犯罪案件的犯罪地包括用于实施犯罪行为的网络服务使用的服务器所在地、网络服务提供者所在地等（"沾边就管"）

指定管辖　★管辖不宜
- 有管辖权的法院因案件涉及本院院长需要回避等原因，不宜行使管辖权的，可请求移送上一级法院管辖
- 上一级法院可管辖，也可指定与提出请求的法院同级的其他法院管辖

特殊案件管辖

内水、领海发生的犯罪　　犯罪地、被告人居住地、登陆地

国内列车
- 运行途中被抓获　前方停靠站、始发站、终点站
- 非运行途中被抓获
  - 由负责该列车乘务的铁路公安机关对应的审判铁路运输刑事案件的法院管辖
  - 在途经车站被抓获的，也可由车站所在地负责审判铁路运输刑事案件的法院管辖

交通工具在领域外
- 国际列车　协议优先；无协议的，看列车始发或者前方停靠的中国车站所在地
- 域外船舶　该船舶最初停靠地或者被告人登陆地、入境地

中国人在国外犯罪
- 被告人登陆地、入境地、离境前居住地或现居住地
- 被害人是中国公民的，由被害人离境前居住地或现居住地的法院管辖

外国人犯罪
- 保护管辖　外国人在国外对中国人犯罪
  - 被告人登陆地、入境地或入境后居住地
  - 被害人离境前居住地或现居住地
- 普遍管辖　国际公约规定的罪行　被告人抓获地、登陆地或入境地

回 避
- 对 象
  - 调查人员、侦查人员、检察人员、审判人员、书记员、鉴定人、翻译人员
  - 法官助理
- 情 形
  - 利害关系
  - ★参前不参后 —— 参与过本案调查、侦查、审查起诉工作的监察、侦查、检察人员，不得担任本案的审判人员
  - 发回
    - 原则 —— 发回重审的案件，原审法院应另组合议庭进行审理
    - 发回重新审判的案件，在第一审法院作出裁判后又进入第二审程序或者死刑复核程序的，原合议庭组成人员不受前述规定的限制
    - 例外 —— 在法定刑以下判处刑罚的复核程序
- 程 序
  - 申请主体 —— 当事人、法代、诉代、辩护人
  - 申请方式 —— 书面或口头
  - ★决定主体
    - 法院 —— 一般人员（包括法官助理）→院长→审判委员会
    - 检察院 —— 一般人员→检察长→检察委员会
    - 公安 —— 一般人员→公安机关负责人→检察委员会
    - 书、翻、鉴 —— 谁聘请，谁决定

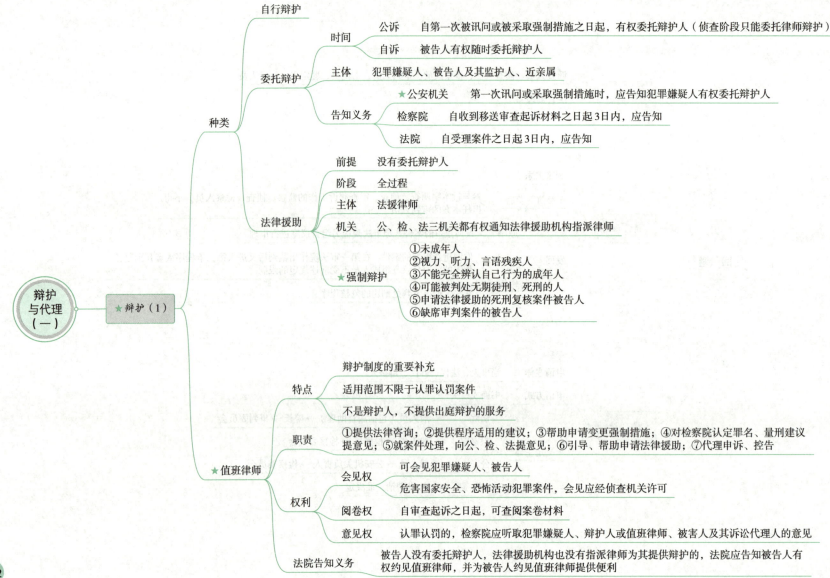

辩护与代理（一）

★辩护（1）

种类
- 自行辩护
- 委托辩护
  - 时间
    - 公诉　自第一次被讯问或被采取强制措施之日起，有权委托辩护人（侦查阶段只能委托律师辩护）
    - 自诉　被告人有权随时委托辩护人
  - 主体　犯罪嫌疑人、被告人及其监护人、近亲属
  - 告知义务
    - ★公安机关　第一次讯问或采取强制措施时，应告知犯罪嫌疑人有权委托辩护人
    - 检察院　自收到移送审查起诉材料之日起3日内，应告知
    - 法院　自受理案件之日起3日内，应告知
- 法律援助
  - 前提　没有委托辩护人
  - 阶段　全过程
  - 主体　法援律师
  - 机关　公、检、法三机关都有权通知法律援助机构指派律师
  - ★强制辩护
    - ①未成年人
    - ②视力、听力、言语残疾人
    - ③不能完全辨认自己行为的成年人
    - ④可能被判处无期徒刑、死刑的人
    - ⑤申请法律援助的死刑复核案件被告人
    - ⑥缺席审判案件的被告人

★值班律师
- 特点
  - 辩护制度的重要补充
  - 适用范围不限于认罪认罚案件
  - 不是辩护人，不提供出庭辩护的服务
- 职责　①提供法律咨询；②提供程序适用的建议；③帮助申请变更强制措施；④对检察院认定罪名、量刑建议提意见；⑤就案件处理，向公、检、法提意见；⑥引导、帮助申请法律援助；⑦代理申诉、控告
- 会见权
  - 可会见犯罪嫌疑人、被告人
  - 危害国家安全、恐怖活动犯罪案件，会见应经侦查机关许可
- 权利
  - 阅卷权　自审查起诉之日起，可查阅案卷材料
  - 意见权　认罪认罚的，检察院应听取犯罪嫌疑人、辩护人或值班律师、被害人及其诉讼代理人的意见
- 法院告知义务　被告人没有委托辩护人，法律援助机构也没有指派律师为其提供辩护的，法院应告知被告人有权约见值班律师，并为被告人约见值班律师提供便利

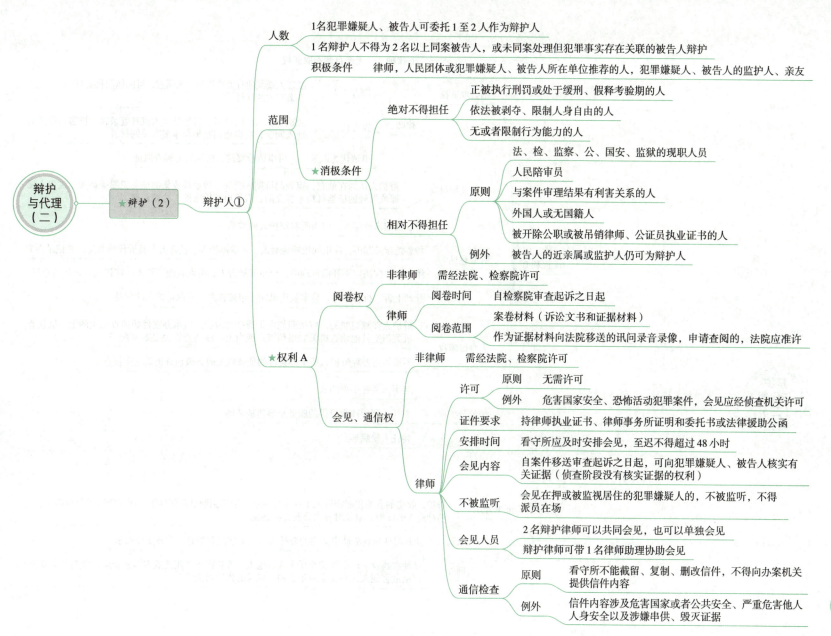

辩护与代理（二） — ★辩护（2）

辩护人①

- **人数**
  - 1名犯罪嫌疑人、被告人可委托1至2人作为辩护人
  - 1名辩护人不得为2名以上同案被告人，或未同案处理但犯罪事实存在关联的被告人辩护
- **范围**
  - **积极条件**　律师，人民团体或犯罪嫌疑人、被告人所在单位推荐的人，犯罪嫌疑人、被告人的监护人、亲友
  - **★消极条件**
    - **绝对不得担任**
      - 正被执行刑罚或处于缓刑、假释考验期的人
      - 依法被剥夺、限制人身自由的人
      - 无或者限制行为能力的人
    - **相对不得担任**
      - **原则**
        - 法、检、监察、公、国安、监狱的现职人员
        - 人民陪审员
        - 与案件审理结果有利害关系的人
        - 外国人或无国籍人
        - 被开除公职或被吊销律师、公证员执业证书的人
      - **例外**　被告人的近亲属或监护人仍可为辩护人

★权利A

- **阅卷权**
  - **非律师**　需经法院、检察院许可
  - **律师**
    - **阅卷时间**　自检察院审查起诉之日起
    - **阅卷范围**　案卷材料（诉讼文书和证据材料）
    - 作为证据材料向法院移送的讯问录音录像，申请查阅的，法院应准许
- **会见、通信权**
  - **非律师**　需经法院、检察院许可
  - **律师**
    - **许可**
      - **原则**　无需许可
      - **例外**　危害国家安全、恐怖活动犯罪案件，会见应经侦查机关许可
    - **证件要求**　持律师执业证书、律师事务所证明和委托书或法律援助公函
    - **安排时间**　看守所应及时安排会见，至迟不得超过48小时
    - **会见内容**　自案件移送审查起诉之日起，可向犯罪嫌疑人、被告人核实有关证据（侦查阶段没有核实证据的权利）
    - **不被监听**　会见在押或被监视居住的犯罪嫌疑人的，不被监听，不得派员在场
    - **会见人员**
      - 2名辩护律师可以共同会见，也可以单独会见
      - 辩护律师可带1名律师助理协助会见
    - **通信检查**
      - **原则**　看守所不能截留、复制、删改信件，不得向办案机关提供信件内容
      - **例外**　信件内容涉及危害国家或者公共安全、严重危害他人人身安全以及涉嫌串供、毁灭证据

辩护与代理（三） ── ★辩护（3） ── 辩护人②

权利 B

- 调查取证权
  - 非律师 ── 无亲自调查取证权
  - 律师
    - 辩方证人 ── 经证人或其他有关单位和个人同意，可向他们收集与本案有关的材料
    - 控方证人 ── 经检察院或法院许可，且经被害人或其近亲属、被害人提供的证人同意，可向他们收集与本案有关的材料
  - 申请代为取证 ── 可申请检察院、法院代为调查取证

- 调取证据材料 ── 辩护人认为在侦查、审查起诉期间公安、检察院收集的证明犯罪嫌疑人、被告人无罪或罪轻的证据材料未提交的，有权申请检察院、法院调取

- 听取意见
  - 审查批捕未成年人，应当听取辩护人的意见
  - 检察院审查起诉，应讯问犯罪嫌疑人，听取辩护人、被害人及其诉代的意见，并记录在案
  - 第二审法院决定不开庭审理的，应讯问被告人，听取其他当事人、辩护人、诉代的意见
  - 死刑上诉、抗诉案件，检察院应讯问原审被告人，听取辩护人的意见

- 人身保障权
  - 辩护人涉嫌犯罪的，应按照规定报请办理辩护人所承办案件的侦查机关的上一级侦查机关指定其他侦查机关立案侦查，或由上一级侦查机关立案侦查
  - 不得指定办理辩护人所承办案件的侦查机关的下级侦查机关立案侦查

- 拒绝辩护权
  - 当事人委托事项违法
  - 委托人利用律师提供的服务从事违法活动
  - 委托人隐瞒事实

义务

- 证据开示 ── 辩护人收集的有关犯罪嫌疑人不在犯罪现场、未达到刑事责任年龄、属于依法不负刑事责任的精神病人的证据，应及时告知公安、检察院

- 保密
  - 原则 ── 律师对在执业活动中知悉的委托人的有关情况和信息，有权予以保密
  - 例外 ── 律师在执业活动中知悉委托人或其他人，准备或正在实施危害国家安全、公共安全以及严重危害他人人身安全的犯罪的，应及时告知司法机关

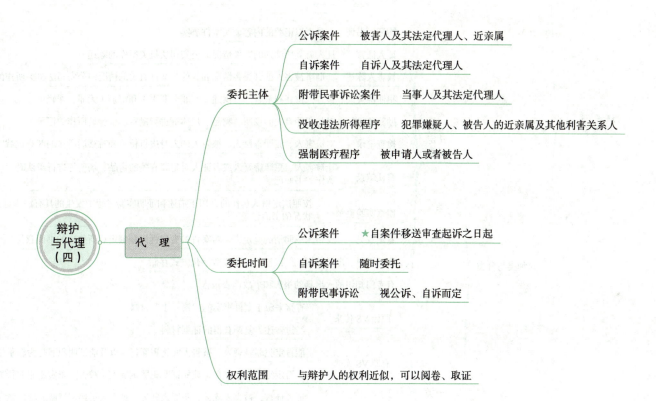

辩护与代理（四）
　　代理
　　　　委托主体
　　　　　　公诉案件　　被害人及其法定代理人、近亲属
　　　　　　自诉案件　　自诉人及其法定代理人
　　　　　　附带民事诉讼案件　　当事人及其法定代理人
　　　　　　没收违法所得程序　　犯罪嫌疑人、被告人的近亲属及其他利害关系人
　　　　　　强制医疗程序　　被申请人或者被告人
　　　　委托时间
　　　　　　公诉案件　　★自案件移送审查起诉之日起
　　　　　　自诉案件　　随时委托
　　　　　　附带民事诉讼　　视公诉、自诉而定
　　　　权利范围　　与辩护人的权利近似，可以阅卷、取证

概念和属性
- 概念　可用于证明案件事实的材料
- ★属性
  - 客观性　客观存在的事实，不以人的意志为转移
  - 关联性　作为证据的事实与案件事实之间存在某种客观上的联系
  - 合法性　证据必须具有法定的形式，由法定的人员按照法定的程序收集、审查和运用

刑事证据（一） —— 证据（1）

种类与分类
- 法定种类
  - 物证、书证　是否以记载的内容证明案件事实
  - 证人证言　证人就其所感知的案件情况向公安司法机关所作的陈述
  - 被害人陈述　刑事被害人就其受害情况和其他与案件有关的情况向公安司法机关所作的陈述
  - 犯罪嫌疑人、被告人供述和辩解　供述（有罪、罪重）和辩解（无罪、罪轻）
  - 勘验笔录　对与犯罪有关的场所、物品、尸体等进行勘察、检验后所作的记录
  - 检查笔录　对被害人、犯罪嫌疑人、被告人的人身进行检验和观察后所作的客观记载
  - 辨认笔录　让被害人、犯罪嫌疑人或者证人对犯罪有关的物品、场所等进行辨认时所作的书面记录
  - 侦查实验笔录　按照法定格式制作的，用于描述和证明实验过程中发生的具有法律意义的事实状况的书面记录
  - 鉴定意见　受指派或聘请的鉴定人，对案件的专门性问题鉴定后所作出的书面意见
  - 视听资料、电子数据　以模拟信号或数字化方式存储
  - 有专门知识的人出具的报告和事故调查报告
- 理论分类
  - 原始 VS 传来
    - 直接来源于案件事实的"第一手"材料
    - 经过转述、复制获得的证据材料
  - 有罪 VS 无罪
    - 能肯定犯罪嫌疑人、被告人实施犯罪行为以及能证明犯罪行为轻重情节的证据
    - 能否定犯罪事实存在，或能证明犯罪嫌疑人、被告人未实施犯罪行为的证据
  - 言词 VS 实物
    - 证人证言，被害人陈述，犯罪嫌疑人、被告人供述和辩解，鉴定意见，辨认笔录，侦查实验笔录
    - 物证、书证、勘验笔录、检查笔录、视听资料、电子数据
  - ★直接 VS 间接
    - 可以单独、直接证明案件主要事实的证据
    - 不能单独、直接证明案件主要事实，需要与其他证据相结合才能证明案件主要事实的证据

刑事证据（二） ── 证据（2） ── 证据规则 ── 证据能力 ── 非法证据排除规则

★排除对象
- 非法言词
  - 排除以暴力、威胁、非法限制自由等手段收集的言词证据
  - "重复供述"一并排除，除非更换侦查人员或变更诉讼阶段
- 非法实物
  - 物证、书证不符合法定程序，可能严重影响司法公正，不能补正或作出合理解释的，应排除

审判中的排非流程

- 启动方式
  - 依申请：当事人及其辩护人、诉讼代理人有权申请法院排除非法证据
  - 依职权：法庭审理过程中，审判人员认为可能存在以非法方法收集证据情形的，应对证据收集的合法性进行法庭调查

- 开庭前的审查
  - 告知义务：法院向被告人及其辩护人送达起诉书副本时，应告知其有权申请排除非法证据
  - 申请时间：被告人及辩护人应在开庭审理前提出申请，但在庭审期间发现线索或材料等情形的除外
  - 申请条件：未提供线索或材料，不符合申请条件的，法院不予受理
  - 申请效果：开庭前申请，提供线索或材料的，法院应召开庭前会议
  - 庭前会议：
    - 法院对证据收集的合法性有疑问的，应在庭审中进行调查
    - 法院对证据收集的合法性没有疑问，且无新的线索或材料表明可能存在非法取证的，可决定不再进行调查

- **★庭审中的审查与调查**
  - 迟到申请：开庭前未申请，庭审中提申请的，应说明理由
  - 审查标准：
    - 经审查，对证据收集的合法性有疑问的，应进行调查；无疑问的，应驳回申请
    - 驳回后，无新的线索或材料，以相同理由再次申请的，不予审查
  - 调查时间：
    - 应先行当庭调查
    - 为防止庭审过分迟延，也可在法庭调查结束前调查

- **★证明责任与证明标准**
  - 初步证明：当事人及其辩护人、诉讼代理人申请排非时应提供相关线索或材料
  - 证明责任：检察院应对证据收集的合法性加以证明

- 法庭处理结果
  - 排除情形：确认存在或不能排除存在以非法方法收集证据
  - 排除效果：排除的证据，不得宣读、质证，不得作为判决的根据

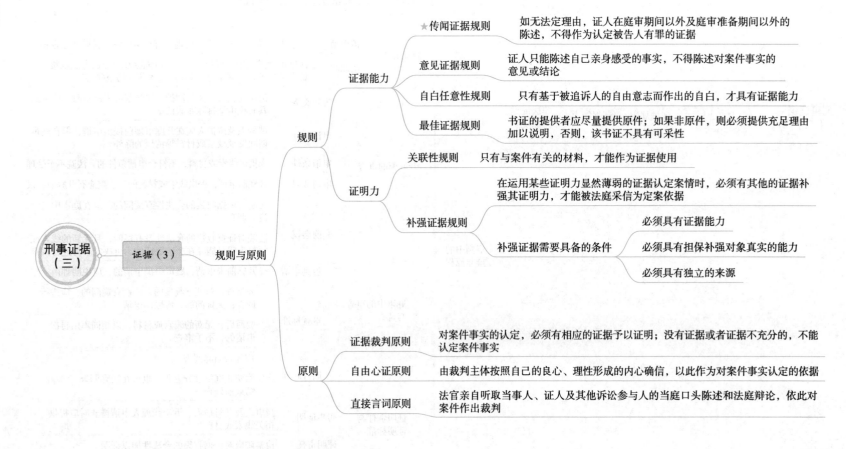

刑事证据（三）——证据（3）

规则与原则

规则

证据能力

★传闻证据规则　如无法定理由，证人在庭审期间以外及庭审准备期间以外的陈述，不得作为认定被告人有罪的证据

意见证据规则　证人只能陈述自己亲身感受的事实，不得陈述对案件事实的意见或结论

自白任意性规则　只有基于被追诉人的自由意志而作出的自白，才具有证据能力

最佳证据规则　书证的提供者应尽量提供原件；如果非原件，则必须提供充足理由加以说明，否则，该书证不具有可采性

证明力

关联性规则　只有与案件有关的材料，才能作为证据使用

补强证据规则　在运用某些证明力显然薄弱的证据认定案情时，必须有其他的证据补强其证明力，才能被法庭采信为定案依据

补强证据需要具备的条件
必须具有证据能力
必须具有担保补强对象真实的能力
必须具有独立的来源

原则

证据裁判原则　对案件事实的认定，必须有相应的证据予以证明；没有证据或者证据不充分的，不能认定案件事实

自由心证原则　由裁判主体按照自己的良心、理性形成的内心确信，以此作为对案件事实认定的依据

直接言词原则　法官亲自听取当事人、证人及其他诉讼参与人的当庭口头陈述和法庭辩论，依此对案件作出裁判

刑事证据
（四）

证据（4）

★收集和审查判断①

收集
- 行政机关收集的实物证据在刑事诉讼中可作为证据使用，收集的言词证据（除鉴定意见）在刑事诉讼中不可作为证据使用
- 监察机关收集的证据在刑事诉讼中可作为证据使用

强制排除

物证、书证
- 不能反映原物及其内容，未附笔录或清单，不能证明来源或对来源、收集程序有疑问，不能作出合理解释

证人证言
- 不能正常感知或表达的证人所提供的证言
- 证人所作的除根据一般生活经验判断符合事实以外的猜测性、评论性、推断性的证言
- 询问证人没有个别进行
- 书面证言没有经证人核对确认
- 应当提供翻译人员而未提供
- 采用暴力、威胁、非法限制人身自由等非法方式收集
- 证人没有正当理由拒绝出庭或出庭后拒绝作证，法庭对其证言的真实性无法确认

犯罪嫌疑人、被告人供述和辩解
- 刑讯逼供
- 讯问笔录没有经被告人核对
- 应当提供通晓聋、哑手势的人员而未提供
- 应当提供翻译人员而未提供
- 除情况紧急必须现场讯问以外，在规定的办案场所外讯问
- 无期徒刑、死刑案件中未依法对讯问全程录音录像
- 用暴力或严重损害本人及其近亲属合法权益来威胁，使其遭受难以忍受的痛苦而违背意愿
- 讯问未成年人，其法定代理人或合适成年人不在场

鉴定意见
- 有错就排

辨认笔录
- 辨认活动没有个别进行
- 辨认前使辨认人见到辨认对象
- 辨认不是在调查人员、侦查人员主持下进行
- 辨认中给辨认人明显暗示或明显有指认嫌疑
- 辨认对象没有混杂在具有类似特征的其他对象中，或供辨认的对象数量不符合规定

勘验、检查笔录
- 违反法律规定，无法作出合理解释

侦查实验笔录
- 侦查实验的条件与事件发生时的条件有明显差异

视听资料
- 经审查无法确定真伪，制作、取得的时间、地点、方式有疑问，不能提供必要证明或作出合理解释

电子数据
- 系篡改、伪造或无法确定真伪，有增加、删除、修改等情形，影响电子数据真实性

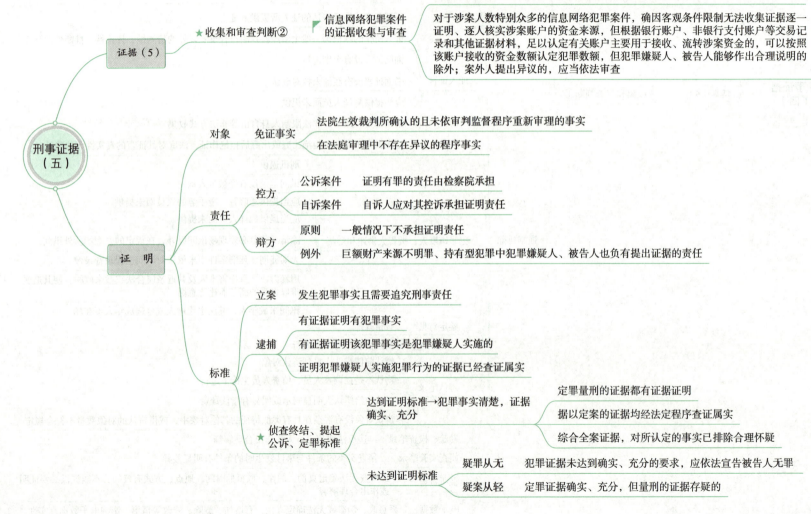

刑事证据（五）

- **证据（5）** — ★收集和审查判断② — 信息网络犯罪案件的证据收集与审查
  - 办理信息网络犯罪案件，对于数量特别众多且具有同类性质、特征或功能的物证、书证、证人证言、被害人陈述、视听资料、电子数据等证据材料，确因客观条件限制无法逐一收集的，应当按照一定比例或数量选取证据，并对选取情况作出说明和论证；检察院、法院应当重点审查取证方法、过程是否科学；经审查认为取证不科学的，应当由原取证机关作出补充说明或重新取证
  - 对于涉案人数特别众多的信息网络犯罪案件，确因客观条件限制无法收集证据逐一证明、逐人核实涉案账户的资金来源，但根据银行账户、非银行支付账户等交易记录及其他证据材料，足以认定有关账户主要用于接收、流转涉案资金的，可以按照该账户接收的资金数额认定犯罪数额，但犯罪嫌疑人、被告人能够作出合理说明的除外；案外人提出异议的，应当依法审查

- **证明**
  - **对象** — 免证事实
    - 法院生效裁判所确认的且未依审判监督程序重新审理的事实
    - 在法庭审理中不存在异议的程序事实
  - **责任**
    - **控方**
      - 公诉案件　证明有罪的责任由检察院承担
      - 自诉案件　自诉人应对其控诉承担证明责任
    - **辩方**
      - 原则　一般情况下不承担证明责任
      - 例外　巨额财产来源不明罪、持有型犯罪中犯罪嫌疑人、被告人也负有提出证据的责任
  - **标准**
    - 立案　发生犯罪事实且需要追究刑事责任
    - 逮捕
      - 有证据证明有犯罪事实
      - 有证据证明该犯罪事实是犯罪嫌疑人实施的
      - 证明犯罪嫌疑人实施犯罪行为的证据已经查证属实
    - ★侦查终结、提起公诉、定罪标准
      - 达到证明标准→犯罪事实清楚，证据确实、充分
        - 定罪量刑的证据都有证据证明
        - 据以定案的证据均经法定程序查证属实
        - 综合全案证据，对所认定的事实已排除合理怀疑
      - 未达到证明标准
        - 疑罪从无　犯罪证据未达到确实、充分的要求，应依法宣告被告人无罪
        - 疑案从轻　定罪证据确实、充分，但量刑的证据存疑的

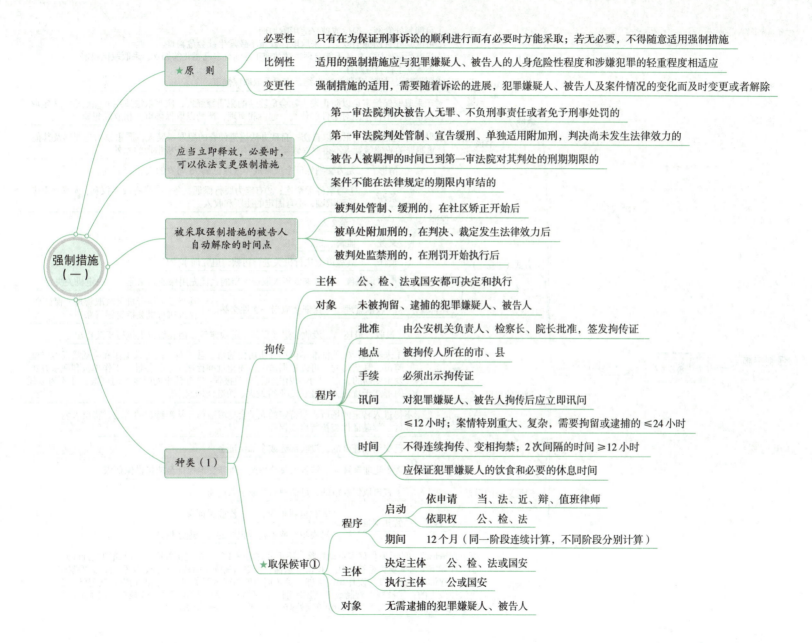

强制措施（一）

★原则
- 必要性　只有在为保证刑事诉讼的顺利进行而有必要时方能采取；若无必要，不得随意适用强制措施
- 比例性　适用的强制措施应与犯罪嫌疑人、被告人的人身危险性程度和涉嫌犯罪的轻重程度相适应
- 变更性　强制措施的适用，需要随着诉讼的进展，犯罪嫌疑人、被告人及案件情况的变化而及时变更或者解除

应当立即释放，必要时，可以依法变更强制措施
- 第一审法院判决被告人无罪、不负刑事责任或者免予刑事处罚的
- 第一审法院判处管制、宣告缓刑、单独适用附加刑，判决尚未发生法律效力的
- 被告人被羁押的时间已到第一审法院对其判处的刑期期限的
- 案件不能在法律规定的期限内审结的

被采取强制措施的被告人自动解除的时间点
- 被判处管制、缓刑的，在社区矫正开始后
- 被单处附加刑的，在判决、裁定发生法律效力后
- 被判处监禁刑的，在刑罚开始执行后

种类（1）

- **拘传**
  - 主体　公、检、法或国安都可决定和执行
  - 对象　未被拘留、逮捕的犯罪嫌疑人、被告人
  - 程序
    - 批准　由公安机关负责人、检察长、院长批准，签发拘传证
    - 地点　被拘传人所在的市、县
    - 手续　必须出示拘传证
    - 讯问　对犯罪嫌疑人、被告人拘传后应立即讯问
    - 时间
      - ≤12小时；案情特别重大、复杂，需要拘留或逮捕的 ≤24小时
      - 不得连续拘传、变相拘禁；2次间隔的时间 ≥12小时
      - 应保证犯罪嫌疑人的饮食和必要的休息时间

- **★取保候审①**
  - 程序
    - 启动
      - 依申请　当、法、近、辩、值班律师
      - 依职权　公、检、法
    - 期间　12个月（同一阶段连续计算，不同阶段分别计算）
  - 主体
    - 决定主体　公、检、法或国安
    - 执行主体　公或国安
  - 对象　无需逮捕的犯罪嫌疑人、被告人

①可能判处管制、拘役或独立适用附加刑
②可能判处有期徒刑以上，采取取保候审不致发生社会危险性
③患有严重疾病、生活不能自理，怀孕或正在哺乳自己婴儿的妇女，采取取保候审不致发生社会危险性
④羁押期限届满，案件尚未办结，需要采取取保候审

条件

积极 对于采取取保候审足以防止发生社会危险性的犯罪嫌疑人，应当依法适用取保候审；决定取保候审的，不得中断对案件的侦查、起诉和审理；严禁以取保候审变相放纵犯罪

消极 累犯，犯罪集团的主犯，以自伤、自残办法逃避侦查的犯罪嫌疑人，严重暴力犯罪以及其他严重犯罪的犯罪嫌疑人不得取保候审，但具有上述③、④积极情形的除外

方式（"或"）

保证人

情形　无力交纳保证金或未成年人或已满75周岁的人

条件　①与案件无牵连；②有能力履行保证义务；③享有政治权利，人身自由未受到限制；④有固定的住所和收入

人数　1至2人

义务　监督、报告

责任　县级以上执行机关进行罚款、追究刑事责任

保证金

收取数额　对未成年人取保候审的，优先用保证人保证　　决定机关决定

收取管理　保证金应当一次性交纳　　县级以上执行机关收取管理、保证金存入执行机关指定银行账户

没收、退还　没收、退还保证金的决定等，由县级以上执行机关作出

强制措施（二） — **种类（2）** — ★**取保候审②**

遵守的义务

法定 ①未经执行机关批准不得离开所居住的市、县（对于因正常工作和生活需要经常性跨市、县活动的，可以根据情况，简化批准程序）；②住址、工作单位和联系方式发生变动的，在24小时内向执行机关报告；③在传讯的时候及时到案；④不得以任何形式干扰证人作证；⑤不得毁灭、伪造证据或串供

酌定 不得进入特定的场所、与特定的人员会见或通信、从事特定的活动，将出入境证件、驾驶证件交执行机关保存

违反义务的后果

违规 已交纳保证金的，没收部分或全部保证金

责令犯罪嫌疑人、被告人具结悔过，重新交纳保证金或提供保证人

不宜再取保候审的，可监视居住或予以逮捕

涉罪 暂扣保证金 ── 故意重新犯罪的　没收保证金

过失犯罪或不构成犯罪的　退还保证金

解除 有下列情形之一的，取保候审自动解除，不再办理解除手续，决定机关应当及时通知执行机关：①取保候审依法变更为监视居住、拘留、逮捕，变更后的强制措施已经开始执行的；②检察院作出不起诉决定的；③法院作出的无罪、免予刑事处罚或者不负刑事责任的判决、裁定已经发生法律效力的；④被判处管制或者适用缓刑，社区矫正已经开始执行的；⑤被单处附加刑，判决、裁定已经发生法律效力的；⑥被判处监禁刑，刑罚已经开始执行的

刑
诉
法
▽
强
制
措
施

强制措施（三） —— 种类（3） —— 监视居住

监视居住：

程序
- 申请解除　当、法、近、辩
- 期间　6个月（同一阶段连续计算，不同阶段分别计算）

主体（同取保候审）

适用情形
- 替代取保候审　符合取保候审条件，但犯罪嫌疑人、被告人不能提出保证人或保证金
- ★替代逮捕
  - 患有严重疾病、生活不能自理
  - 怀孕或正在哺乳自己婴儿的妇女
  - 生活不能自理的人的唯一扶养人
  - 因为案件的特殊情况或办理案件的需要，采取监视居住措施更为适宜
  - 羁押期限届满，案件尚未办结，需要采取监视居住

★被监视居住人的义务
- 未经执行机关批准不得离开执行监视居住的处所
- 未经执行机关批准不得会见他人或通信
- 在传讯的时候及时到案（同取保候审）
- 不得以任何形式干扰证人作证（同取保候审）
- 不得毁灭、伪造证据或串供（同取保候审）
- 将护照等出入境证件、身份证件、驾驶证件交执行机关保存

违反后果　违反规定，情节严重的，可予以逮捕；需要予以逮捕的，可对犯罪嫌疑人、被告人先行拘留

处所
- 一般　住处
- 特殊　★指定居所
  - 情形
    - 无固定住处
    - 涉嫌危害国家安全、恐怖活动犯罪，在住处执行可能有碍侦查，经上一级公安机关批准
  - 通知家属　除无法通知外，应在24小时内通知家属
  - 折抵刑期
    - 被判处管制的，监视居住1日折抵刑期1日
    - 被判处拘役、有期徒刑的，监视居住2日折抵刑期1日
  - 监督
    - 决定
      - 公安、法院决定的，由同级检察院捕诉部门监督
      - 检察院决定的，由控告申诉部门监督
    - 执行
      - 公安、法院决定的，由执行检察部门监督
      - 检察院决定的，由控告申诉部门监督

153

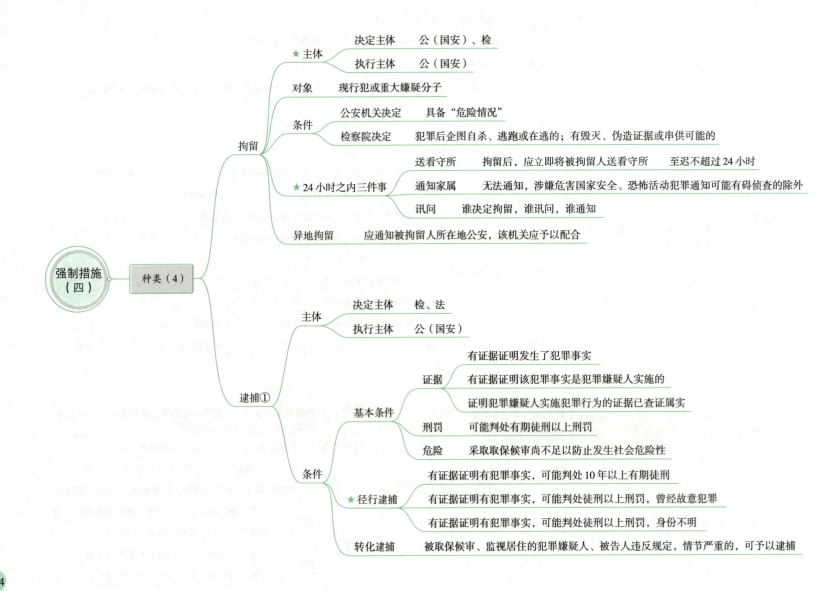

强制措施（四）

种类（4）

拘留

★ 主体
- 决定主体　公（国安）、检
- 执行主体　公（国安）

对象　现行犯或重大嫌疑分子

条件
- 公安机关决定　具备"危险情况"
- 检察院决定　犯罪后企图自杀、逃跑或在逃的；有毁灭、伪造证据或串供可能的

★ 24小时之内三件事
- 送看守所　拘留后，应立即将被拘留人送看守所　至迟不超过24小时
- 通知家属　无法通知，涉嫌危害国家安全、恐怖活动犯罪通知可能有碍侦查的除外
- 讯问　谁决定拘留，谁讯问，谁通知

异地拘留　应通知被拘留人所在地公安，该机关应予以配合

逮捕①

主体
- 决定主体　检、法
- 执行主体　公（国安）

条件

基本条件
- 证据
  - 有证据证明发生了犯罪事实
  - 有证据证明该犯罪事实是犯罪嫌疑人实施的
  - 证明犯罪嫌疑人实施犯罪行为的证据已查证属实
- 刑罚　可能判处有期徒刑以上刑罚
- 危险　采取取保候审尚不足以防止发生社会危险性

★ 径行逮捕
- 有证据证明有犯罪事实，可能判处10年以上有期徒刑
- 有证据证明有犯罪事实，可能判处徒刑以上刑罚，曾经故意犯罪
- 有证据证明有犯罪事实，可能判处徒刑以上刑罚，身份不明

转化逮捕　被取保候审、监视居住的犯罪嫌疑人、被告人违反规定，情节严重的，可予以逮捕

强制措施（五） — 种类（5）

逮捕②

批捕程序

- 应当讯问
  - 对是否符合逮捕条件有疑问
  - 犯罪嫌疑人要求向检察人员当面陈述
  - 侦查活动可能有重大违法行为
  - 案情重大、疑难、复杂
  - ★犯罪嫌疑人认罪认罚
  - ★犯罪嫌疑人系未成年人
  - 犯罪嫌疑人是盲、聋、哑人
  - 犯罪嫌疑人是尚未完全丧失辨认或控制自己行为能力的精神病人

- ★VS监察机关的留置措施
  - 设区的市级以下监察机关采取留置措施，应当报上一级监察机关批准
  - 省级监察机关采取留置措施，应报国家监察委员会备案
  - 留置1日折抵管制2日，折抵拘役、有期徒刑1日

- 结果
  - 批捕
    - 手续：必须向被逮捕人出示逮捕证
    - ★执行
      - 送看守所：立即送到看守所羁押（拘留是要求24小时内）
      - 通知：除无法通知外，逮捕后24小时内通知家属（区别于拘留）
      - 讯问：逮捕后24小时内进行讯问（谁想捕，谁通知，谁讯问）
      - 异地：应通知被逮捕人所在地公安，该机关应予以配合（同拘留）
  - 不批捕：说明不批准逮捕的理由；需补充侦查的，应通知公安机关

★羁押必要性审查

- 审查对象：被逮捕的犯罪嫌疑人、被告人
- 审查主体：检察院捕诉部门
- 评估主体：公安机关办案部门
- 启动方式
  - 依职权：同级检察院
  - 依申请：犯罪嫌疑人、被告人及其法定代理人、近亲属或辩护人（当法近辩）
- 立案程序
  - 立案：检察长或分管副检察长批准
  - 不立案：检察官决定
- 审查方式
  - 可公开审查
  - 涉及国家秘密、商业秘密、个人隐私的案件除外
- 审查结果
  - 继续羁押：检察官决定
  - 变更羁押：检察长或分管副检察长批准
- ★特殊规定
  - 应当立即开展羁押必要性审查、评估的情形：因人道、将超期、无证据、无徒刑、未成年、不危险
  - 再次申请羁押必要性审查的限制：无新证再申请，可不再审查；期限若有变，申请不受限

附带民事诉讼

成立条件

赔偿范围
- 以刑事诉讼成立为前提，不以定罪为前提
- **积极**：因被告人的犯罪行为造成的实际、必然的物质损失
- **消极**：
  - ★占有、处置：被告人非法占有、处置（如盗窃、诈骗）被害人财产的，应依法予以追缴或责令退赔
  - ★公权侵害：国家机关工作人员在行使职权时，涉嫌侵犯人身、财产犯罪，被害人或其法代、近亲属提起附带民诉的，法院不予受理，但应告知其可申请国家赔偿

★当事人

原告人
- 因犯罪行为遭受物质损失的公民或单位
- 被害人死亡或丧失行为能力的，其法代、近亲属
- 被害人是未成年人或限制行为能力人的，其法代
- 国家、集体财产遭受损失，且受损单位未提起的，检察院

被告人
- 刑事被告人以及未被追究刑责的其他共同侵害人
- 刑事被告人的监护人
- 死刑罪犯的遗产继承人
- 共同犯罪案件中，案件审结前死亡的被告人的遗产继承人

共同被告人
- 被害人或其法代、近亲属仅对部分共同侵害人提附带民诉，法院应告知其可以对其他共同侵害人一并提，但共犯在逃的除外
- 在逃的共犯到案后，被害人或其法代、近亲属可对其提附带民诉，但已从其他犯罪人处得到足额赔偿的除外

程序

- **提起时间**：立案后
- **调解**：侦查、审查起诉中，经公、检调解，双方已达成协议并全部履行，又提附带民诉的，法院不予受理，但违反自愿、合法原则的除外
- **审判组织**：同刑事案件一并审判；为了防止刑事案件审判过分迟延，可在刑事审判后，由同一审判组织继续审理附带民诉

审理

不到庭的处理
- 附带民诉原告人未到的，应按撤诉处理
- 刑事被告人以外的附带民诉被告人未到
  - 可缺席判决
  - 下落不明，或用公告送达以外的其他方式无法送达，可能导致刑事案件审判过分迟延的，可不将其列为附带民诉被告人，告知附带民诉原告人另行提起民事诉讼

- 刑事部分无罪，附带民诉部分的处理：对已经提起的附带民诉，经调解不能达成协议的，可一并作出刑事附带民事判决，也可告知附带民诉原告人另行提起民事诉讼
- 二审提附带民诉的处理：调解不成，告知另诉（自诉案件二审提反诉的，直接告知另诉）

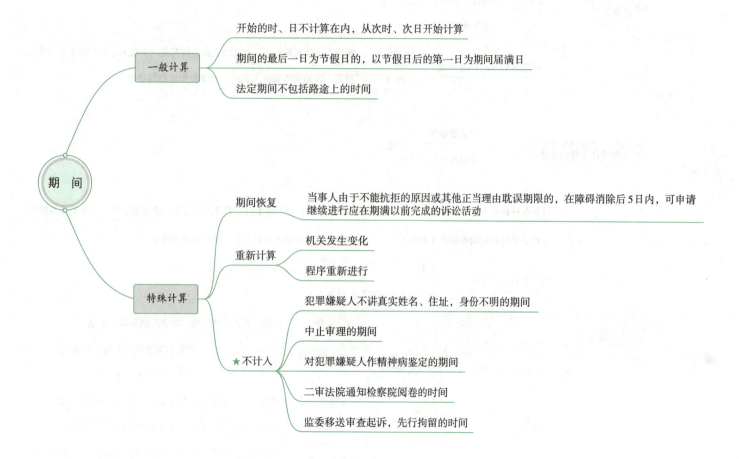

期 间

一般计算
- 开始的时、日不计算在内，从次时、次日开始计算
- 期间的最后一日为节假日的，以节假日后的第一日为期间届满日
- 法定期间不包括路途上的时间

特殊计算
- 期间恢复：当事人由于不能抗拒的原因或其他正当理由耽误期限的，在障碍消除后5日内，可申请继续进行应在期满以前完成的诉讼活动
- 重新计算
  - 机关发生变化
  - 程序重新进行
- ★不计入
  - 犯罪嫌疑人不讲真实姓名、住址，身份不明的期间
  - 中止审理的期间
  - 对犯罪嫌疑人作精神病鉴定的期间
  - 二审法院通知检察院阅卷的时间
  - 监委移送审查起诉，先行拘留的时间

立 案

材料来源
- 主动 —— 侦查机关直接发现的犯罪事实或犯罪线索
- 被动
  - 单位或者个人的报案或举报
  - 被害人的报案或控告
  - 犯罪嫌疑人的自首
- ★报案 VS 控告 VS 举报
  - 主体 —— 报案的主体是所有人，控告的主体是被害人，举报的主体是被害人以外的人
  - 内容 —— 报案不知道犯罪嫌疑人，控告和举报知道犯罪嫌疑人

立案条件（公诉案件）
- 有犯罪事实
- 需要追究刑事责任

程 序
- 对立案材料的接受（受案） —— 公、检、法都应接受；对不属于自己管辖的应移送，情况紧急的应先采取紧急措施
- ★对立案材料的调查核实（初查） —— 不能使用限制被调查对象人身、财产权利的措施
- 对立案材料的处理
  - 立案
  - 不立案（原因要告知控告人）
- ★监督
  - 控告人对公安不立案的救济
    - 主体 —— 只有控告人才能行使，报案人或举报人不能
    - 途径
      - 复议、复核
        - 向作出决定的公安申请复议
        - 向上一级公安申请复核
      - 申诉 —— 不服不予立案决定的，可向检察院提申诉
      - 自诉 —— 不服不予立案决定的，可向法院提自诉
  - 检察院对公安立案活动的监督
    - 应立案而不立案 —— 应要求公安说明不予立案的理由；如果认为理由不成立，则应通知公安立案
    - 不应立案却立案 —— 应要求公安说明立案的理由；如果认为理由不成立，则应通知公安撤案

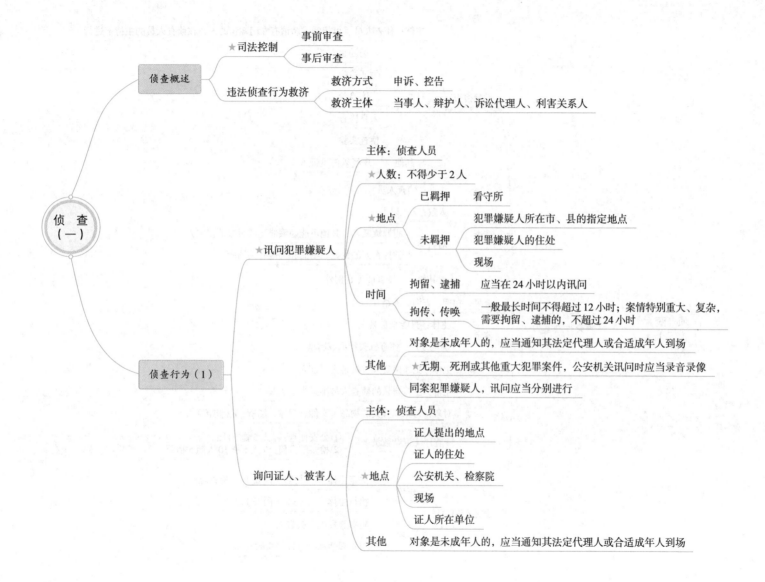

侦查概述
　★司法控制
　　　事前审查
　　　事后审查
　违法侦查行为救济
　　　救济方式　申诉、控告
　　　救济主体　当事人、辩护人、诉讼代理人、利害关系人

侦查（一）

侦查行为（1）
　★讯问犯罪嫌疑人
　　　主体：侦查人员
　　　★人数：不得少于2人
　　　★地点
　　　　已羁押　看守所
　　　　　　　　犯罪嫌疑人所在市、县的指定地点
　　　　未羁押　犯罪嫌疑人的住处
　　　　　　　　现场
　　　时间
　　　　拘留、逮捕　应当在24小时以内讯问
　　　　拘传、传唤　一般最长时间不得超过12小时；案情特别重大、复杂，需要拘留、逮捕的，不超过24小时
　　　其他
　　　　对象是未成年人的，应当通知其法定代理人或合适成年人到场
　　　　★无期、死刑或其他重大犯罪案件，公安机关讯问时应当录音录像
　　　　同案犯罪嫌疑人，讯问应当分别进行
　询问证人、被害人
　　　主体：侦查人员
　　　★地点
　　　　证人提出的地点
　　　　证人的住处
　　　　公安机关、检察院
　　　　现场
　　　　证人所在单位
　　　其他　对象是未成年人的，应当通知其法定代理人或合适成年人到场

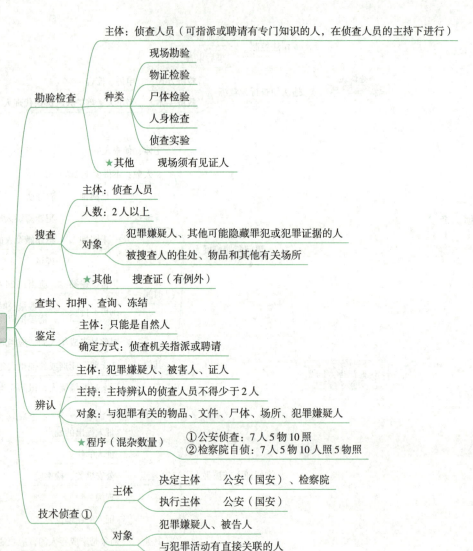

侦查（二）

侦查行为（2）

勘验检查
- 主体：侦查人员（可指派或聘请有专门知识的人，在侦查人员的主持下进行）
- 种类
  - 现场勘验
  - 物证检验
  - 尸体检验
  - 人身检查
  - 侦查实验
- ★其他　现场须有见证人

搜查
- 主体：侦查人员
- 人数：2人以上
- 对象
  - 犯罪嫌疑人、其他可能隐藏罪犯或犯罪证据的人
  - 被搜查人的住处、物品和其他有关场所
- ★其他　搜查证（有例外）

查封、扣押、查询、冻结

鉴定
- 主体：只能是自然人
- 确定方式：侦查机关指派或聘请

辨认
- 主体：犯罪嫌疑人、被害人、证人
- 主持：主持辨认的侦查人员不得少于2人
- 对象：与犯罪有关的物品、文件、尸体、场所、犯罪嫌疑人
- ★程序（混杂数量）
  - ①公安侦查：7人5物10照
  - ②检察院自侦：7人5物10人照5物照

技术侦查①
- 主体
  - 决定主体　公安（国安）、检察院
  - 执行主体　公安（国安）
- 对象
  - 犯罪嫌疑人、被告人
  - 与犯罪活动有直接关联的人

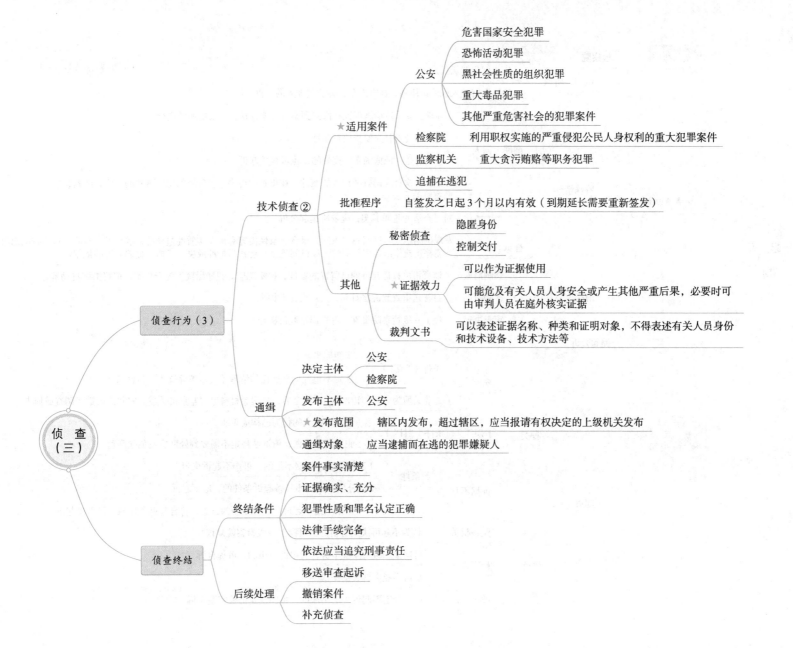

侦查行为（3）

技术侦查②

★适用案件
- 公安
  - 危害国家安全犯罪
  - 恐怖活动犯罪
  - 黑社会性质的组织犯罪
  - 重大毒品犯罪
  - 其他严重危害社会的犯罪案件
- 检察院　利用职权实施的严重侵犯公民身权利的重大犯罪案件
- 监察机关　重大贪污贿赂等职务犯罪
- 追捕在逃犯

批准程序　自签发之日起3个月以内有效（到期延长需要重新签发）

其他
- 秘密侦查
  - 隐匿身份
  - 控制交付
- ★证据效力
  - 可以作为证据使用
  - 可能危及有关人员身安全或产生其他严重后果，必要时可由审判人员在庭外核实证据
- 裁判文书　可以表述证据名称、种类和证明对象，不得表述有关人员身份和技术设备、技术方法等

通缉
- 决定主体
  - 公安
  - 检察院
- 发布主体　公安
- ★发布范围　辖区内发布，超过辖区，应当报请有权决定的上级机关发布
- 通缉对象　应当逮捕而在逃的犯罪嫌疑人

侦查（三）

侦查终结
- 终结条件
  - 案件事实清楚
  - 证据确实、充分
  - 犯罪性质和罪名认定正确
  - 法律手续完备
  - 依法应当追究刑事责任
- 后续处理
  - 移送审查起诉
  - 撤销案件
  - 补充侦查

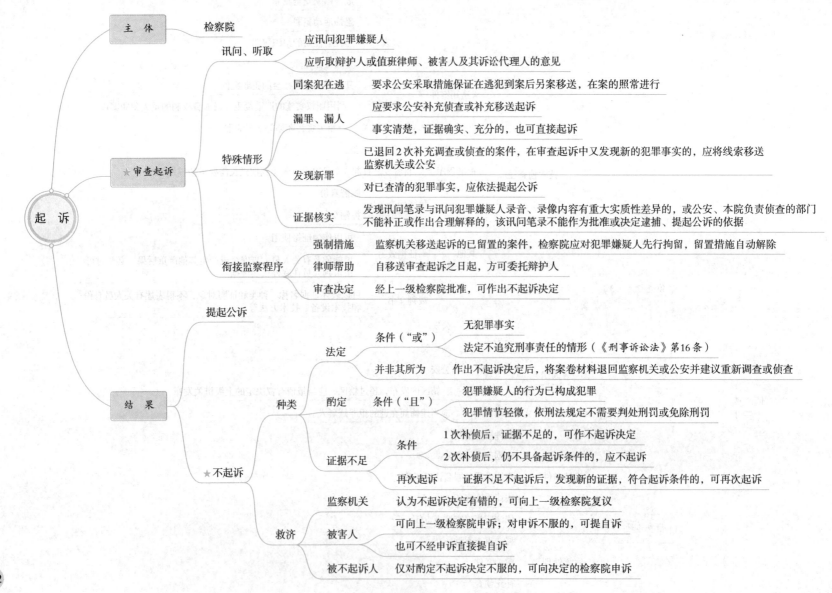

刑诉法 · 起诉

起诉

- 主体 —— 检察院
- ★审查起诉
  - 讯问、听取
    - 应讯问犯罪嫌疑人
    - 应听取辩护人或值班律师、被害人及其诉讼代理人的意见
  - 特殊情形
    - 同案犯在逃 —— 要求公安采取措施保证在逃犯到案后另案移送，在案的照常进行
    - 漏罪、漏人
      - 应要求公安补充侦查或补充移送起诉
      - 事实清楚，证据确实、充分的，也可直接起诉
    - 发现新罪
      - 已退回2次补充调查或侦查的案件，在审查起诉中又发现新的犯罪事实的，应将线索移送监察机关或公安
      - 对已查清的犯罪事实，应依法提起公诉
    - 证据核实 —— 发现讯问笔录与讯问犯罪嫌疑人录音、录像内容有重大实质性差异的，或公安、本院负责侦查的部门不能补正或作出合理解释的，该讯问笔录不能作为批准或决定逮捕、提起公诉的依据
  - 衔接监察程序
    - 强制措施 —— 监察机关移送起诉的已留置的案件，检察院应对犯罪嫌疑人先行拘留，留置措施自动解除
    - 律师帮助 —— 自移送审查起诉之日起，方可委托辩护人
    - 审查决定 —— 经上一级检察院批准，可作出不起诉决定
- 结果
  - 提起公诉
  - ★不起诉
    - 种类
      - 法定
        - 条件（"或"）
          - 无犯罪事实
          - 法定不追究刑事责任的情形（《刑事诉讼法》第16条）
        - 并非其所为 —— 作出不起诉决定后，将案卷材料退回监察机关或公安并建议重新调查或侦查
      - 酌定 —— 条件（"且"）
        - 犯罪嫌疑人的行为已构成犯罪
        - 犯罪情节轻微，依刑法规定不需要判处刑罚或免除刑罚
      - 证据不足
        - 条件
          - 1次补侦后，证据不足的，可作不起诉决定
          - 2次补侦后，仍不具备起诉条件的，应不起诉
        - 再次起诉 —— 证据不足不起诉后，发现新的证据，符合起诉条件的，可再次起诉
    - 救济
      - 监察机关 —— 认为不起诉决定有错的，可向上一级检察院复议
      - 被害人
        - 可向上一级检察院申诉；对申诉不服的，可提自诉
        - 也可不经申诉直接提自诉
      - 被不起诉人 —— 仅对酌定不起诉决定不服的，可向决定的检察院申诉

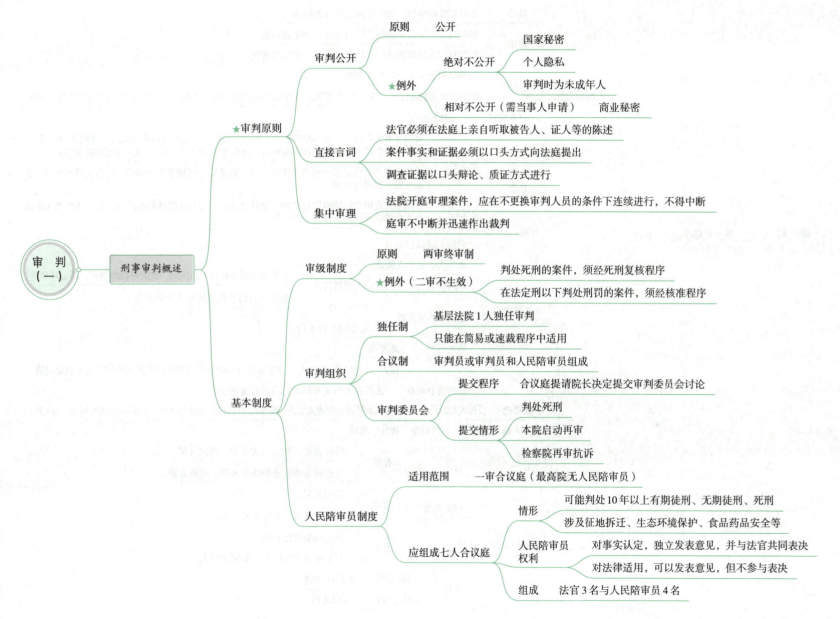

审判
（一）

刑事审判概述

★审判原则

审判公开
- 原则 —— 公开
- ★例外
  - 绝对不公开
    - 国家秘密
    - 个人隐私
    - 审判时为未成年人
  - 相对不公开（需当事人申请）—— 商业秘密

直接言词
- 法官必须在法庭上亲自听取被告人、证人等的陈述
- 案件事实和证据必须以口头方式向法庭提出
- 调查证据以口头辩论、质证方式进行

集中审理
- 法院开庭审理案件，应在不更换审判人员的条件下连续进行，不得中断
- 庭审不中断并迅速作出裁判

基本制度

审级制度
- 原则 —— 两审终审制
- ★例外（二审不生效）
  - 判处死刑的案件，须经死刑复核程序
  - 在法定刑以下判处刑罚的案件，须经核准程序

审判组织
- 独任制
  - 基层法院1人独任审判
  - 只能在简易或速裁程序中适用
- 合议制 —— 审判员或审判员和人民陪审员组成
- 审判委员会
  - 提交程序 —— 合议庭提请院长决定提交审判委员会讨论
  - 提交情形
    - 判处死刑
    - 本院启动再审
    - 检察院再审抗诉

人民陪审员制度
- 适用范围 —— 一审合议庭（最高院无人民陪审员）
- 应组成七人合议庭
  - 情形
    - 可能判处10年以上有期徒刑、无期徒刑、死刑
    - 涉及征地拆迁、生态环境保护、食品药品安全等
  - 人民陪审员权利
    - 对事实认定，独立发表意见，并与法官共同表决
    - 对法律适用，可以发表意见，但不参与表决
  - 组成 —— 法官3名与人民陪审员4名

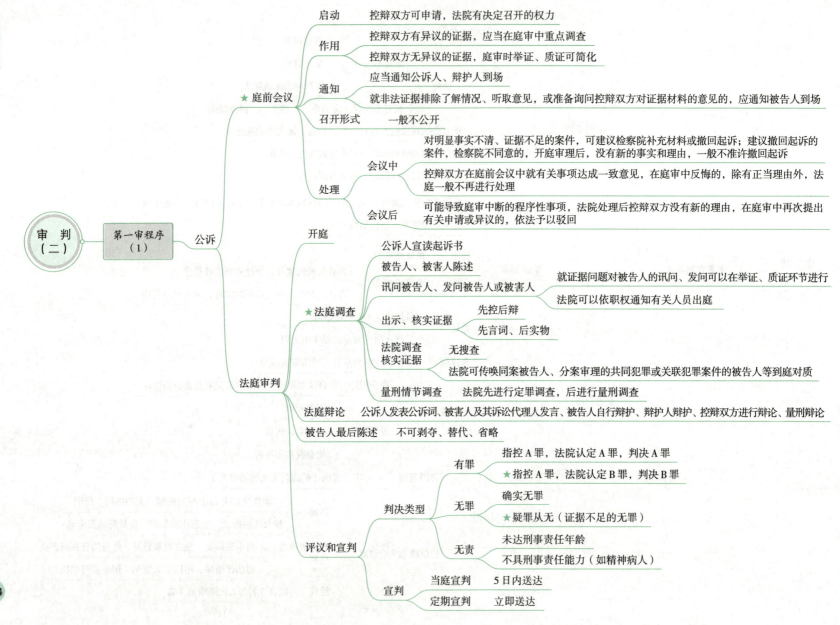

审判
（二）

第一审程序
（1）

公诉

★ 庭前会议

启动　　控辩双方可申请，法院有决定召开的权力

作用
　　控辩双方有异议的证据，应当在庭审中重点调查
　　控辩双方无异议的证据，庭审时举证、质证可简化

通知
　　应当通知公诉人、辩护人到场
　　就非法证据排除了解情况、听取意见，或准备询问控辩双方对证据材料的意见的，应通知被告人到场

召开形式　　一般不公开

处理
会议中
　　对明显事实不清、证据不足的案件，可建议检察院补充材料或撤回起诉；建议撤回起诉的案件，检察院不同意的，开庭审理后，没有新的事实和理由，一般不准许撤回起诉
　　控辩双方在庭前会议中就有关事项达成一致意见，在庭审中反悔的，除有正当理由外，法庭一般不再进行处理
会议后
　　可能导致庭审中断的程序性事项，法院处理后控辩双方没有新的理由，在庭审中再次提出有关申请或异议的，依法予以驳回

法庭审判

开庭

★ 法庭调查
公诉人宣读起诉书

被告人、被害人陈述

讯问被告人、发问被告人或被害人
　　就证据问题对被告人的讯问、发问可以在举证、质证环节进行
　　法院可以依职权通知有关人员出庭

出示、核实证据
　　先控后辩
　　先言词、后实物

法院调查核实证据
　　无搜查
　　法院可传唤同案被告人、分案审理的共同犯罪或关联犯罪案件的被告人等到庭对质

量刑情节调查　　法院先进行定罪调查，后进行量刑调查

法庭辩论　　公诉人发表公诉词、被害人及其诉讼代理人发言、被告人自行辩护、辩护人辩护、控辩双方进行辩论、量刑辩论

被告人最后陈述　　不可剥夺、替代、省略

评议和宣判
判决类型
有罪
　　指控A罪，法院认定A罪，判决A罪
　　★ 指控A罪，法院认定B罪，判决B罪
无罪
　　确实无罪
　　★ 疑罪从无（证据不足的无罪）
无责
　　未达刑事责任年龄
　　不具刑事责任能力（如精神病人）

宣判
当庭宣判　　5日内送达
定期宣判　　立即送达

审 判
（三）

第一审程序
（2）

公诉 ★特殊情形

宣判前撤诉
- 公诉　检察院要求撤诉的，法院应审查撤诉理由，作出是否准许的裁定
- 自诉　自诉人要撤诉，确实自愿的，法院应裁定准许

检察院宣判前变更、追加、补充起诉
- 被告人真实身份、犯罪事实、罪名与起诉书不符　可变更起诉
- 漏罪、漏人　应要求公安补充侦查或补充移送起诉；犯罪事实清楚，证据确实、充分的，可以直接追加、补充起诉

法院发现新的事实，可能影响定罪量刑，或需要补查补证
- 应通知检察院，由其决定是否补充、变更、追加起诉或补充侦查
- 检察院不同意或在指定时间内未回复书面意见的，法院应就起诉指控的事实作出判决、裁定

部分合议庭成员不能继续履行审判职责
- 庭审结束后、评议前　法院应依法更换合议庭组成人员，重新开庭审理
- 评议后、宣判前　可由审判本案的其他审判员宣判，裁判文书上仍署审判本案的合议庭成员的姓名

单位犯罪
- 诉讼代表人
  - 遴选
    - 首选　法代、实际控制人或主要负责人
    - 否则其他　上述人员无法出庭，由被告单位委托其他负责人或职工
    - 上述规定难以确定　可以由被告单位委托律师等单位以外的人
  - 出庭　法代、实际控制人或主要负责人无正当理由不出庭的，可拘传
  - 权限　享有被告人的诉讼权利，不得同时担任被告单位或被指控为单位犯罪直接责任人员的有关人员的辩护人
- 被告单位
  - 被吊销营业执照、宣告破产但尚未完成清算、注销登记　应继续审理
  - 被撤销、注销　对单位犯罪直接负责的主管人员和其他直接责任人员应当继续审理

诉讼障碍
- 延期审理
  - 情形
    - 通知新的证人到庭，调取新的物证，重新鉴定或勘验
    - 补充侦查
    - 回避
  - 期限计算
    - 一般　计入审理期限
    - 特殊　不计入审理期限，如补充侦查
- 中止审理
  - 情形
    - 被告人患有严重疾病，无法出庭
    - 被告人脱逃
    - 自诉人患有严重疾病，无法出庭，未委托诉讼代理人出庭
    - 不能抗拒的原因
  - 期限计算　不计入审理期限

165

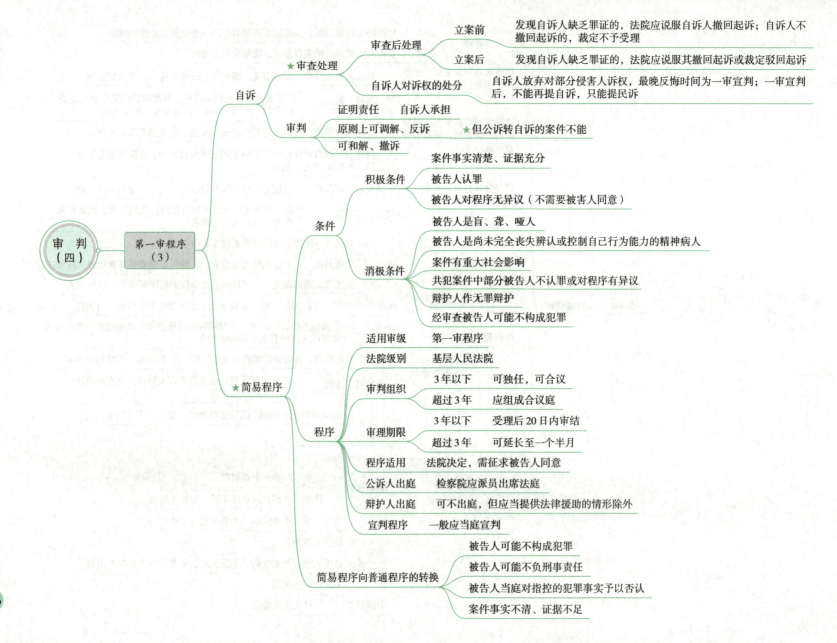

审判
（四）

第一审程序
（3）

自诉
- 审查处理 ★
  - 审查后处理
    - 立案前：发现自诉人缺乏罪证的，法院应说服自诉人撤回起诉；自诉人不撤回起诉的，裁定不予受理
    - 立案后：发现自诉人缺乏罪证的，法院应说服其撤回起诉或裁定驳回起诉
  - 自诉人对诉权的处分：自诉人放弃对部分侵害人诉权，最晚反悔时间为一审宣判；一审宣判后，不能再提自诉，只能提民诉
- 审判
  - 证明责任：自诉人承担
  - 原则上可调解、反诉：★但公诉转自诉的案件不能
  - 可和解、撤诉

简易程序 ★
- 条件
  - 积极条件
    - 案件事实清楚、证据充分
    - 被告人认罪
    - 被告人对程序无异议（不需要被害人同意）
  - 消极条件
    - 被告人是盲、聋、哑人
    - 被告人是尚未完全丧失辨认或控制自己行为能力的精神病人
    - 案件有重大社会影响
    - 共犯案件中部分被告不认罪或对程序有异议
    - 辩护人作无罪辩护
    - 经审查被告人可能不构成犯罪
- 程序
  - 适用审级：第一审程序
  - 法院级别：基层人民法院
  - 审判组织
    - 3年以下：可独任，可合议
    - 超过3年：应组成合议庭
  - 审理期限
    - 3年以下：受理后20日内审结
    - 超过3年：可延长至一个半月
  - 程序适用：法院决定，需征求被告人同意
  - 公诉人出庭：检察院应派员出席法庭
  - 辩护人出庭：可不出庭，但应当提供法律援助的情形除外
  - 宣判程序：一般应当庭宣判
- 简易程序向普通程序的转换
  - 被告人可能不构成犯罪
  - 被告人可能不负刑事责任
  - 被告人当庭对指控的犯罪事实予以否认
  - 案件事实不清、证据不足

审判（五）

第一审程序（4）

★ 速裁程序

条件
├─ 积极条件
│ ├─ 可能判处3年有期徒刑以下（区别于简易程序）
│ ├─ 案件事实清楚，证据确实、充分
│ ├─ 被告人认罪认罚
│ └─ 被告人对程序无异议（不需要被害人同意）
└─ 消极条件
   ├─ 被告人是未成年人（区别于简易程序）
   ├─ 被告人是盲、聋、哑人
   ├─ 被告人是尚未完全丧失辨认或控制自己行为能力的精神病人
   ├─ 共犯案件中部分被告人对指控的事实、罪名、量刑建议或程序有异议（区别于简易程序）
   ├─ 双方就附带民事诉讼赔偿未达成调解或和解协议（区别于简易程序）
   ├─ 案件有重大社会影响
   └─ 辩护人作无罪辩护

程序
├─ 适用审级　第一审程序
├─ 法院级别　基层人民法院
├─ 审判组织　独任审理（区别于简易程序）
├─ 审理期限（区别于简易程序）
│ ├─ 1年以下　受理后10日内审结
│ └─ 超过1年　可延长至15日
└─ 宣判程序　应当庭宣判（区别于简易程序）

速裁程序向普通程序、简易程序的转换（重新审理）
├─ 被告人可能不构成犯罪
├─ 被告人可能不负刑事责任
├─ 被告人违背意愿认罪认罚（区别于简易程序）
└─ 被告人对指控的犯罪事实予以否认

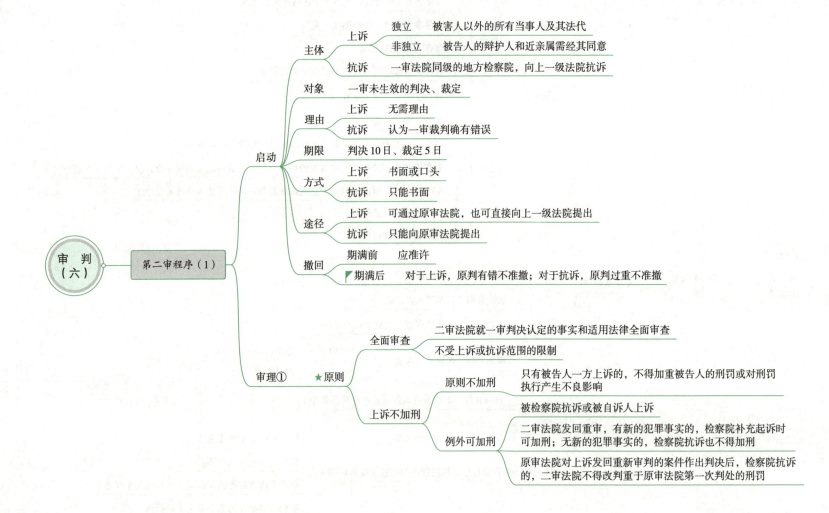

审判（六）

第二审程序（1）

启动
- 主体
  - 上诉
    - 独立　被害人以外的所有当事人及其法代
    - 非独立　被告人的辩护人和近亲属需经其同意
  - 抗诉　一审法院同级的地方检察院，向上一级法院抗诉
- 对象　一审未生效的判决、裁定
- 理由
  - 上诉　无需理由
  - 抗诉　认为一审裁判确有错误
- 期限　判决 10 日、裁定 5 日
- 方式
  - 上诉　书面或口头
  - 抗诉　只能书面
- 途径
  - 上诉　可通过原审法院，也可直接向上一级法院提出
  - 抗诉　只能向原审法院提出
- 撤回
  - 期满前　应准许
  - 期满后　对于上诉，原判有错不准撤；对于抗诉，原判过重不准撤

审理①
- ★原则
  - 全面审查
    - 二审法院就一审判决认定的事实和适用法律全面审查
    - 不受上诉或抗诉范围的限制
  - 上诉不加刑
    - 原则不加刑　只有被告人一方上诉的，不得加重被告人的刑罚或对刑罚执行产生不良影响
    - 例外可加刑
      - 被检察院抗诉或被自诉人上诉
      - 二审法院发回重审，有新的犯罪事实的，检察院补充起诉时可加刑；无新的犯罪事实的，检察院抗诉也不得加刑
      - 原审法院对上诉发回重新审判的案件作出判决后，检察院抗诉的，二审法院不得改判重于原审法院第一次判处的刑罚

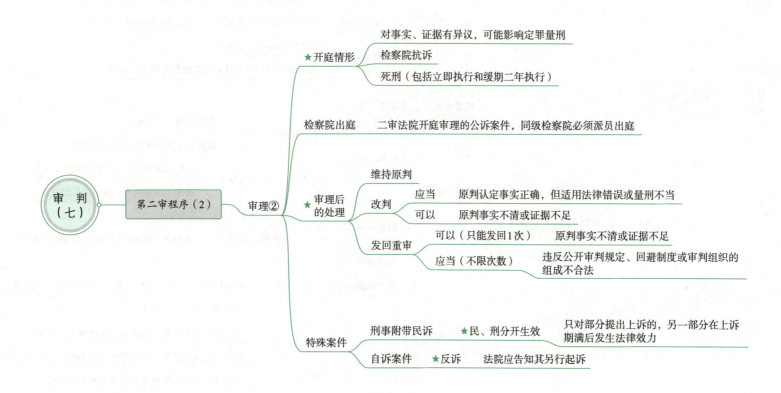

审判
（七）

第二审程序（2）

审理②

★开庭情形
- 对事实、证据有异议，可能影响定罪量刑
- 检察院抗诉
- 死刑（包括立即执行和缓期二年执行）

检察院出庭　二审法院开庭审理的公诉案件，同级检察院必须派员出庭

★审理后的处理
- 维持原判
- 改判
  - 应当　原判认定事实正确，但适用法律错误或量刑不当
  - 可以　原判事实不清或证据不足
- 发回重审
  - 可以（只能发回1次）　原判事实不清或证据不足
  - 应当（不限次数）　违反公开审判规定、回避制度或审判组织的组成不合法

特殊案件
- 刑事附带民诉　★民、刑分开生效　只对部分提出上诉的，另一部分在上诉期满后发生法律效力
- 自诉案件　★反诉　法院应告知其另行起诉

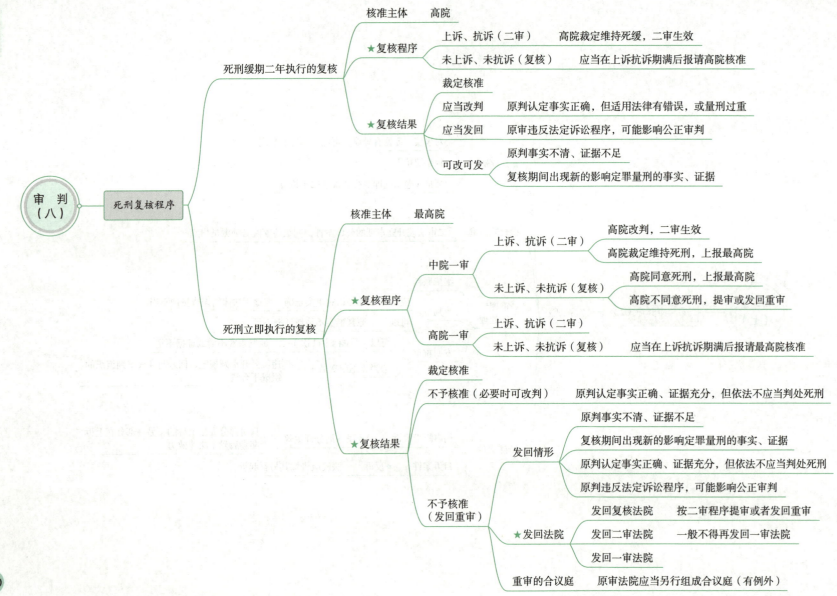

审判（八） — 死刑复核程序

死刑缓期二年执行的复核
- 核准主体　高院
- ★复核程序
  - 上诉、抗诉（二审）　高院裁定维持死缓，二审生效
  - 未上诉、未抗诉（复核）　应当在上诉抗诉期满后报请高院核准
- ★复核结果
  - 裁定核准
  - 应当改判　原判认定事实正确，但适用法律有错误，或量刑过重
  - 应当发回　原审违反法定诉讼程序，可能影响公正审判
  - 可改可发
    - 原判事实不清、证据不足
    - 复核期间出现新的影响定罪量刑的事实、证据

死刑立即执行的复核
- 核准主体　最高院
- ★复核程序
  - 中院一审
    - 上诉、抗诉（二审）
      - 高院改判，二审生效
      - 高院裁定维持死刑，上报最高院
    - 未上诉、未抗诉（复核）
      - 高院同意死刑，上报最高院
      - 高院不同意死刑，提审或发回重审
  - 高院一审
    - 上诉、抗诉（二审）
    - 未上诉、未抗诉（复核）　应当在上诉抗诉期满后报请最高院核准
- ★复核结果
  - 裁定核准
  - 不予核准（必要时可改判）　原判认定事实正确、证据充分，但依法不应当判处死刑
  - 不予核准（发回重审）
    - 发回情形
      - 原判事实不清、证据不足
      - 复核期间出现新的影响定罪量刑的事实、证据
      - 原判认定事实正确、证据充分，但依法不应当判处死刑
      - 原判违反法定诉讼程序，可能影响公正审判
    - ★发回法院
      - 发回复核法院　按二审程序提审或者发回重审
      - 发回二审法院　一般不得再发回一审法院
      - 发回一审法院
    - 重审的合议庭　原审法院应当另行组成合议庭（有例外）

审判（九） — 审判监督程序（1）

申诉
- 主体：当事人及其法定代理人、近亲属，案外人
- 对象：已经生效的判决、裁定
- 向法院申诉的程序
  - 申诉处理：申诉由终审人民法院审查处理；但是，第二审人民法院裁定准许撤回上诉的案件，申诉人对第一审判决提出申诉的，可以由第一审人民法院审查处理
  - 越级申诉
    - 向上一级法院申诉（越一级）：上一级人民法院对未经终审人民法院审查处理的申诉，①可以告知申诉人向终审人民法院提出申诉，或者②直接交终审人民法院审查处理，并告知申诉人；③案件疑难、复杂、重大的，也可以直接审查处理
    - 向上级法院申诉（越二级）：对未经终审人民法院及其上一级人民法院审查处理，直接向上级人民法院申诉的，上级人民法院应当告知申诉人向下级人民法院提出
  - 异地申诉：最高人民法院或者上级人民法院可以指定终审人民法院以外的人民法院对申诉进行审查；被指定的人民法院审查后，应当制作审查报告，提出处理意见，层报最高人民法院或者上级人民法院审查处理

启动
- 法院
  - 本院：各级人民法院院长对本院已经发生法律效力的判决和裁定，如果发现在认定事实上或者在适用法律上确有错误，必须提交审判委员会处理
  - 上级法院：最高人民法院对各级人民法院已经发生法律效力的判决和裁定，上级人民法院对下级人民法院已经发生法律效力的判决和裁定，如果发现确有错误，有权提审或者指令下级人民法院再审
  - 上级人民法院指令下级人民法院再审的，一般应当指令原审人民法院以外的下级人民法院审理；由原审人民法院审理更有利于查明案件事实、纠正裁判错误的，可以指令原审人民法院审理
- 检察院：最高人民检察院对各级人民法院已经发生法律效力的判决和裁定，上级人民检察院对下级人民法院已经发生法律效力的判决和裁定，如果发现确有错误，有权按照审判监督程序向同级人民法院提出抗诉

审 判（十） — 审判监督程序（2） — 审判监督程序对案件的重新审判

合议庭 　应当另行组成合议庭

★ 应当开庭的情形
①依照第一审程序审理的；②依照第二审程序需要对事实或者证据进行审理的；③人民检察院按照审判监督程序提出抗诉的；④可能对原审被告人（原审上诉人）加重刑罚的；⑤其他

再审级别
如果原来是第一审案件，应当依照第一审程序进行审判，所作的判决、裁定，可以上诉、抗诉；如果原来是第二审案件，或者是上级人民法院提审的案件，应当依照第二审程序进行审判，所作的判决、裁定，是终审的判决、裁定

再审对原裁判执行的影响
再审期间不停止原判决、裁定的执行，但被告人可能经再审改判无罪，或者可能经再审减轻原判刑罚而致刑期届满的，可以决定中止原判决、裁定的执行，必要时，可对被告人采取取保候审、监视居住措施

再审强制措施
人民法院决定再审的案件，需要对被告人采取强制措施的，由人民法院决定；人民检察院提出抗诉的再审案件，需要对被告人采取强制措施的，由人民检察院决定

再审不加刑
除人民检察院抗诉的以外，再审一般不得加重原审被告人的刑罚。再审决定书或者抗诉书只针对部分原审被告人的，不得加重其他同案原审被告人的刑罚

★ 分案和并案审理
对依照审判监督程序重新审判的案件，人民法院在依照第一审程序进行审判的过程中，发现原审被告人还有其他犯罪的，一般应当并案审理，但分案审理更为适宜的，可以分案审理

再审结果
参照二审。注意：最终事实仍无法查清，证据不足，不能认定被告人有罪的，应当撤销原判决、裁定，判决宣告被告人无罪

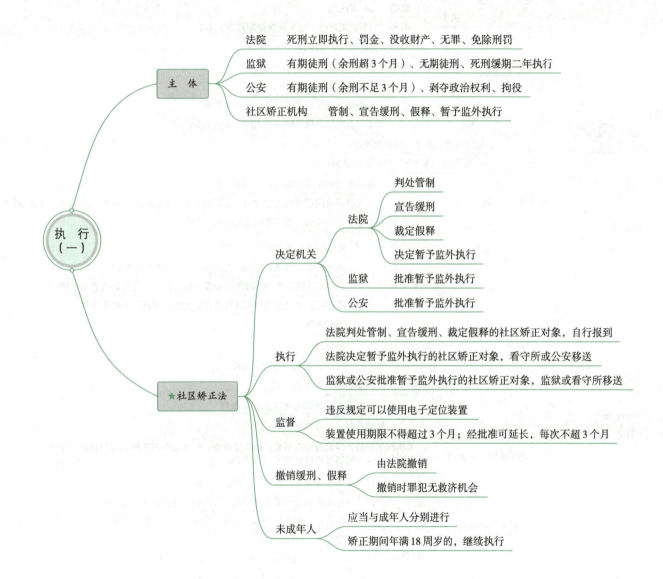

主体
- 法院　死刑立即执行、罚金、没收财产、无罪、免除刑罚
- 监狱　有期徒刑（余刑超3个月）、无期徒刑、死刑缓期二年执行
- 公安　有期徒刑（余刑不足3个月）、剥夺政治权利、拘役
- 社区矫正机构　管制、宣告缓刑、假释、暂予监外执行

执行（一）

★社区矫正法

决定机关
- 法院
  - 判处管制
  - 宣告缓刑
  - 裁定假释
  - 决定暂予监外执行
- 监狱　批准暂予监外执行
- 公安　批准暂予监外执行

执行
- 法院判处管制、宣告缓刑、裁定假释的社区矫正对象，自行报到
- 法院决定暂予监外执行的社区矫正对象，看守所或公安移送
- 监狱或公安批准暂予监外执行的社区矫正对象，监狱或看守所移送

监督
- 违反规定可以使用电子定位装置
- 装置使用期限不得超过3个月；经批准可延长，每次不超3个月

撤销缓刑、假释
- 由法院撤销
- 撤销时罪犯无救济机会

未成年人
- 应当与成年人分别进行
- 矫正期间年满18周岁的，继续执行

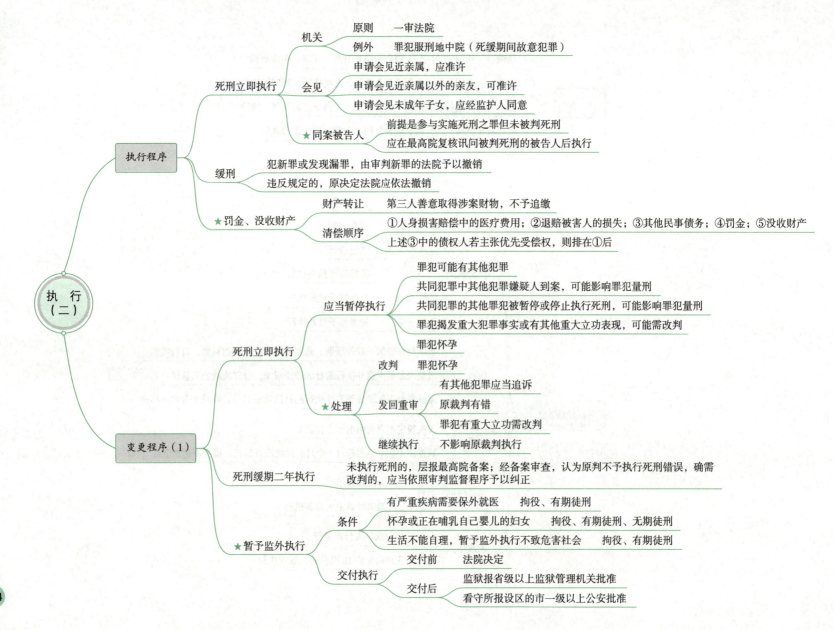

执 行
（二）

执行程序

死刑立即执行
- 机关
  - 原则 —— 一审法院
  - 例外 —— 罪犯服刑地中院（死缓期间故意犯罪）
- 会见
  - 申请会见近亲属，应准许
  - 申请会见近亲属以外的亲友，可准许
  - 申请会见未成年子女，应经监护人同意
- ★同案被告人
  - 前提是参与实施死刑之罪但未被判死刑
  - 应在最高院复核讯问被判死刑的被告人后执行

缓刑
- 犯新罪或发现漏罪，由审判新罪的法院予以撤销
- 违反规定的，原决定法院应依法撤销

★罚金、没收财产
- 财产转让 —— 第三人善意取得涉案财物，不予追缴
- 清偿顺序
  - ①人身损害赔偿中的医疗费用；②退赔被害人的损失；③其他民事债务；④罚金；⑤没收财产
  - 上述③中的债权人若主张优先受偿权，则排在①后

变更程序（1）

死刑立即执行
- 应当暂停执行
  - 罪犯可能有其他犯罪
  - 共同犯罪中其他犯罪嫌疑人到案，可能影响罪犯量刑
  - 共同犯罪的其他罪犯被暂停或停止执行死刑，可能影响罪犯量刑
  - 罪犯揭发重大犯罪事实或有其他重大立功表现，可能需改判
  - 罪犯怀孕
- ★处理
  - 改判 —— 罪犯怀孕
  - 发回重审
    - 有其他犯罪应当追诉
    - 原裁判有错
    - 罪犯有重大立功需改判
  - 继续执行 —— 不影响原裁判执行

死刑缓期二年执行
- 未执行死刑的，层报最高院备案；经备案审查，认为原判不予执行死刑错误，确需改判的，应当依照审判监督程序予以纠正

★暂予监外执行
- 条件
  - 有严重疾病需要保外就医　拘役、有期徒刑
  - 怀孕或正在哺乳自己婴儿的妇女　拘役、有期徒刑、无期徒刑
  - 生活不能自理，暂予监外执行不致危害社会　拘役、有期徒刑
- 交付执行
  - 交付前 —— 法院决定
  - 交付后
    - 监狱报省级以上监狱管理机关批准
    - 看守所报设区的市一级以上公安批准

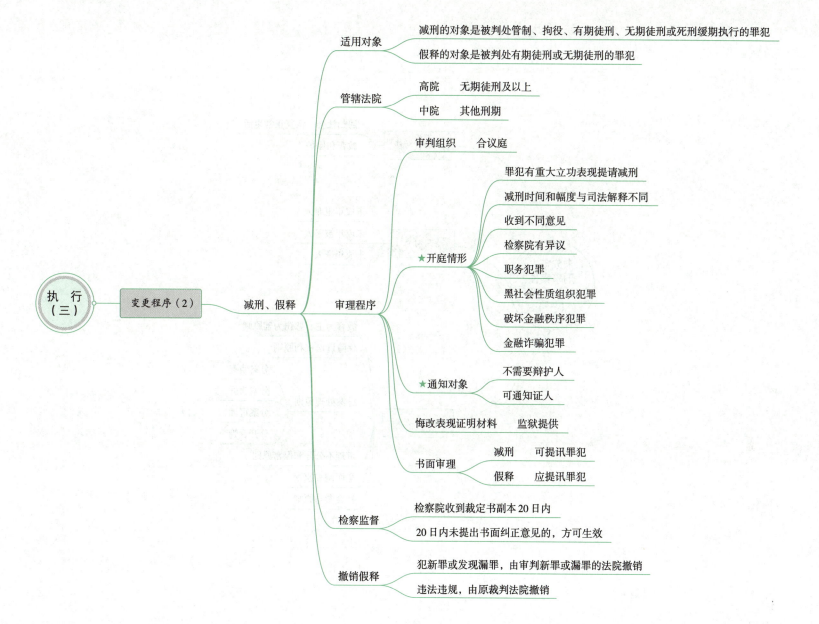

执 行
（三）

变更程序（2）

减刑、假释

适用对象
- 减刑的对象是被判处管制、拘役、有期徒刑、无期徒刑或死刑缓期执行的罪犯
- 假释的对象是被判处有期徒刑或无期徒刑的罪犯

管辖法院
- 高院　　无期徒刑及以上
- 中院　　其他刑期

审理程序

审判组织　　合议庭

★ 开庭情形
- 罪犯有重大立功表现提请减刑
- 减刑时间和幅度与司法解释不同
- 收到不同意见
- 检察院有异议
- 职务犯罪
- 黑社会性质组织犯罪
- 破坏金融秩序犯罪
- 金融诈骗犯罪

★ 通知对象
- 不需要辩护人
- 可通知证人

悔改表现证明材料　　监狱提供

书面审理
- 减刑　　可提讯罪犯
- 假释　　应提讯罪犯

检察监督
- 检察院收到裁定书副本 20 日内
- 20 日内未提出书面纠正意见的，方可生效

撤销假释
- 犯新罪或发现漏罪，由审判新罪或漏罪的法院撤销
- 违法违规，由原裁判法院撤销

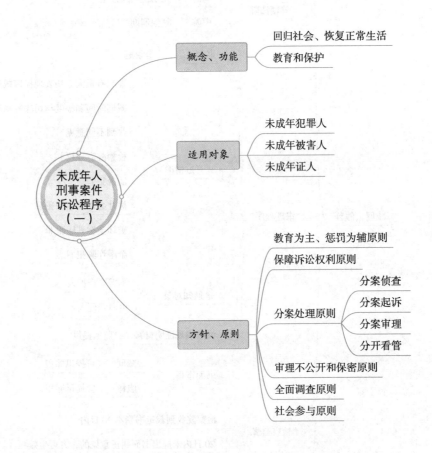

未成年人刑事案件诉讼程序（一）

概念、功能
- 回归社会、恢复正常生活
- 教育和保护

适用对象
- 未成年犯罪人
- 未成年被害人
- 未成年证人

方针、原则
- 教育为主、惩罚为辅原则
- 保障诉讼权利原则
- 分案处理原则
  - 分案侦查
  - 分案起诉
  - 分案审理
  - 分开看管
- 审理不公开和保密原则
- 全面调查原则
- 社会参与原则

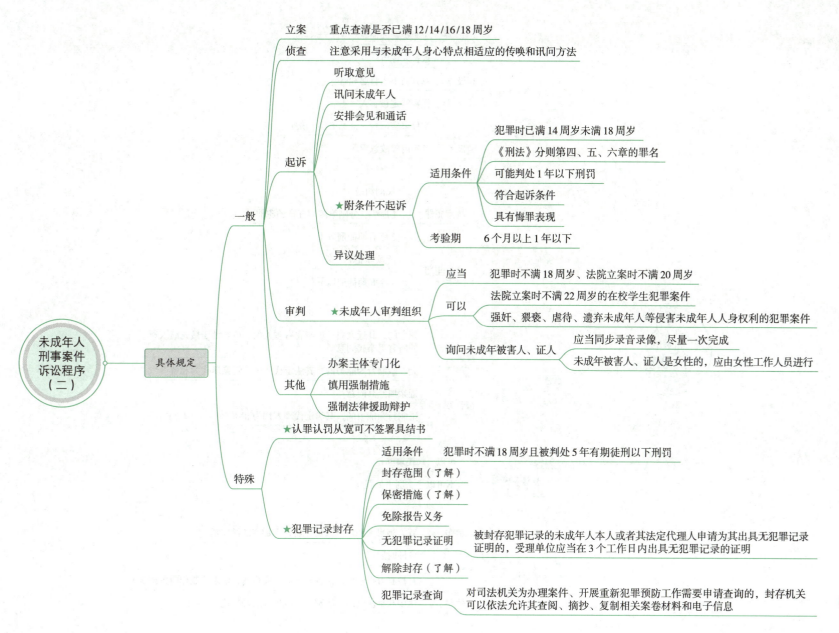

未成年人刑事案件诉讼程序（二）

具体规定

一般

立案　重点查清是否已满12/14/16/18周岁

侦查　注意采用与未成年人身心特点相适应的传唤和讯问方法

起诉
- 听取意见
- 讯问未成年人
- 安排会见和通话
- ★附条件不起诉
  - 适用条件
    - 犯罪时已满14周岁未满18周岁
    - 《刑法》分则第四、五、六章的罪名
    - 可能判处1年以下刑罚
    - 符合起诉条件
    - 具有悔罪表现
  - 考验期　6个月以上1年以下
- 异议处理

审判　★未成年人审判组织
- 应当　犯罪时不满18周岁、法院立案时不满20周岁
- 可以
  - 法院立案时不满22周岁的在校学生犯罪案件
  - 强奸、猥亵、虐待、遗弃未成年人等侵害未成年人人身权利的犯罪案件
- 询问未成年被害人、证人
  - 应当同步录音录像，尽量一次完成
  - 未成年被害人、证人是女性的，应由女性工作人员进行

其他
- 办案主体专门化
- 慎用强制措施
- 强制法律援助辩护

特殊
- ★认罪认罚从宽可不签署具结书
- ★犯罪记录封存
  - 适用条件　犯罪时不满18周岁且被判处5年有期徒刑以下刑罚
  - 封存范围（了解）
  - 保密措施（了解）
  - 免除报告义务
  - 无犯罪记录证明　被封存犯罪记录的未成年人本人或者其法定代理人申请为其出具无犯罪记录证明的，受理单位应当在3个工作日内出具无犯罪记录的证明
  - 解除封存（了解）
  - 犯罪记录查询　对司法机关为办理案件、开展重新犯罪预防工作需要申请查询的，封存机关可以依法允许其查阅、摘抄、复制相关案卷材料和电子信息

177

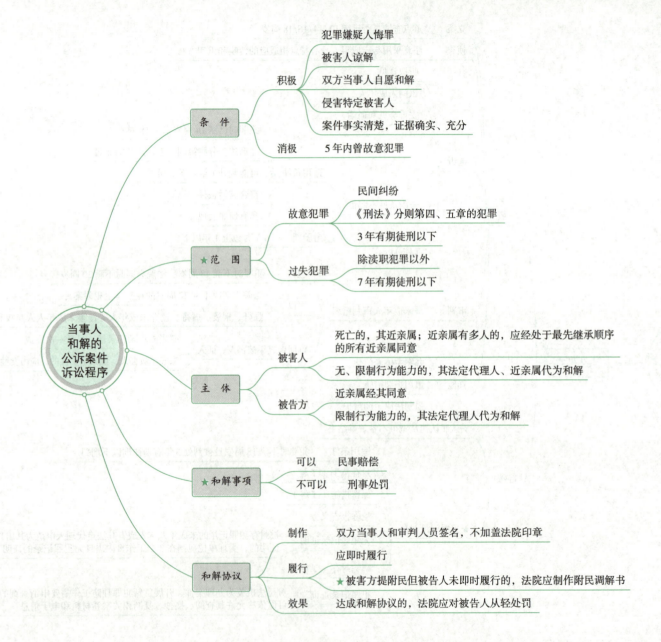

当事人和解的公诉案件诉讼程序

条件
- 积极
  - 犯罪嫌疑人悔罪
  - 被害人谅解
  - 双方当事人自愿和解
  - 侵害特定被害人
  - 案件事实清楚，证据确实、充分
- 消极
  - 5年内曾故意犯罪

★范围
- 故意犯罪
  - 民间纠纷
  - 《刑法》分则第四、五章的犯罪
  - 3年有期徒刑以下
- 过失犯罪
  - 除渎职犯罪以外
  - 7年有期徒刑以下

主体
- 被害人
  - 死亡的，其近亲属；近亲属有多人的，应经处于最先继承顺序的所有近亲属同意
  - 无、限制行为能力的，其法定代理人、近亲属代为和解
- 被告方
  - 近亲属经其同意
  - 限制行为能力的，其法定代理人代为和解

★和解事项
- 可以　民事赔偿
- 不可以　刑事处罚

和解协议
- 制作　双方当事人和审判人员签名，不加盖法院印章
- 履行
  - 应即时履行
  - ★被害方提附民但被告人未即时履行的，法院应制作附民调解书
- 效果　达成和解协议的，法院应对被告人从轻处罚

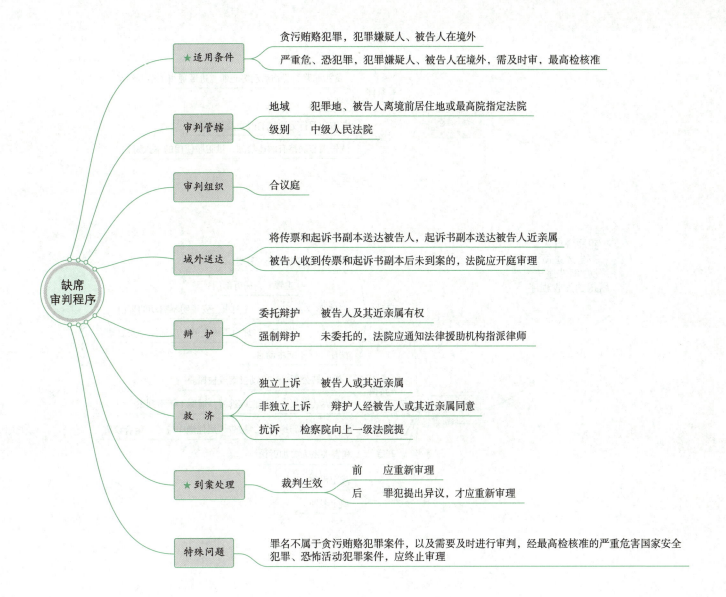

缺席审判程序

★适用条件
- 贪污贿赂犯罪，犯罪嫌疑人、被告人在境外
- 严重危、恐犯罪，犯罪嫌疑人、被告人在境外，需及时审，最高检核准

审判管辖
- 地域　　犯罪地、被告人离境前居住地或最高院指定法院
- 级别　　中级人民法院

审判组织
- 合议庭

域外送达
- 将传票和起诉书副本送达被告人，起诉书副本送达被告人近亲属
- 被告人收到传票和起诉书副本后未到案的，法院应开庭审理

辩护
- 委托辩护　　被告人及其近亲属有权
- 强制辩护　　未委托的，法院应通知法律援助机构指派律师

救济
- 独立上诉　　被告人或其近亲属
- 非独立上诉　　辩护人经被告人或其近亲属同意
- 抗诉　　检察院向上一级法院提

★到案处理
- 裁判生效
  - 前　　应重新审理
  - 后　　罪犯提出异议，才应重新审理

特殊问题
- 罪名不属于贪污贿赂犯罪案件，以及需要及时进行审判，经最高检核准的严重危害国家安全犯罪、恐怖活动犯罪案件，应终止审理

犯罪嫌疑人、被告人逃匿、死亡案件违法所得的没收程序

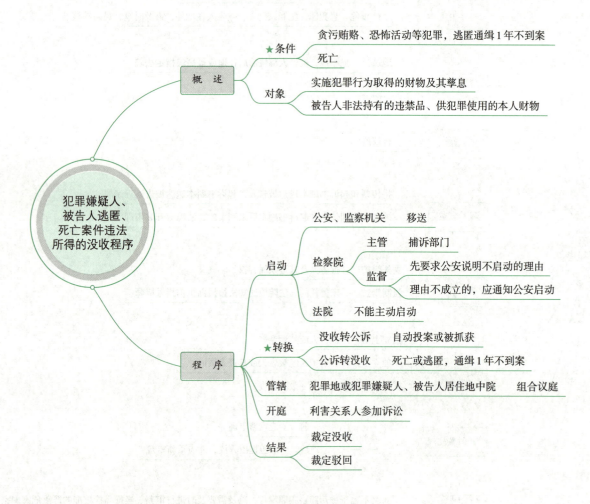

犯罪嫌疑人、被告人逃匿、死亡案件违法所得的没收程序

概述
　★条件
　　贪污贿赂、恐怖活动等犯罪，逃匿通缉1年不到案
　　死亡
　对象
　　实施犯罪行为取得的财物及其孳息
　　被告人非法持有的违禁品、供犯罪使用的本人财物

程序
　启动
　　公安、监察机关　移送
　　检察院
　　　主管　捕诉部门
　　　监督
　　　　先要求公安说明不启动的理由
　　　　理由不成立的，应通知公安启动
　　法院　不能主动启动
　★转换
　　没收转公诉　自动投案或被抓获
　　公诉转没收　死亡或逃匿，通缉1年不到案
　管辖　犯罪地或犯罪嫌疑人、被告人居住地中院　组合议庭
　开庭　利害关系人参加诉讼
　结果
　　裁定没收
　　裁定驳回

依法不负刑事责任的精神病人的强制医疗程序

- **条件**
  - 暴力　实施了暴力行为，危害公共或人身安全
  - 无责　不负刑事责任的精神病人
  - 有危险　有继续危害社会的可能

- **程序**
  - 启动
    - 公安　写强制医疗意见书，移送检察院
    - 检察院
      - 主管　捕诉部门
      - 监督
        - 先要求公安说明不启动的理由
        - 理由不成立的，应通知公安启动
    - 法院　★可以主动作出强制医疗的决定
  - 管辖　由被申请人实施暴力行为所在地的基层法院管辖；由被申请人居住地的基层法院审判更为适宜的，可以由被申请人居住地的基层法院管辖
  - 审理方式　应组成合议庭，开庭审理
  - ★权利保障
    - 应当会见被申请人，听取被害人及其法代的意见
    - 应当通知法代到场　法代经通知未到场的，可以通知其他近亲属到场
    - 没有诉讼代理人的，应通知法律援助机构指派律师
  - 处理期限　1个月以内
  - ★救济方式
    - 主体
      - 被决定强制医疗的人
      - 被害人及其法代、近亲属
    - 途径　向上一级法院申请复议
  - 解除
    - 建议解除　强制医疗机构向决定强制医疗的法院报批
    - ★申请解除
      - 主体　被强制医疗的人及其近亲属
      - 对象　决定强制医疗的法院
      - 时间　被法院驳回后6个月内再次申请的，法院应受理

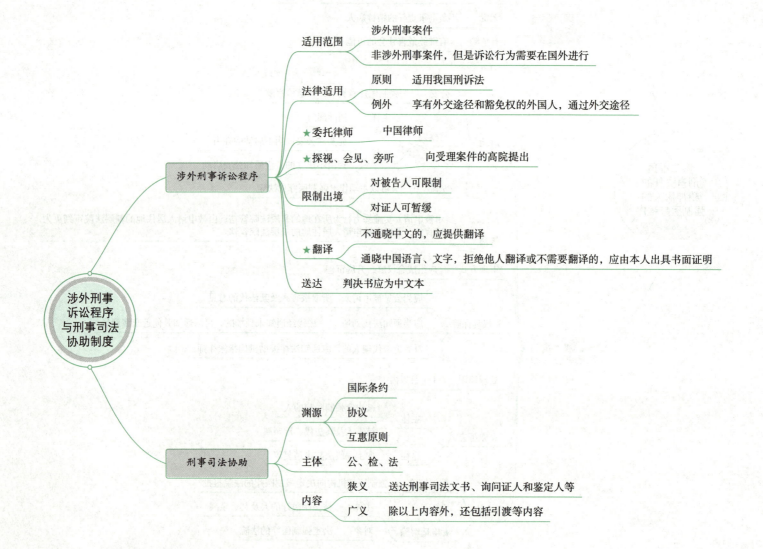

刑诉法

涉外刑事诉讼程序与刑事司法协助制度

涉外刑事诉讼程序与刑事司法协助制度

涉外刑事诉讼程序
- 适用范围
  - 涉外刑事案件
  - 非涉外刑事案件，但是诉讼行为需要在国外进行
- 法律适用
  - 原则　适用我国刑诉法
  - 例外　享有外交途径和豁免权的外国人，通过外交途径
- ★委托律师　中国律师
- ★探视、会见、旁听　向受理案件的高院提出
- 限制出境
  - 对被告人可限制
  - 对证人可暂缓
- ★翻译
  - 不通晓中文的，应提供翻译
  - 通晓中国语言、文字，拒绝他人翻译或不需要翻译的，应由本人出具书面证明
- 送达　判决书应为中文本

刑事司法协助
- 渊源
  - 国际条约
  - 协议
  - 互惠原则
- 主体　公、检、法
- 内容
  - 狭义　送达刑事司法文书、询问证人和鉴定人等
  - 广义　除以上内容外，还包括引渡等内容

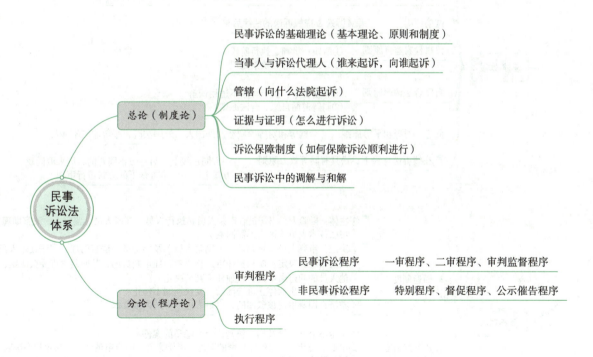

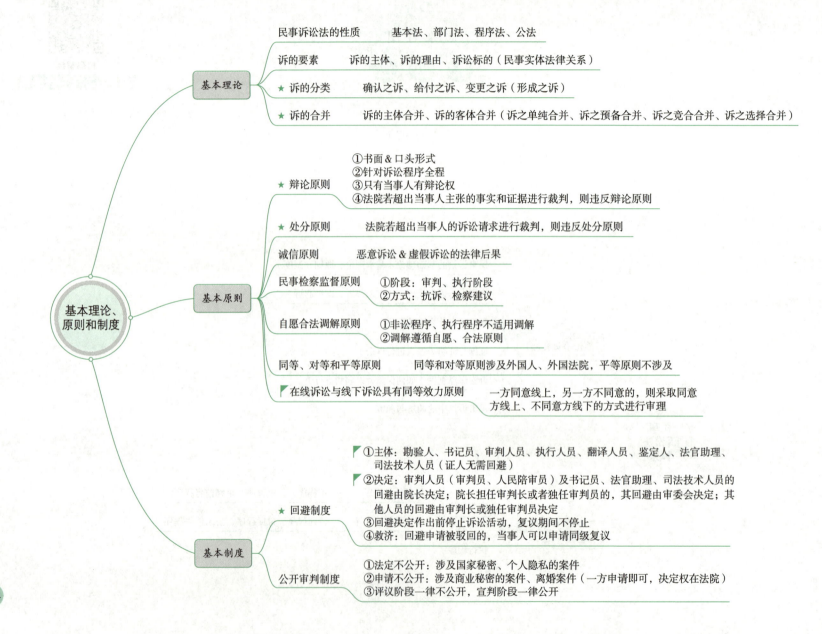

基本理论、原则和制度

基本理论
- 民事诉讼法的性质　　基本法、部门法、程序法、公法
- 诉的要素　　诉的主体、诉的理由、诉讼标的（民事实体法律关系）
- ★ 诉的分类　　确认之诉、给付之诉、变更之诉（形成之诉）
- ★ 诉的合并　　诉的主体合并、诉的客体合并（诉之单纯合并、诉之预备合并、诉之竞合合并、诉之选择合并）

基本原则
- ★ 辩论原则
  - ①书面 & 口头形式
  - ②针对诉讼程序全程
  - ③只有当事人有辩论权
  - ④法院若超出当事人主张的事实和证据进行裁判，则违反辩论原则
- ★ 处分原则　　法院若超出当事人的诉讼请求进行裁判，则违反处分原则
- 诚信原则　　恶意诉讼 & 虚假诉讼的法律后果
- 民事检察监督原则
  - ①阶段：审判、执行阶段
  - ②方式：抗诉、检察建议
- 自愿合法调解原则
  - ①非讼程序、执行程序不适用调解
  - ②调解遵循自愿、合法原则
- 同等、对等和平等原则　　同等和对等原则涉及外国人、外国法院，平等原则不涉及
- 在线诉讼与线下诉讼具有同等效力原则　　一方同意线上，另一方不同意的，则采取同意方线上、不同意方线下的方式进行审理

基本制度
- ★ 回避制度
  - ①主体：勘验人、书记员、审判人员、执行人员、翻译人员、鉴定人、法官助理、司法技术人员（证人无需回避）
  - ②决定：审判人员（审判员、人民陪审员）及书记员、法官助理、司法技术人员的回避由院长决定；院长担任审判长或者独任审判员的，其回避由审委会决定；其他人员的回避由审判长或独任审判员决定
  - ③回避决定作出前停止诉讼活动，复议期间不停止
  - ④救济：回避申请被驳回的，当事人可以申请同级复议
- 公开审判制度
  - ①法定不公开：涉及国家秘密、个人隐私的案件
  - ②申请不公开：涉及商业秘密的案件、离婚案件（一方申请即可，决定权在法院）
  - ③评议阶段一律不公开，宣判阶段一律公开

当事人与诉讼代理人（一）

原告与被告

诉讼权利能力（当事人能力）　成为当事人必须具备的资格

诉讼行为能力　能够自己实施诉讼行为的资格

适格当事人（正当当事人）

★ 公民做原被告的确定

个体工商户　有字号告字号，无字号告经营者；登记的经营者与实际经营者不一致的，二者做共同被告

提供劳务的人　因劳务致人损害的，以接受劳务一方为被告

劳务派遣　期间发生侵权的，以接受劳务派遣的用工单位为被告；劳务派遣单位有过错的，也可以以劳务派遣单位为被告，要求其承担相应责任

法人做原被告的确定

公司直接诉讼：公司可以直接起诉违反法律、行政法规或者公司章程的规定，因执行公司职务给公司造成损失的董事、监事、高级管理人员

股东代表诉讼：公司不起诉的，股东可以以自己的名义起诉上述董事、监事、高级管理人员

★ 法人的工作人员因执行工作任务致人损害的，该法人为当事人

★ 法人未经清算即注销的，以股东、发起人或者出资人为当事人

其他组织做原被告的确定

合伙企业　依法登记并领取营业执照的合伙企业可以作为当事人；若无营业执照则为个人合伙，全体合伙人为当事人

★ 分支机构　依法设立并领取营业执照的法人分支机构可以作为当事人

个人独资企业　依法登记并领取营业执照的个人独资企业可以作为当事人

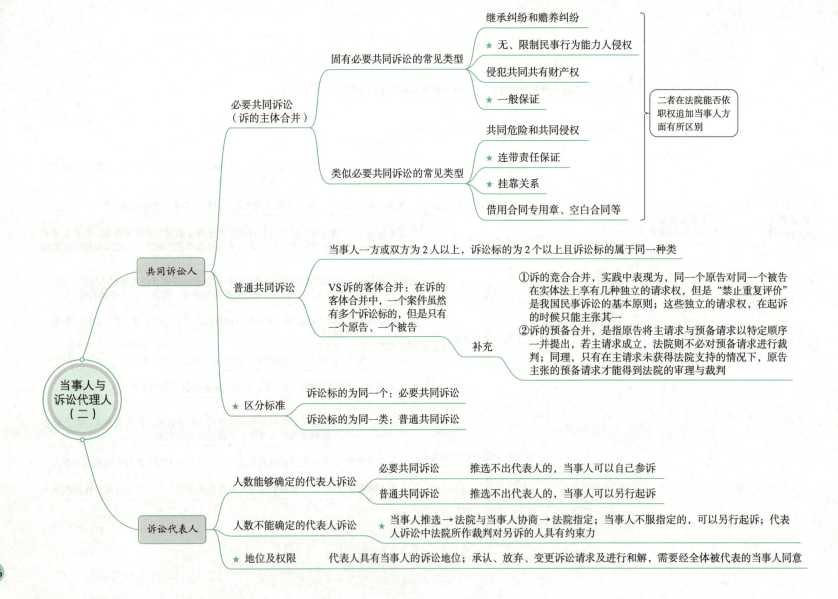

当事人与诉讼代理人（二）

共同诉讼人

- 必要共同诉讼（诉的主体合并）
  - 固有必要共同诉讼的常见类型
    - 继承纠纷和赡养纠纷
    - ★ 无、限制民事行为能力人侵权
    - 侵犯共同共有财产权
    - ★ 一般保证
  - 类似必要共同诉讼的常见类型
    - 共同危险和共同侵权
    - ★ 连带责任保证
    - ★ 挂靠关系
    - 借用合同专用章、空白合同等

  二者在法院能否依职权追加当事人方面有所区别

- 普通共同诉讼
  - 当事人一方或双方为2人以上，诉讼标的为2个以上且诉讼标的属于同一种类
  - VS诉的客体合并：在诉的客体合并中，一个案件虽然有多个诉讼标的，但是只有一个原告、一个被告
  - 补充
    - ①诉的竞合合并，实践中表现为，同一个原告对同一个被告在实体法上享有几种独立的请求权，但是"禁止重复评价"是我国民事诉讼的基本原则；这些独立的请求权，在起诉的时候只能主张其一
    - ②诉的预备合并，是指原告将主请求与预备请求以特定顺序一并提出，若主请求成立，法院则不必对预备请求进行裁判；同理，只有在主请求未获得法院支持的情况下，原告主张的预备请求才能得到法院的审理与裁判

- ★ 区分标准
  - 诉讼标的为同一个：必要共同诉讼
  - 诉讼标的为同一类：普通共同诉讼

诉讼代表人

- 人数能够确定的代表人诉讼
  - 必要共同诉讼　推选不出代表人的，当事人可以自己参诉
  - 普通共同诉讼　推选不出代表人的，当事人可以另行起诉
- ★ 人数不能确定的代表人诉讼　当事人推选→法院与当事人协商→法院指定；当事人不服指定的，可以另行起诉；代表人诉讼中法院所作裁判对另诉的人具有约束力
- ★ 地位及权限　代表人具有当事人的诉讼地位；承认、放弃、变更诉讼请求及进行和解，需要经全体被代表的当事人同意

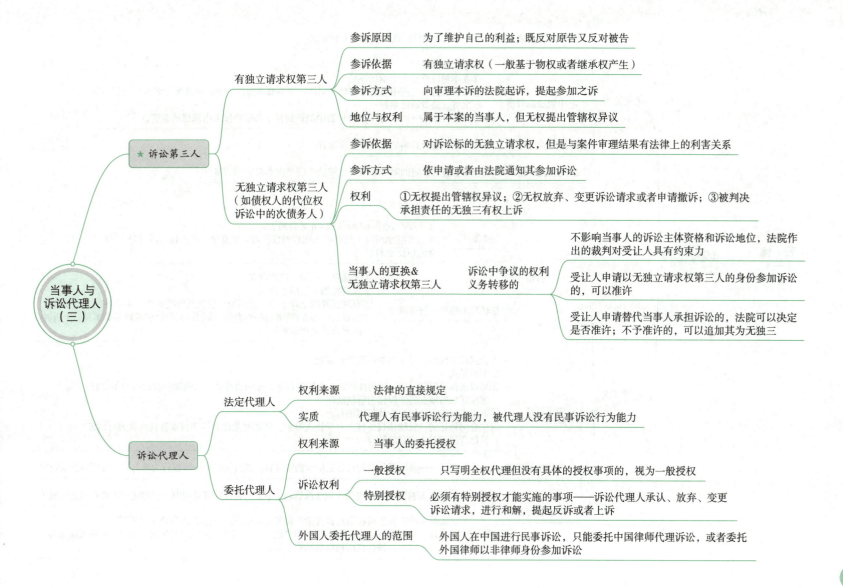

诉讼第三人

有独立请求权第三人
- 参诉原因 为了维护自己的利益；既反对原告又反对被告
- 参诉依据 有独立请求权（一般基于物权或者继承权产生）
- 参诉方式 向审理本诉的法院起诉，提起参加之诉
- 地位与权利 属于本案的当事人，但无权提出管辖权异议

无独立请求权第三人（如债权人的代位权诉讼中的次债务人）
- 参诉依据 对诉讼标的无独立请求权，但是与案件审理结果有法律上的利害关系
- 参诉方式 依申请或者由法院通知其参加诉讼
- 权利 ①无权提出管辖权异议；②无权放弃、变更诉讼请求或者申请撤诉；③被判决承担责任的无独三有权上诉

当事人的更换&无独立请求权第三人

诉讼中争议的权利义务转移的
- 不影响当事人的诉讼主体资格和诉讼地位，法院作出的裁判对受让人具有约束力
- 受让人申请以无独立请求权第三人的身份参加诉讼的，可以准许
- 受让人申请替代当事人承担诉讼的，法院可以决定是否准许；不予准许的，可以追加其为无独三

当事人与诉讼代理人（三）

诉讼代理人

法定代理人
- 权利来源 法律的直接规定
- 实质 代理人有民事诉讼行为能力，被代理人没有民事诉讼行为能力

委托代理人
- 权利来源 当事人的委托授权
- 诉讼权利
  - 一般授权 只写明全权代理但没有具体的授权事项的，视为一般授权
  - 特别授权 必须有特别授权才能实施的事项——诉讼代理人承认、放弃、变更诉讼请求，进行和解，提起反诉或者上诉
- 外国人委托代理人的范围 外国人在中国进行民事诉讼，只能委托中国律师代理诉讼，或者委托外国律师以非律师身份参加诉讼

级别管辖
- 基层法院管辖 —— 第一审民事案件，法律另有规定的除外
- ★ 中级法院管辖
  - ①重大涉外案件
  - ②在本辖区有重大影响的案件
  - ③最高法院确定由中级法院管辖的案件：海事海商案件、重大涉港澳台案件、专利纠纷案件、公益诉讼案件
  - ④涉及仲裁的一般案件（国内仲裁中的证据保全和财产保全由基层法院管辖）
- 高级法院管辖 —— 在本辖区有重大影响的第一审民事案件
- 最高法院管辖 —— 在全国有重大影响的案件和最高法院认为应当由本院审理的案件

管 辖（一） —— 法定管辖

法定管辖

地域管辖
- ★ 专属管辖
  - 三类案件
    - ①不动产纠纷（3类物权+4类合同）
    - ②遗产继承纠纷（被继承人死亡时住所地+主要遗产所在地法院管辖）
    - ③港口作业纠纷
  - 互联网法院的专门管辖
    - ①于北京、广州、杭州设立
    - ②级别相当于基层法院
    - ③审理互联网上发生的合同纠纷、侵权纠纷类案件，采取在线方式审理
    - ④北京、广州互联网法院审理的互联网知识产权侵权纠纷类案件，上诉时由对应的知产法院管辖
- ★ 协议管辖
  - ①合同或其他财产权益纠纷可以协议管辖
  - ②书面形式
  - ③可以选择原告住所地、被告住所地、合同签订地、合同履行地、标的物所在地等与争议有实际联系的地点的法院作为管辖法院
  - ④不得违反级别管辖与专属管辖的规定
  - ⑤主合同转让的，管辖协议原则上对受让人有效，转让时受让人不知情或转让协议另有约定且原合同相对人同意的除外
- ★ 特殊地域管辖 —— 合同纠纷——合同履行地与被告住所地法院管辖；侵权纠纷——侵权行为地与被告住所地法院管辖
- 一般地域管辖
  - 原则 —— 原告就被告——被告住所地法院管辖（双方均存在特殊情况时，仍然适用原告就被告原则）
  - 例外
    - ①被告一方发生被监禁或被注销户籍等特殊情况——原告住所地法院管辖
    - ②几个被告住所地不在同一辖区的"追三费"案件、被告离开住所地超过1年的离婚案件——原告、被告住所地法院均有管辖权

管 辖
（二）

裁定管辖

★ 移送管辖

实质	将案件从没有管辖权的法院移送至有管辖权的法院（从无到有）
类型	可以向不同级别和不同地域的法院移送
处理	受移送法院认为自己无管辖权的，不得再次移送，应当报请自己的上级法院指定管辖

管辖权转移

实质	对级别管辖的变通和调整（从有到无）
类型	①下级法院将案件交给上级法院审理 ②上级法院自行裁定审理下级法院管辖的案件 ③确有必要时，经自己的上级法院批准，上级法院可以将案件交给下级法院审理

指定管辖

特殊原因导致有管辖权的法院不能行使管辖权，应由上级法院指定管辖

2 个法院发生管辖权争议，若协商不成，应报请共同的上级法院指定管辖

★ 管辖权异议

时间	一审答辩期内提出；⬛当事人未提出管辖权异议并应诉答辩或者提出反诉的，视为受诉法院取得应诉管辖权，但违反级别管辖和专属管辖规定的除外
处理	异议成立，移送管辖；异议不成立，裁定驳回，当事人可以针对此驳回裁定上诉

管辖权恒定

法院对案件是否有管辖权，以起诉时为标准，不受诉讼中相关因素变化的影响

★ 特殊情况

若当事人在诉讼中增加、变更诉讼请求或者提出反诉，受诉法院可能会丧失级别管辖权，原受理案件的法院需要移送管辖

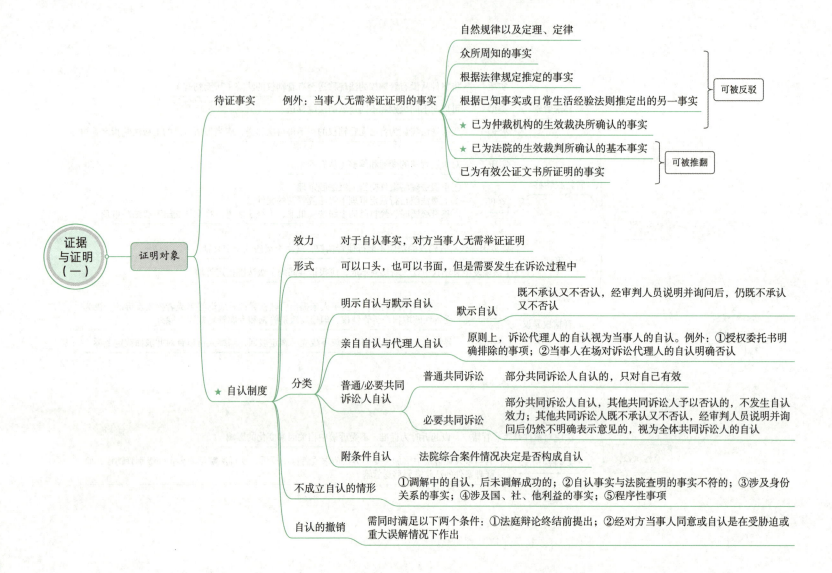

证据与证明（一）

证明对象

待证事实 —— 例外：当事人无需举证证明的事实
- 自然规律以及定理、定律
- 众所周知的事实 ┐
- 根据法律规定推定的事实 │ 可被反驳
- 根据已知事实或日常生活经验法则推定出的另一事实 │
- ★ 已为仲裁机构的生效裁决所确认的事实 ┘
- ★ 已为法院的生效裁判所确认的基本事实 ┐ 可被推翻
- 已为有效公证文书所证明的事实 ┘

★ 自认制度
- 效力：对于自认事实，对方当事人无需举证证明
- 形式：可以口头，也可以书面，但是需要发生在诉讼过程中
- 分类
  - 明示自认与默示自认 —— 默示自认：既不承认又不否认，经审判人员说明并询问后，仍既不承认又不否认
  - 亲自自认与代理人自认：原则上，诉讼代理人的自认视为当事人的自认。例外：①授权委托书明确排除的事项；②当事人在场对诉讼代理人的自认明确否认
  - 普通/必要共同诉讼人自认
    - 普通共同诉讼：部分共同诉讼人自认的，只对自己有效
    - 必要共同诉讼：部分共同诉讼人自认，其他共同诉讼人予以否认的，不发生自认效力；其他共同诉讼人既不承认又不否认，经审判人员说明并询问后仍然不明确表示意见的，视为全体共同诉讼人的自认
  - 附条件自认：法院综合案件情况决定是否构成自认
- 不成立自认的情形：①调解中的自认，后未调解成功的；②自认事实与法院查明的事实不符的；③涉及身份关系的事实；④涉及国、社、他利益的事实；⑤程序性事项
- 自认的撤销：需同时满足以下两个条件：①法庭辩论终结前提出；②经对方当事人同意或自认是在受胁迫或重大误解情况下作出

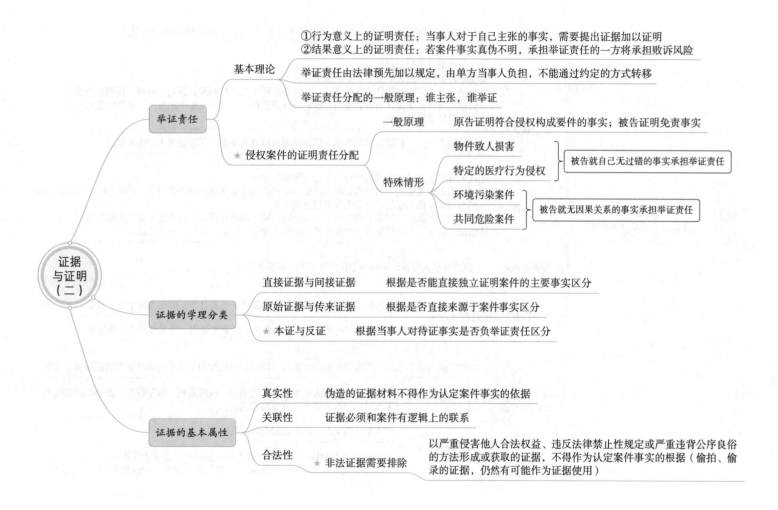

证据
与证明
(二)

举证责任

基本理论
- ①行为意义上的证明责任：当事人对于自己主张的事实，需要提出证据加以证明
- ②结果意义上的证明责任：若案件事实真伪不明，承担举证责任的一方将承担败诉风险
- 举证责任由法律预先加以规定，由单方当事人负担，不能通过约定的方式转移
- 举证责任分配的一般原理：谁主张，谁举证

★ 侵权案件的证明责任分配
- 一般原理　原告证明符合侵权构成要件的事实；被告证明免责事实
- 特殊情形
  - 物件致人损害
  - 特定的医疗行为侵权 } 被告就自己无过错的事实承担举证责任
  - 环境污染案件
  - 共同危险案件 } 被告就无因果关系的事实承担举证责任

证据的学理分类
- 直接证据与间接证据　根据是否能直接独立证明案件的主要事实区分
- 原始证据与传来证据　根据是否直接来源于案件事实区分
- ★ 本证与反证　根据当事人对待证事实是否负举证责任区分

证据的基本属性
- 真实性　伪造的证据材料不得作为认定案件事实的依据
- 关联性　证据必须和案件有逻辑上的联系
- 合法性
  - ★ 非法证据需要排除　以严重侵害他人合法权益、违反法律禁止性规定或严重违背公序良俗的方法形成或获取的证据，不得作为认定案件事实的根据（偷拍、偷录的证据，仍然有可能作为证据使用）

勘验笔录 —— 法院的工作人员在诉讼过程中对与案件有关的物品或现场进行勘验后制作的笔录

鉴定意见
- ①可依申请或依职权启动
- ②鉴定开始前，法院应要求鉴定人签署承诺书
- ★③当事人有异议或法院认为有必要时，可以要求鉴定人进行解释、说明，解释、说明后当事人仍然有异议或法院认为有必要的，鉴定人应出庭作证；鉴定人拒不出庭的，其鉴定意见不得作为认定事实的依据

专家辅助人 —— 只能依申请出庭，出庭费用由申请人承担，其意见视为当事人陈述

证据与证明（三） —— 证据的法定种类

证人证言
- ①证人具有优先性和不可替代性，不适用回避制度
- ★②证人无正当理由而拒不出庭作证的，其证言不得作为定案依据；因健康问题、交通不便、不可抗力等确有困难不能出庭的，可以采取其他方式作证
- ③举证期限届满前，当事人可以申请证人出庭作证，法院也可以依职权通知证人出庭作证
- ④法院应要求证人在作证前签署保证书，但证人为无、限制民事行为能力人的除外

当事人陈述 —— 仅有当事人陈述，不得单独作为认定案件事实的依据

视听资料与电子数据
- ★通过数字化形式存储、处理、传输的能够证明案件事实的信息属于电子数据
- 有疑点的视听资料和电子数据，不能单独认定案件事实，需要有其他证据佐证

物证和书证 —— 以物品的外在特征来证明案件事实的证据属于物证；以思想内容来证明案件事实的证据属于书证

文书提出命令
- 针对在对方当事人手中的重要的书证、视听资料、电子数据，负举证责任的当事人可以书面申请法院责令对方提交
- 对方拒不提交的，推定证据内容为真
- ★持有证据者为妨碍对方使用而毁坏证据或令证据不能使用的，可认定以该证据证明的事实为真；法院可以对其罚款、拘留，构成犯罪的，可追究其刑事责任

诉讼保障制度（一）

保　全

- 类型
  - 财产保全、证据保全、行为保全
  - 诉前保全、诉中保全、执行前保全
- ★ 条件
  - 诉前保全：只能依申请启动，必须要求申请人提供担保，法院于 48 小时内作出裁定，由被保全财产所在地、被申请人住所或对案件有管辖权的法院管辖
  - 诉中保全：法院可以依申请或依职权启动，原则上法院可以要求申请人提供担保，由受诉法院管辖
  - 执行前保全：只能依胜诉债权人申请启动，由执行法院管辖
- 范围：一般不能保全案外人的财产；对担保物可以采取保全措施，担保物一般仍由担保物权人保管
- 解除
  - 财产纠纷案件，被申请人提供担保的，法院解除保全措施
  - 诉前保全，法院采取保全措施后 30 日内，申请人不起诉或申请仲裁的，法院解除诉前保全
  - 判决履行期满 5 日内，债权人不申请执行的，法院解除执行前保全
- 救济
  - 当事人不服保全裁定的，可以向作出裁定的法院申请复议
  - 保全错误的，利害关系人或被申请人可起诉请求赔偿，由受诉法院或保全法院管辖

先予执行

- 范围：追索赡养费、扶养费、抚养费、医疗费用、抚恤金、劳动报酬的；因情况紧急需要先予执行的
- 条件：当事人双方的民事法律关系确定、权利义务内容明确，不先予执行将严重影响申请人的生活或生产经营且被申请人有履行能力的，可以先予执行，但只能依申请人在诉讼中的申请启动
- 救济：当事人不服先予执行裁定的，可以向作出裁定的法院申请复议

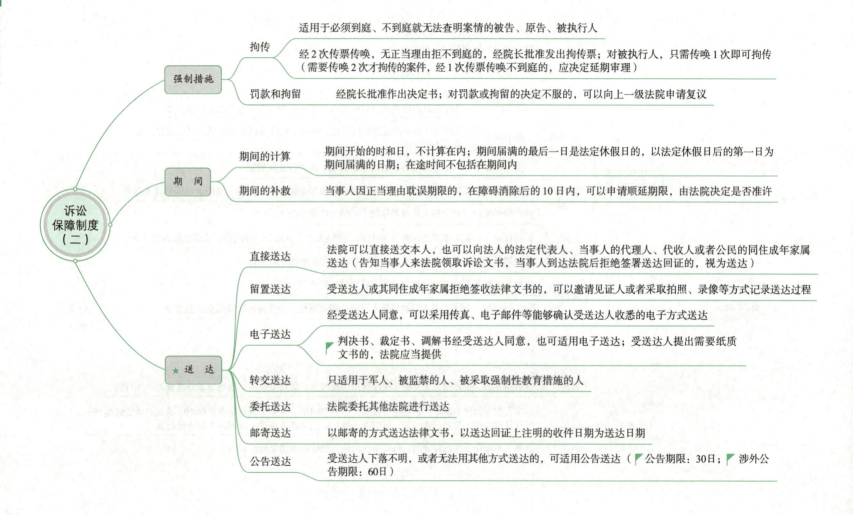

诉讼保障制度（二）

强制措施
- 拘传
  - 适用于必须到庭、不到庭就无法查明案情的被告、原告、被执行人
  - 经2次传票传唤，无正当理由拒不到庭的，经院长批准发出拘传票；对被执行人，只需传唤1次即可拘传（需要传唤2次才拘传的案件，经1次传票传唤不到庭的，应决定延期审理）
- 罚款和拘留
  - 经院长批准作出决定书；对罚款或拘留的决定不服的，可以向上一级法院申请复议

期间
- 期间的计算
  - 期间开始的时和日，不计算在内；期间届满的最后一日是法定休假日的，以法定休假日后的第一日为期间届满的日期；在途时间不包括在期间内
- 期间的补救
  - 当事人因正当理由耽误期限的，在障碍消除后的10日内，可以申请顺延期限，由法院决定是否准许

★ 送达
- 直接送达
  - 法院可以直接送交本人，也可以向法人的法定代表人、当事人的代理人、代收人或者公民的同住成年家属送达（告知当事人来法院领取诉讼文书，当事人到达法院后拒绝签署送达回证的，视为送达）
- 留置送达
  - 受送达人或其同住成年家属拒绝签收法律文书的，可以邀请见证人或者采取拍照、录像等方式记录送达过程
- 电子送达
  - 经受送达人同意，可以采用传真、电子邮件等能够确认受送达人收悉的电子方式送达
  - 判决书、裁定书、调解书经受送达人同意，也可适用电子送达；受送达人提出需要纸质文书的，法院应当提供
- 转交送达
  - 只适用于军人、被监禁的人、被采取强制性教育措施的人
- 委托送达
  - 法院委托其他法院进行送达
- 邮寄送达
  - 以邮寄的方式送达法律文书，以送达回证上注明的收件日期为送达日期
- 公告送达
  - 受送达人下落不明，或者无法用其他方式送达的，可适用公告送达（▐ 公告期限：30日；▐ 涉外公告期限：60日）

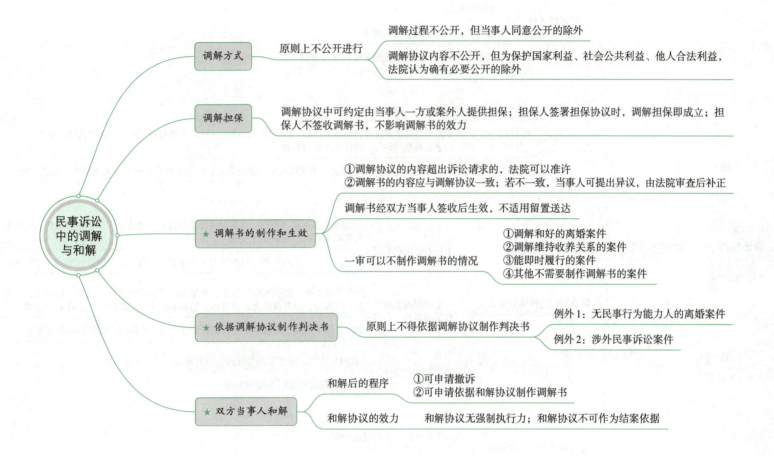

民事诉讼中的调解与和解

调解方式 —— 原则上不公开进行
- 调解过程不公开，但当事人同意公开的除外
- 调解协议内容不公开，但为保护国家利益、社会公共利益、他人合法利益，法院认为确有必要公开的除外

调解担保 —— 调解协议中可约定由当事人一方或案外人提供担保；担保人签署担保协议时，调解担保即成立；担保人不签收调解书，不影响调解书的效力

★ 调解书的制作和生效
- ①调解协议的内容超出诉讼请求的，法院可以准许
  ②调解书的内容应与调解协议一致；若不一致，当事人可提出异议，由法院审查后补正
- 调解书经双方当事人签收后生效，不适用留置送达
- 一审可以不制作调解书的情况
  - ①调解和好的离婚案件
    ②调解维持收养关系的案件
    ③能即时履行的案件
    ④其他不需要制作调解书的案件

★ 依据调解协议制作判决书 —— 原则上不得依据调解协议制作判决书
- 例外1：无民事行为能力人的离婚案件
- 例外2：涉外民事诉讼案件

★ 双方当事人和解
- 和解后的程序
  - ①可申请撤诉
    ②可申请依据和解协议制作调解书
- 和解协议的效力 —— 和解协议无强制执行力；和解协议不可作为结案依据

一审
普通程序
（一）

起诉与受理

★ 起诉的条件
- 原告是与本案有直接利害关系的公民、法人和其他组织
- 有明确的被告
- 有具体的诉讼请求和事实、理由
- 属于法院受理民事诉讼的范围和受诉法院管辖

立案登记
- 法院认为符合起诉条件的，必须受理，并在 7 日内立案
- 材料不全、法院不能当场判断是否符合起诉条件的，应先登记，接收材料，出具书面凭证，一次性告知当事人需补充的材料；当事人补充材料后，法院在 7 日内审查
- 法院经审查认为不符合起诉条件的，应作出不予受理或驳回起诉裁定；无法判断是否符合起诉条件的，应先立案

审查期内的具体处理方式
- 不得再起诉的案件
  - 违反一事不再理原则：法院对实体法律关系已经作出实体审理和裁判，当事人再次起诉的，法院不予受理
  - ★ 构成重复起诉（需要同时满足三个要素）：当事人、诉讼标的、诉讼请求
- 一定期限内不得起诉的案件
  - 判决不准离婚、调解和好、撤诉、按撤诉处理的离婚案件，判决、调解维持收养关系的案件，没有新情况、新理由，原告 6 个月内又起诉的，法院不予受理
  - 女方在怀孕期间、分娩后 1 年内或终止妊娠后 6 个月内，男方不得提出离婚
- 应予受理的案件
  - 裁判生效后，发生新的事实的，可再起诉
  - 当事人超过诉讼时效期间起诉

起诉与受理的法律效果
- 当事人起诉后，诉讼时效中断
- 案件受理后，受诉法院取得管辖权，排斥其他法院管辖

一审普通程序（二）

审理前的准备

答辩
法院受理案件后，将原告的起诉状副本在 5 日内送达被告，被告在收到后 15 日内书面答辩（在中国领域内没有住所的当事人，答辩期为 30 日）

举证期限
- 期限确定：可由当事人约定，也可由法院指定；一审普通程序不得少于 15 日，二审程序不得少于 10 日，简易程序不得长于 15 日，小额诉讼程序不得长于 7 日
- 期限延长：当事人在举证期限内提供证据确有困难的，可在举证期限届满前书面申请延长
- ★ 逾期举证的后果
  - 对方当事人无异议——视为未逾期
  - 对方当事人提出异议，责令其说明理由
    - 因客观原因逾期的，视为未逾期
    - 当事人有故意或重大过失：证据与案件基本事实无关，不采纳；证据与案件基本事实有关，采纳＋训诫、罚款
    - 当事人无故意或重大过失，采纳＋训诫

证据收集
- 法院依职权调取：涉及可能损害国、社、他利益／身份关系／程序性事项的事实
- 法院依申请调取：因客观原因不能自行收集的证据，在举证期限届满前向法院申请

证据保全
- 诉前证据保全：以情况紧急为前提条件，依利害关系人的申请启动，管辖法院为证据所在地法院、被申请人住所地法院或对案件有管辖权的法院

庭审程序

审理方式
- 一般由 3 人、5 人或 7 人组成合议庭，可以吸纳陪审员；必须开庭审理
- 基层法院审理的基本事实清楚、权利义务关系明确的第一审民事案件，也可以由审判员一人适用普通程序独任审理

质证
- 未经质证的证据不能作为定案依据；当事人在审前准备阶段认可的证据，经审判人员在庭审中说明后，视为质证过的证据；法院依职权调取的证据，无需在庭审中质证
- 质证以公开为原则，但涉及国家秘密、商业秘密和个人隐私的证据，不得公开质证

★ 诉讼中的特殊情形

撤诉与缺席判决
- 撤诉适用于原告及其法定代理人、有独三经传票传唤无正当理由拒不到庭、未经法庭许可中途退庭或未缴纳诉讼费的情形；撤诉或按撤诉处理后，前述主体仍可再起诉
- 缺席判决适用于被告及其法定代理人、被告反诉的原告、无独三及申请撤诉不被法院准许的原告经传票传唤无正当理由拒不到庭或未经法庭许可中途退庭的情形

延期审理、诉讼中止与诉讼终结
- （决定）延期审理：本质是法院决定将庭审延期（推迟开庭）
- （裁定）诉讼中止：出现法定事由，导致法院裁定暂时停止诉讼程序（诉讼活动均暂停）
- （裁定）诉讼终结：出现法定事由，使得诉讼程序进行已无必要或不可能继续进行（诉讼程序彻底结束）

一审简易程序

简易程序一般规定

- 适用范围
  - 适用法院：基层法院及其派出法庭
  - 适用案件：①事实清楚、权利义务关系明确、争议不大的简单案件；②首次开庭前，双方当事人约定适用简易程序，经法院同意的案件
  - ★ 不适用的案件：①起诉时被告下落不明；②当事人一方人数众多；③发回重审和再审；④第三人撤销之诉；⑤涉及国家、社会公共利益

- 简易程序转普通程序
  - 由当事人在开庭审理前提出异议，经法院审查裁定；审限自法院以简易程序立案之日起算
  - VS独任制转合议制：①法院发现不宜适用独任制的，自行转换；②当事人认为适用独任制违法的，可以向法院提出异议，法院经审查认为异议成立的，裁定转由合议庭审理

- ★ 简易程序的特殊性
  - 双方同时到庭，均同意后可当即审理；答辩期可以少于15日，举证期不得超过15日
  - 可以用简便方式传唤证人、送达文书，但未确认收悉不得缺席判决；不得公告送达
  - 独任审理，须开庭审理；经双方当事人同意，可以采取视听传输技术等方式开庭
  - 审限为3个月，届满后经院长批准可延长1个月
  - 应当庭宣判；裁判文书对于认定事实和裁判理由部分可以简化，庭审笔录不可简化

小额诉讼程序

- 适用范围：简单的金钱给付案件
  - 基层法院及其派出法庭审理的标的额为省级上年度就业人员年平均工资50%以下的简单的金钱给付案件
  - 基层法院及其派出法庭审理的标的额超过省级上年度就业人员年平均工资50%但在2倍以下的，经当事人双方约定，也可以适用小额诉讼程序
- 不适用范围：①需要鉴定、评估或对诉前鉴定、评估结果有异议的案件；②人身关系案件；③财产确权案件；④涉外民事案件；⑤一方当事人下落不明的案件；⑥当事人提出反诉的案件；⑦其他不宜适用的案件
- 审限：小额诉讼案件应当在立案之日起2个月内审结；特殊情况下经院长批准，可以延长1个月
- 适用法院：一般只能由基层法院审理，海事法院也可以审理小额的海事诉讼案件
- 期限：举证期限不得超过7日；双方同时到庭，均表示不需要答辩期、举证期的，可以当即审理
- 特殊性：小额诉讼案件的裁判文书可以简化，可以省略认定事实和裁判理由部分；可以一次开庭、当庭审结并宣判
- 救济
  - 小额诉讼案件一审终审，不得上诉，但对裁判结果可以申请再审（向原审法院申请再审）
  - 若案件因错误适用小额诉讼程序导致再审，得到的再审裁判可以上诉；其他原因申请再审的，得到的再审裁判不能上诉

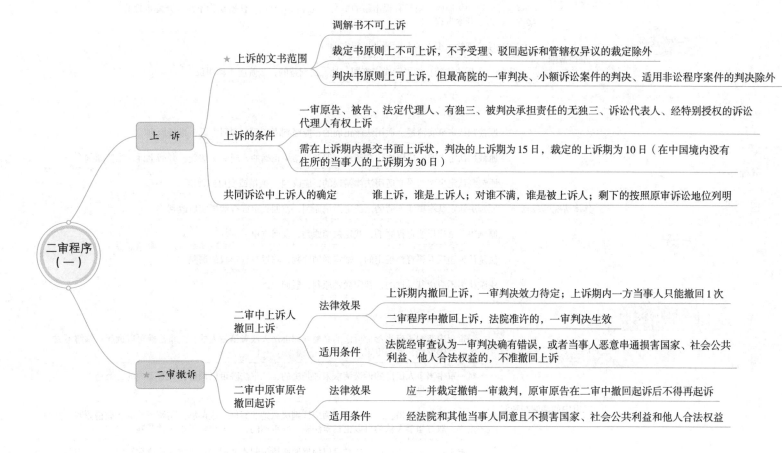

二审程序（一）

上诉
- ★ 上诉的文书范围
  - 调解书不可上诉
  - 裁定书原则上不可上诉，不予受理、驳回起诉和管辖权异议的裁定除外
  - 判决书原则上可上诉，但最高院的一审判决、小额诉讼案件的判决、适用非讼程序案件的判决除外
- 上诉的条件
  - 一审原告、被告、法定代理人、有独三、被判决承担责任的无独三、诉讼代表人、经特别授权的诉讼代理人有权上诉
  - 需在上诉期内提交书面上诉状，判决的上诉期为 15 日，裁定的上诉期为 10 日（在中国境内没有住所的当事人的上诉期为 30 日）
- 共同诉讼中上诉人的确定　谁上诉，谁是上诉人；对谁不满，谁是被上诉人；剩下的按照原审诉讼地位列明

★ 二审撤诉
- 二审中上诉人撤回上诉
  - 法律效果
    - 上诉期内撤回上诉，一审判决效力待定；上诉期内一方当事人只能撤回 1 次
    - 二审程序中撤回上诉，法院准许的，一审判决生效
  - 适用条件
    - 法院经审查认为一审判决确有错误，或者当事人恶意串通损害国家、社会公共利益、他人合法权益的，不准撤回上诉
- 二审中原审原告撤回起诉
  - 法律效果　应一并裁定撤销一审裁判，原审原告在二审中撤回起诉后不得再起诉
  - 适用条件　经法院和其他当事人同意且不损害国家、社会公共利益和他人合法权益

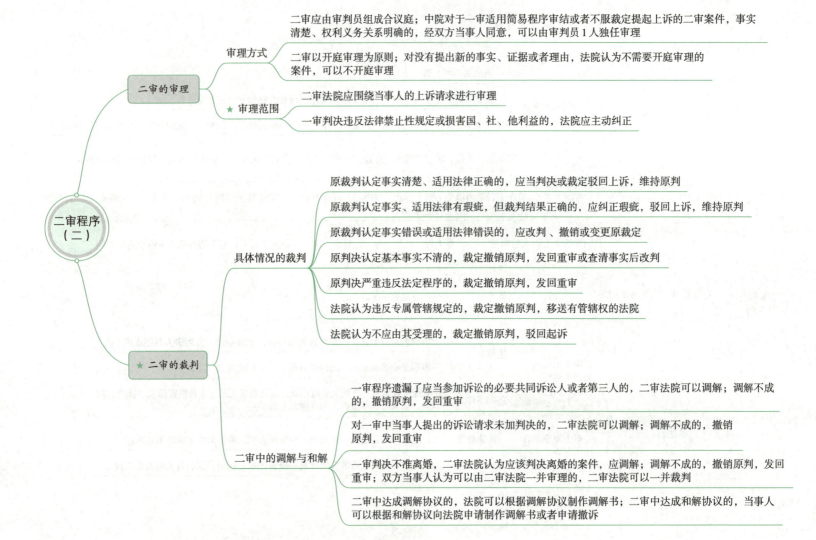

二审程序
（二）

二审的审理

审理方式
　　二审应由审判员组成合议庭；中院对于一审适用简易程序审结或者不服裁定提起上诉的二审案件，事实清楚、权利义务关系明确的，经双方当事人同意，可以由审判员1人独任审理
　　二审以开庭审理为原则；对没有提出新的事实、证据或者理由，法院认为不需要开庭审理的案件，可以不开庭审理

★ 审理范围
　　二审法院应围绕当事人的上诉请求进行审理
　　一审判决违反法律禁止性规定或损害国、社、他利益的，法院应主动纠正

★ 二审的裁判

具体情况的裁判
　　原裁判认定事实清楚、适用法律正确的，应当判决或裁定驳回上诉，维持原判
　　原裁判认定事实、适用法律有瑕疵，但裁判结果正确的，应纠正瑕疵，驳回上诉，维持原判
　　原裁判认定事实错误或适用法律错误的，应改判、撤销或变更原裁定
　　原判决认定基本事实不清的，裁定撤销原判，发回重审或查清事实后改判
　　原判决严重违反法定程序的，裁定撤销原判，发回重审
　　法院认为违反专属管辖规定的，裁定撤销原判，移送有管辖权的法院
　　法院认为不应由其受理的，裁定撤销原判，驳回起诉

二审中的调解与和解
　　一审程序遗漏了应当参加诉讼的必要共同诉讼人或者第三人的，二审法院可以调解；调解不成的，撤销原判，发回重审
　　对一审中当事人提出的诉讼请求未加判决的，二审法院可以调解；调解不成的，撤销原判，发回重审
　　一审判决不准离婚，二审法院认为应该判决离婚的案件，应调解；调解不成的，撤销原判，发回重审；双方当事人认为可以由二审法院一并审理的，二审法院可以一并裁判
　　二审中达成调解协议的，法院可以根据调解协议制作调解书；二审中达成和解协议的，当事人可以根据和解协议向法院申请制作调解书或者申请撤诉

审判监督程序

├─ **再审的启动**
│   ├─ 法院启动再审 ── 本院/上级法院可主动启动再审
│   ├─ ★ 当事人申请再审
│   │   ├─ 当事人申请再审的事由
│   │   │   ├─ 判决、裁定的再审事由（《民事诉讼法》第211条）
│   │   │   └─ 调解书的再审事由：违反自愿合法原则
│   │   └─ 当事人申请再审的管辖
│   │   ├─ 原则上向上一级法院申请再审；一方当事人人数众多或者双方当事人都是公民的案件，也可以向原审法院申请再审
│   │   └─ 原则上由中院以上的法院审理，但当事人向基层法院申请再审的除外。最高院、高院裁定再审的案件，由本院再审或者交其他法院再审，也可以交原审法院再审
│   ├─ ★ 检察院启动再审
│   │   ├─ 检察院启动再审的事由
│   │   │   ├─ 判决、裁定的再审事由（《民事诉讼法》第211条）
│   │   │   └─ 调解书的再审事由：调解书损害国家利益、社会公共利益或当事人通过虚假诉讼获得调解书
│   │   └─ 检察监督的具体方式
│   │   ├─ 抗诉 ── 上抗下，抗诉书同级提。原则上由上级法院提审；因事实和证据问题启动再审的，可以指令或指定下一级法院再审，但下一级法院再审过的除外
│   │   └─ 检察建议 ── 检察建议同级提，报上级检察院备案
│   └─ 当事人申请再审与申请抗诉或检察建议的关系 ── ★ 遵循"先法后检"；一个当事人针对一个案件只能向检察院申请1次
│
├─ **再审的审理**
│   ├─ ★ 审理程序 ── 原来是一审的用一审，原来是二审的用二审，提审一律用二审
│   └─ ★ 审理范围 ── 应当围绕申请人提出的再审请求进行审理，但原裁判损害国家利益、社会公共利益、他人合法权益的除外
│
└─ **再审的调解与裁判**
    ├─ 按照一审程序审理的再审案件，当事人撤回起诉，经其他当事人同意，且不损害国家利益、社会公共利益、他人合法权益，法院裁定准许的，应撤销原裁判，不得再起诉
    ├─ 发现不应由法院受理的，应裁定撤销一、二审裁判，驳回起诉
    └─ ★ 审理再审案件，发现遗漏必要共同诉讼人的
        ├─ 按一审程序审理的再审案件，应直接追加被遗漏当事人
        └─ 按二审程序审理的再审案件，应调解；调解不成的，撤销一、二审裁判，发回重审

第三人
撤销之诉

基本制度

当事人
未来得及参加诉讼的有独三或无独三作原告；原来诉讼中的原告和被告作被告；原来诉讼中不承担责任的无独三仍列为无独三

补充：债权人在特殊情况下也可以提起第三人撤销之诉
①该债权是法律明确给予特殊保护的债权，如建设工程价款优先受偿权
②债务人与他人的权利义务关系被生效裁判文书确定，导致债权人本来可以对债务人的行为行使撤销权而不能行使的
③债权人有证据证明，裁判文书主文确定的债权内容部分或者全部虚假的

事由
第三人因不能归责于本人的事由未参加诉讼，有证据证明原生效裁判、调解书部分或全部错误，损害其利益的

期间
第三人自知道或者应当知道其权益受到损害之日起6个月内提出

★ 管辖
应向作出原生效判决、裁定、调解书的法院起诉

★ 程序
适用普通程序进行开庭审理，必须组成合议庭，可以吸收陪审员

★ 效力
第三人起诉后，法院不中止执行；若要实现中止执行的目的，第三人可以提供担保

不适用第三人撤销之诉的案件
①适用特别程序等非讼程序审理作出的裁判
②代表人诉讼、公益诉讼的生效裁判
③与婚姻关系有关的案件中涉及身份关系的部分

★ 案外第三人的救济
进入执行程序前，案外第三人可以通过提起第三人撤销之诉来救济

进入执行程序后，案外第三人认为原生效裁判有错，若满足提起第三人撤销之诉的条件，可以直接起诉，起诉后可以通过提出执行异议或者提供担保的方式达到中止执行的目的；也可以先提出执行异议，异议被驳回后申请再审

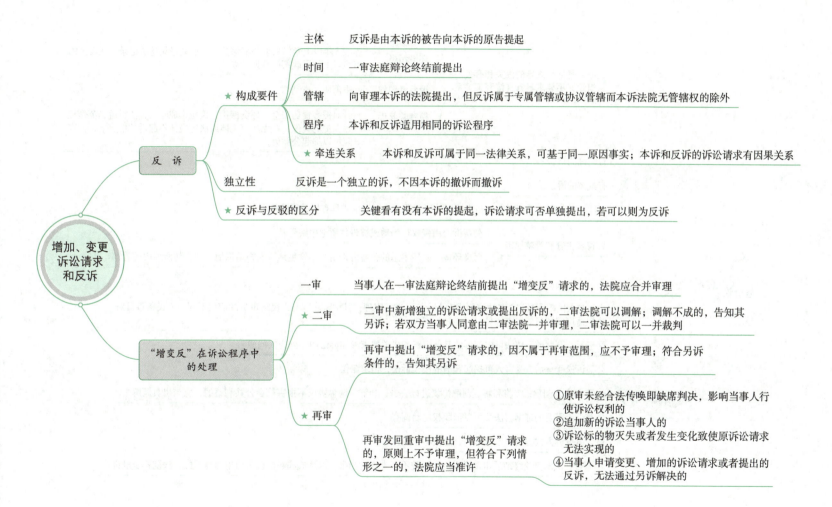

主体　　反诉是由本诉的被告向本诉的原告提起

时间　　一审法庭辩论终结前提出

★ 构成要件　　管辖　　向审理本诉的法院提出，但反诉属于专属管辖或协议管辖而本诉法院无管辖权的除外

程序　　本诉和反诉适用相同的诉讼程序

★ 牵连关系　　本诉和反诉可属于同一法律关系，可基于同一原因事实；本诉和反诉的诉讼请求有因果关系

反诉

独立性　　反诉是一个独立的诉，不因本诉的撤诉而撤诉

★ 反诉与反驳的区分　　关键看有没有本诉的提起，诉讼请求可否单独提出，若可以则为反诉

增加、变更诉讼请求和反诉

一审　　当事人在一审法庭辩论终结前提出"增变反"请求的，法院应合并审理

★ 二审　　二审中新增独立的诉讼请求或提出反诉的，二审法院可以调解；调解不成的，告知其另诉；若双方当事人同意由二审法院一并审理，二审法院可以一并裁判

"增变反"在诉讼程序中的处理

再审中提出"增变反"请求的，因不属于再审范围，应不予审理；符合另诉条件的，告知其另诉

★ 再审　　再审发回重审中提出"增变反"请求的，原则上不予审理，但符合下列情形之一的，法院应当准许

①原审未经合法传唤即缺席判决，影响当事人行使诉讼权利的
②追加新的诉讼当事人的
③诉讼标的物灭失或者发生变化致使原诉讼请求无法实现的
④当事人申请变更、增加的诉讼请求或者提出的反诉，无法通过另诉解决的

公益诉讼

起诉条件

- 原告是法律规定的机关和有关组织，不要求具有直接利害关系
  - 环境污染 —— 连续5年以上专门从事环境保护公益活动且无违法记录，在设区的市级以上的民政部门登记设立
  - 消费者侵权 —— 中消协、省消协
  - 检察院起诉 —— 针对侵害食药安全、环资保护、侵犯未成年人合法权益、英烈权益保护的案件，在无法定主体或法定主体不起诉的情况下，检察院可以提起公益诉讼
- 有明确的被告
- 有具体的诉讼请求
- 有社会公共利益受到损害的初步证据（证明损害已经发生或具有损害风险均可）
- 符合主管和管辖规定
  - 公益诉讼由侵权行为地或被告住所地中院管辖
  - 污染环境、破坏生态的公益诉讼由污染发生地、损害结果地、被告住所地中院管辖

程序规定

- 由4名人民陪审员和3名法官组成七人合议庭进行审理；其中，法官与人民陪审员的职权不同，人民陪审员对法律适用问题只能发表意见，不能参与表决
- 受理后、开庭前，依法可以起诉的其他组织和机关要求参加诉讼的，列为共同原告
- 公益诉讼受理后，受害人可提起普通的侵权诉讼，请求赔偿
- 可和解、调解；需将和解、调解协议进行公告；和解、调解协议不损害社会公共利益的，应当出具调解书
- 公益诉讼需要的证据，法院可以依职权主动调查
- 被告以反诉方式提出诉讼请求的，法院不予受理
- 原告在法庭辩论终结后申请撤诉的，法院不予准许；当事人以达成和解协议为由申请撤诉的，法院不予准许

特别程序
（一）

★ 共同特征
- 目的不是解决民事权益冲突，而是确认某种法律事实是否存在（不适用调解和辩论）
- 适用独任制，原则上由审判员 1 人审理；选民资格案、重大疑难案和实现担保物权案中标的额超过基层法院管辖范围的案件，由审判员组成合议庭审理
- 实行一审终审，由基层法院管辖（唯一有可能由中院管辖的案件存在于确认调解协议案中）
- 发现认定事实或适用法律确有错误的，无须启动再审程序，由原审法院按特别程序的规定，撤销原判决，作出新判决

选民资格案
- 申诉前置，不申诉不得起诉；选举委员会在申诉人申诉后 3 日内处理；申诉人对处理决定不服的，在选举日 5 日以前向选区所在地基层法院起诉
- 起诉人不要求与案件有直接利害关系
- 应由审判员组成合议庭进行审理

宣告失踪、死亡案
- 法院要为失踪人指定财产代管人
  - 代管人自己不想担任代管人的，可以请求法院用特别程序重新指定
  - 利害关系人要求变更代管人的，应由其起诉法院指定的代管人，按照普通程序审理
- 若被宣告失踪、死亡人重新出现，本人或利害关系人可以向法院提出异议，申请撤销旧判决，作出新判决

认定公民无、限制民事行为能力案
- 由利害关系人或有关组织申请，被认定人住所地基层法院管辖；判决认定无、限制民事行为能力的，法院应为其指定监护人

认定财产无主案
- 由财产所在地基层法院管辖；法院受理后公告 1 年，公告期满无人认领的，判决认定财产无主

指定遗产管理人案

管辖法院：对遗产管理人的确定有争议，利害关系人申请指定遗产管理人的，向被继承人死亡时住所地或者主要遗产所在地基层法院提出

遗产管理人变更：被指定的遗产管理人存在无法继续履行遗产管理职责情形的，法院可以根据利害关系人或者本人的申请另行指定遗产管理人

权利救济：遗产管理人违反遗产管理职责，严重侵害继承人、受遗赠人或者债权人合法权益的，法院可以根据利害关系人的申请，撤销其遗产管理人资格，并依法指定新的遗产管理人

特别程序（二）

确认调解协议案

向法院申请司法确认的范围：经依法设立的调解组织调解达成的调解协议

调解协议具有合同效力，无强制执行力；达成调解协议后，只能就调解协议向法院起诉，不能就原纠纷起诉

管辖法院：双方当事人自调解协议生效之日起30日内向法院申请

法院邀请调解组织先行调解的，由作出邀请的法院管辖

调解组织自行调解的，由当事人住所地、标的物所在地、调解组织所在地基层法院管辖；调解协议所涉纠纷应当由中院管辖的，由相应的中院管辖

对身份关系确认或解除，物权确权、知识产权确权纠纷的调解协议，法院不予确认

实现担保物权案

应由担保物权人或其他有权请求实现担保物权的人向担保财产所在地或担保物权登记地基层法院申请

人保与物保并存，且约定了实现担保物权的顺序，违反顺序约定申请实现担保物权的，法院不受理

原则上独任审查；标的额超过基层法院管辖范围的，组成合议庭审查

在线诉讼
├─ 在线诉讼的适用
│   ├─ 适用在线诉讼的前提 —— 法院应当根据当事人对在线诉讼的相应意思表示，作出右列处理
│   │   ① 当事人主动选择适用在线诉讼的，法院可以不再另行征得其同意，相应诉讼环节可以直接在线进行
│   │   ② 各方当事人均同意适用在线诉讼的，相应诉讼环节可以在线进行
│   │   ③ 部分当事人同意适用在线诉讼，部分当事人不同意的，相应诉讼环节可以采取同意方当事人线上、不同意方当事人线下的方式进行
│   │   ④ 当事人仅主动选择或者同意对部分诉讼环节适用在线诉讼的，法院不得推定其对其他诉讼环节均同意适用在线诉讼
│   │
│   ├─ 不能适用在线诉讼的情形
│   │   ├─ 具有右列情形之一的，不得适用在线庭审
│   │   │   ① 各方当事人均明确表示不同意，或者一方当事人表示不同意且有正当理由的
│   │   │   ② 各方当事人均不具备参与在线庭审的技术条件和能力的
│   │   │   ③ 需要通过庭审现场查明身份、核对原件、查验实物的
│   │   │   ④ 案件疑难复杂、证据繁多，适用在线庭审不利于查明事实和适用法律的
│   │   │   ⑤ 案件涉及国家安全、国家秘密的
│   │   │   ⑥ 案件具有重大社会影响，受到广泛关注的
│   │   │   ⑦ 法院认为存在其他不宜适用在线庭审情形的
│   │   └─ 采取在线庭审方式审理的案件，审理过程中发现存在上述情形之一的，法院应当及时转为线下庭审；已完成的在线庭审活动具有法律效力
│   │
│   └─ 在线诉讼转为线下进行
│   ① 在诉讼过程中，如存在当事人欠缺在线诉讼能力、不具备在线诉讼条件或者相应诉讼环节不宜在线办理等情形之一的，法院应当将相应诉讼环节转为线下进行
│   ② 当事人已同意对相应诉讼环节适用在线诉讼，但诉讼过程中又反悔的，应当在开展相应诉讼活动前的合理期限内提出；经审查，法院认为不存在故意拖延诉讼等不当情形的，相应诉讼环节可以转为线下进行
│   ③ 在调解、证据交换、询问、听证、庭审等诉讼环节中，一方当事人要求其他当事人及诉讼参与人线下参与诉讼的，应当提出具体理由；经审查，法院认为案件存在案情疑难复杂，需证人现场作证，有必要线下举证质证、陈述辩论等情形之一的，相应诉讼环节可以转为线下进行
│
└─ 在线诉讼的程序规则
    └─ 异步审理规则
        经各方当事人同意，法院可以指定当事人在一定期限内，分别登录诉讼平台，以非同步的方式开展调解、证据交换、调查询问、庭审等诉讼活动
        适用小额诉讼程序或者民事简易程序审理的案件，同时符合下列情形的，法院和当事人可以在指定期限内，按照庭审程序环节分别录制参与庭审视频并上传至诉讼平台，非同步完成庭审活动：① 各方当事人同时在线参与庭审确有困难；② 一方当事人提出书面申请，各方当事人均表示同意；③ 案件经过在线证据交换或者调查询问，各方当事人对案件主要事实和证据不存在争议

督促程序、公示催告程序

督促程序

概念　由债权人向债务人住所地基层法院申请，法院经过形式审查后发出支付令，督促债务人履行义务

申请支付令的条件
- 只能适用于请求给付标的物为金钱或有价证券的案件
- 督促的债权需合法、到期、确定、单向
- ★ 支付令不适用公告送达，但是可以留置送达
- ★ 申请支付令的债权人需尚未起诉或申请诉前保全

★ 债务人异议
- 债务人应在 15 日法定异议期内针对债务本身向发出支付令的法院提出异议，或向发出支付令的法院起诉
- 未提出异议或者异议不成立的，支付令将产生强制执行力
- 针对支付令不能提起上诉或申请再审；确有错误的，由院长提请审委会讨论决定后，裁定撤销

与诉讼程序的转化
- 诉讼程序受理后，当事人无争议且符合督促程序适用条件的，可以转入督促程序
- 支付令异议成立的，支付令失效，督促程序终结，转入诉讼程序，但申请支付令的当事人 7 日内向受理申请的法院表示不同意起诉的除外

公示催告程序

申请　因票据被盗、遗失或灭失，由票据的最后持有人向票据支付地基层法院申请

★ 程序

公示催告阶段
- 法院经审查，决定受理申请的，应当同时通知支付人停止支付；在 3 日内发出公告，催促利害关系人申报权利；公示催告的期间，由法院根据情况决定，但不得少于 60 日
- 公示催告阶段可独任审理

除权判决阶段
- 公示催告期间届满无人申报权利或申报被驳回，申请人应自公示催告期间届满之日起 1 个月内申请法院作出除权判决；除权判决作出后，被催告申报权利的票据丧失效力
- 除权判决阶段应组成合议庭审理

★ 申报权利
- 在除权判决作出之前可申报；利害关系人申报权利，法院只进行形式审查，不组织法庭调查和辩论；收到符合形式条件的申报后，法院应当裁定终结公示催告程序

未及时申报之救济
- 利害关系人因正当理由不能在判决作出前向法院申报权利的，自知道或者应当知道判决公告之日起 1 年内，可以向作出判决的法院起诉

民事执行程序（一）

- 执行开始
  - 执行依据 —— 法院制作的文书和其他机关或机构制作的文书
  - 执行管辖
    - ★法定管辖
      - 法院作出的文书 —— 一审法院或与之同级的被执行财产所在地法院
      - 其他机关或机构作出的文书 —— 被执行人住所地或被执行财产所在地法院
    - 执行管辖权异议
      - 收到执行通知书之日起10日内可以提出异议；异议成立，裁定撤销案件；异议不成立，裁定驳回
      - 对驳回异议的裁定不服的，可以向上一级法院申请复议
  - 执行程序启动 —— 申请执行和移送执行

- 执行阻却
  - ★执行和解
    - 效力
      - 执行和解协议不具有法律上的强制执行力
      - 当事人达成以物抵债和解协议的，法院不得据此作出以物抵债裁定
      - 执行和解协议履行完毕后具有终结执行的效力
    - 程序
      - 拒绝履行 —— 对方当事人可以申请恢复对原生效法律文书的执行，已履行部分应扣除；也可以依据执行和解协议向执行法院提起诉讼
      - 和解协议可撤销或无效 —— 当事人认为和解协议应予撤销或者无效的，可以向执行法院起诉确认该协议的效力；和解协议被撤销或被确认无效后，申请执行人可以申请恢复执行原生效法律文书
      - 履行完毕 —— 和解协议已经履行完毕的，法院不得恢复对原执行根据的执行；债务人迟延履行、瑕疵履行的，申请执行人可以向执行法院另行起诉债务人
  - ★执行担保
    - 期间要求 —— 暂缓执行期间由当事人约定，法院也可决定该期限，最长不能超过1年；担保期间从暂缓执行期间届满之日起算；担保期间可以由当事人约定，无约定或约定不明的，担保期间为1年
    - 法律效果
      - 暂缓执行期内，发现担保协议与实际情况不符，且对申请执行人合法权益产生实质影响，或债务人、担保人在暂缓执行期间隐匿、转移、变卖、毁损担保财产的，法院可依申请执行人的申请直接裁定执行债务人、保证人的财产或担保财产，但是不能把担保人变更、追加为被执行人
      - 暂缓执行期满，担保期内，法院可依申请执行人的申请直接裁定执行债务人、保证人的财产或担保财产
  - 执行中止 —— ①执行标的物的归属不确定；②执行依据的效力不确定；③出现阻碍执行的客观情况；④申请执行人表示可以延期执行
  - 执行终结 —— 出现法定事由，法院认为没有必要或者没有可能继续执行

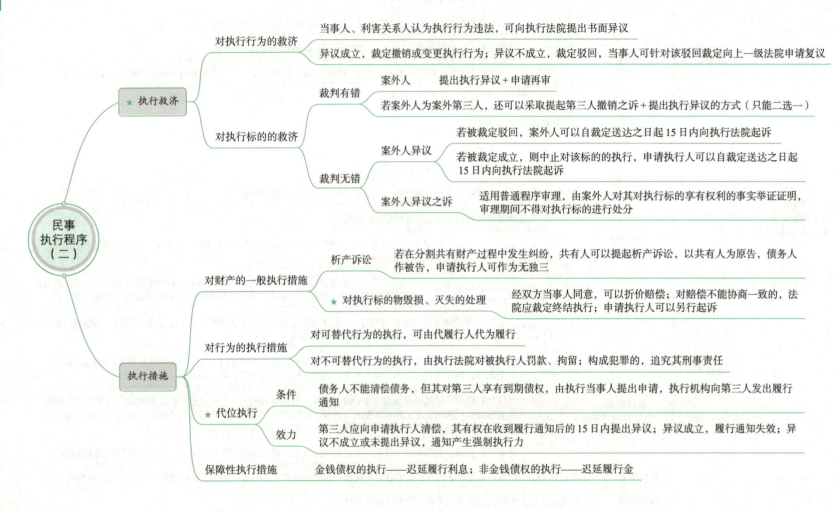

民事
执行程序
（二）

★ 执行救济

对执行行为的救济
当事人、利害关系人认为执行行为违法，可向执行法院提出书面异议
异议成立，裁定撤销或变更执行行为；异议不成立，裁定驳回，当事人可针对该驳回裁定向上一级法院申请复议

对执行标的的救济
裁判有错
案外人　　提出执行异议+申请再审
若案外人为案外第三人，还可以采取提起第三人撤销之诉+提出执行异议的方式（只能二选一）

裁判无错
案外人异议
若被裁定驳回，案外人可以自裁定送达之日起15日内向执行法院起诉
若被裁定成立，则中止对该标的的执行，申请执行人可以自裁定送达之日起15日内向执行法院起诉

案外人异议之诉
适用普通程序审理，由案外人对其对执行标的享有权利的事实举证证明，审理期间不得对执行标的进行处分

执行措施

对财产的一般执行措施
析产诉讼
若在分割共有财产过程中发生纠纷，共有人可以提起析产诉讼，以共有人为原告，债务人作被告，申请执行人可作为无独三

★ 对执行标的物毁损、灭失的处理
经双方当事人同意，可以折价赔偿；对赔偿不能协商一致的，法院应裁定终结执行；申请执行人可以另行起诉

对行为的执行措施
对可替代行为的执行，可由代履行人代为履行
对不可替代行为的执行，由执行法院对被执行人罚款、拘留；构成犯罪的，追究其刑事责任

★ 代位执行
条件
债务人不能清偿债务，但其对第三人享有到期债权，由执行当事人提出申请，执行机构向第三人发出履行通知

效力
第三人应向申请执行人清偿，其有权在收到履行通知后的15日内提出异议；异议成立，履行通知失效；异议不成立或未提出异议，通知产生强制执行力

保障性执行措施
金钱债权的执行——迟延履行利息；非金钱债权的执行——迟延履行金

涉外民事诉讼（一） ── 管　辖

- 一般管辖规定
  - 对在中国领域内没有住所的被告提起除身份关系以外的诉讼，可由合同签订地、合同履行地、诉讼标的物所在地、可供扣押财产所在地、侵权行为地、代表机构住所地人民法院管辖（若上述地点位于中国领域内）
  - 兜底条款：涉外民事纠纷与中国存在其他适当联系的，可以由人民法院管辖

- 涉外案件协议管辖
  - 涉外民事纠纷的当事人书面协议选择人民法院管辖的，可以由人民法院管辖（无实际联系要求）

- 涉外案件专属管辖
  - 在中国领域内设立的法人或者其他组织的设立、解散、清算，以及该法人或者其他组织作出的决议的效力等纠纷
  - 与在中国领域内审查授予的知识产权的有效性有关的纠纷
  - 在中国领域内履行中外合资经营企业合同、中外合作经营企业合同、中外合作勘探开发自然资源合同发生纠纷（仅限于中方和外方发生纠纷）

- 平行诉讼
  - 同一纠纷，允许双方当事人同时向中国和外国法院起诉
  - 当事人订立排他性管辖协议选择外国法院管辖且不违反《民事诉讼法》对专属管辖的规定，不涉及中华人民共和国主权、安全或者社会公共利益的，人民法院可以裁定不予受理；已经受理的，裁定驳回起诉
  - 诉讼竞速
    - 人民法院受理案件后，当事人以外国法院已经先于人民法院受理为由，书面申请人民法院中止诉讼的，人民法院可以裁定中止诉讼
    - 例外
      - ①当事人协议选择人民法院管辖，或者纠纷属于人民法院专属管辖
      - ②由人民法院审理明显更为方便

- 不方便管辖原则
  - 人民法院受理的涉外民事案件，被告提出管辖异议，且同时有下列情形的，可以裁定驳回起诉，告知原告向更为方便的外国法院提起诉讼：①案件争议的基本事实不是发生在中华人民共和国领域内，人民法院审理案件和当事人参加诉讼均明显不方便；②当事人之间不存在选择人民法院管辖的协议；③案件不属于人民法院专属管辖；④案件不涉及中华人民共和国主权、安全或者社会公共利益；⑤外国法院审理案件更为方便
  - 人民法院应当受理的情形
    - 裁定驳回起诉后，外国法院对纠纷拒绝行使管辖权，或者未采取必要措施审理案件，或者未在合理期限内审结，当事人又向人民法院起诉的，人民法院应当受理

涉外民事诉讼（二）

送达 —— 新增/修改的送达方式
- 向受送达人在本案中委托的诉讼代理人送达
- 向受送达人在中华人民共和国领域内设立的独资企业、代表机构、分支机构或者有权接受送达的业务代办人送达
- 受送达人为外国人、无国籍人，其在中华人民共和国领域内设立的法人或者其他组织担任法定代表人或者主要负责人，且与该法人或者其他组织为共同被告的，向该法人或者其他组织送达
- 受送达人为外国法人或者其他组织，其法定代表人或者主要负责人在中华人民共和国领域内的，向其法定代表人或者主要负责人送达
- 采用能够确认受送达人收悉的电子方式送达，但是受送达人所在国法律禁止的除外
- 以受送达人同意的其他方式送达，但是受送达人所在国法律禁止的除外
- 涉外公告送达，公告期间：60 日

调查取证
①对具有中华人民共和国国籍的当事人、证人，可以委托中华人民共和国驻当事人、证人所在国的使领馆代为取证
②经双方当事人同意，通过即时通讯工具取证
③以双方当事人同意的其他方式取证

承认与执行外国法院生效判决、裁定

不予承认和执行的情形
①外国法院对案件无管辖权
②被申请人未得到合法传唤或者虽经合法传唤但未获得合理的陈述、辩论机会，或者无诉讼行为能力的当事人未得到适当代理（严重程序违法）
③判决、裁定是通过欺诈方式取得
④我国法院已对同一纠纷作出判决、裁定，或者已经承认第三国法院对同一纠纷作出的判决、裁定
⑤违反我国法律的基本原则或者损害国家主权、安全、社会公共利益

对裁定不服的救济方式
可以自裁定送达之日起 10 日内向上一级人民法院申请复议

仲裁法
（一）

仲裁协议的效力

- 协议仲裁原则
  - 订立仲裁协议的双方需具备完全民事行为能力
  - ★ 订立仲裁协议需双方意思表示真实
  - 可以协议仲裁的事项：合同纠纷和其他财产权益纠纷

- 仲裁协议的性质
  - ★ 明确性
    - 当事人需明确选择仲裁委员会作为解决纠纷的组织；当事人既约定可以仲裁，又约定可以诉讼的，仲裁协议无效，管辖协议符合法定条件的有效
    - 协议中对于选定的仲裁委员会和仲裁事项也需要明确约定；没有约定或约定不明确的，仲裁协议无效，但是可以通过补充协议加以明确
  - ★ 独立性
    - 主合同未生效、无效、解除、终止、被撤销，不影响仲裁条款或仲裁协议的效力
  - 继受性
    - 在发生继承、转让的情况时，仲裁协议原则上对继承人、受让人仍有效；但当事人另有约定、在受让债权债务时受让人明确反对或不知有仲裁协议的除外

- ★ 仲裁协议的效力
  - 仲裁协议有效
    - 当事人起诉的，法院不应受理；法院错误受理的，当事人应在法院首次开庭前提交仲裁协议，否则法院可以继续审理
  - 仲裁协议无效
    - 当事人申请仲裁的，仲裁委不应受理；仲裁委错误受理的，当事人需在仲裁庭首次开庭前主张仲裁协议无效，否则仲裁庭可继续仲裁

- 仲裁协议效力的确认
  - ★ 确认主体
    - 向约定的仲裁委申请确认
    - 向约定的仲裁机构所在地、仲裁协议签订地、申请人与被申请人住所地的中院或专门法院申请确认
  - 申请时间
    - 仲裁庭首次开庭前
  - ★ 申请顺位
    - 当事人同时向法院和仲裁委申请确认的，法院的确认权优先
    - 当事人向仲裁委申请后再向法院申请的，法院不受理

仲裁法（二）

仲裁程序

- 仲裁组织　仲裁庭仲裁/独任仲裁　仲裁员由当事人选定或委托仲裁委主任指定
- ★ 仲裁中的回避
  - 决定　仲裁员的回避由主任决定；主任的回避由仲裁委集体决定
  - 法律后果　因回避而重新选定或指定仲裁员后，当事人可以申请仲裁程序重新进行，是否准许，由仲裁庭决定
- 保全　仲裁中的保全由当事人向仲裁机构提出书面申请，然后提交至法院，由法院采取保全措施
  - 类型
    - 证据保全　证据所在地法院（国内基层；涉外中院）
    - 财产保全　被申请人住所地或财产所在地法院（国内基层；涉外中院）
- ★ 调解与和解
  - 达成调解协议　应当制作调解书或根据协议的结果制作裁决书
  - 达成和解协议　可以依据和解协议制作裁决书或撤回仲裁申请　撤回仲裁申请后，原仲裁协议仍有效
- 裁决作出　少数服从多数；无法形成多数意见的，按照首席仲裁员的意见作出裁决

★ 撤销与不予执行仲裁裁决

- 启动与管辖
  - 撤销仲裁裁决　当事人自收到裁决书之日起6个月内可向仲裁委员会所在地中院申请
  - 不予执行仲裁裁决　债务人、案外人可自执行开始后或执行通知书送达后15日内向作出执行仲裁裁决的法院申请
  - 程序　法院在审查不予执行仲裁裁决的案件期间，当事人又申请撤销仲裁裁决的，法院应中止审查不予执行仲裁裁决的案件，先审查撤销仲裁裁决的案件
- 法定事由　①无仲裁协议；②无权仲裁、超裁；③程序违法；④伪造证据或隐瞒证据；⑤仲裁员徇私舞弊；⑥裁决损害社会公共利益
- 重新仲裁
  - 在申请撤销仲裁裁决程序中，发现存在伪造证据或隐瞒足以影响公正裁决的证据情形的，法院可以通知仲裁庭重新仲裁
  - 法院说明要求重新仲裁的理由并中止撤销程序
    - 若仲裁庭重新仲裁，终结撤销程序
    - 若仲裁庭未重新仲裁，恢复撤销程序
- 不予支持不予执行仲裁裁决的申请
  - 已经申请过撤销但被驳回，又以相同理由申请不予执行仲裁裁决的
  - 在仲裁庭首次开庭前没有主张协议无效，此后以仲裁协议无效为由申请撤销或不予执行仲裁裁决的
  - 申请不予执行调解书或依据和解协议制作的裁决书，但前述法律文书损害社会公共利益的除外
- 法律后果　当事人可以向法院起诉，也可以重新达成仲裁协议申请仲裁

思 维 导 图

商 经 法

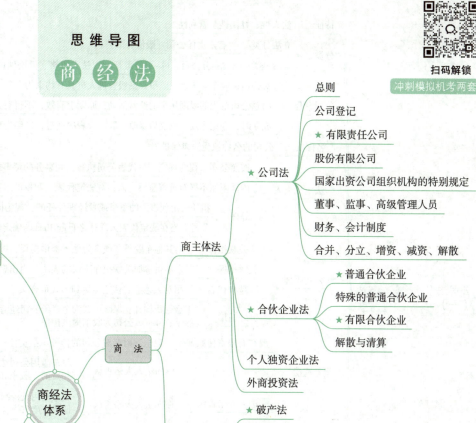

商经法体系

经济法
- 竞争法
  - 反垄断法
  - 反不正当竞争法
- 消费者法
  - 消费者权益保护法
  - 产品质量法
  - 食品安全法
- 银行业法
  - 商业银行法
  - 银行业监督管理法
- ★财税法
  - 个人所得税法
  - 企业所得税法
  - 税收征收管理法
  - 审计法
- 土地法与房地产管理法
  - 土地管理法
  - 城市房地产管理法
  - 城乡规划法
  - 不动产登记暂行条例
- ★劳动与社会保障法
  - 劳动法
  - 劳动争议调解仲裁法
  - 社会保障法
    - 社会保险法
    - 军人保险法
- 环境资源法
  - 环境保护法
    - 环境影响评价法
    - 环境保护法
  - 自然资源法
    - 森林法
    - 矿产资源法

商法
- 商主体法
  - ★公司法
    - 总则
    - 公司登记
    - ★有限责任公司
    - 股份有限公司
    - 国家出资公司组织机构的特别规定
    - 董事、监事、高级管理人员
    - 财务、会计制度
    - 合并、分立、增资、减资、解散
  - ★合伙企业法
    - ★普通合伙企业
    - 特殊的普通合伙企业
    - ★有限合伙企业
    - 解散与清算
  - 个人独资企业法
  - 外商投资法
- 商行为法
  - ★破产法
  - 票据法
  - 保险法
  - 证券法
  - 证券投资基金法
  - 信托法
- ★知识产权法
  - 著作权法
  - 专利法
  - 商标法

注：关于本书未展示商法中的证券法、证券投资基金法，经济法中的银行业法、土地法与房地产管理法，做如下说明：①这些部分不适合通过思维导图学习；②在法考中分值较低，平均1~3分，有的部分随机考查，且重复考查的概率较低，适宜关注当年热点以及未曾考查的知识点；③其中部分法律有修改，在备考时间不充裕的情况下，考生可着重关注相关新增考点。

公司法（一）── 总则

- 特征　法人性、社团性、营利性
- 分类
  - 立法分类　有限责任公司、股份有限公司
  - 学理分类　总–分公司、母–子公司等　法人资格、诉讼地位、责任承担、营业执照
- 公司章程
  - 对公司、股东、董事、监事、高级管理人员具有约束力
  - 超越公司章程的限制从事的经营活动：原则上有效，不得对抗善意第三人
  - 成立时，登记生效；成立后修改，股东会表决通过，未经变更登记不得对抗善意第三人
- ▶名称权　公司的名称权受法律保护
- ▶法定代表人
  - 按照公司章程的规定，由代表公司执行公司事务的董事或者经理担任　公司承担民事责任
  - 内部限制不得对抗善意第三人：对法定代表人职权的限制，不得对抗善意相对人
  - 辞任
    - 担任法定代表人的董事或者经理辞任的，视为同时辞去法定代表人
    - 公司应当在法定代表人辞任之日起30日内确定新的法定代表人
- ★公司担保
  - 非关联担保　向其他企业投资或者为他人提供担保，按公司章程规定，由董事会或者股东会决议
  - 关联担保　股东不得参加关联担保决议的表决，由出席会议的其他股东所持表决权的过半数通过
  - ▶越权代表　相对人善意的认定（尽到形式审查义务）；担保合同无效的法律责任
  - 例外情形　①金融机构开立保函；②为全资子公司经营；③2/3以上对担保事项有表决权的股东签字；④一人公司为股东提供担保
- 债务清偿
  - 股东有限责任原则　以全部财产对公司的债务承担责任；股东以认缴/认购的出资额为限承担责任
  - ▶法人人格否认
    - 纵向法人人格否认　股东滥用公司法人独立地位和股东有限责任，逃避债务，严重损害债权人利益的，股东和公司承担连带责任
    - 横向法人人格否认　股东利用其控制的2个以上公司滥用公司法人独立地位和股东有限责任，逃避债务，严重损害债权人利益的，各公司应当对任一公司的债务承担连带责任
    - 诉讼地位　根据债权人对债务人的债权是否已经有生效裁判确认列明
- ★决议效力
  - 分类
    - 有效决议：内容、程序合法
    - 无效决议：内容违反法律、行政法规；诉讼地位：原告、被告
    - 可撤销决议
      - 程序违法、违章，内容违章；诉讼地位：原告、被告、第三人
      - 轻微瑕疵＋对决议未产生实质影响不可撤
      - 未通知股东参会　[主观标准]股东自知道或者应当知道股东会决议作出之日起60日内　[客观标准]自决议作出之日起1年内；期间内未行使的，撤销权消灭
  - 未成立决议：①未开会；②未表决；③参会人数/表决权比例不够；④通过表决比例不够
  - 决议无效、撤销、不成立的后果
    - 根据该决议与善意第三人形成的民事法律关系不受影响
    - 公司申请撤销根据该决议已办理的登记

公司法（二） — 有限责任公司（1）

设立

设立中公司

- **发起人以自己的名义签订合同**
  - 公司成立：第三人有权选择请求公司或者公司设立时的股东承担责任
  - 公司未成立：法律后果由公司设立时的股东承受；股东为2人以上的，享有连带债权，承担连带债务
- **发起人以设立中公司的名义签订合同**
  - 公司成立：法律后果由公司承受　为了自己的利益+合同相对人非善意，公司不担责
  - 公司未成立：法律后果由公司设立时的股东承受；股东为2人以上的，享有连带债权，承担连带债务
- **侵权**：股东因履行公司设立职责造成他人损害的，公司或者无过错的股东承担赔偿责任后，可以向有过错的股东追偿

▶认缴资本制度

- 按照公司章程的规定自公司成立之日起5年内缴足　存量公司：3年过渡期+5年认缴期
- **加速到期**：公司不能清偿到期债务的，公司或者已到期债权的债权人有权要求已认缴出资但未届出资期限的股东提前缴纳出资

出资

出资方式

- **货币出资**
  - 足额存入有限责任公司在银行开设的账户
  - 货币无金额、来源限制：违法所得货币可出资　采取拍卖或者变卖的方式处置其股权
- **非货币财产出资**
  - 可估价+可依法转让：实物、知识产权、土地使用权、股权、债权等　依法办理其财产权的转移手续
  - 不享有处分权的财产出资：参照善意取得制度
  - 股权出资：合法持有并依法可以转让+无权利瑕疵或者权利负担+已履行关于股权转让的法定手续+已依法进行了价值评估
- **禁止出资**：劳务、信用、自然人姓名、商誉、特许经营权或者设定担保的财产

出资不足

- 认定：①未实际缴纳出资；②实际出资的非货币财产的实际价额显著低于所认缴的出资额（市场变化或者其他客观因素导致贬值的不担责）
- **法律责任**
  - 对公司
    - 应当向公司足额缴纳；设立时的其他股东与该股东在出资不足的范围内承担连带责任；可追偿
    - 应当对给公司造成的损失承担赔偿责任
  - 对债权人：在未出资本息范围内对公司债务不能清偿的部分承担补充赔偿责任；设立时的股东承担连带责任；可追偿

抽逃出资

- 表现：①虚增利润分配；②虚构债权债务关系转出出资；③利用关联交易将出资转出；④其他未经法定程序将出资抽回的行为
- **法律责任**
  - 对公司
    - 返还抽逃的出资；协助抽逃者连带
    - 给公司造成损失的，负有责任的董事、监事、高级管理人员应当与该股东承担连带赔偿责任
  - 对债权人：在抽逃出资本息范围内对公司债务不能清偿的部分承担补充赔偿责任；协助抽逃者连带

出资不足对股东采取的措施

- 限制股东权利：新股优先认购权、利润分配请求权、剩余财产分配请求权
- ▶**失权**：发出书面催缴书→可以载明宽限期（不少于60日）→发出失权通知→自通知发出之日起，股东丧失其未缴纳出资的股权→转让或者注销（6个月内未转让或者注销，股东按照出资比例足额缴纳）→股东异议
- 解除股东资格：未履行出资义务或者抽逃全部出资：催告→股东会决议→解除股东资格

公司法（三）——有限责任公司（2）——组织机构A

股东资格

- 股东身份相关文件：①出资证明书：证权证书；②股东名册：股东可以依股东名册主张行使股东权利；③登记产生对抗善意第三人的效力

- 代持股
  - 内部关系：①代持股协议没有无效事由的，有效；②投资权益归实际出资人；③名义股东享有股东权利，承担股东义务
  - 外部关系：①名义股东处分股权，定性为有权处分，参照善意取得制度；②债权人有权请求名义股东承担补充赔偿责任；③名义股东的债权人申请强制执行股权，实际出资人提案外人异议的，观点展示

- 冒名股东：冒名登记行为人应当承担相应责任；被冒名者无权无责

知情权

- 范围
  - 查阅+复制：公司章程、股东名册、股东会会议记录、董事会会议决议、监事会会议决议和财务会计报告
  - ▶ 查阅：会计账簿、会计凭证
  - ▶ 全资子公司：股东有权要求查阅、复制公司全资子公司相关材料

- 流程：提出书面请求，说明目的→不正当目的（同业竞争、通报目的、3年内有前科等），公司书面答复可拒绝→股东可起诉→胜诉的查阅→委托中介机构

- 保障股东知情权：实质性剥夺股东依据《公司法》规定查阅或者复制公司文件材料的权利的，无效

组织机构A

- 股东会（权力机构）
  - 组成、职权：①全体股东组成；②定人（董事、监事）、分钱、定资本、改章程等
    - 只有一个股东的有限责任公司不设股东会
  - 召集和主持
    - 分类：①定期会议；②临时会议：代表1/10以上表决权的股东、1/3以上的董事、监事会提议
    - 召集：董事会→监事会→代表1/10以上表决权的股东
    - 主持：董事长→副董事长→董事（过半数的董事共同推举1名董事）
  - ▶ 表决
    - 一般事项：应当经代表过半数表决权的股东通过
    - 重大事项（2/3以上表决权）：修改章程增减资，合并分立和解散，变更形式667

- 董事会
  - ①3人以上，其成员中可以有公司职工代表；②职工人数300人以上，应当有公司职工代表
  - ▶ 组成、职权
    - 审计委员会：①在董事会中设置由董事组成的审计委员会，行使监事会/监事的职权；②职工代表可以成为审计委员会成员
    - 任期：每届不得超过3年；任期届满，连选可以连任；任期届满未改选、任期内辞职导致董事会成员低于法定人数的，继续履职
  - 辞任：书面形式通知公司，公司收到通知之日辞任生效
  - 解任：①股东会决议，决议作出之日解任生效；②任期届满前+无正当理由，赔偿
  - 董事：规模较小或者股东人数较少的有限责任公司，可以不设董事会，设1名董事，行使董事会的职权
  - 召集和主持：董事长→副董事长→董事
  - 表决：一人一票；双过半（过半数的董事出席方可举行、全体董事的过半数通过）

公司法（四）
└─ 有限责任公司（3）
   ├─ 组织机构 B
   │ ├─ 监事会
   │ │ ├─ 组成、职权
   │ │ │ └─ ①3人以上，其成员中应当有公司职工代表，比例不得低于1/3；②董事、高级管理人员不得兼任监事；③对董事、高级管理人员提出解任的建议
   │ │ ├─ 任期：每届为3年；任期届满，连选可连任；任期届满未改选、任期内辞职导致监事会成员低于法定人数的，继续履职
   │ │ └─ 表决：应当经全体监事的过半数通过；应当一人一票
   │ └─ 可以不设立监事会的情形
   │   └─ ①在董事会中设置由董事组成的审计委员会
   │   ②规模较小或者股东人数较少的公司，设1名监事；全体股东一致同意，可不设监事
   ├─ ★股权转让
   │ ├─ 主动转
   │ │ ├─ 对内（股东之间）转让：自由转
   │ │ ├─ 对外转让
   │ │ │ ├─ 通知：应当将股权转让的数量、价格、支付方式和期限等事项书面通知其他股东
   │ │ │ ├─ 股东优先购买权
   │ │ │ │ ├─ 其他股东在同等条件下有优先购买权　30日内未答复的，视为放弃优先购买权
   │ │ │ │ ├─ 2个以上股东均主张　协商→出资比例
   │ │ │ │ └─ 行使期间　公司章程规定的期间→通知确定的期间→30日
   │ │ │ ├─ 转让股东可反悔，赔偿合理损失
   │ │ │ └─ 损害股东优先购买权
   │ │ │   ├─ 认定　①未就其股权转让事项通知其他股东；②以欺诈、恶意串通等手段
   │ │ │   ├─ 股东救济　可主张优先购买权：①其他股东自知道或者应当知道行使优先购买权的同等条件之日起30日内；②自股权变更登记之日起1年内
   │ │ │   └─ 第三人保护　①股权转让合同如无其他影响合同效力的事由，有效
   │ │ │   ②不能实现合同目的，转让股东承担相应民事责任
   │ │ ├─ 瑕疵股权转让　可转让；受让人知情的，承担连带责任
   │ │ └─ 认缴出资期限内转让股权　①受让人承担缴纳该出资的义务；②受让人未按期足额缴纳出资的，转让人对受让人未按期缴纳的出资承担补充责任
   │ ├─ 一股二卖
   │ │ ├─ 第一次股权转让　股东名册已变更，未办理工商变更登记
   │ │ └─ 第二次股权转让　合同没有无效事由的，有效；无权处分，第二个受让人可善意取得股权　第一个受让人可主张合同责任
   │ ├─ 股权转让后程序　变更股东名册、办理变更登记；公司拒绝可诉讼；受让人自记载于股东名册时起可以向公司主张行使股东权利
   │ └─ 被动转
   │   ├─ 股权强制执行　应当通知公司及全体股东，其他股东在同等条件下有优先购买权（20日内不行使，视为放弃）
   │   ├─ 股东股权回购请求权　控股股东滥用股东权利，严重损害公司或者其他股东利益　法定情形（连续55不分红，合并分立转财产，期限届满又复活）+反对票
   │   └─ 股权继承　自然人股东死亡后，可继承；公司章程约定优先；其他股东不可主张优先购买权
   └─ ★股权担保
      ├─ 股权出质　质权自办理出质登记时设立　出质后，不得转让，出质人与质权人协商同意的除外
      └─ 股权让与担保
         ├─ 担保目的+财产形式上转移至债权人名下→债务人不履行到期债务，对财产折价等清偿，约定有效
         ├─ 流质约款，无效；不影响当事人有关提供担保的意思表示的效力
         ├─ 已经完成财产权利变动的公示→就该财产优先受偿
         └─ 债权人是担保权人，不享有股东权利，不承担股东义务

公司法（五） —— 股份有限公司

设立

- 设立方式　发起设立、募集设立
- 注册资本　以募集设立方式设立的，发起人认购的股份不得少于设立时应发行股份总数的35%
- 验资　向社会公开募集股份的股款缴足后，应当经依法设立的验资机构验资并出具证明
- ★ 成立大会　①召开时间：股款缴足之日起30日内召开；②成立大会应当有持有表决权过半数的认股人出席；③职权：选董监、过章程、审设立费用、审非货币财产出资的作价等
- 返还股款、抽回股本的情形

股东会

- 股东会召开　召开临时股东会会议的情形：①董事人数不足；②未弥补的亏损达股本总额1/3；③单独或者合计持有公司10%以上股份的股东请求；④董事会认为必要、监事会提议召开
- 股东会会议　通知时间；临时提案：单独或者合计持有1%以上股份的股东可提

董事会、经理

- 审计委员会　在董事会中设置由董事组成的审计委员会，行使监事会的职权；表决应当一人一票
- 临时会议　提议主体：①代表1/10以上表决权的股东；②1/3以上董事；③监事会

上市公司组织机构的特别规定

经出席会议的股东所持表决权的2/3以上通过：上市公司在1年内购买、出售重大资产或者向他人提供担保的金额超过公司资产总额30%

★ 股份发行

- 无面额股　采用无面额股的，应当将发行股份所得股款的1/2以上计入注册资本
- ▶ 类别股　类别股的情形；发行类别股的公司，应当在公司章程中载明的事项；表决
- 股票　可按票面金额，也可超过票面金额，但不得低于票面金额
- 公司成立前不得向股东交付股票
- 公开募集股份　招股说明书载明的事项；应当和证券公司签订承销协议；应当同银行签订代收股款协议

股份转让

股份转让限制

- 上市交易：自公司股票在证券交易所上市交易之日起1年内不得转让
- 公司董事、监事、高级管理人员：①就任时：每年转让的股份不得超过其所持有本公司股份总数的25%；②公司股票上市交易之日起1年内；③离职后半年内

★ 公司收购公司股份

- ①减资本（10日内注销）；②与持有本公司股份的其他公司合并（6个月内转让或注销）
- ③员工持股计划或者股权激励；④可转换为股票的公司债券；⑤维护公司价值　　不得超过本公司已发行股份总数的10%，3年内转让或注销
- ⑥对合并、分立决议有异议（6个月内转让或注销）

公司法（六）

公司董事、监事、高级管理人员的资格和义务

①不得担任：无能职务犯，缓2倒闭未3年，欠债成为失信人；②违反规定，聘任无效

①禁止行为：侵占公司财产、挪用公司资金、将公司资金以其个人名义或者以其他个人名义开立账户存储等；②违反规定，所得的收入应当归公司所有

关联交易 ①向董事会或者股东会报告，决议通过；②关联董事不得参与表决，其表决权不计入表决权总数

同业竞争 ①不得谋取商业机会；②向董事会或者股东会报告，决议通过的除外

损害股东利益 股东可以向法院提起诉讼

责任保险 公司可以在董事任职期间为董事因执行公司职务承担的赔偿责任投保责任保险

★ 股东代表诉讼制度

情形
董事、监事、高级管理人员、他人损害公司利益

公司全资子公司的董事、监事、高级管理人员损害公司利益，或者他人侵犯公司全资子公司合法权益造成损失

股东资格
有限责任公司：股东；股份有限公司：180日以上＋单独或合计持有1%以上股份的股东

程序
前置程序–交叉请求
董事、高级管理人员害公司，请求监事会；监事害公司，请求董事会

根本不存在公司有关机关提起诉讼的可能性的，法院不能以未履行前置程序为由驳回起诉

前置程序结果
成功 公司起诉

失败 ①拒绝；②自收到请求之日起30日内未提起诉讼；③情况紧急

股东有权为公司利益以自己的名义直接向法院提起诉讼

其他规定
①合理费用由公司承担；②胜诉利益归公司；③调解：调解协议经公司股东会、董事会决议通过；④被告可以原告股东恶意起诉侵犯其合法权益为由提起反诉

财务、会计

公积金
分类 ①法定公积金（10%、50%；不足以弥补以前年度亏损的，应先弥补亏损）；②任意公积金（股东会决议）；③资本公积金

用途 ①弥补公司亏损（先使用任意公积金和法定公积金）；②扩大公司生产经营；③转为增加公司注册资本（所留存的法定公积金不得少于转增前公司注册资本的25%）

税后利润

分配利润 ①按照实缴的出资比例分配利润，全体股东可另有约定；②违法分配利润的，股东及负有责任的董事、监事、高级管理人员应当承担赔偿责任；③股东会决议作出之日起6个月内进行分配

分红权之诉
载明具体分配方案的股东会的有效决议

提交 以公司为被告

驳回诉讼请求

未提交 违反法律规定滥用股东权利导致公司不分配利润，给其他股东造成损失的，可诉讼

公司法（七）

合并、分立、增资、减资

合并

程序
- 股东会决议→签订合并协议→编制资产负债表及财产清单→通知、公告→登记
- 无需股东会决议的情形（简易合并）：①公司与其持股90%以上的公司合并；②公司合并支付的价款不超过本公司净资产10%，公司章程另有规定的除外【不需要清算】

★法律后果
- 债权人：有权要求公司清偿债务或者提供相应的担保
- 债权债务：由合并后存续的公司或者新设的公司承继

分立

程序：股东会决议→编制资产负债表及财产清单→通知、公告→登记

法律后果：由分立后的公司承担连带责任，可约定

增资

- 有限责任公司：股东在同等条件下有权优先按照实缴的出资比例认缴出资，全体股东另有约定的除外
- 股份有限公司：股东不享有优先认购权，全体股东另有约定的除外

减资

程序：股东会决议→编制资产负债表及财产清单→通知、公告→登记

债权人：有权要求公司清偿债务或者提供相应的担保

同比减资：应当按照股东出资比例相应减少出资额，全体股东有约从约

简易减资：①公积金弥补亏损后，仍有亏损的，可减少注册资本弥补亏损；②公司不得向股东分配，也不得免除股东缴纳出资或者股款的义务；③在法定公积金和任意公积金累计额达到公司注册资本50%前，不得分配利润

违法减资：①退还；②减免股东出资的应当恢复原状；③造成损失的，股东及负有责任的董、监、高应当承担赔偿责任

解散、清算

解散

解散原因
- 一般解散：营业期限届满、决议解散、吊销营业执照、责令关闭等
- 经营管理发生严重困难：2年不开会，2年无决议，董事冲突难解决
- **★司法解散**
  - 诉讼地位：①原告：股东（单独或者合计持有公司全部股东表决权10%以上的股东）；②被告：公司；③其他股东可作共同原告或者第三人
  - ①同时提解散和清算：清算申请不予受理；②申请保全（提供担保＋不影响公司正常经营）；③注重调解

清算

清算义务人：董事为公司清算义务人

清算方式
- 自行清算：在解散事由出现之日起15日内成立清算组进行清算　清算方案应当报股东会决议确认
- 组织清算：逾期不成立清算组进行清算或者成立清算组后不清算的，利害关系人可申请法院清算　清算方案应当报法院确认

清算组职权：代表公司参与民事诉讼活动等
- 公司注销登记前：以公司的名义进行
- 公司成立清算组：由清算组负责人代表公司参加诉讼

申报债权：①通知、公告；②债权登记；③债权异议；④补充申报；⑤在申报债权期间，清算组不得对债权人进行清偿

清算方案
- 未经确认的清算方案，清算组不得执行
- 公司财产支付顺序：清算费用职工薪费金，税款债务后股东

注销

简易程序注销
- 前提：公司在存续期间未产生债务，或者已清偿全部债务的，经全体股东承诺
- 责任：若承诺不实，应当对注销登记前的债务承担连带责任

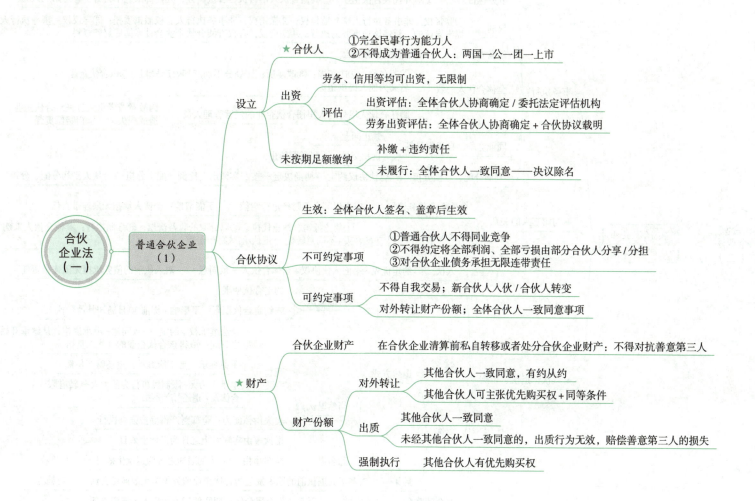

★合伙人
①完全民事行为能力人
②不得成为普通合伙人：两国一公一团一上市

出资
劳务、信用等均可出资，无限制

评估
出资评估：全体合伙人协商确定 / 委托法定评估机构
劳务出资评估：全体合伙人协商确定 + 合伙协议载明

未按期足额缴纳
补缴 + 违约责任
未履行：全体合伙人一致同意——决议除名

设立

合伙企业法（一）

普通合伙企业（1）

合伙协议
生效：全体合伙人签名、盖章后生效

不可约定事项
①普通合伙人不得同业竞争
②不得约定将全部利润、全部亏损由部分合伙人分享 / 分担
③对合伙企业债务承担无限连带责任

可约定事项
不得自我交易；新合伙人入伙 / 合伙人转变
对外转让财产份额；全体合伙人一致同意事项

★财产
合伙企业财产
在合伙企业清算前私自转移或者处分合伙企业财产：不得对抗善意第三人

财产份额
对外转让
其他合伙人一致同意，有约从约
其他合伙人可主张优先购买权 + 同等条件

出质
其他合伙人一致同意
未经其他合伙人一致同意的，出质行为无效，赔偿善意第三人的损失

强制执行
其他合伙人有优先购买权

事务执行人　①对外代表合伙企业；②其他合伙人不再执行合伙事务；③内部限制不得对抗善意第三人

权利　①监督权：非事务执行人享有监督权；②撤销权：非事务执行人有权撤销委托；③异议权：事务执行人提出异议的，暂停该项事务的执行；④知情权：有权查阅合伙企业会计账簿等财务资料

经营管理人　全体合伙人一致同意

全体合伙人一致同意事项　①改名称；②改范围；③改场所；④处分不动产和财产权利；⑤以合伙企业名义为他人提供担保

聘任合伙人以外的人担任合伙企业的经营管理人员　因故意或者重大过失给合伙企业造成损失的，承担赔偿责任

同业竞争、自我交易等　禁止同业竞争

自我交易：不同意即禁止

利润分配、亏损分担　合伙协议约定→协商决定→按照实缴出资比例分配、分担→合伙人平均分配、分担

事务执行

★与第三人的关系

合伙企业债务清偿　应先以其全部财产进行清偿　不能清偿：合伙人承担无限连带责任

合伙人个人债务清偿　①禁止抵销、禁止代位；②以分取的收益清偿；③强制执行：其他合伙人未购买+不同意转让→退伙/削减财产份额

普通合伙企业（2）

合伙企业法（二）

★入伙、退伙、转换

入伙　约定优先+书面入伙协议+全体合伙人一致同意　对入伙前的债务承担无限连带责任

自愿退伙　约定合伙期限

未约定合伙期限：不影响+提前30日通知其他合伙人

退伙方式

死亡　合法继承权+约定/一致同意=继承资格；从继承开始之日起，取得该合伙企业的合伙人资格

不愿继承或者不能继承：退还财产份额

继承人为无/限制民事行为能力人→转有限合伙人/退还财产份额

当然退伙　丧失偿债能力；全部财产份额被强制执行

退伙事由实际发生之日为退伙生效日

除名退伙　除名事由　接到通知之日为退伙生效日

退伙　后果　对基于其退伙前的原因发生的合伙企业债务承担无限连带责任　退钱/退物

有合转普合　一致同意　对其作为有限合伙人期间的债务承担无限连带责任

224

合伙企业法（三）── 有限合伙企业

- 设立
  - 合伙人　至少有1个普通合伙人＋1个有限合伙人
  - 出资　①有限合伙人不得以劳务出资
  　　　　②未按期足额缴纳：补缴＋违约责任

- 合伙协议
  - 不可约定事项　有限合伙人不执行合伙事务，不对外代表有限合伙企业，不得以劳务出资
  - 可约定事项
    - 出质、同业竞争、自我交易自由，可协议约定禁止
    - 将全部利润分配给部分合伙人

- 事务执行
  - 普通合伙人执行合伙事务，有限合伙人不执行
  - 表见普通合伙：该有限合伙人对该笔交易承担与普通合伙人同样的责任

- 有限合伙人的权利
  - ①参与决定普通合伙人入伙、退伙、合伙人转换
  - ②查阅权：涉及自身利益，查阅财务会计账簿等
  - ③诉讼：在执行事务合伙人怠于行使权利时，为企业的利益以自己的名义提起诉讼

- ★财产份额
  - ①对外转让：提前30日通知＋其他合伙人无优先购买权
  - ②出质无限制，合伙协议有约从约
  - ③强制执行：其他合伙人有优先购买权

- ★与第三人的关系
  - 合伙企业债务清偿　合伙企业先清偿　不能清偿：有限合伙人承担有限责任
  - 合伙人个人债务清偿
    - ①收益清偿
    - ②债权人申请强制执行：通知全体合伙人＋同等条件下，其他合伙人有优先购买权

- 入伙、退伙、转换
  - 入伙　约定优先＋书面入伙协议＋全体合伙人一致同意　以认缴的出资额为限承担责任
  - 退伙
    - 死亡：合法继承人继承资格
    - 后果：对基于其退伙前的原因发生的债务，以其退伙时取回的财产为限承担责任
  - 普合转有合　一致同意　对其作为普通合伙人期间的债务承担无限连带责任

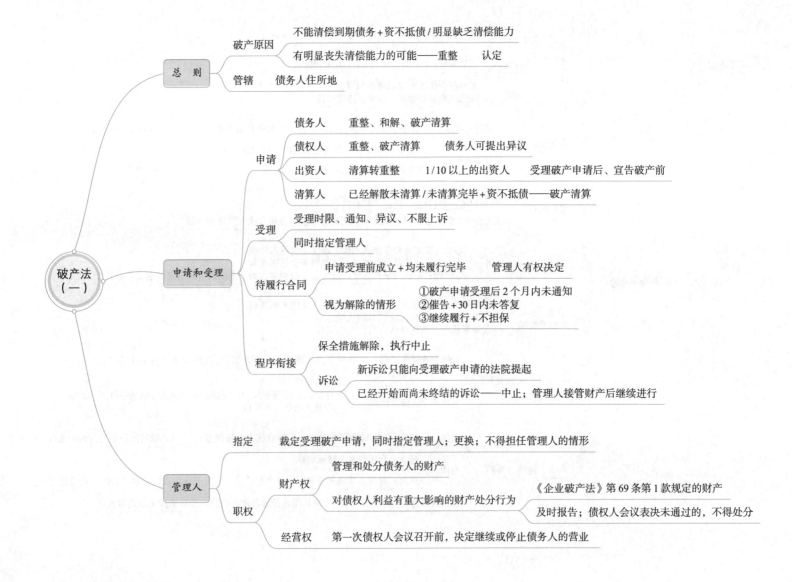

破产法（一）

总则
- 破产原因
  - 不能清偿到期债务 + 资不抵债 / 明显缺乏清偿能力
  - 有明显丧失清偿能力的可能——重整　认定
- 管辖　债务人住所地

申请和受理
- 申请
  - 债务人　重整、和解、破产清算
  - 债权人　重整、破产清算　　债务人可提出异议
  - 出资人　清算转重整　1/10 以上的出资人　受理破产申请后、宣告破产前
  - 清算人　已经解散未清算 / 未清算完毕 + 资不抵债——破产清算
- 受理
  - 受理时限、通知、异议、不服上诉
  - 同时指定管理人
- 待履行合同
  - 申请受理前成立 + 均未履行完毕　管理人有权决定
  - 视为解除的情形
    - ①破产申请受理后 2 个月内未通知
    - ②催告 + 30 日内未答复
    - ③继续履行 + 不担保
- 程序衔接
  - 保全措施解除，执行中止
  - 诉讼
    - 新诉讼只能向受理破产申请的法院提起
    - 已经开始而尚未终结的诉讼——中止；管理人接管财产后继续进行

管理人
- 指定　裁定受理破产申请，同时指定管理人；更换；不得担任管理人的情形
- 职权
  - 财产权
    - 管理和处分债务人的财产
    - 对债权人利益有重大影响的财产处分行为
      - 《企业破产法》第 69 条第 1 款规定的财产
      - 及时报告；债权人会议表决未通过的，不得处分
  - 经营权　第一次债权人会议召开前，决定继续或停止债务人的营业

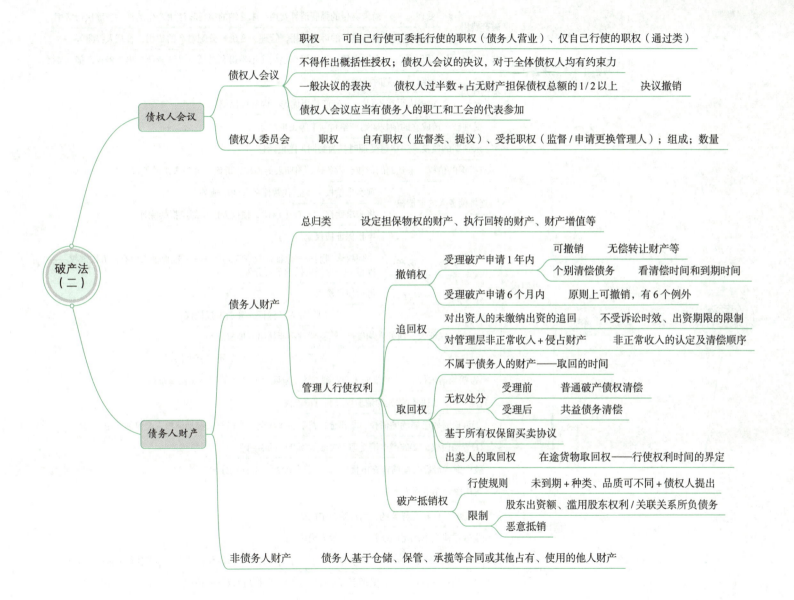

破产法（二）

债权人会议
- 债权人会议
  - 职权　可自己行使可委托行使的职权（债务人营业）、仅自己行使的职权（通过类）
  - 不得作出概括性授权；债权人会议的决议，对于全体债权人均有约束力
  - 一般决议的表决　债权人过半数＋占无财产担保债权总额的1/2以上　决议撤销
  - 债权人会议应当有债务人的职工和工会的代表参加
- 债权人委员会　职权　自有职权（监督类、提议）、受托职权（监督/申请更换管理人）；组成；数量

债务人财产
- 债务人财产
  - 总归类　设定担保物权的财产、执行回转的财产、财产增值等
  - 管理人行使权利
    - 撤销权
      - 受理破产申请1年内
        - 可撤销　无偿转让财产等
        - 个别清偿债务　看清偿时间和到期时间
      - 受理破产申请6个月内　原则上可撤销，有6个例外
    - 追回权
      - 对出资人的未缴纳出资的追回　不受诉讼时效、出资期限的限制
      - 对管理层非正常收入＋侵占财产　非正常收入的认定及清偿顺序
    - 取回权
      - 不属于债务人的财产——取回的时间
      - 无权处分
        - 受理前　普通破产债权清偿
        - 受理后　共益债务清偿
      - 基于所有权保留买卖协议
      - 出卖人的取回权　在途货物取回权——行使权利时间的界定
    - 破产抵销权
      - 行使规则　未到期＋种类、品质可不同＋债权人提出
      - 限制
        - 股东出资额、滥用股东权利/关联关系所负债务
        - 恶意抵销
  - 非债务人财产　债务人基于仓储、保管、承揽等合同或其他占有、使用的他人财产

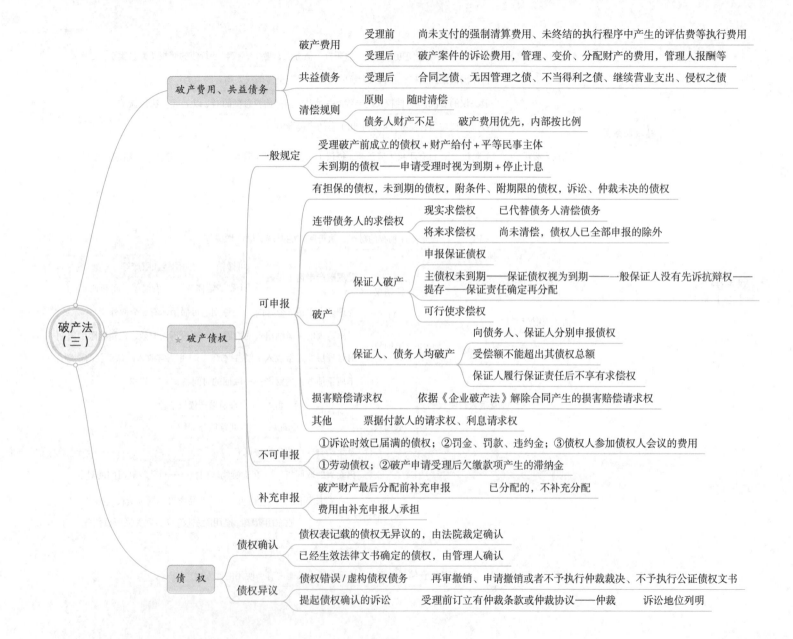

破产法（三）

破产费用、共益债务
- 破产费用
  - 受理前　尚未支付的强制清算费用、未终结的执行程序中产生的评估费等执行费用
  - 受理后　破产案件的诉讼费用，管理、变价、分配财产的费用，管理人报酬等
- 共益债务　受理后　合同之债、无因管理之债、不当得利之债、继续营业支出、侵权之债
- 清偿规则
  - 原则　随时清偿
  - 债务人财产不足　破产费用优先，内部按比例

☆ 破产债权
- 一般规定
  - 受理破产前成立的债权＋财产给付＋平等民事主体
  - 未到期的债权——申请受理时视为到期＋停止计息
- 可申报
  - 有担保的债权，未到期的债权，附条件、附期限的债权，诉讼、仲裁未决的债权
  - 连带债务人的求偿权
    - 现实求偿权　已代替债务人清偿债务
    - 将来求偿权　尚未清偿，债权人已全部申报的除外
  - 破产
    - 申报保证债权
    - 保证人破产　主债权未到期——保证债权视为到期——一般保证人没有先诉抗辩权——提存——保证责任确定再分配
    - 可行使求偿权
  - 保证人、债务人均破产
    - 向债务人、保证人分别申报债权
    - 受偿额不能超出其债权总额
    - 保证人履行保证责任后不享有求偿权
  - 损害赔偿请求权　依据《企业破产法》解除合同产生的损害赔偿请求权
  - 其他　票据付款人的请求权、利息请求权
- 不可申报
  - ①诉讼时效已届满的债权；②罚金、罚款、违约金；③债权人参加债权人会议的费用
  - ①劳动债权；②破产申请受理后欠缴款项产生的滞纳金
- 补充申报
  - 破产财产最后分配前补充申报　已分配的，不补充分配
  - 费用由补充申报人承担

债权
- 债权确认
  - 债权表记载的债权无异议的，由法院裁定确认
  - 已经生效法律文书确定的债权，由管理人确认
- 债权异议
  - 债权错误／虚构债权债务　再审撤销、申请撤销或者不予执行仲裁裁决、不予执行公证债权文书
  - 提起债权确认的诉讼　受理前订立有仲裁条款或仲裁协议——仲裁　诉讼地位列明

破产法
（四）

★重整程序

重整启动
- 原因　不能清偿到期债务＋资不抵债/明显缺乏清偿能力；有明显丧失清偿能力的可能性
- 申请人　债务人/债权人/出资额占注册资本1/10以上的出资人

重整期间　自受理法院裁定债务人重整之日起至重整程序终止

重整计划
- 重整计划草案　债务人自行管理财产和营业事务的，债务人制作；管理人负责管理财产和营业事务的，管理人制作
- 分组　组内：债权人过半＋占该组债权总额的2/3以上
- 表决通过　各表决组均通过　法院裁定批准　程序终结
- 权益受到调整或者影响的债权人或股东，有权参加表决
- 部分表决组未通过　再表决一次　拒绝或者未通过＋符合条件　强行批准
- 对债务人和全体债权人均有约束力

营业保护　新借款，新担保，担保权暂停行使（有例外），取回权受限（符合事先约定的条件），出资人投资收益分配受限，董、监、高股权转让受限

终止程序
- 通过重整计划→终止重整程序＋恢复经营
- 重整计划未提出/未批准/经营恶化＋利害关系人/管理人请求→终止重整程序＋宣告破产

计划执行
- 债务人负责执行、管理人监督
- 执行不能　清偿有效，承诺失效，债权未受清偿的部分顺位，担保继续有效

和解程序

和解启动　原因：不能清偿到期债务＋资不抵债/明显缺乏清偿能力　申请人：债务人

和解期间　裁定和解（自裁定和解之日起可以行使担保权）→终止和解程序

和解协议
- 不分组　债权人过半数同意＋债权额占无财产担保债权总额的2/3以上
- 法院认可生效　对债务人和全体和解债权人均有约束力

终止程序
- 通过和解协议→终止和解程序＋恢复经营；未通过/未认可→终止和解程序＋宣告破产
- 执行不能/不执行＋和解债权人请求→终止和解协议的执行＋宣告破产

减免债务　自和解协议执行完毕时起，债务人不再承担清偿责任

破产清算

破产宣告
- 变价和分配
  - 清偿顺序　①建设工程价款优先受偿——别除权；②破产费用、共益债务；③职工债权→社保费税→普通破产债权
  - 特殊情形财产分配（附生效条件或者解除条件的债权、未决的债权）
  - 新借款　优先于普通破产债权清偿　不优先于此前已就债务人特定财产享有担保的债权清偿
  - 设担保　《民法典》规定的担保顺序清偿

破产程序终结　破产人无财产可供分配

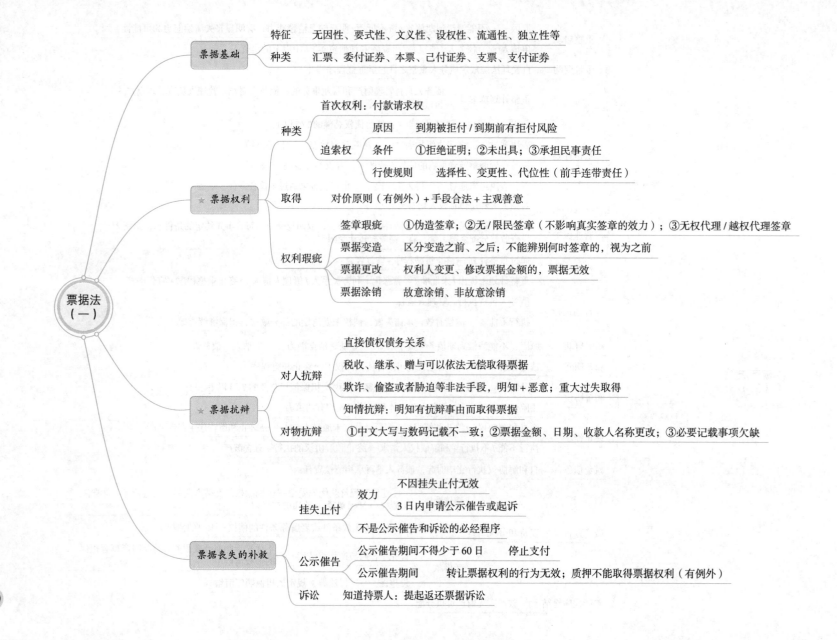

票据法（一）

票据基础
- 特征　无因性、要式性、文义性、设权性、流通性、独立性等
- 种类　汇票、委付证券、本票、已付证券、支票、支付证券

★ 票据权利
- 种类
  - 首次权利：付款请求权
  - 追索权
    - 原因　到期被拒付 / 到期前有拒付风险
    - 条件　①拒绝证明；②未出具；③承担民事责任
    - 行使规则　选择性、变更性、代位性（前手连带责任）
- 取得　对价原则（有例外）+ 手段合法 + 主观善意
- 权利瑕疵
  - 签章瑕疵　①伪造签章；②无 / 限民签章（不影响真实签章的效力）；③无权代理 / 越权代理签章
  - 票据变造　区分变造之前、之后；不能辨别何时签章的，视为之前
  - 票据更改　权利人变更、修改票据金额的，票据无效
  - 票据涂销　故意涂销、非故意涂销

★ 票据抗辩
- 对人抗辩
  - 直接债权债务关系
  - 税收、继承、赠与可以依法无偿取得票据
  - 欺诈、偷盗或者胁迫等非法手段，明知 + 恶意，重大过失取得
  - 知情抗辩：明知有抗辩事由而取得票据
- 对物抗辩　①中文大写与数码记载不一致；②票据金额、日期、收款人名称更改；③必要记载事项欠缺

票据丧失的补救
- 挂失止付
  - 效力
    - 不因挂失止付无效
    - 3 日内申请公示催告或起诉
  - 不是公示催告和诉讼的必经程序
- 公示催告
  - 公示催告期间不得少于 60 日　停止支付
  - 公示催告期间　转让票据权利的行为无效；质押不能取得票据权利（有例外）
- 诉讼　知道持票人：提起返还票据诉讼

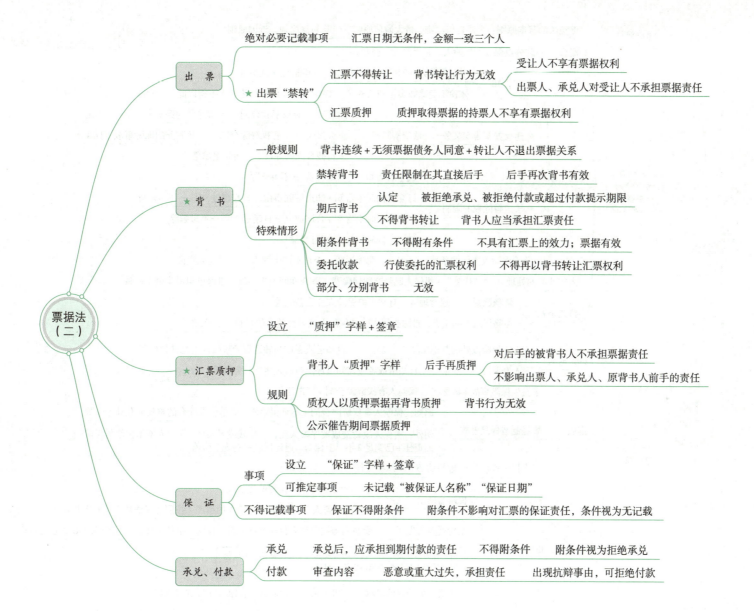

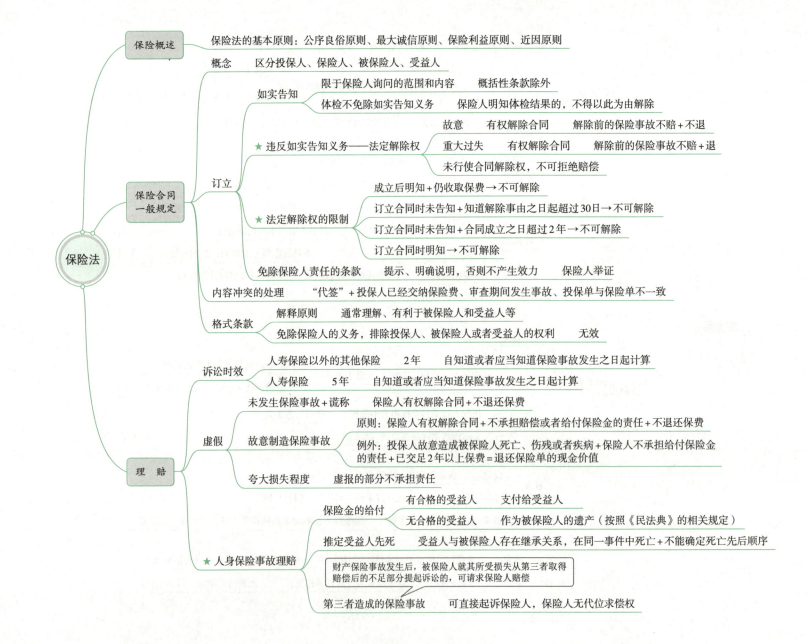

保险法

- 保险概述 —— 保险法的基本原则：公序良俗原则、最大诚信原则、保险利益原则、近因原则
- 保险合同
  一般规定
  - 概念 —— 区分投保人、保险人、被保险人、受益人
  - 订立
    - 如实告知
      - 限于保险人询问的范围和内容 —— 概括性条款除外
      - 体检不免除如实告知义务 —— 保险人明知体检结果的，不得以此为由解除
    - ★违反如实告知义务——法定解除权
      - 故意 —— 有权解除合同 —— 解除前的保险事故不赔 + 不退
      - 重大过失 —— 有权解除合同 —— 解除前的保险事故不赔 + 退
      - 未行使合同解除权，不可拒绝赔偿
    - ★法定解除权的限制
      - 成立后明知 + 仍收取保费 → 不可解除
      - 订立合同时未告知 + 知道解除事由之日起超过30日 → 不可解除
      - 订立合同时未告知 + 合同成立之日超过2年 → 不可解除
      - 订立合同时明知 → 不可解除
    - 免除保险人责任的条款 —— 提示、明确说明，否则不产生效力 —— 保险人举证
  - 内容冲突的处理 —— "代签" + 投保人已经交纳保险费、审查期间发生事故、投保单与保险单不一致
  - 格式条款
    - 解释原则 —— 通常理解、有利于被保险人和受益人等
    - 免除保险人的义务，排除投保人、被保险人或者受益人的权利 —— 无效
- 理赔
  - 诉讼时效
    - 人寿保险以外的其他保险 —— 2年 —— 自知道或者应当知道保险事故发生之日起计算
    - 人寿保险 —— 5年 —— 自知道或者应当知道保险事故发生之日起计算
  - 虚假
    - 未发生保险事故 + 谎称 —— 保险人有权解除合同 + 不退还保费
    - 故意制造保险事故
      - 原则：保险人有权解除合同 + 不承担赔偿或者给付保险金的责任 + 不退还保费
      - 例外：投保人故意造成被保险人死亡、伤残或者疾病 + 保险人不承担给付保险金的责任 + 已交足2年以上保费 = 退还保险单的现金价值
    - 夸大损失程度 —— 虚报的部分不承担责任
  - ★人身保险事故理赔
    - 保险金的给付
      - 有合格的受益人 —— 支付给受益人
      - 无合格的受益人 —— 作为被保险人的遗产（按照《民法典》的相关规定）
    - 推定受益人先死 —— 受益人与被保险人存在继承关系，在同一事件中死亡 + 不能确定死亡先后顺序
    - 财产保险事故发生后，被保险人就其所受损失从第三者取得赔偿后的不足部分提起诉讼的，可请求保险人赔偿
    - 第三者造成的保险事故 —— 可直接起诉保险人，保险人无代位求偿权

人身保险合同

- **概述**
  - 分类 —— 人寿保险、伤害保险、健康保险
  - 保险利益
    - 本人、配偶、子女、父母等；与投保人有劳动关系的劳动者
    - 订立时不具备保险利益的，合同无效
    - 订立后丧失保险利益的，合同有效

- **★ 受益人**
  - 产生 —— 由被保险人或者投保人指定　被保险人同意
  - 变更 —— 被保险人、投保人可变更　投保人变更须被保险人同意　通知保险人
  - 受益人约定不明 —— "法定"、身份关系、姓名和身份关系

- **虚报年龄**
  - 真实年龄不可保　保险人可解除合同　不可解除合同的情形除外（2年、明知等）
  - 真实年龄可保　保险人不可解除合同＋多退少补

- **欠缴保费**
  - 宽限期　催告之日起超过30日／约定之日起超过60日　期间发生保险事故应当赔偿
  - 中止期
    - 合同效力中止　期间发生保险事故不赔偿
    - 按照合同约定的条件减少保险金额
  - 复效　恢复效力申请＋补交保险费　视为恢复效力情形　补交保险费之日效力恢复
  - 解除合同　效力中止之日起满2年＋双方未达成协议　退还保险单的现金价值

- **★ 死亡险**
  - 投保
    - 不得为无民事行为能力人投保以死亡为给付保险金条件的人身保险　父母例外　保险金有限制
    - 被保险人同意＋认可保险金额　父母为未成年子女投保例外　法院主动审查
  - 理赔
    - 投保人故意
      - 原则：保险人有权解除合同＋不给保险金
      - 例外：投保人故意造成被保险人死亡、伤残或者疾病＋保险人不承担给付保险金的责任＋已交足2年以上保险费＝退还保险单的现金价值
    - 受益人故意　丧失受益权→给其他受益人保险金→没有其他受益人，作为被保险人遗产
    - 被保险人故意犯罪　不给保险金＋交足2年以上保险费＝退还保单现金价值　保险人证明因果关系
    - 被保险人自杀
      - 2年内　①正常人：不给保险金＋保险人举证；②无民事：给保险金＋受益人或被保险人的继承人举证
      - 满2年　给保险金

- **合同解除**
  - 无需被保险人／受益人同意
    - 收到解除合同之日起30日内＋退还保险单的现金价值
    - 被保险人／受益人已经向投保人支付相当于保单现金价值的款项＋通知保险人的除外

财产保险合同（一）

保险标的转让

受让人承继被保险人的权利和义务
- 被保险人或者受让人应当及时通知保险人
- 货物运输保险合同和另有约定的合同除外
- 发出保险标的转让通知后、保险人作出答复前，发生保险事故的，可主张赔偿保险金

已交付受让人 + 尚未办理所有权变更登记，承担保险标的的毁损、灭失风险的受让人可主张行使被保险人权利

保险人的免责条款有效　保险人已向投保人履行了提示和明确说明义务，未向受让人提示或者明确说明

危险程度显著增加
- 增加保险费或者解除合同
- 未履行通知义务，因转让导致保险标的的危险程度显著增加而发生的保险事故，保险人不承担赔偿责任

　　　熟悉"危险程度显著增加"的认定

减损费用

减少保险标的损失所支付的必要的、合理的费用，保险人承担
- 保险人所承担的费用数额在保险标的的损失赔偿金额以外另行计算，最高不超过保险金额的数额
- 保险人不可以被保险人采取的措施未产生实际效果为由抗辩

责任保险

保障第三者　　被保险人未向该第三者赔偿的，保险人不得向被保险人赔偿保险金

直接赔付
- 被保险人请求　　被保险人对第三者应负的赔偿责任确定　　理解"确定"的认定
- 被保险人怠于请求　　第三者有权直接向保险人请求赔偿保险金

被保险人与第三者达成和解协议
- 保险人认可　　保险人在保险合同范围内依据和解协议承担保险责任
- 未经保险人认可　　保险人可主张对保险责任范围以及赔偿数额重新予以核定

共同侵权　连带责任超出被保险人应承担的责任份额　　先赔付再追偿

先行赔付　保险人在被保险人向第三者赔偿之前向被保险人赔偿保险金
- 第三者可向保险人请求赔偿
- 被保险人返还相应保险金

诉讼
- 诉讼时效　　自被保险人对第三者应负的赔偿责任确定之日起计算
- 费用承担　　被保险人支付的仲裁或者诉讼费用以及其他必要的、合理的费用，除合同另有约定外，由保险人承担

其他特殊情形　保险人对第三者所负的赔偿责任已经生效判决确认并已进入执行程序，但未获得清偿或者未获得全部清偿　　第三者可依法请求保险人赔偿保险金

财产
保险合同
（二） — ★ 代位求偿权

理赔

先找第三者，后找保险人
- 被保险人已经从第三者取得损害赔偿
- 保险人赔偿保险金时，可以相应扣减被保险人从第三者已取得的赔偿金额

先找保险人
- 不影响被保险人就未取得赔偿的部分向第三者请求赔偿的权利
- 家庭成员（组成成员）＋非故意，保险人无代位求偿权
- 保险人代位求偿　自向被保险人赔偿保险金之日起
- 范围　赔偿金额范围内

具体规则

保险人已经获得代位求偿权
- 未通知或者通知到达第三者前　第三者已经赔偿
  - 保险人无代位求偿权
  - 主张被保险人返还保险金
- 已经通知到第三者　第三者又赔偿　保险人有代位求偿权

被保险人放弃对第三者的求偿权
- 订立前已放弃　相应部分无代位求偿权
- 订立时　保险人提出询问＋未如实告知
  - 导致保险人不能代位求偿　被保险人返还保险金
  - 保险人知道或者应当知道上述情形仍同意承保的除外
- 事故发生后、保险人赔偿前放弃　保险人对放弃部分不承担赔偿责任
- 赔偿后放弃　放弃行为无效

事由
因第三者对保险标的的损害而造成保险事故　包括因第三者侵权或者违约等享有的请求赔偿的权利

诉讼
- 诉讼时效　自取得代位权之日　当事人
  - 保险人以自己的名义
  - 申请变更当事人
    - 被保险人已经向第三者提起
    - 同意：保险人为原告；不同意：共同原告
- 管辖法院　以被保险人与第三者之间的法律关系确定

信托的设立

设立信托，应当采取书面形式
- 采取信托合同形式设立信托的，信托合同签订时，信托成立
- 采取其他书面形式设立信托的，受托人承诺信托时，信托成立

信托撤销
- 设立信托损害其债权人利益的，债权人有权申请人民法院撤销该信托
- 不影响善意受益人已经取得的信托利益
- 自债权人知道或者应当知道撤销原因之日起 1 年内不行使的，归于消灭

信托财产

委托人死亡
信托财产与委托人未设立信托的其他财产相区别
- 委托人死亡或者依法解散、被依法撤销、被宣告破产时，委托人是唯一受益人的，信托终止，信托财产作为其遗产或者清算财产
- 委托人不是唯一受益人的，信托存续，信托财产不作为其遗产或者清算财产；但作为共同受益人的委托人死亡或者依法解散、被依法撤销、被宣告破产时，其信托受益权作为其遗产或者清算财产

信托财产可以强制执行的情形
- 原则上，对信托财产不得强制执行
- 例外
  - ①设立信托前债权人已对该信托财产享有优先受偿的权利，并依法行使该权利的
  - ②信托财产本身应担负的税款
  - ③受托人处理信托事务所产生债务，债权人要求清偿该债务的

信托当事人

委托人　委托人撤销权
- 受托人违反信托目的处分信托财产或者因违背管理职责、处理信托事务不当致使信托财产受到损失的，委托人有权申请人民法院撤销该处分行为，并有权要求受托人恢复信托财产的原状或者予以赔偿
- 自委托人知道或者应当知道撤销原因之日起 1 年内不行使的，归于消灭

受托人　受托人报酬权
- ①按照约定取得报酬
- ②未约定，经信托当事人协商同意的，可以作出补充约定
- ③未作事先约定和补充约定的，不得收取报酬；1 年内不行使的，归于消灭
- ①受托人因处理信托事务所支出的费用、对第三人所负债务，以信托财产承担
- ②受托人以其固有财产先行支付的，对信托财产享有优先受偿的权利

受益人　受益人的信托受益权可以依法转让和继承，但信托文件有限制性规定的除外

信托法
（二）

信托的
变更与终止
解除信托　委托人是唯一受益人的，委托人或者其继承人可以解除信托

信托终止　信托不因委托人或者受托人的死亡、丧失民事行为能力、依法解散、被依法撤销或者被宣告破产而终止，也不因受托人的辞任而终止，但《信托法》或信托文件另有规定的除外

公益信托

公益信托　救困、救灾、扶助残疾人，科、教、文、艺、体，环境、医疗、卫生

公益信托的设立和受托人
公益信托的设立和确定其受托人，应当经有关公益事业的管理机构批准

公益信托的信托财产及其收益，不得用于非公益目的

公益事业管理机构违反《信托法》规定的，委托人、受托人或者受益人有权向人民法院起诉

信托监察人
①公益信托应当设置信托监察人
②信托监察人由信托文件规定；信托文件未规定的，由公益事业管理机构指定
③信托监察人有权以自己的名义，为维护受益人的利益，提起诉讼或者实施其他法律行为

公益信托受托人　公益信托的受托人未经公益事业管理机构批准，不得辞任

公益信托终止　公益信托终止的，受托人作出的处理信托事务的清算报告，应当经信托监察人认可后，报公益事业管理机构核准，并由受托人予以公告

个人所得税法

- 纳税主体
  - 扣缴义务人：支付所得的单位或个人
  - 居民个人　①在中国境内有住所；②无住所＋一个纳税年度在中国境内居住累计满183天　　中国境内＋境外取得的所得
  - 非居民个人　①在中国境内无住所＋不居住；②无住所＋一个纳税年度在中国境内居住累计不满183天　　中国境内取得的所得

- 纳税事项、税率
  - 综合所得
    - 劳、工、稿、特权
      - 超额累进税率（3%~45%）　　居民：年度合并；非居民：按月、按次分项
      - 劳务报酬、稿酬、特许权使用费　　以收入减除20%的费用后的余额为收入额
      - 稿酬　　收入额减按70%计算，即最终为56%
    - 应纳所得额
      - 居民　　每一纳税年度的收入额－费用60 000元－专项扣除－专项附加扣除－其他扣除
      - 非居民　　工资、薪金：每次收入额－费用5000元；劳动报酬、稿酬、特许权使用费：每次收入额
    - 扣除
      - 专项扣除：社保＋住房公积金　　专项附加扣除：子女教育、继续教育、大病医疗、住房贷款利息、住房租金、赡养老人
      - 公益慈善事业捐赠　　捐赠额未超过纳税人申报的应纳税所得额30%的部分，可从应纳税所得额中扣除
  - 经营所得　　每一纳税年度的收入总额－成本、费用以及损失　　超额累进税率（5%~35%）
  - 财产租赁所得　　每次收入≤4000元，减除费用800元；＞4000元，减除20%的费用　　比例税率（20%）
  - 财产转让所得　　转让财产的收入额－财产原值和合理费用　　比例税率（20%）
  - 利息、股息、红利所得和偶然所得　　每次收入额　　比例税率（20%）

- 免、减
  - 免税　　奖金（省部级以上）国债补贴福利费、保险赔款军人转业费、外交公约安家费等
  - 减税　　残孤烈属自然灾
  - 税额抵免　　从中国境外取得的所得，可从其应纳税额中抵免已在境外缴纳的个人所得税税额，但有限制

- 纳税调整
  - 个人与其关联方之间的业务往来　　不符合独立交易原则而减少本人或者其关联方应纳税额，且无正当理由
  - 控制税负低地区的企业＋无合理经营需要＋利润不分或少分　　居民个人或者居民个人和居民企业共同控制的设立在实际税负明显偏低的国家（地区）的企业，无合理经营需要，对应当归属于居民个人的利润不作分配或者减少分配
  - 个人实施其他不具有合理商业目的的安排而获取不当税收利益

- 转让
  - 转让不动产
    - 核验　　税务机关应当根据不动产登记等相关信息核验应缴的个人所得税
    - 完税凭证　　登记机构办理转移登记时，应当查验与该不动产转让相关的个人所得税的完税凭证
  - 转让股权　　办理变更登记的，市场主体登记机关应当查验与该股权交易相关的个人所得税的完税凭证

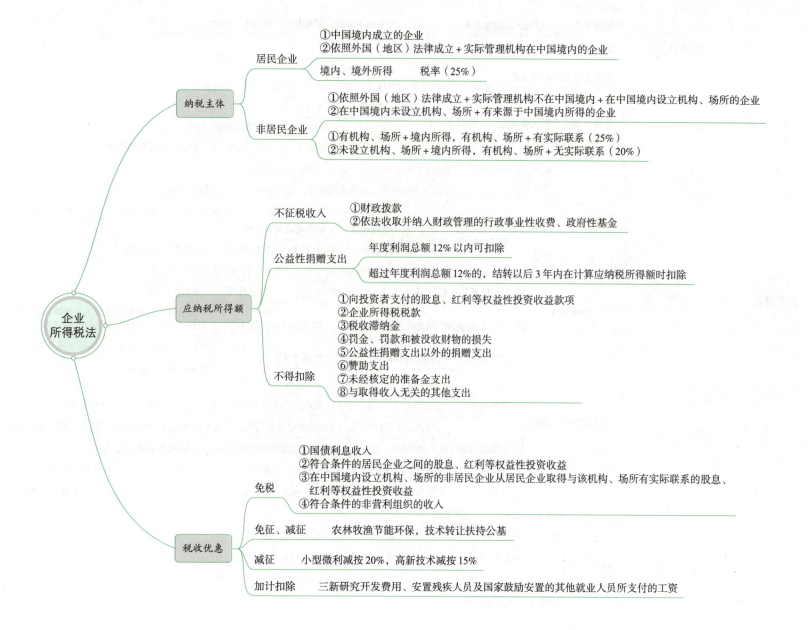

企业所得税法

纳税主体

居民企业
- ①中国境内成立的企业
- ②依照外国（地区）法律成立 + 实际管理机构在中国境内的企业

境内、境外所得　　税率（25%）

非居民企业
- ①依照外国（地区）法律成立 + 实际管理机构不在中国境内 + 在中国境内设立机构、场所的企业
- ②在中国境内未设立机构、场所 + 有来源于中国境内所得的企业

- ①有机构、场所 + 境内所得，有机构、场所 + 有实际联系（25%）
- ②未设立机构、场所 + 境内所得，有机构、场所 + 无实际联系（20%）

应纳税所得额

不征税收入
- ①财政拨款
- ②依法收取并纳入财政管理的行政事业性收费、政府性基金

公益性捐赠支出
- 年度利润总额 12% 以内可扣除
- 超过年度利润总额 12% 的，结转以后 3 年内在计算应纳税所得额时扣除

不得扣除
- ①向投资者支付的股息、红利等权益性投资收益款项
- ②企业所得税税款
- ③税收滞纳金
- ④罚金、罚款和被没收财物的损失
- ⑤公益性捐赠支出以外的捐赠支出
- ⑥赞助支出
- ⑦未经核定的准备金支出
- ⑧与取得收入无关的其他支出

税收优惠

免税
- ①国债利息收入
- ②符合条件的居民企业之间的股息、红利等权益性投资收益
- ③在中国境内设立机构、场所的非居民企业从居民企业取得与该机构、场所有实际联系的股息、红利等权益性投资收益
- ④符合条件的非营利组织的收入

免征、减征　　农林牧渔节能环保，技术转让扶持公基

减征　　小型微利减按 20%，高新技术减按 15%

加计扣除　　三新研究开发费用、安置残疾人员及国家鼓励安置的其他就业人员所支付的工资

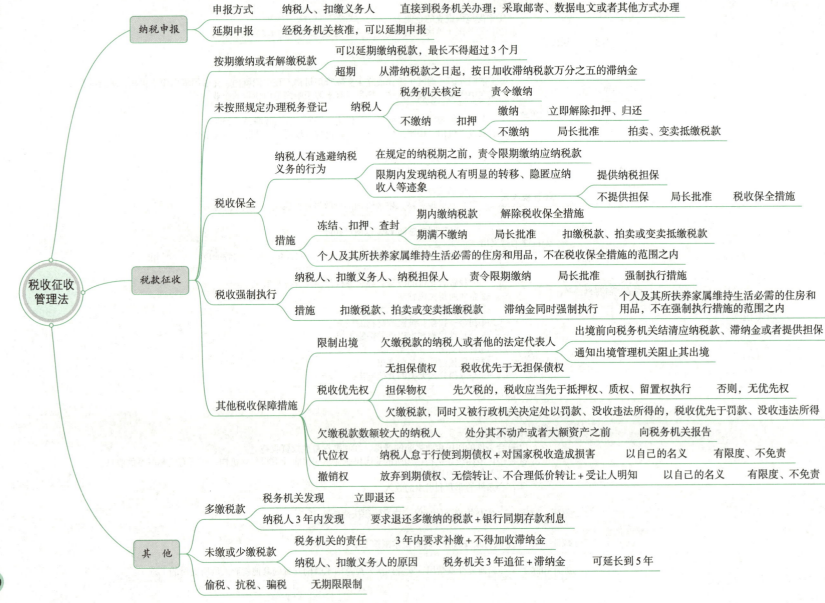

税收征收管理法

纳税申报
- 申报方式　　纳税人、扣缴义务人　　直接到税务机关办理；采取邮寄、数据电文或者其他方式办理
- 延期申报　　经税务机关核准，可以延期申报

税款征收
- 按期缴纳或者解缴税款
  - 可以延期缴纳税款，最长不得超过 3 个月
  - 超期　　从滞纳税款之日起，按日加收滞纳税款万分之五的滞纳金
- 未按照规定办理税务登记　　纳税人
  - 税务机关核定　　责令缴纳
  - 不缴纳　　扣押
    - 缴纳　　立即解除扣押、归还
    - 不缴纳　　局长批准　　拍卖、变卖抵缴税款
- 税收保全
  - 纳税人有逃避纳税义务的行为
    - 在规定的纳税期之前，责令限期缴纳应纳税款
    - 限期内发现纳税人有明显的转移、隐匿应纳收入等迹象
      - 提供纳税担保
      - 不提供担保　　局长批准　　税收保全措施
  - 措施
    - 冻结、扣押、查封
      - 期内缴纳税款　　解除税收保全措施
      - 期满不缴纳　　局长批准　　扣缴税款、拍卖或变卖抵缴税款
    - 个人及其所扶养家属维持生活必需的住房和用品，不在税收保全措施的范围之内
- 税收强制执行
  - 纳税人、扣缴义务人、纳税担保人　　责令限期缴纳　　局长批准　　强制执行措施
  - 措施　　扣缴税款、拍卖或变卖抵缴税款　　滞纳金同时强制执行　　个人及其所扶养家属维持生活必需的住房和用品，不在强制执行措施的范围之内
- 其他税收保障措施
  - 限制出境　　欠缴税款的纳税人或者他的法定代表人
    - 出境前向税务机关结清应纳税款、滞纳金或者提供担保
    - 通知出境管理机关阻止其出境
  - 税收优先权
    - 无担保债权　　税收优先于无担保债权
    - 担保物权　　先欠税的，税收应当先于抵押权、质权、留置权执行　　否则，无优先权
    - 欠缴税款，同时又被行政机关决定处以罚款、没收违法所得的，税收优先于罚款、没收违法所得
  - 欠缴税款数额较大的纳税人　　处分其不动产或者大额资产之前　　向税务机关报告
  - 代位权　　纳税人怠于行使到期债权+对国家税收造成损害　　以自己的名义　　有限度、不免责
  - 撤销权　　放弃到期债权、无偿转让、不合理低价转让+受让人明知　　以自己的名义　　有限度、不免责

其他
- 多缴税款
  - 税务机关发现　　立即退还
  - 纳税人 3 年内发现　　要求退还多缴纳的税款+银行同期存款利息
- 未缴或少缴税款
  - 税务机关的责任　　3 年内要求补缴+不得加收滞纳金
  - 纳税人、扣缴义务人的原因　　税务机关 3 年追征+滞纳金　　可延长到 5 年
- 偷税、抗税、骗税　　无期限限制

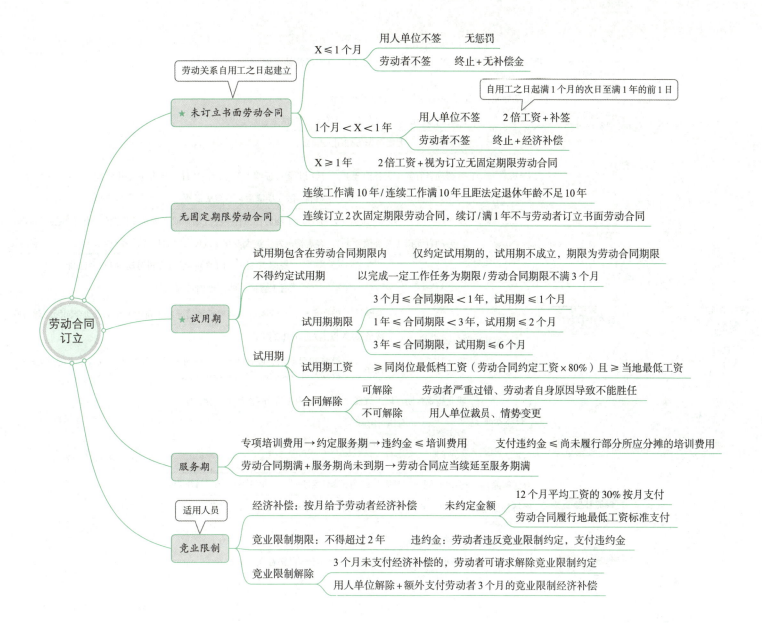

劳动合同订立

★ 未订立书面劳动合同
- 劳动关系自用工之日起建立
- X ≤ 1 个月
  - 用人单位不签　　无惩罚
  - 劳动者不签　　终止 + 无补偿金
- 1 个月 < X < 1 年
  - 用人单位不签　　2 倍工资 + 补签（自用工之日起满 1 个月的次日至满 1 年的前 1 日）
  - 劳动者不签　　终止 + 经济补偿
- X ≥ 1 年　　2 倍工资 + 视为订立无固定期限劳动合同

无固定期限劳动合同
- 连续工作满 10 年 / 连续工作满 10 年且距法定退休年龄不足 10 年
- 连续订立 2 次固定期限劳动合同，续订 / 满 1 年不与劳动者订立书面劳动合同

★ 试用期
- 试用期包含在劳动合同期限内　　仅约定试用期的，试用期不成立，期限为劳动合同期限
- 不得约定试用期　　以完成一定工作任务为期限 / 劳动合同期限不满 3 个月
- 试用期
  - 试用期期限
    - 3 个月 ≤ 合同期限 < 1 年，试用期 ≤ 1 个月
    - 1 年 ≤ 合同期限 < 3 年，试用期 ≤ 2 个月
    - 3 年 ≤ 合同期限，试用期 ≤ 6 个月
  - 试用期工资　　≥ 同岗位最低档工资（劳动合同约定工资 × 80%）且 ≥ 当地最低工资
  - 合同解除
    - 可解除　　劳动者严重过错、劳动者自身原因导致不能胜任
    - 不可解除　　用人单位裁员、情势变更

服务期
- 专项培训费用 → 约定服务期 → 违约金 ≤ 培训费用　　支付违约金 ≤ 尚未履行部分所应分摊的培训费用
- 劳动合同期满 + 服务期尚未到期 → 劳动合同应当续延至服务期满

竞业限制
- 适用人员
- 经济补偿：按月给予劳动者经济补偿　　未约定金额
  - 12 个月平均工资的 30% 按月支付
  - 劳动合同履行地最低工资标准支付
- 竞业限制期限：不得超过 2 年　　违约金：劳动者违反竞业限制约定，支付违约金
- 竞业限制解除
  - 3 个月未支付经济补偿的，劳动者可请求解除竞业限制约定
  - 用人单位解除 + 额外支付劳动者 3 个月的竞业限制经济补偿

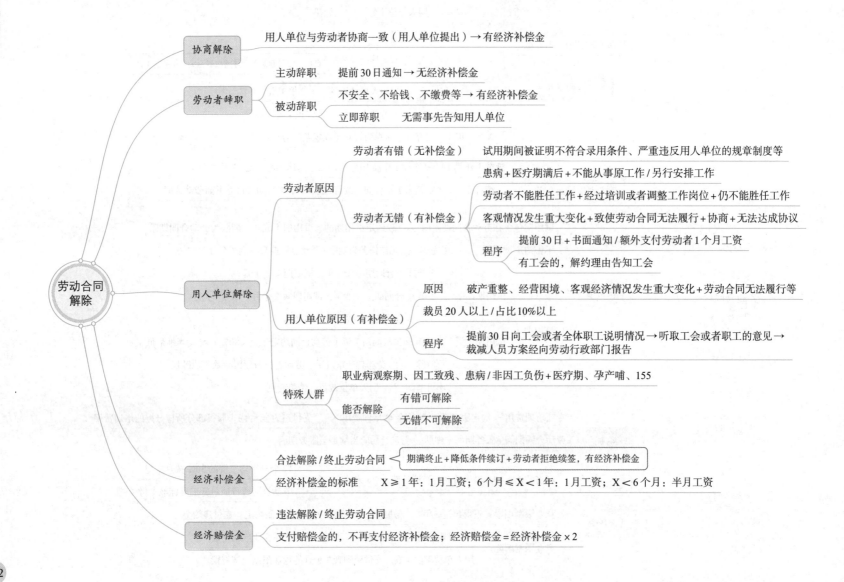

协商解除 —— 用人单位与劳动者协商一致（用人单位提出）→ 有经济补偿金

劳动者辞职
- 主动辞职 —— 提前 30 日通知 → 无经济补偿金
- 被动辞职
  - 不安全、不给钱、不缴费等 → 有经济补偿金
  - 立即辞职 —— 无需事先告知用人单位

劳动合同解除

用人单位解除
- 劳动者原因
  - 劳动者有错（无补偿金）—— 试用期间被证明不符合录用条件、严重违反用人单位的规章制度等
  - 劳动者无错（有补偿金）
    - 患病 + 医疗期满后 + 不能从事原工作 / 另行安排工作
    - 劳动者不能胜任工作 + 经过培训或者调整工作岗位 + 仍不能胜任工作
    - 客观情况发生重大变化 + 致使劳动合同无法履行 + 协商 + 无法达成协议
  - 程序
    - 提前 30 日 + 书面通知 / 额外支付劳动者 1 个月工资
    - 有工会的，解约理由告知工会
- 用人单位原因（有补偿金）
  - 原因 —— 破产重整、经营困境、客观经济情况发生重大变化 + 劳动合同无法履行等
  - 裁员 20 人以上 / 占比 10% 以上
  - 程序 —— 提前 30 日向工会或者全体职工说明情况 → 听取工会或者职工的意见 → 裁减人员方案经向劳动行政部门报告
- 特殊人群
  - 职业病观察期、因工致残、患病 / 非因工负伤 + 医疗期、孕产哺、155
  - 能否解除
    - 有错可解除
    - 无错不可解除

经济补偿金
- 合法解除 / 终止劳动合同 —— 期满终止 + 降低条件续订 + 劳动者拒绝续签，有经济补偿金
- 经济补偿金的标准 —— X ≥ 1 年：1 月工资；6 个月 ≤ X < 1 年：1 月工资；X < 6 个月：半月工资

经济赔偿金
- 违法解除 / 终止劳动合同
- 支付赔偿金的，不再支付经济补偿金；经济赔偿金 = 经济补偿金 × 2

特殊用工形式

劳务派遣

- **适用对象** —— 临时性、辅助性或者替代性

- **劳动法律关系**
  - 劳务派遣单位与劳动者
    - 可约定试用期
    - 无工作期间，也要支付劳动报酬
    - 订立 2 年以上的固定期限劳动合同，按月支付劳动报酬
    - 不得以非全日制用工形式招用被派遣劳动者
    - 有权在劳务派遣单位或者用工单位依法参加或者组织工会
  - 劳务派遣单位与用工单位 —— 不得将连续用工期限分割订立数个短期劳务派遣协议；禁止自产自销

- **纠纷**
  - 劳动者工伤 → 劳务派遣单位申请工伤认定 → 若劳务派遣单位承担工伤保险责任，则与用工单位约定补偿
  - 劳动者损害 → 劳务派遣单位与用工单位承担连带赔偿责任
  - 造成他人损害 → 用工单位承担侵权责任；劳务派遣单位有过错的，承担相应的责任

- **退工／解除**
  - 用工单位退回 + 可解除
    - 有经济补偿金，补偿金的支付参考《劳动合同法》的规定
    - ①劳动者有过错；②患病或非因工负伤 + 医疗期满 + 不能从事工作，另行安排也不行；③不能胜任
  - 可退工 + 不可解除劳动合同
    - ①订立合同的客观情况发生重大变化
    - ②用工单位裁员
    - ③劳务派遣协议期满终止等

非全日制用工

- **认定** —— 以小时计酬为主，在同一用人单位一般平均每日工作时间不超过 4 小时，每周工作时间累计不超过 24 小时的用工形式
- **订立**
  - 可以订立口头协议
  - 可以同时订立多个劳动合同　后订立的劳动合同不得影响先订立的劳动合同的履行
- **终止** —— 任何一方都可以随时通知对方终止用工　不向劳动者支付经济补偿金
- **报酬支付** —— 结算支付周期最长不得超过 15 日

集体合同

- **订立主体** —— 企业职工一方与企业　集体合同草案应当提交职工代表大会或者全体职工讨论通过
  - 集体合同由工会代表职工与企业签订；没有建立工会的企业，由职工推举的代表与企业签订
- **生效** —— 报送劳动行政部门 → 自收到之日起 15 日内未提出异议的，集体合同即行生效
- **效力** —— 对企业和企业全体职工具有约束力，个人劳动合同中劳动条件等标准不得低于集体合同

争议解决方式 —— 协商（不必须）→调解（不必须）→仲裁（必须前置）→诉讼（一裁终局的除外）

调解
- 达成调解协议　具有劳动合同的约束力　劳动者直接提起诉讼的，可以按照普通民事纠纷受理
- 拖欠劳动报酬，没有协议，申请支付令的，督促程序终结后，必须仲裁前置
- 关于金钱协议　可申请支付令　督促程序终结　劳动者可依据调解协议直接提起诉讼

劳动争议调解仲裁法

仲裁
- 管辖　劳动合同履行地或者用人单位所在地；都申请的，劳动合同履行地优先
- 当事人
  - ①劳动者和用人单位
  - ②劳务派遣单位和用工单位为共同当事人
- 时效　1年；仲裁时效期间从当事人知道或者应当知道其权利被侵害之日起计算
  - 劳动关系存续期间因拖欠劳动报酬发生争议的，不受限制；自劳动关系终止之日起1年内提出
- 证据　谁主张，谁举证
  - 与争议事项有关的证据属于用人单位掌握管理的，用人单位提供；不提供的，承担不利后果
  - 主张加班费的，就加班事实的存在，劳动者承担举证责任；但劳动者有证据证明用人单位掌握加班事实存在的证据，用人单位不提供的，由用人单位承担不利后果
- 先予执行　劳动报酬、工伤医疗费、经济补偿或者赔偿金的案件
  - 条件
    - ①权利义务关系明确
    - ②不先予执行将严重影响申请人的生活
- 裁决
  - 相对一裁终局
    - ①追索劳动报酬、工伤医疗费、经济补偿或者赔偿金，不超过当地月最低工资标准12个月金额的争议
    - ②因执行国家的劳动标准在工作时间、休息休假、社会保险等方面发生的争议
    - 劳动者不服可诉讼，用人单位不可　符合规定，用人单位可向劳动争议仲裁委员会所在地的中级人民法院申请撤销裁决
  - 其他案件　可以自收到仲裁裁决书之日起15日内向人民法院提起诉讼

诉讼 —— 仲裁委逾期不受理或者逾期未作出决定、逾期未作出仲裁裁决、裁决被撤销、对仲裁裁决不服等

反垄断法

- **总则**
  - 国家建立健全公平竞争审查制度
  - 经营者不得从事《反垄断法》禁止的垄断行为

- **执法机构**
  - ①国务院反垄断执法机构负责反垄断统一执法工作
  - ②经授权的省、自治区、直辖市人民政府相应机构负责有关反垄断执法工作

- **★垄断协议**
  - ①横向垄断协议：具有竞争关系的企业，固定或者变更商品价格等（口诀：固价限量分市场，限新抵交易）
  - ②纵向垄断协议：经营者与交易相对人，固价、限最低价
  - 垄断协议的豁免条款：为改进技术、研究开发新产品等（口诀：技术质量提效率，公共能源缓过剩）
  - 法律责任
    - 达成并实施垄断协议的，停止＋没收＋上一年度销售额1%以上10%以下罚款/上一年度没有销售额的，500万元以下罚款
    - 尚未实施所达成的垄断协议的，可以处300万元以下罚款

- **滥用市场支配地位**
  - ①市场支配地位的认定：市场份额、相关市场的竞争状况等综合因素
  - ②推定情形（看市场份额）：1个经营者1/2；2个经营者2/3；3个经营者3/4；不足1/10不推定
  - 滥用市场支配地位的行为：垄断价格、拒绝交易、限定交易等
  - 具有市场支配地位的经营者不得利用数据和算法、技术以及平台规则等从事滥用市场支配地位的行为

- **经营者集中**
  - 经营者集中行为：经营者合并、取得对其他经营者的控制权等
  - 事先申报制度：未申报的不得实施集中；可不申报的情形：参与集中的一个经营者拥有其他每个经营者50%以上有表决权的股份或者资产、参与集中的每个经营者50%以上有表决权的股份或者资产被同一个未参与集中的经营者拥有
  - 经营者集中的审查：①审查期间；②审查要素；③审查结果；④经营者的救济；⑤行政法律责任
  - 中止计算经营者集中的审查期限的情形：未按照规定提交文件、资料，导致审查工作无法进行等
  - 复议前置：先依法申请行政复议；对行政复议决定不服的，可以依法提起行政诉讼

- **滥用行政权力排除、限制竞争行为**
  - ①滥用行政权力的行为主体；②行为方式；③法律责任

- **对涉嫌垄断行为的调查**
  - 举报：任何单位和个人有权向反垄断执法机构举报
  - 中止调查：承诺在反垄断执法机构认可的期限内采取具体措施消除行为后果的，反垄断执法机构可以决定中止调查
  - 约谈制度：对法定代表人或者负责人进行约谈，要求其提出改进措施

- **公益诉讼**
  - 损害社会公共利益的，设区的市级以上人民检察院可以依法向人民法院提起民事公益诉讼

反不正当竞争法

常考的不正当竞争行为

混淆行为

- 本质：引人误认为是他人商品或者与他人存在特定联系
- 行为方式
  - 擅自使用与他人有一定影响的商品名称、包装、装潢等相同或者近似的标识
  - 引人误认为与他人具有商业联合、许可使用、商业冠名、广告代言等特定联系
- 不构成混淆行为
  - 因客观描述、说明商品而正当使用含有本商品通用名称、图形、型号等，含有地名的标识
  - 因客观描述、说明商品而正当使用直接表示商品的质量、主要原料、功能、用途、重量、数量等的标识
- 帮助、教唆侵权
  - 故意为他人实施混淆行为提供仓储、运输、经营场所等便利条件的，属于帮助侵权，承担连带责任

虚假宣传

- 对商品的性能、功能、质量、销售状况、用户评价、曾获荣誉等作虚假或者引人误解的商业宣传
- 通过组织虚假交易等方式，帮助其他经营者进行虚假或者引人误解的商业宣传，如刷单
- 引人误解的商业宣传
  - 对商品作片面的宣传或者对比
  - 将科学上未定论的观点、现象等当作定论的事实用于商品宣传

互联网不正当竞争

- 本质：利用技术手段，通过影响用户选择或者其他方式，实施妨碍、破坏其他经营者合法提供的网络产品或者服务正常运行的行为
- 行为方式
  - ①未经其他经营者同意，在其合法提供的网络产品或者服务中，插入链接、强制进行目标跳转（仅插入链接，目标跳转由用户触发的，综合认定）
  - ②误导、欺骗、强迫用户修改、关闭、卸载其他经营者合法提供的网络产品或者服务
  - ③恶意对其他经营者合法提供的网络产品或者服务实施不兼容

侵犯商业秘密

- 教唆、引诱、帮助他人违反保密义务或者违反权利人有关保守商业秘密的要求，获取、披露、使用或者允许他人使用权利人的商业秘密等
- 第三人明知或者应知商业秘密权利人的员工等实施侵犯商业秘密的行为，仍获取、披露、使用或者允许他人使用该商业秘密的，也构成侵权

其他不正当竞争行为

- 商业贿赂：谋取交易机会或者竞争优势
- 有奖销售：抽奖式的有奖销售，最高奖的金额超过 5 万元
- 商业诋毁：编造、传播虚假信息或者误导性信息，损害竞争对手的商业信誉、商品声誉

法律责任

- 赔偿数额包括经营者为制止侵权行为所支付的合理开支
- 民事责任、行政责任和刑事责任并存，财产不足以支付的，优先用于承担民事责任

消费者权益保护法（一）

消费者的权利
①人身、财产安全受保障权，接受以奖励、赠送、试用等形式免费提供的商品或者服务时也享有该项权利；②知情权；③自主选择权：有权进行比较、鉴别和挑选等，通过搭配、组合等方式提供商品或者服务的，以显著方式提请消费者注意；④公平交易权；⑤获得赔偿权

★经营者的义务

警示和安全保障义务

召回义务：经营者应当承担消费者因商品被召回所支出的必要费用；相关经营者应当依法履行召回相关协助和配合义务

禁止虚假宣传：不得诱导老年人；不得在消费者不知情的情况下，对同一商品或者服务在同等交易条件下设置不同的价格或者收费标准；自动展期、自动续费等日期前，以显著方式提请消费者注意

瑕疵担保义务：机动车等耐用商品+6个月内发现瑕疵，经营者承担举证责任

退货
- 不符合质量要求：退货、更换、修理，经营者承担运输等必要费用
- 7天无理由　有约从约；无约，退回商品的运费由消费者承担
- 不适用7天无理由的商品：定作、鲜活易腐、数字化商品、报纸等　　不得擅自扩大不适用无理由退货的商品范围
- 消费者要求退还押金，符合押金退还条件的，经营者应当及时退还

格式条款：格式条款、通知、声明、店堂告示排除或者限制消费者权利、减轻或者免除经营者责任、加重消费者责任等内容，无效

消费者个人信息保护
- 不得过度收集消费者个人信息；不得采用一次概括授权、默认授权等方式，强制或者变相强制消费者同意收集、使用与经营活动无直接关系的个人信息
- 消费者同意接收商业性信息或者商业性电话的，经营者应当提供明确、便捷的取消方式

网络直播：直播间运营者、直播营销人员发布的直播内容构成商业广告的，履行广告发布者、广告经营者或者广告代言人的义务

消费者组织
不得以收取费用或者其他牟取利益的方式向消费者推荐商品和服务

对侵害众多消费者合法权益的行为，中国消费者协会以及在省、自治区、直辖市设立的消费者协会，可以向人民法院提起诉讼

消费者权益保护法（二）

★ 争议的解决

商品侵权：可以向销售者要求赔偿，也可以向生产者要求赔偿；销售者、生产者承担责任后可追偿

在展销会、租赁柜台购买商品或者接受服务

向销售者或者服务者要求赔偿

展销会结束或者柜台租赁期满后，也可以向展销会的举办者、柜台的出租者要求赔偿；展销会的举办者、柜台的出租者承担责任后可追偿

网络交易平台提供者

不能提供销售者或者服务者的真实名称、地址和有效联系方式的，消费者可以向网络交易平台提供者要求赔偿，网络交易平台提供者承担责任后可追偿

作出更有利于消费者的承诺的，应当履行承诺

明知或者应知销售者或者服务者利用其平台侵害消费者合法权益，未采取必要措施的，与该销售者或者服务者承担连带责任

虚假广告

广告经营者、发布者设计、制作、发布关系消费者生命健康商品或者服务的虚假广告，造成消费者损害的，与经营者承担连带责任

社会团体或者其他组织、个人在关系消费者生命健康商品或者服务的虚假广告或其他虚假宣传中向消费者推荐商品或者服务，造成消费者损害的，与经营者承担连带责任

★ 法律责任

人身损害赔偿

医疗费、护理费、交通费等为治疗和康复支出的合理费用，以及因误工减少的收入　速记：医护务工通康复

残疾：上述费用+残疾生活辅助具费和残疾赔偿金

死亡：上述费用+丧葬费和死亡赔偿金

精神损害赔偿

经营者有侮辱诽谤、搜查身体、侵犯人身自由等侵害消费者或者其他受害人人身权益的行为，造成严重精神损害的，受害人可以要求精神损害赔偿

惩罚性赔偿

经营者明知商品或者服务存在缺陷+造成死亡或者健康严重损害→赔偿损失+消费者所受损失2倍以下的惩罚性赔偿

欺诈

欺诈→退费+增加赔偿的金额：消费者购买商品的价款或者接受服务的费用的3倍；不足500元的，为500元（退一赔三）

预付款

不得降低商品或者服务质量，不得任意加价

未按照约定提供商品或者服务的，退回预付款，并承担预付款的利息、消费者必须支付的合理费用

经营者决定停业或者迁移服务场所的，提前告知消费者，或继续履行或退还未消费的预付款余额

著作权法（一）

总则

- 享有著作权
  - （国籍）中国公民、法人或者非法人组织　创作完成之日　不论是否发表
  - 外国人、无国籍人　①条约；②出版
- 作品
  - 智力成果　独创性、可复制性（文字作品、口述作品）　淫秽书刊、暴力电影属于作品，禁止出版传播
  - 不适用　①法律、法规等正式文件；②单纯事实消息；③历法、通用数表、通用表格和公式

著作权

- 著作权人　作者，其他依法享有著作权的自然人、法人或者非法人组织
- 权利
  - ★ 人身权
    - 发表权　公之于众　一次性权利　一旦公开，不再侵害发表权
    - 署名权　表明作者身份　是否署名，署名的方式、顺序等　侵权：盗用他人姓名、未参加创作而署名等
    - 修改权　未经许可　侵权：图书出版者对作品修改、删节　不侵权：报社、期刊内容的修改，文字性修改不侵权
    - 保护作品完整权　歪曲、篡改
  - 财产权
    - 复制权　制作一份或者多份　〔印刷、复印、拓印、录音、录像、翻录、数字化等方式〕
    - 发行权　以出售或者赠与方式向公众提供作品的原件或复制件
    - ★ 出租权　有偿许可他人临时使用视听作品、计算机软件的原件或者复制件
    - 展览权　公开陈列美术作品、摄影作品的原件或者复制件　原件所有权转移，可未经许可展览
    - ★ 表演权　公开表演作品　公开播送作品的表演　侵权：未经许可播放背景音乐
    - ★ 放映权　通过放映机、幻灯机等技术设备公开再现美术、摄影、视听作品等
    - 广播权　以有线或者无线方式公开传播或转播，以及通过扩音器或者其他传送符号、声音、图像的类似工具
    - ★ 信息网络传播权　①以有线或者无线方式向公众提供＋②公众可以在其选定的时间和地点获得作品
    - 摄制权　以摄制视听作品的方法将作品固定在载体上
    - 改编权　改变作品，创作出具有独创性的新作品　侵权：未经许可将小说改编为影视剧本
    - 翻译权　将作品从一种语言文字转换成另一语言文字　侵权：未经许可翻译
    - 汇编权　将作品或者作品的片段通过选择或编排，汇集成新作品　侵权：未经许可汇编
- 权利保护期　署名权、修改权、保护作品完整权　发表权、财产权：自然人或者非法人组织

著作权法（二）

著作权归属

- 演绎类作品（双许可）
  - 改编、翻译、注释、整理 —— 改编、翻译、注释、整理人享有 —— 行使著作权时，不得侵犯原作品的著作权
  - 汇编 —— 汇编人享有 —— 行使著作权时，不得侵犯原作品的著作权
- 合作作品
  - 合作作者共同享有
    - 协商一致行使 —— 任何一方不得阻止他方行使除转让、许可他人专有使用、出质以外的其他权利 —— 收益合理分配
    - 可以分割 —— 可以单独享有著作权 —— 不得侵犯合作作品整体的著作权
  - 没有参加创作的人，不能成为合作作者
- 电影作品、电视剧作品 —— 制作者享有 —— 编剧、导演、摄影、作词、作曲等作者享有署名权 —— 其他视听作品看约定，未约定或约定不明的，归制作者；剧本、音乐等可以单独使用的作品的作者有权单独行使其著作权
- 委托作品 —— 合同约定 —— 未约定属于受托人
- 职务作品
  - 一般职务作品 —— 作者享有 —— 优先使用 —— 2年内，未经单位同意，作者不得许可第三人以与单位使用的相同方式使用该作品
  - 特殊职务作品 —— ①主要是利用法人或者非法人组织的物质技术条件创作+组织担责：计算机软件、工程设计图等；②报社、期刊社、通讯社、广播电台、电视台的工作人员创作的职务作品 —— 组织享有，作者享有署名权
- 原件所有权转移 —— 不改变作品著作权归属 —— 美术、摄影作品原件的展览权由原件所有人享有（未发表的作品原件转让，受让人展览不侵犯发表权）

权利限制

- 合理使用（不许可+不付费）
  - 学习类 —— ①个人学习等+已经发表；②介绍、评论等+适当引用+已发表
  - 媒体 —— ①报道新闻+再现或引用+已发表；②政经宗+已发表（声明禁止除外）；③公众集会讲话（声明禁止除外）
  - 公务 —— 国家机关为执行公务在合理范围内使用已经发表的作品
  - 公益 —— ①六馆；②免费表演，双向不收费+不以营利为目的；③公共场所艺术作品临、绘、摄、录；④中国作品汉翻少；⑤无障碍提供；⑥教学或科学研究+教学或科研人员使用+不得出版发行
- 法定许可（不许可+付费）
  - 教科书 —— 义务教育+国家教育规划
  - 录音录像制作者 —— 录制已经合法录制为录音制品的音乐作品（声明不许使用除外）—— 视听作品、录像制品除外
  - 广播电台、电视台播放 —— 已经发表的作品（不包括视听作品、录像制品）
  - 报刊转载 —— 声明不得转载、摘编的除外

著作权法（三）

著作权许可使用和转让合同
- 著作权中的财产权出质　出质人和质权人依法办理出质登记
- 著作权人未明确许可、转让的权利，未经著作权人同意，另一方当事人不得行使

与著作权有关的权利
- 图书、报刊的出版　报刊的法定许可；图书出版者修改、删节；报社、期刊社文字性修改、删节；内容修改；判断是否侵权
- 演出　表演者（演员、演出单位）：著作权人许可+支付报酬；演出组织者组织演出：组织者取得著作权人许可+支付报酬
- 表演
  - 使用演绎作品演出　著作权人和原作品的著作权人许可+支付报酬（双许可、双付费）
  - 表演者权
    - 表明表演者身份　表演形象不受歪曲　权利的保护期不受限制
    - 许可现场直播、公开传送现场表演+获得报酬（现场表演权）　许可录音录像+报酬　保护期50年
    - 许可复制、发行、出租录有其表演的录音录像制品+报酬　许可信息网络向公众传播+报酬　保护期50年
    - 被许可人还需取得著作权人许可（双许可、双付费）
- 录音录像
  - 录音录像制作者　使用他人作品制作录音录像制品　著作权人许可+支付报酬　法定许可除外
    - 同表演者订立合同+支付报酬
  - 权利　许可复制、发行、出租、信息网络传播权+获得报酬　保护期50年：首次制作完成后第50年的12月31日
  - 被许可人　复制、发行、信息网络传播　著作权人、表演者许可+支付报酬
    - 出租录音录像制品　表演者许可+支付报酬
  - 录制品　有线或无线公开传播，或者通过传送声音的技术设备向公众公开播送　向录音制作者支付报酬
- 广播电台、电视台播放
  - 广播电台、电视台
    - 法定许可
      - 播放未发表的作品　许可+支付报酬
      - 播放已经发表的作品　不许可+支付报酬
      - 电视台法定许可限制：播放视听作品、录像制品　许可+支付报酬
  - 未经许可有权禁止　①有线或无线方式转播；②录制以及复制；③信息网络传播
    - 保护期50年：首次播放后第50年的12月31日

权利的保护
- 技术措施
  - 采取　未经权利人许可，不得故意：①避开或破坏；②以此为目的制造、进口或者向公众提供装置或部件；③提供技术服务
  - 避开　①学校课堂或科学研究+少量已发表+无法正常途径获取；②不以营利为目的+以无障碍方式提供已发表+无法正常途径获取；③执行公务；④对计算机及其系统或网络进行安全性能测试；⑤进行加密研究或计算机软件反向工程研究

侵权
- 侵权行为　著作权人或相关权利人，享有相关权利（如发表权、修改权等），未经许可或未支付报酬，即侵权；不享有相关权利的，不会被侵权（例如，图书的作者不享有出租权，他人出租不会侵犯作者的出租权）
- 权利管理信息　未经许可　故意删除或改变权利管理信息　知道或应当知道权利信息未经许可被删除或者改变+向公众提供
- 网络搜索、链接　避风港原则、红旗原则
- 复制品　不能证明合法授权或合法来源，应承担法律责任

客体
- 发明、实用新型、外观设计
- 不授予专利权：违法、方法、科学发现、动物和植物品种等

主体
- 职务发明
  - 执行单位工作任务、离开单位1年内　　主要利用本单位的物质技术条件
  - 发明人、设计人的权利：署名权、报酬权等
- 委托发明　　有约定，从约定；无约定，归受托人　　委托人免费实施
- 合作发明
  - 归属　　有约定，从约定；无约定，当事人共有
  - 实施
    - 有约定，从约定
    - 无约定：共有人可单独实施/以普通许可方式实施→收取的使用费在共有人之间分配；其他行使→经全体共有人同意

专利法（一）

专利申请、授予
- 新颖性
  - 现有技术：国内外为公众所知
  - 不视为丧失新颖性
    - 申请日以前6个月内
    - ①首次展出；②首次发表；③未经申请人同意泄露；④在国家出现紧急状态或者非常情况时，为公共利益目的首次公开
- 申请原则　　①先申请原则；②优先权原则（国际优先、国内优先）；③禁止重复授权原则；④单一性原则
- 专利申请程序
  - 申请日满18个月，公布　　申请日起3年内，根据申请，实质审查　　公告之日起生效
  - 临时保护期
    - 申请公布日→授权日　　临时保护期支付使用费
    - 制造/销售/进口+支付或书面承诺支付使用费，已经制造等不视为侵权产品
    - 为生产经营目的+（后续的）使用/许诺销售/销售临时保护期内已由他人制造且付费或承诺付费的，不侵权

专利申请权和专利权的转让
- 一般规则　　订立书面合同+登记→登记之日生效
- 特殊开发
  - 合作开发
    - ①一方不同意申请的，另一方不得申请
    - ②一方声明放弃的，另一方可申请，取得专利权，放弃的一方可免费实施
    - 一方转让的，其他各方享有以同等条件优先受让的权利
  - 委托开发　　受托人转让专利申请权的，委托人享有以同等条件优先受让的权利

专利保护期限
- 申请日起算（不适用"优先权原则"）　　①发明20年；②实用新型10年；③外观设计15年
- 期限补偿
  - 专利在授权过程中不合理延迟：自发明专利申请日起满4年+自实质审查请求之日起满3年后授予发明专利权
  - 新药相关发明专利　　补偿期限不超过5年，新药批准上市后总有效专利权期限不超过14年

专利法（二）

专利无效
- 申请人：任何单位和个人
- 宣告
  - 请求专利行政部门宣告无效
  - 救济：先复审，不服3个月内起诉
  - 效果：自始不存在；不具有追溯力；恶意造成的损失赔偿

专利实施的特别许可
- 强制许可
  - 专利权人不实施：授予之日满3年+提出专利申请之日起满4年+无正当理由
  - 在国家出现紧急状态或者非常情况时，或者为了公共利益目的；为了公共健康目的，对取得专利权的药品；从属专利权人
  - 限制：适用于发明和实用新型，不享有独占实施权，无权允许他人实施　支付合理的使用费
- 开放许可
  - 提出开放许可声明：专利权人自愿以书面方式+向国务院专利行政部门声明+愿意许可任何单位或者个人实施其专利+明确许可使用费支付方式、标准+公告→书面通知+支付使用费，获得专利实施许可
  - 撤回：不影响在先给予的开放许可的效力
  - 开放许可实施期间，对专利权人缴纳专利年费相应给予减免
  - 就许可使用费进行协商后给予普通许可，但不得就该专利给予独占或者排他许可

★专利侵权
- 侵权行为

  "使用"他人外观设计专利产品，不构成侵犯外观设计专利权

  - ①制造；②使用发明、实用新型专利产品；③许诺销售：广告、橱窗、展销会等；④销售：买卖合同依法成立；⑤进口行为；⑥使用专利方法；⑦使用专利方法+直接获得的产品
  - 后续产品再加工、处理不构成侵权
- 间接侵权　①明知+生产经营目的+提供产品用以实施侵犯专利权的行为；②明知+积极诱导
- 合法来源抗辩　①生产经营目的+使用、许诺销售或者销售+证明合法来源；②侵权+不承担赔偿责任；③支付合理对价可不停止使用

★专利侵权诉讼
- 临时保护期支付费用　①诉讼时效为3年，知道或者应当知道；②专利授权日已经得知，授权日起算
- 许可合同原告
  - 独占许可　被许可人可单独起诉
  - 排他许可　①原权利人不起诉的，被许可人可起诉；②许可人和被许可人可共同起诉
  - 普通许可　经约定或者授权，被许可人可起诉
- 诉讼
  - 发明　答辩期内请求无效的，可以不中止诉讼；届满后请求无效的，不应当中止，有必要的除外
  - 实用新型、外观设计　答辩期内请求无效的，应当中止诉讼（特殊情形可不中止）；届满后请求无效的，不应当中止，有必要的除外

不构成专利侵权
- ①临时保护期；②现有技术抗辩：现有技术或设计；③非全面覆盖：缺少一个以上技术特征、一个以上技术特征不相同也不对等
- ④不构成侵权抗辩
  - 专利耗尽原则：平行进口
  - 先用权原则
  - 临时过境、非商业使用、行政审批+药品/医疗器械

商标法

总则
- ①注册商标的构成要素：显著特征；②分类：联合商标、集体商标、证明商标等
- ①不得作为商标注册的标志：仅有本商品的通用名称、图形、型号等（经过使用取得显著特征＋便于识别，可作商标）；②不得作为商标使用的标志：国家名称、国旗、国徽等
- ★ 驰名商标的保护
  - 已经注册　相同或者类似商品＋易导致混淆
  - 未注册　不相同或者不相类似商品＋误导公众，注册人的利益可能受到损害
- 商标代理机构
  - 委托代理机构　外国人或者外国企业在中国申请商标注册和办理其他商标事宜
  - 不得接受其委托　不以使用为目的的恶意商标注册申请、抢注等

商标注册的申请
- 申请原则　①自愿注册原则；②在先原则；③一标多类原则；④优先权原则等
- 优先权
  - 国际优先权：在外国第一次提出商标注册申请之日起 6 个月内＋在中国就相同商品以同一商标提出商标注册申请＋协议/条约＋承认＋要求优先权
  - 国内优先权：商标在中国政府主办的或者承认的国际展览会展出的商品上首次使用的，自该商品展出之日起 6 个月内，要求优先权

续展、变更、转让和使用许可
- 有效期　10 年，自核准注册之日起计算
- 续展　①在期满前 12 个月内办理；②期间未办理的，给予 6 个月的宽展期；③续展注册的有效期为 10 年，自该商标上一届有效期满次日起计算
- 转让　①签订转让协议，共同向商标局提出申请；②在同一种商品上注册的近似的商标，或者在类似商品上注册的相同或近似的商标，一并转让；③核准后公告，自公告之日起享有商标专用权
- 使用许可　报商标局备案，由商标局公告；未经备案不得对抗善意第三人

注册商标的无效、撤销
- ★ 无效
  - 无效情形一
    - 情形：不以使用为目的的恶意商标注册申请、标志不得作为商标注册的情形、不正当手段注册等
    - 无效宣告：①商标局宣告；②其他单位或者个人可以请求商标评审委员会宣告
  - 无效情形二
    - 情形：侵犯驰名商标权，无权代理或者无权代表注册商标，违反在先申请原则注册商标等
    - 期限：①5 年内，在先权利人或者利害关系人可以请求商标评审委员会宣告无效；②对恶意注册的，驰名商标所有人不受 5 年的时间限制
  - 无效后果　①自始不存在；②不具有溯及力；③恶意给他人造成的损失，应赔偿
- ★ 商标使用的管理　可撤销情形：①自行改变注册商标、注册人名义等；②注册商标没有正当理由连续 3 年不使用的，任何单位或者个人可以向商标局申请撤销该注册商标

注册商标专用权的保护
- ★ 商标侵权的认定
  - 商标侵权行为：①假冒；②仿冒；③反向假冒；④制造、销售假冒商标标识；⑤故意帮助行为（销售不知道是侵权商品，证明合法取得并说明提供者→停止销售）
  - 不视为商标侵权行为：①合理使用商标；②商标先用权
- 商标侵权诉讼　①赔偿数额：实际损失→侵权所得利益→许可使用费的倍数→法定赔偿；②销毁侵权商品；③诉讼地位

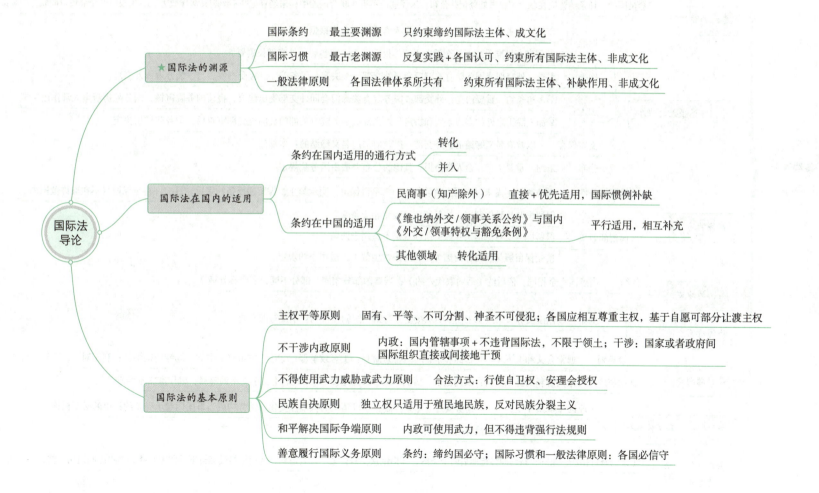

国际法导论

★国际法的渊源
- 国际条约　最主要渊源　只约束缔约国际法主体、成文化
- 国际习惯　最古老渊源　反复实践＋各国认可、约束所有国际法主体、非成文化
- 一般法律原则　各国法律体系所共有　约束所有国际法主体、补缺作用、非成文化

国际法在国内的适用
- 条约在国内适用的通行方式
  - 转化
  - 并入
- 条约在中国的适用
  - 民商事（知产除外）　直接＋优先适用，国际惯例补缺
  - 《维也纳外交／领事关系公约》与国内《外交／领事特权与豁免条例》　平行适用，相互补充
  - 其他领域　转化适用

国际法的基本原则
- 主权平等原则　固有、平等、不可分割、神圣不可侵犯；各国应相互尊重主权，基于自愿可部分让渡主权
- 不干涉内政原则　内政：国内管辖事项＋不违背国际法，不限于领土；干涉：国家或者政府间国际组织直接或间接地干预
- 不得使用武力威胁或武力原则　合法方式：行使自卫权、安理会授权
- 民族自决原则　独立权只适用于殖民地民族，反对民族分裂主义
- 和平解决国际争端原则　内政可使用武力，但不得违背强行法规则
- 善意履行国际义务原则　条约：缔约国必守；国际习惯和一般法律原则：各国必信守

条约法

- **★条约的构成要件**
  - 有效要件　国际法主体+自愿（排除错误、欺诈、贿赂、强迫）+不违反国际强行法
  - 缔约代表的实质缔约权　依各国国内法产生
  - 形式缔约权（全权证书）
    - 不需全权证书的五正职
    - 我国：国家或中央政府名义，总理、外交部长签署全权证书；政府部门名义，部门首长委派代表并签署授权证书

- **条约的缔结程序和方式**　约文的议定　约文的认证　同意接受条约拘束的表示：①签署；②批准；③加入；④接受、赞同

- **条约的登记**　会员国的一切条约皆应在联合国秘书处登记并公布；未经登记不得在联合国援引；未经登记并不影响其法律效力　我国由外交部负责向联合国登记

- **中国缔结条约之程序**
  - 批准
    - 审核：国务院　批准、废除：全人常决定；主席根据决定签署
    - 办理交存批准手续：外交部办手续，批准书由主席签署，外交部长副署
  - 接受　审查：外交部或国务院有关部门会同外交部　决定：国务院　接受书签署与手续办理：外交部
  - 加入
    - ①多边条约、重要协定：外交部或国务院有关部门会同外交部提出建议，报请国务院审核，国务院提请全人常作出决定
    - ②加入除①之外的多边条约和协定：外交部或国务院有关部门会同外交部审查后，国务院作出决定
  - 文本保存　以政府名义缔结的：外交部；以政府部门名义缔结的：本部门
  - 公布　条约、重要协定：全人常公报；其他的公布办法由国务院规定

- **★条约的保留**
  - 保留的条件　单方声明+尚未对本国生效前作出　不得保留：明示禁止、保留违反条约宗旨、只准许特定保留且不在准许范围内
  - 保留的效果
    - 保留国与接受保留国：按保留范围改变相应条款
    - 保留国与反对保留国：保留所涉规定不适用于两国
    - 接受保留国与反对保留国（不反对条约生效）：适用条约规定

- **条约的冲突**　依约　当事国完全相同，依后约（后约取代先约）；当事国部分相同，部分不同，应个案处理

- **条约对第三国的效力**　为第三国创设义务：第三国书面+明示接受；为第三国创设权利：不反对即有效

- **条约的解释**
  - 一般规则　通常含义和上下文　目的和宗旨　善意解释：①有效解释；②第三方解释：中立；③缔约国解释：利于对方，不利于己方
  - 辅助规则　条约解释的补充资料：谈判记录、历次草案、讨论纪要　2种以上文字文本的解释：以作准文本为准

- **条约的终止和暂停施行**
  - 原因（眼熟即可）　"情势变迁"原则限制：不可预见的根本性变化、情势构成当事国同意承受条约拘束的必要根据
  - 确定边界的条约不适用情势变迁原则

- **条约的修订**　①条约修订指同一条约，条约冲突指前后两个条约；②拒绝接受修订案不代表退约；③拒绝接受修订案的国家与条约当事国间适用未修订的条约

国际法律责任（一）

国家

基本权利
- 独立权
- 平等权
- 自保权
- 管辖权
  - 属地管辖：①一国驻外使领馆并非该国领土的自然延伸；②船旗国的船舶并非船旗国领土；③航空器登记国的航空器并非登记国领土
  - 属人管辖：既包括加害人国籍国对加害人的管辖，也包括受害人国籍国对受害人的保护
  - 保护性管辖：①外国人；②行为发生在域外；③侵犯了该国或其公民重大利益；④该行为根据行为地的法律同样构成应处刑罚的罪
  - 普遍性管辖：
    - 战争罪、破坏和平罪、违反人道罪、海盗罪　　公认的普遍管辖权的对象
    - 灭绝种族、贩卖毒品、贩卖奴隶、种族隔离、实施酷刑、航空器劫持　　有关的国际条约确定的普遍管辖权的对象

★国家主权豁免
- 绝对豁免（国际习惯）　国家行为（不包括国有企业行为）不受他国法院管辖
- 国家豁免权的放弃
  - 国家豁免权的放弃　主观自愿＋一案一放＋明确表示
  - 放弃方式：明示、默示　国家进行实质性应诉即为默示行为，但单纯阐明立场或作证的行为除外
- ▌国家豁免理论的发展　限制豁免主义认为国家的商业行为不应享有豁免权；绝对豁免主义与限制豁免主义都不否认国家享有绝对的执行豁免权
- ▌我国采取相对豁免主义的立场

承认和继承
- 承认
  - 主体：国家和政府间国际组织　对象：新国家、新政府、交战和叛乱团体　性质：单方行为、非义务、可溯及
  - 类型
    - 对新国家承认的后果　建交、缔约、尊重主权、不可逆
    - 对新政府承认的后果（新政府应有效控制领土并行使国家权利）　对旧政府承认的撤销、承认者须尊重新政府作为国家合法代表的一切资格和权利
    - 对交战、叛乱团体的承认
      - 条件　内战状态＋控制相当大领土并有效管理＋遵守战争法规则
      - 后果　承认者中立、交战团体有义务保障承认国国家和侨民的利益、叛乱成功新政府新国家担责（失败自担）
  - 形式　明示、默示
- 继承
  - 条约　先依约定；领土＋非身份性，继承；身份或政治性，不继承
  - 财产　不动产随领土；动产适用实际生存原则（最密切联系，与所在地点无关）
  - 国家档案　协议优先、实际生存原则　不可分割档案的继承：继承国有权自费复制原始档案
  - 债务
    - 继承的债：国家债务和地方化债务且必须是向国际法主体负债
    - 不继承的债：地方债务、国家对私人之债、恶债

联合国大会 ── 不是立法机关，是主要负责审议和建议的机关

表决制度
- 会员国一国一票制
- 一般问题的决议采取简单多数通过；重要问题的决议采取2/3多数通过

决议效力
- 内部事务对会员国具有拘束力
- 外部决议属于建议性质，不具有法律拘束力

★政府间国际组织（联合国）

组成 ── 中、法、俄、英、美五国为常任理事国

职权 ── 维持国际和平与安全；联合国中唯一有权采取行动的机关

联合国安理会

表决制度
- 每一理事国一票
- 程序性事项9个同意票；非程序性事项（或称实质性事项）9票+"大国一致原则"
- 常任理事国的"双重否决权"
  - 对于一个事项是否为程序性事项发生争议
  - 对非程序性事项进行表决
- 和平解决争端的决议　争端当事国的理事国不得投票
- 执行行动的决议　争端当事国可以投票，常任理事国可以行使否决权

决议效力 ── 对当事国和所有成员国有法律拘束力

国际法律责任（二）

国际法律责任

传统国际法律责任的构成（责任主体仅为国家且仅限于过错责任）
- ①可归因于国家的行为；②违背国际义务
- 排除行为不法的情况：①受害国同意＋不违背强行法；②对抗与自卫＋适度；③不可抗力和偶然事故；④危难或紧急状态
- 责任形式：终止不当行为、恢复原状、赔偿、道歉、保证不再重犯、限制主权

发展
- 主体范围突破：国际刑事责任中的"双罚原则"
- 客体范围突破：①外空领域；②核污染领域

国际法上的空间划分
├─ 领土
│   ├─ ★组成
│   │   ├─ 边界制度——界标：防损 + 通知 + 双方在场重建 + 惩罚破坏行为的义务
│   │   └─ 领水：内水、领海　　领空：领陆、领水的上空，完全主权　　底土：完全主权
│   ├─ 传统取得方式
│   │   ├─ ①先占：无主地 + 明确意思表示 + 客观实际控制；②时效：我国不承认；③添附：不得侵犯
│   │   └─ 相邻权 + 只能基于领土；④征服：非法；⑤割让：非强制合法，强制不合法
│   └─ 现代取得方式　①殖民地独立：合法；②公民投票：在符合国际法原则的前提下，根据相关条约或国内法规定采取
├─ 海洋法
│   ├─ ★海洋水域
│   │   ├─ 内海　　领土，完全主权　　沿海国权利：船内不管，船外要管；刑事案件、民事案件、航行停泊
│   │   ├─ 领海　　领土，主权受无害通过限制　　沿海国权利：船内不管，船外要管；刑事案件、民事案件
│   │   ├─ ★毗连区　　无主权　　沿海国权利：特定事项管制权（海关、财政、移民、卫生）；其他权利
│   │   ├─ 专属经济区　　无主权，需要宣告　　沿海国权利：自然资源的勘探开发和管辖权　　其他国家可航行、飞越、铺设海底电缆和管道
│   │   ├─ 公海　　无主权　　沿海国权利：管辖权限于海盗、非法广播、贩卖奴隶等　　六大自由　　登临权、紧追权
│   │   └─ 大陆架　　无主权，无需宣告　　开发 200 海里以外大陆架应知会国际海底管理局并缴纳费用或实物（免缴情形）
│   ├─ 群岛水域与国际海峡
│   │   ├─ 群岛水域　　群岛国对群岛水域拥有主权，尊重现有协定　　通过制度：无害通过、群岛海道通过制度
│   │   └─ 国际海峡　　根据水域地位分为内海峡、领海峡、非领海峡　　通过制度：过境通行、公海自由航行等
│   └─ 无害通过和过境通行　适用区域、适用对象、通过方式、权利特性、共同点
├─ 特殊空间
│   ├─ 民用航空法
│   │   ├─ 领空主权原则
│   │   │   ├─ 飞行权　　外国飞机非经允许不得飞入；擅自飞入，责令离去或命令迫降；民航飞机，情况不明确前不得擅自击落
│   │   │   └─ 国内航线专营权　　领空立法权和空中禁区权
│   │   └─ 反劫机　　或起诉或引渡，不可驱逐出境
│   └─ 外层空间法
│   ├─ 登记制度：向联合国秘书长报告　　营救制度：领土国尽力营救；立即通知联合国秘书长；送还发射国
│   └─ 责任制度
│   ├─ 承担　　①绝对责任：空对地或内空；②过错责任：空对外空；③2 个以上的发射国绝对共同责任：空对空，对地或内空；④2 个以上的发射国过错比例责任：空对空，对外空
│   └─ 不适用于该国国民、参与操作国公民、预定区国公民
└─ 国际环保法
    ├─ 控制危险物越境移转　　《巴塞尔公约》　　①进出口双方均为缔约国；②出口者书面申请且进口国同意；③有无害环境的处置方法；④保险或担保
    ├─ 防止气候变化　　有效公约　　共同但有区别责任原则　　四种减排折算方式：净排放量、集团方式、排放权交易、绿色交易
    └─ 《巴黎协定》　　生效时间：2016 年 9 月 3 日　　主要内容：①强调 2020 年后适用"国家自主贡献"的全球温室气体减排运行模式；②重申 2℃ 全球温度升高控制目标

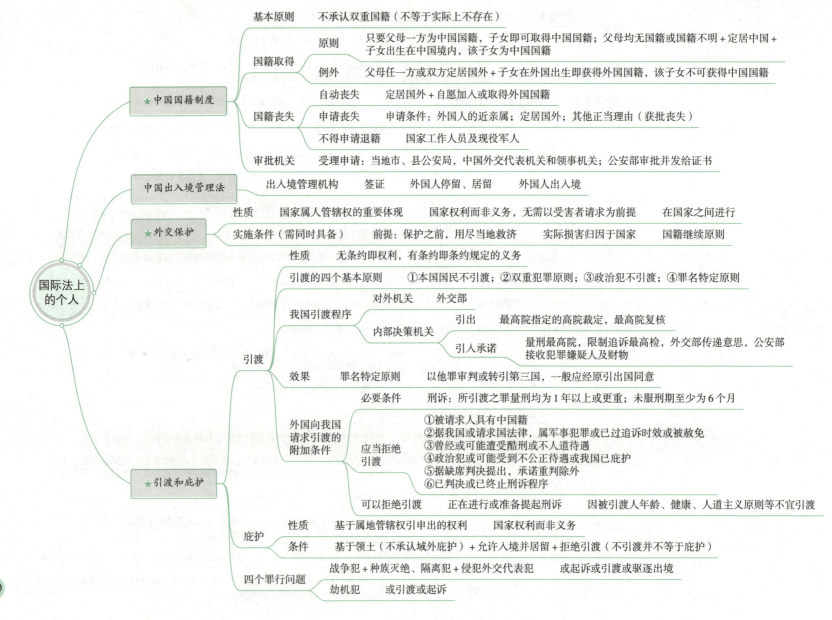

国际法上的个人

★中国国籍制度
- 基本原则　不承认双重国籍（不等于实际上不存在）
- 国籍取得
  - 原则　只要父母一方为中国国籍，子女即可取得中国国籍；父母均无国籍或国籍不明＋定居中国＋子女出生在中国境内，该子女为中国国籍
  - 例外　父母任一方或双方定居国外＋子女在外国出生即获得外国国籍，该子女不可获得中国国籍
- 国籍丧失
  - 自动丧失　定居国外＋自愿加入或取得外国国籍
  - 申请丧失　申请条件：外国人的近亲属；定居国外；其他正当理由（获批丧失）
  - 不得申请退籍　国家工作人员及现役军人
- 审批机关　受理申请：当地市、县公安局，中国外交代表机关和领事机关；公安部审批并发给证书

中国出入境管理法　出入境管理机构　签证　外国人停留、居留　外国人出入境

★外交保护
- 性质　国家属人管辖权的重要体现　国家权利而非义务，无需以受害者请求为前提　在国家之间进行
- 实施条件（需同时具备）　前提：保护之前，用尽当地救济　实际损害归因于国家　国籍继续原则

★引渡和庇护
- 引渡
  - 性质　无条约即权利，有条约即条约规定的义务
  - 引渡的四个基本原则　①本国国民不引渡；②双重犯罪原则；③政治犯不引渡；④罪名特定原则
  - 我国引渡程序
    - 对外机关　外交部
    - 内部决策机关
      - 引出　最高院指定的高院裁定，最高院复核
      - 引入承诺　量刑最高院，限制追诉最高检，外交部传递意思，公安部接收犯罪嫌疑人及财物
  - 效果　罪名特定原则　以他罪审判或转引第三国，一般应经原引出国同意
  - 外国向我国请求引渡的附加条件
    - 必要条件　刑诉：所引渡之罪量刑均为1年以上或更重；未服刑期至少为6个月
    - 应当拒绝引渡　①被请求人具有中国籍 ②据我国或请求国法律，属军事犯罪或已过追诉时效或被赦免 ③曾经或可能遭受酷刑或不人道待遇 ④政治犯或可能受到不公正待遇或我国已庇护 ⑤据缺席判决提出，承诺重判除外 ⑥已判决或已终止刑诉程序
    - 可以拒绝引渡　正在进行或准备提起刑诉　因被引渡人年龄、健康、人道主义原则等不宜引渡
  - 庇护
    - 性质　基于属地管辖权引申出的权利　国家权利而非义务
    - 条件　基于领土（不承认域外庇护）＋允许入境并居留＋拒绝引渡（不引渡并不等于庇护）
  - 四个罪行问题
    - 战争犯＋种族灭绝、隔离犯＋侵犯外交代表犯　或起诉或引渡或驱逐出境
    - 劫机犯　或引渡或起诉

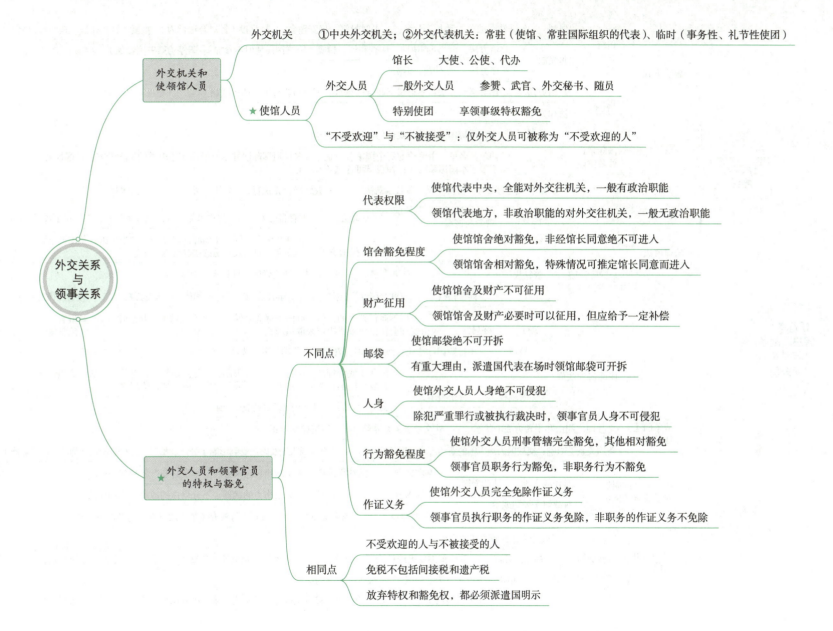

外交机关和使领馆人员
- 外交机关　①中央外交机关；②外交代表机关：常驻（使馆、常驻国际组织的代表）、临时（事务性、礼节性使团）
- ★ 使馆人员
  - 外交人员
    - 馆长　大使、公使、代办
    - 一般外交人员　参赞、武官、外交秘书、随员
    - 特别使团　享领事级特权豁免
  - "不受欢迎"与"不被接受"：仅外交人员可被称为"不受欢迎的人"

外交关系与领事关系

外交人员和领事官员的特权与豁免
- ★ 不同点
  - 代表权限
    - 使馆代表中央，全能对外交往机关，一般有政治职能
    - 领馆代表地方，非政治职能的对外交往机关，一般无政治职能
  - 馆舍豁免程度
    - 使馆馆舍绝对豁免，非经馆长同意绝不可进入
    - 领馆馆舍相对豁免，特殊情况可推定馆长同意而进入
  - 财产征用
    - 使馆馆舍及财产不可征用
    - 领馆馆舍及财产必要时可以征用，但应给予一定补偿
  - 邮袋
    - 使馆邮袋绝不可开拆
    - 有重大理由，派遣国代表在场时领馆邮袋可开拆
  - 人身
    - 使馆外交人员人身绝不可侵犯
    - 除犯严重罪行或被执行裁决时，领事官员人身不可侵犯
  - 行为豁免程度
    - 使馆外交人员刑事管辖完全豁免，其他相对豁免
    - 领事官员职务行为豁免，非职务行为不豁免
  - 作证义务
    - 使馆外交人员完全免除作证义务
    - 领事官员执行职务的作证义务免除，非职务的作证义务不免除
- 相同点
  - 不受欢迎的人与不被接受的人
  - 免税不包括间接税和遗产税
  - 放弃特权和豁免权，都必须派遣国明示

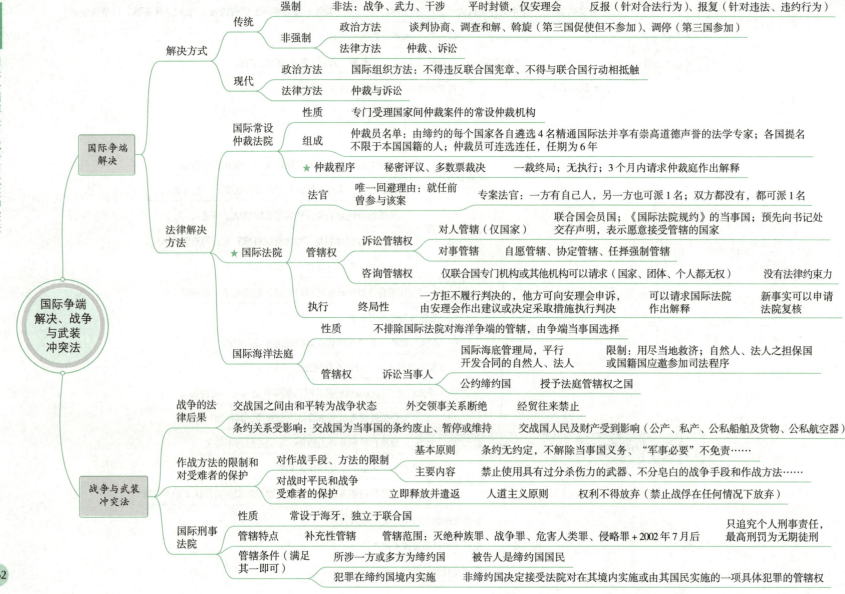

国际争端解决、战争与武装冲突法

国际争端解决

解决方式
- 传统
  - 强制　非法：战争、武力、干涉　　平时封锁，仅安理会　　反报（针对合法行为）、报复（针对违法、违约行为）
  - 非强制
    - 政治方法　谈判协商、调查和解、斡旋（第三国促使但不参加）、调停（第三国参加）
    - 法律方法　仲裁、诉讼
- 现代
  - 政治方法　国际组织方法：不得违反联合国宪章、不得与联合国行动相抵触
  - 法律方法　仲裁与诉讼

法律解决方法
- 国际常设仲裁法院
  - 性质　专门受理国家间仲裁案件的常设仲裁机构
  - 组成　仲裁员名单：由缔约的每个国家各自遴选4名精通国际法并享有崇高道德声誉的法学专家；各国提名不限于本国国籍的人；仲裁员可连选连任，任期为6年
  - ★仲裁程序　秘密评议、多数票裁决　　一裁终局；无执行；3个月内请求仲裁庭作出解释
- ★国际法院
  - 法官　唯一回避理由：就任前曾参与该案　　专案法官：一方有自己人，另一方也可派1名；双方都没有，都可派1名
  - 管辖权
    - 诉讼管辖权
      - 对人管辖（仅国家）　联合国会员国；《国际法院规约》的当事国；预先向书记处交存声明，表示愿意接受管辖的国家
      - 对事管辖　自愿管辖、协定管辖、任择强制管辖
    - 咨询管辖权　仅联合国专门机构或其他机构可以请求（国家、团体、个人都无权）　　没有法律约束力
  - 执行　终局性　一方拒不履行判决的，他方可向安理会申诉，由安理会作出建议或决定采取措施执行判决　　可以请求国际法院作出解释　　新事实可以申请法院复核
- 国际海洋法庭
  - 性质　不排除国际法院对海洋争端的管辖，由争端当事国选择
  - 管辖权
    - 诉讼当事人　国际海底管理局，平行开发合同的自然人、法人　　限制：用尽当地救济；自然人、法人之担保国或国籍国应邀参加司法程序
    - 公约缔约国　授予法庭管辖权之国

战争与武装冲突法

战争的法律后果
- 交战国之间由和平转为战争状态　外交领事关系断绝　经贸往来禁止
- 条约关系受影响：交战国为当事国的条约废止、暂停或维持　交战国人民及财产受到影响（公产、私产、公私船舶及货物、公私航空器）

作战方法的限制和对受难者的保护
- 对作战手段、方法的限制
  - 基本原则　条约无约定，不解除当事国义务、"军事必要"不免责……
  - 主要内容　禁止使用具有过分杀伤力的武器、不分皂白的战争手段和作战方法……
- 对战时平民和战争受难者的保护　立即释放并遣返　人道主义原则　权利不得放弃（禁止战俘在任何情况下放弃）

国际刑事法院
- 性质　常设于海牙，独立于联合国
- 管辖特点　补充性管辖　管辖范围：灭绝种族罪、战争罪、危害人类罪、侵略罪+2002年7月后　只追究个人刑事责任，最高刑罚为无期徒刑
- 管辖条件（满足其一即可）
  - 所涉一方或多方为缔约国　被告人是缔约国国民
  - 犯罪在缔约国境内实施　非缔约国决定接受法院对在其境内实施或由其国民实施的一项具体犯罪的管辖权

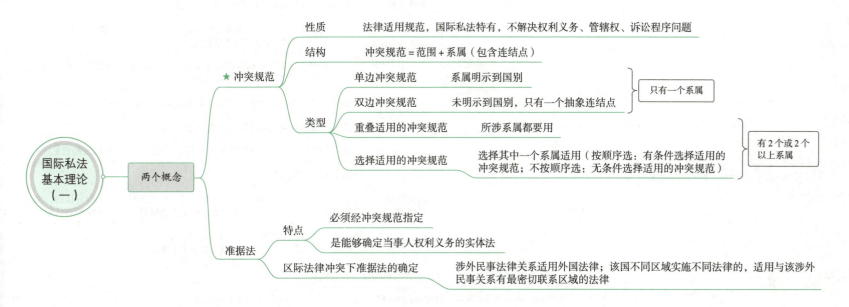

国际私法基本理论（一）

两个概念

★ 冲突规范

- 性质 —— 法律适用规范，国际私法特有，不解决权利义务、管辖权、诉讼程序问题
- 结构 —— 冲突规范＝范围＋系属（包含连结点）
- 类型
  - 单边冲突规范 —— 系属明示到国别 ⎫
  - 双边冲突规范 —— 未明示到国别，只有一个抽象连结点 ⎬ 只有一个系属
  - 重叠适用的冲突规范 —— 所涉系属都要用 ⎫
  - 选择适用的冲突规范 —— 选择其中一个系属适用（按顺序选：有条件选择适用的冲突规范；不按顺序选：无条件选择适用的冲突规范）⎬ 有2个或2个以上系属

准据法

- 特点
  - 必须经冲突规范指定
  - 是能够确定当事人权利义务的实体法
- 区际法律冲突下准据法的确定 —— 涉外民事法律关系适用外国法律；该国不同区域实施不同法律的，适用与该涉外民事关系有最密切联系区域的法律

识别 —— 对涉外民事关系中有关事实构成或法律问题的归类或者定性 —— 涉外民事关系的定性，适用法院地法律

案件涉及2个或2个以上的涉外民事关系时，法院应当分别确定其应当适用的法律（识别分割制）

反致与转致（我国不承认）—— 直接反致 —— 间接反致 —— 转致 —— 包含直接反致的转致

国际私法基本理论（二）

五个基本制度

中国关于★外国法查明的规定

- 查明途径 —— ①由当事人提供；②由与我国订立司法协助协定的缔约对方的中央机关提供；③由我国驻该国使领馆提供；④由该国驻我国使馆提供；⑤由中外法律专家提供

- 查明主体 —— 当事人选，当事人查明；当事人未选，法院查明

- 查明外国法的程序和提供形式
  - 当事人提供的，应当提交外国法的具体规定、来源、效力情况、与案件争议的关联性等
  - 法律查明服务机构或法律专家提供的，应当提交资质证明、身份及资历证明，并附无利害关系的书面声明

- 外国法审查认定的程序
  - 相关材料均应当在法庭上出示，并听取各方当事人意见
  - 裁判文书中应当载明外国法的查明过程及内容
  - 法律查明服务机构或法律专家可出庭或者在线发表对外国法的意见

- 查明异议的认定
  - 均无异议，法院予以确认
  - 有异议，应当说明理由 —— 法院认为有必要，可以补充查明或者要求当事人补充提供材料 —— 仍有异议的，由法院审查认定
  - 外国法的内容已为法院生效裁判所认定 —— 法院应予认定，除非有相反证据推翻

外国法的查明

- 查明机构 —— 法院、仲裁机构或者行政机关
- 查明不能 —— 适用中国法律
- 查明费用 —— 有约定，从约定；无约定，法院酌情定

公共秩序保留

- 概念 —— 违反法院地国的公共秩序
- 中国法律规定 —— 外国法律、国际条约、国际惯例的适用将损害中国社会公共利益的，适用中国法律

法律规避

- 行为方式 —— 故意改变连结点
- 中国法律规定 —— 可直接适用《涉外民事关系法律适用法》的强制性规定：劳食反外环

涉外民商事关系法律适用（一）

一般原则

法定为主，最密切联系为辅　　意思自治原则　　其他规定：溯及力、缔结或加入的民商事条约、国际惯例

★经常居所地

- 经常居所地的司法解释　自然人在涉外民事关系产生、变更、终止时已连续居住1年以上且作为生活中心的地方，可认定为经常居所地，但就医、劳务派遣、公务等情形除外
- 特殊情况下考虑经常居所地法律
  - 有2个以上国籍——有经常居所的国籍国法律　　所有国籍国均无经常居所——与其有最密切联系的国籍国法律
  - 无国籍或国籍不明——其经常居所地法律
- 自然人经常居所地不明　适用现在居所地法律

权利能力和行为能力

- 自然人
  - 权利能力　适用经常居所地法律
  - 行为能力
    - 适用经常居所地法律
    - 依照经常居所地法律为无民事行为能力，依照行为地法律为有民事行为能力的，适用行为地法律，但涉及婚姻、家庭、继承的除外
  - 宣告失踪或死亡　适用经常居所地法律
  - 人格权内容　适用权利人经常居所地法律
- 法人
  - 法人及其分支机构的权利能力、行为能力等，适用登记地（即注册地）法律
  - 法人主营业地与登记地不一致的，可以适用主营业地法律；法人的经常居所地为其主营业地

代理、信托、诉讼时效和仲裁协议

- 代理
  - 意思自治优先
  - 无协议的
    - 代理适用代理行为地法律
    - 被代理人与代理人的民事关系适用代理关系发生地法律
- 信托
  - 意思自治优先
  - 无协议的，适用信托财产所在地法律或信托关系发生地法律
- 诉讼时效
  - 适用相关涉外民事法律关系应当适用的法律
  - 涉外民事诉讼法律关系的诉讼时效，依冲突规范确定的民事法律关系的准据法确定
- 仲裁协议
  - 意思自治优先
  - 无协议的，适用仲裁机构所在地或仲裁地法律

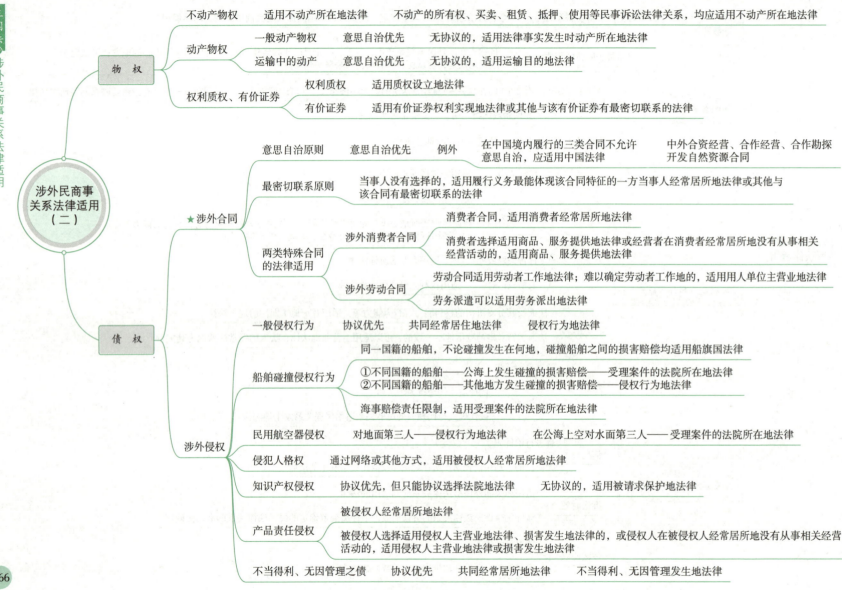

涉外民商事关系法律适用（二）

物权

不动产物权 — 适用不动产所在地法律 — 不动产的所有权、买卖、租赁、抵押、使用等民事诉讼法律关系，均应适用不动产所在地法律

动产物权
- 一般动产物权 — 意思自治优先 — 无协议的，适用法律事实发生时动产所在地法律
- 运输中的动产 — 意思自治优先 — 无协议的，适用运输目的地法律

权利质权、有价证券
- 权利质权 — 适用质权设立地法律
- 有价证券 — 适用有价证券权利实现地法律或其他与该有价证券有最密切联系的法律

债权

★ 涉外合同

意思自治原则 — 意思自治优先 — 例外 — 在中国境内履行的三类合同不允许意思自治，应适用中国法律 — 中外合资经营、合作经营、合作勘探开发自然资源合同

最密切联系原则 — 当事人没有选择的，适用履行义务最能体现该合同特征的一方当事人经常居所地法律或其他与该合同有最密切联系的法律

两类特殊合同的法律适用
- 涉外消费者合同 — 消费者合同，适用消费者经常居所地法律 — 消费者选择适用商品、服务提供地法律或经营者在消费者经常居所地没有从事相关经营活动的，适用商品、服务提供地法律
- 涉外劳动合同 — 劳动合同适用劳动者工作地法律；难以确定劳动者工作地的，适用用人单位主营业地法律 — 劳务派遣可以适用劳务派出地法律

涉外侵权

一般侵权行为 — 协议优先 — 共同经常居住地法律 — 侵权行为地法律

船舶碰撞侵权行为
- 同一国籍的船舶，不论碰撞发生在何地，碰撞船舶之间的损害赔偿均适用船旗国法律
- ①不同国籍的船舶——公海上发生碰撞的损害赔偿——受理案件的法院所在地法律
- ②不同国籍的船舶——其他地方发生碰撞的损害赔偿——侵权行为地法律
- 海事赔偿责任限制，适用受理案件的法院所在地法律

民用航空器侵权 — 对地面第三人——侵权行为地法律 — 在公海上空对水面第三人——受理案件的法院所在地法律

侵犯人格权 — 通过网络或其他方式，适用被侵权人经常居所地法律

知识产权侵权 — 协议优先，但只能协议选择法院地法律 — 无协议的，适用被请求保护地法律

产品责任侵权
- 被侵权人经常居所地法律
- 被侵权人选择适用侵权人主营业地法律、损害发生地法律的，或侵权人在被侵权人经常居所地没有从事相关经营活动的，适用侵权人主营业地法律或损害发生地法律

不当得利、无因管理之债 — 协议优先 — 共同经常居所地法律 — 不当得利、无因管理发生地法律

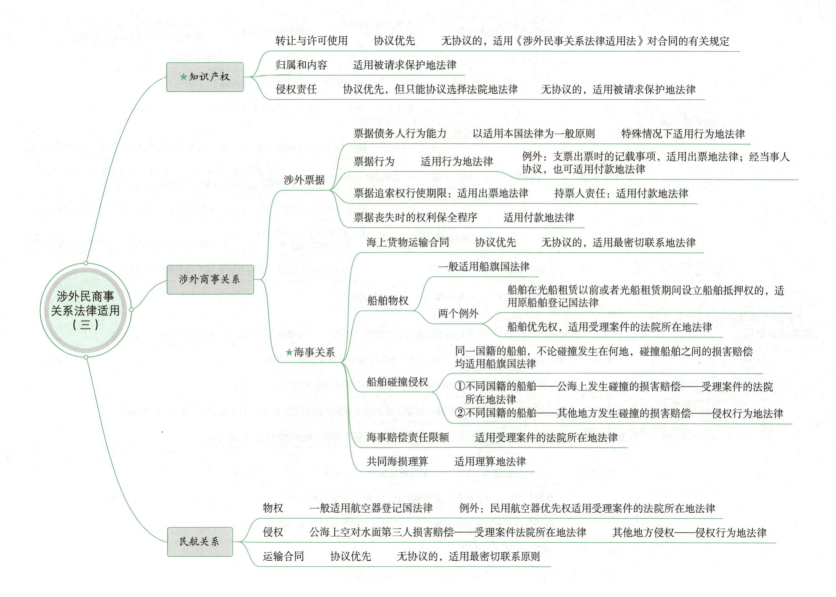

涉外民商事关系法律适用（三）

★知识产权
　转让与许可使用　　协议优先　　无协议的，适用《涉外民事关系法律适用法》对合同的有关规定
　归属和内容　　适用被请求保护地法律
　侵权责任　　协议优先，但只能协议选择法院地法律　　无协议的，适用被请求保护地法律

涉外商事关系
　涉外票据
　　票据债务人行为能力　　以适用本国法律为一般原则　　特殊情况下适用行为地法律
　　票据行为　　适用行为地法律　　例外：支票出票时的记载事项，适用出票地法律；经当事人协议，也可适用付款地法律
　　票据追索权行使期限：适用出票地法律　　持票人责任：适用付款地法律
　　票据丧失时的权利保全程序　　适用付款地法律

　★海事关系
　　海上货物运输合同　　协议优先　　无协议的，适用最密切联系地法律
　　船舶物权
　　　一般适用船旗国法律
　　　两个例外
　　　　船舶在光船租赁以前或者光船租赁期间设立船舶抵押权的，适用原船舶登记国法律
　　　　船舶优先权，适用受理案件的法院所在地法律
　　船舶碰撞侵权
　　　同一国籍的船舶，不论碰撞发生在何地，碰撞船舶之间的损害赔偿均适用船旗国法律
　　　①不同国籍的船舶——公海上发生碰撞的损害赔偿——受理案件的法院所在地法律
　　　②不同国籍的船舶——其他地方发生碰撞的损害赔偿——侵权行为地法律
　　海事赔偿责任限额　　适用受理案件的法院所在地法律
　　共同海损理算　　适用理算地法律

民航关系
　物权　　一般适用航空器登记国法律　　例外：民用航空器优先权适用受理案件的法院所在地法律
　侵权　　公海上空对水面第三人损害赔偿——受理案件法院所在地法律　　其他地方侵权——侵权行为地法律
　运输合同　　协议优先　　无协议的，适用最密切联系原则

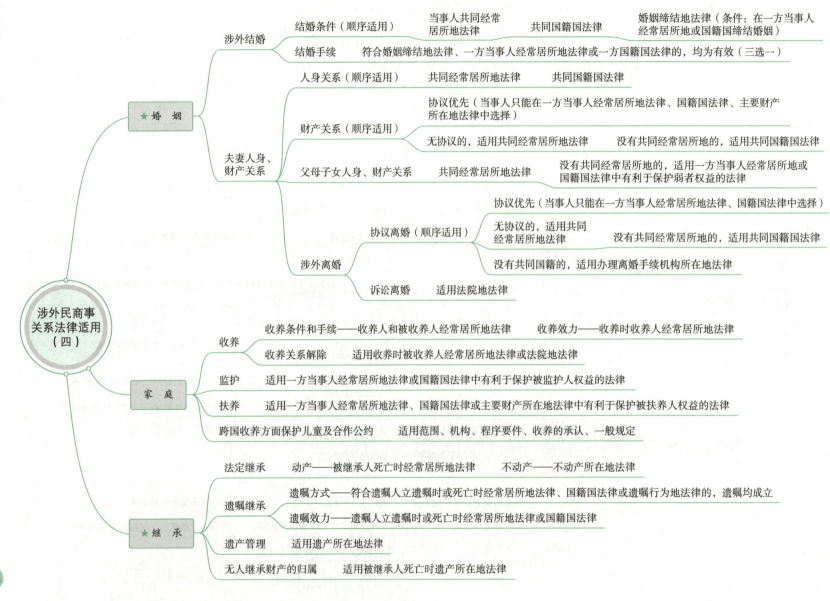

涉外民商事关系法律适用（四）

★婚姻

涉外结婚
　结婚条件（顺序适用）　当事人共同经常居所地法律　共同国籍国法律　婚姻缔结地法律（条件：在一方当事人经常居所地或国籍国缔结婚姻）
　结婚手续　符合婚姻缔结地法律、一方当事人经常居所地法律或一方国籍国法律的，均为有效（三选一）

夫妻人身、财产关系
　人身关系（顺序适用）　共同经常居所地法律　共同国籍国法律
　财产关系（顺序适用）
　　协议优先（当事人只能在一方当事人经常居所地法律、国籍国法律、主要财产所在地法律中选择）
　　无协议的，适用共同经常居所地法律　没有共同经常居所地的，适用共同国籍国法律
　父母子女人身、财产关系　共同经常居所地法律　没有共同经常居所地的，适用一方当事人经常居所地或国籍国法律中有利于保护弱者权益的法律

涉外离婚
　协议离婚（顺序适用）
　　协议优先（当事人只能在一方当事人经常居所地法律、国籍国法律中选择）
　　无协议的，适用共同经常居所地法律　没有共同经常居所地的，适用共同国籍国法律
　　没有共同国籍的，适用办理离婚手续机构所在地法律
　诉讼离婚　适用法院地法律

家庭
　收养
　　收养条件和手续——收养人和被收养人经常居所地法律　收养效力——收养时收养人经常居所地法律
　　收养关系解除　适用收养时被收养人经常居所地法律或法院地法律
　监护　适用一方当事人经常居所地法律或国籍国法律中有利于保护被监护人权益的法律
　扶养　适用一方当事人经常居所地法律、国籍国法律或主要财产所在地法律中有利于保护被扶养人权益的法律
　跨国收养方面保护儿童及合作公约　适用范围、机构、程序要件、收养的承认、一般规定

★继承
　法定继承　动产——被继承人死亡时经常居所地法律　不动产——不动产所在地法律
　遗嘱继承
　　遗嘱方式——符合遗嘱人立遗嘱时或死亡时经常居所地法律、国籍国法律或遗嘱行为地法律的，遗嘱均成立
　　遗嘱效力——遗嘱人立遗嘱时或死亡时经常居所地法律或国籍国法律
　遗产管理　适用遗产所在地法律
　无人继承财产的归属　适用被继承人死亡时遗产所在地法律

国际民商事争议的解决（一）：国际商事仲裁

涉外仲裁协议效力认定
- 仲裁协议的内容　　请求仲裁的意思表示　　仲裁事项　　选定仲裁委员会
- 约定不明
  - 仲裁协议认定机构
    - 法院和仲裁委员会　　一方请求法院裁定，另一方请求仲裁机构认定的，（国内）由法院裁定
    - 不予受理
      - 仲裁机构已经认定仲裁协议的效力，当事人向法院申请确认仲裁协议效力或申请撤销仲裁机构决定
      - 仲裁庭首次开庭前没有提出异议，而后向法院申请确认仲裁协议无效
  - 仲裁协议法律适用　　可以协议选择仲裁协议适用的法律　　没有选择的，适用仲裁机构所在地法律或仲裁地法律

国际商事仲裁裁决在外国的执行
- 《纽约公约》成员国　　依《纽约公约》　　★中国提出两个保留
  - ①只承认仲裁地在缔约国内的裁决
  - ②只承认商事仲裁裁决
- 非《纽约公约》成员国　　当事人向外国法院申请承认与执行的，由该国法院根据有关司法协助条约或其本国法律裁定

仲裁司法审查案件报核问题的规定
- 法院内部报告制度
  - 适用范围
    - ①认定涉外仲裁协议无效
    - ②撤销或不予执行涉外仲裁裁决
    - ③不予承认和执行外国仲裁裁决
  - 涉外——逐级上报最高院，决定权在最高院　　无涉外因素案件——逐级上报高院，由高院裁定

2024年《中国国际经济贸易仲裁委员会仲裁规则》

（2024年贸仲规则了解即可，未考查过）

- 多合同仲裁与合并仲裁
  - 多合同仲裁及仲裁中追加合同　　条件同时满足（主从合同关系或标的具有牵连关系……）
  - 合并仲裁　　条件符合之一（同一仲裁协议……或标的具有牵连关系……）
- 追加当事人
  - 申请人——原仲裁程序的任何一方　　仲裁程序的任何阶段均可提出　　决定权——贸仲委
  - 被追加当事人的权利　　提出管辖权异议、选定仲裁员、提交答辩和反请求
- 简易程序的适用
  - 一般情况——小额争议
  - 特殊情况
    - ①超过500万元＋一方书面申请，另一方书面同意
    - ②双方约定适用
    - ③仲裁委员会根据相关因素综合考虑决定
- 引入紧急仲裁员程序，增加《中国国际经济贸易仲裁委员会证据指引》的适用、第三方资助、中间裁决、早期驳回程序等内容
- 贸仲委香港仲裁中心管理仲裁案件的程序（香港仲裁中心需要掌握）
  - 管辖范围
    - ①约定将争议提交仲裁委员会香港仲裁中心仲裁
    - ②约定将争议提交仲裁委员会在香港仲裁
  - 仲裁地——香港，除非当事人另有约定　　仲裁程序——适用香港仲裁法
  - 仲裁裁决　　香港裁决，裁决书应加盖"中国国际经济贸易仲裁委员会香港仲裁中心"印章
  - 管辖权异议（不晚于第一次实体答辩前）　　仲裁员的选定或指定　　临时措施和紧急救济

国际民商事争议的解决（二）

国际民事案件的管辖权规定

- 扩大"沾边就管"原则的适用，新增"适当联系"原则
- 协议管辖　①涉外普通协议管辖；②海事特别协议管辖
- 专属管辖　①在我国设立的法人；②我国领域内审查授予的知识产权的有效性有关纠纷；③我国领域内履行的"三资"
- 中国法院放弃管辖的情形（同时符合：提出管辖权异议等条件）　可以裁定驳回，告知其向更方便的外国法院提起诉讼
- 平行诉讼管辖　中国法院和外国法院都有管辖权的案件，一方向外国法院起诉，另一方向中国法院起诉的，中国法院可以受理　但有限制（新增）
- 一事不再理　①中国法院受理后作出判决；②中国法院已承认外国法院的判决、裁定
- 集中管辖
  - 适用集中管辖的涉外民商事案件　①涉外合同和侵权；②信用证纠纷；③申请撤销、承认和执行国际仲裁裁决；④审查有关涉外民商事仲裁条款效力；⑤申请承认和执行外国法院民商事判决、裁定
  - 不适用集中管辖的涉外民商事案件　①边境贸易案件；②涉外房地产案件；③涉外知识产权案件

★ 国际商事法庭

- 设立：最高院的常设审判机构
- 受案范围（标的额为3亿元以上、需要由最高院审理并获准、全国有重大影响等）　国际商事案件的认定（当事人、经常居所地、标的物所在地、法律事实发生地）
- 审判组织：合议庭评议案件、少数服从多数等　适用法律——根据《涉外民事关系法律适用法》确定实体法　域外法律查明
- 证据材料　①域外证据，均应当庭质证；②英文＋当事人同意，可不提供中文翻译；③国际商事法庭收集＋组织质证，可采用网络方式
- "一站式"纠纷解决机制　调解、仲裁、诉讼有机衔接
- 一审终审　可向最高院本部申请再审，另行组成合议庭　为当事人提供诉讼便利

▶ 文书送达 域外取证

- 文书送达
  - 我国——外国　①条约途径；②外交途径；③委托我国驻受送达人所在国的使领馆向我国公民送达；④向受送达人本人、法定代表人或主要负责人送达；⑤向诉讼代理人送达（有例外）；⑥向代表机构送达；⑦向独资企业、分支机构或有权接受送达的业务代办人送达；⑧邮寄送达；⑨留置送达；⑩电子方式；⑪受送达人为外国人、无国籍人，同时作为国内法人的法定代表人（主要负责人），且其与该单位为共同被告的，向该单位送达；⑫受送达人同意的其他方式；⑬公告送达
  - 外国——我国
    - 三种送达方式　①条约途径；②外交途径；③由外国驻华使领馆向其本国公民送达，但不得采取强制措施
    - 不接受的方式　①邮寄送达；②利害关系人送达；③外交人员或领事向非派遣国国民送达；④主管人员直接送达
  - 1965年《海牙送达公约》和1992年最高院司法解释　送达途径　拒绝送达的理由　不能拒绝送达的情况
- 域外取证
  - 代为取证　①以请求书方式进行，以条约为基础；②指定一个中央司法机关；③拒绝［拒绝理由、不能拒绝的情况（专属管辖权等）］
  - 使领馆取证（本国公民）　特派员取证　自行取证　即时通讯工具、双方当事人同意的其他方式

外国法院判决的承认与执行

- 中国对外国法院判决承认与执行的规定
  - 提出方式　①当事人提出；②法院提出
  - 申请或请求的审查　承认与执行的条件　不予承认与执行的救济　有完善规定
- 离婚判决的承认与执行　①不以双边司法协助协议或互惠关系为基础；②承认和执行其外国判决中解除夫妻身份关系的内容

区际司法协助

区际文书送达和调取证据

域外文书送达与区际文书送达的异同

送达方式的异同

域外送达方式（12种）

①国际条约；②外交途径；③使领馆；④诉讼代理人和代表机构；⑤独资企业、分支机构或有权接受送达的业务代办人；⑥邮寄；⑦公告；⑧在我国领域出现的受送达人或法定代表人、主要负责人；⑨电子方式；⑩受送达人为外国人、无国籍人，同时作为国内法人的法定代表人（主要负责人），且其与该单位为共同被告的，向该单位送达；⑪受送达人同意的其他方式；⑫留置送达

区际送达方式（涉港澳为8种、涉台为9种）

上述12种域外送达方式中，第4~10种方式也适用于港澳台送达

涉港澳台均可采用委托送达的方式，但存在区别　　涉台送达还可采用指定代收人的方式

送达细节的总结

邮寄和公告送达期限　　无论是域外还是区际，都是3个月

送达认定

域外文书邮寄送达：能认定已送达，视为已送达；不能认定已送达，视为不能以邮寄方式送达

区际文书邮寄送达：能认定已送达的，视为已送达；不能认定已送达的，视为未送达

★区际文书委托送达与区际调查取证

涉港

文书送达　　内地高院 ⟷ 香港高等法院；内地最高院 → 香港高等法院　　期限：2个月

区际调取证据　　内地高院 ⟷ 香港政务司行政署；内地最高院 → 香港政务司行政署　　期限：6个月

涉澳

文书送达　　内地高院 ⟷ 澳门终审法院；内地最高院（包括其授权的部分内地中院和基层法院）→ 澳门终审法院　　期限：2个月

区际调取证据　　内地高院 ⟷ 澳门终审法院；内地最高院（包括其授权的部分内地中院和基层法院）→ 澳门终审法院　　期限：3个月

涉台

文书送达　　大陆地区高院 ⟷ 台湾地区有关法院　　期限：2个月

《关于内地与澳门特别行政区法院就民商事案件相互委托送达司法文书和调取证据的安排》

增加内地机构： 最高院授权部分中院与基层法院　　**增加新的取证方式：** 音视频取证（委托方法院请求 + 证人、鉴定人同意，受委托方法院可以协助安排）

细化条款 ①应先以电子方式转递，无法转递则邮寄；②法院印章与法官签名具有同等效力；③及时退回

区际判决、仲裁裁决的认可与执行

《关于内地与香港特别行政区法院相互认可和执行婚姻家庭民事案件判决的安排》

管辖法院：内地、香港；最先立案　　不予认可和执行的理由　　部分执行　　期限：2年

中文译本：内地必须提供中文译本，香港无要求　　两地法院同时有管辖权的，执行总额不能超过判决确定数额　　不服救济

《关于内地与香港特别行政区法院相互认可和执行民商事案件判决的安排》

适用范围　　对象：内地、香港　　管辖法院：内地、香港

不予认可和执行的理由（应当、可以）　　部分执行　　期限：2年

中文译本：内地必须提供中文译本，香港无要求　　两地法院同时有管辖权的，执行总额不能超过判决确定数额　　不服救济

《关于内地与香港特别行政区法院就仲裁程序相互协助保全的安排》

保全（财产、证据、行为）　　仲裁地　　管辖法院：内地、香港　　提供担保　　程序、救济

涉台判决与涉台仲裁裁决的认可与执行

判决、仲裁裁决　　对象、一事不再理、平行管辖、裁定不予认可或驳回申请的救济　　二者相同点

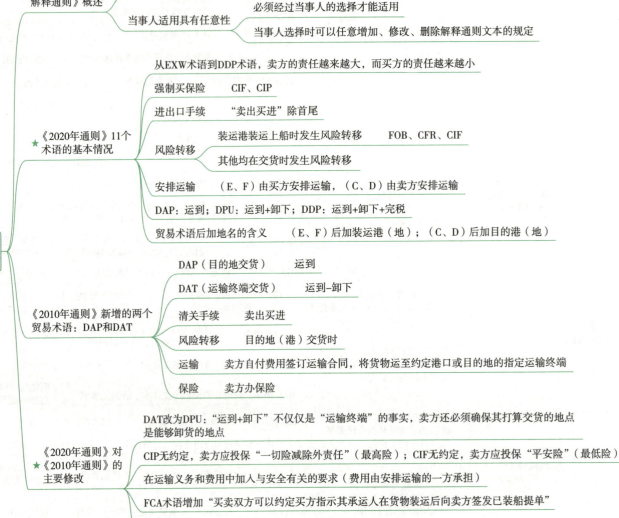

国际贸易私法（买卖关系）（一）

★国际贸易术语（1）

《国际贸易术语解释通则》概述
- 《2020年通则》与以往版本不是替代与被替代的关系
- 当事人适用具有任意性
  - 必须经过当事人的选择才能适用
  - 当事人选择时可以任意增加、修改、删除解释通则文本的规定

★《2020年通则》11个术语的基本情况
- 从EXW术语到DDP术语，卖方的责任越来越大，而买方的责任越来越小
- 强制买保险　CIF、CIP
- 进出口手续　"卖出买进"除首尾
- 风险转移
  - 装运港装运上船时发生风险转移　FOB、CFR、CIF
  - 其他均在交货时发生风险转移
- 安排运输　（E、F）由买方安排运输，（C、D）由卖方安排运输
- DAP：运到；DPU：运到+卸下；DDP：运到+卸下+完税
- 贸易术语后加地名的含义　（E、F）后加装运港（地）；（C、D）后加目的港（地）

《2010年通则》新增的两个贸易术语：DAP和DAT
- DAP（目的地交货）　运到
- DAT（运输终端交货）　运到-卸下
- 清关手续　卖出买进
- 风险转移　目的地（港）交货时
- 运输　卖方自付费用签订运输合同，将货物运至约定港口或目的地的指定运输终端
- 保险　卖方办保险

★《2020年通则》对《2010年通则》的主要修改
- DAT改为DPU："运到+卸下"不仅仅是"运输终端"的事实，卖方还必须确保其打算交货的地点是能够卸货的地点
- CIP无约定，卖方应投保"一切险减除外责任"（最高险）；CIF无约定，卖方应投保"平安险"（最低险）
- 在运输义务和费用中加入与安全有关的要求（费用由安排运输的一方承担）
- FCA术语增加"买卖双方可以约定买方指示其承运人在货物装运后向卖方签发已装船提单"
- FCA、DAP、DPU、DDP允许买方/卖方使用自己的运输工具

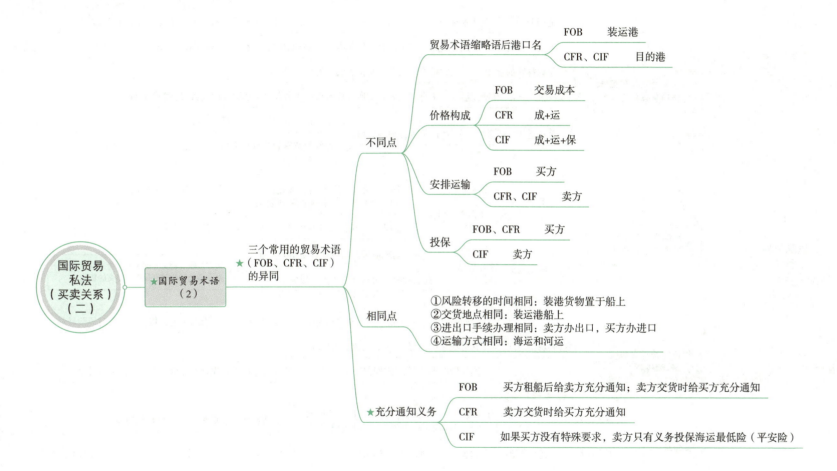

国际贸易私法（买卖关系）（二）

★国际贸易术语（2）

三个常用的贸易术语（FOB、CFR、CIF）的异同 ★

不同点

贸易术语缩略语后港口名
- FOB　装运港
- CFR、CIF　目的港

价格构成
- FOB　交易成本
- CFR　成+运
- CIF　成+运+保

安排运输
- FOB　买方
- CFR、CIF　卖方

投保
- FOB、CFR　买方
- CIF　卖方

相同点
①风险转移的时间相同：装港货物置于船上
②交货地点相同：装运港船上
③进出口手续办理相同：卖方办出口，买方办进口
④运输方式相同：海运和河运

★**充分通知义务**
- FOB　买方租船后给卖方充分通知；卖方交货时给买方充分通知
- CFR　卖方交货时给买方充分通知
- CIF　如果买方没有特殊要求，卖方只有义务投保海运最低险（平安险）

273

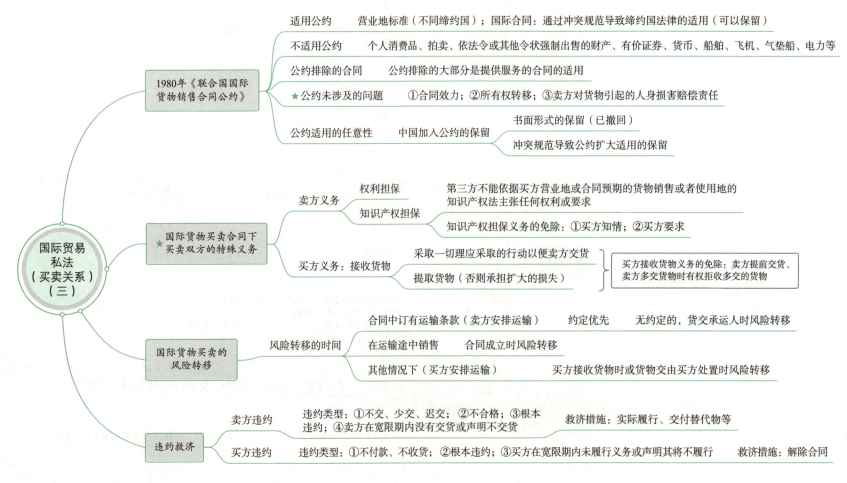

适用公约　营业地标准（不同缔约国）；国际合同：通过冲突规范导致缔约国法律的适用（可以保留）

不适用公约　个人消费品、拍卖、依法令或其他令状强制出售的财产、有价证券、货币、船舶、飞机、气垫船、电力等

公约排除的合同　公约排除的大部分是提供服务的合同的适用

★公约未涉及的问题　①合同效力；②所有权转移；③卖方对货物引起的人身损害赔偿责任

公约适用的任意性　中国加入公约的保留　书面形式的保留（已撤回）　冲突规范导致公约扩大适用的保留

1980年《联合国国际货物销售合同公约》

卖方义务　权利担保　知识产权担保　第三方不能依据买方营业地或合同预期的货物销售或者使用地的知识产权法主张任何权利或要求　知识产权担保义务的免除：①买方知情；②买方要求

买方义务：接收货物　采取一切应采取的行动以便卖方交货　提取货物（否则承担扩大的损失）　买方接收货物义务的免除：卖方提前交货、卖方多交货物时有权拒收多交的货物

★国际货物买卖合同下买卖双方的特殊义务

风险转移的时间　合同中订有运输条款（卖方安排运输）　约定优先　无约定的，货交承运人时风险转移　在运输途中销售　合同成立时风险转移　其他情况下（买方安排运输）　买方接收货物时或货物交由买方处置时风险转移

国际货物买卖的风险转移

卖方违约　违约类型：①不交、少交、迟交；②不合格；③根本违约；④卖方在宽限期内没有交货或声明不交货　救济措施：实际履行、交付替代物等

买方违约　违约类型：①不付款、不收货；②根本违约；③买方在宽限期内未履行义务或声明其将不履行　救济措施：解除合同

违约救济

国际贸易私法（买卖关系）（三）

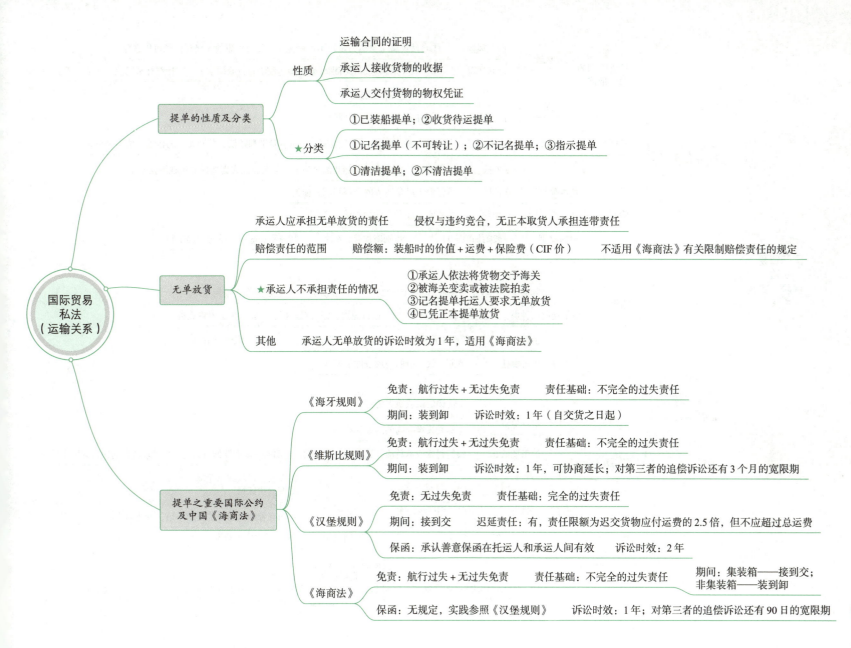

国际贸易私法（运输关系）

提单的性质及分类

- 性质
  - 运输合同的证明
  - 承运人接收货物的收据
  - 承运人交付货物的物权凭证
- ★分类
  - ①已装船提单；②收货待运提单
  - ①记名提单（不可转让）；②不记名提单；③指示提单
  - ①清洁提单；②不清洁提单

无单放货

- 承运人应承担无单放货的责任　　侵权与违约竞合，无正本取货人承担连带责任
- 赔偿责任的范围　　赔偿额：装船时的价值＋运费＋保险费（CIF 价）　　不适用《海商法》有关限制赔偿责任的规定
- ★承运人不承担责任的情况
  - ①承运人依法将货物交予海关
  - ②被海关变卖或被法院拍卖
  - ③记名提单托运人要求无单放货
  - ④已凭正本提单放货
- 其他　　承运人无单放货的诉讼时效为 1 年，适用《海商法》

提单之重要国际公约及中国《海商法》

- 《海牙规则》
  - 免责：航行过失＋无过失免责　　责任基础：不完全的过失责任
  - 期间：装到卸　　诉讼时效：1 年（自交货之日起）
- 《维斯比规则》
  - 免责：航行过失＋无过失免责　　责任基础：不完全的过失责任
  - 期间：装到卸　　诉讼时效：1 年，可协商延长；对第三者的追偿诉讼还有 3 个月的宽限期
- 《汉堡规则》
  - 免责：无过失免责　　责任基础：完全的过失责任
  - 期间：接到交　　迟延责任：有，责任限额为迟交货物应付运费的 2.5 倍，但不应超过总运费
  - 保函：承认善意保函在托运人和承运人间有效　　诉讼时效：2 年
- 《海商法》
  - 免责：航行过失＋无过失免责　　责任基础：不完全的过失责任　　期间：集装箱——接到交；非集装箱——装到卸
  - 保函：无规定，实践参照《汉堡规则》　　诉讼时效：1 年；对第三者的追偿诉讼还有 90 日的宽限期

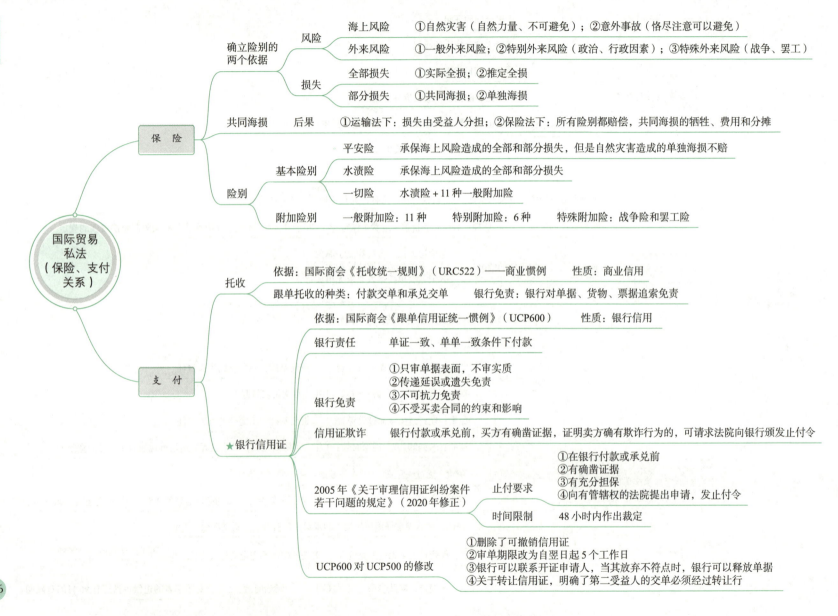

国际贸易私法（保险、支付关系）

保险

确立险别的两个依据
- 风险
  - 海上风险 —— ①自然灾害（自然力量、不可避免）；②意外事故（恪尽注意可以避免）
  - 外来风险 —— ①一般外来风险；②特别外来风险（政治、行政因素）；③特殊外来风险（战争、罢工）
- 损失
  - 全部损失 —— ①实际全损；②推定全损
  - 部分损失 —— ①共同海损；②单独海损

共同海损 —— 后果 —— ①运输法下：损失由受益人分担；②保险法下：所有险别都赔偿，共同海损的牺牲、费用和分摊

险别
- 基本险别
  - 平安险 —— 承保海上风险造成的全部和部分损失，但是自然灾害造成的单独海损不赔
  - 水渍险 —— 承保海上风险造成的全部和部分损失
  - 一切险 —— 水渍险 + 11 种一般附加险
- 附加险别 —— 一般附加险：11 种　　特别附加险：6 种　　特殊附加险：战争险和罢工险

支付

托收
- 依据：国际商会《托收统一规则》（URC522）——商业惯例　　性质：商业信用
- 跟单托收的种类：付款交单和承兑交单　　银行免责：银行对单据、货物、票据追索免责

★银行信用证
- 依据：国际商会《跟单信用证统一惯例》（UCP600）　　性质：银行信用
- 银行责任 —— 单证一致、单单一致条件下付款
- 银行免责
  - ①只审单据表面，不审实质
  - ②传递延误或遗失免责
  - ③不可抗力免责
  - ④不受买卖合同的约束和影响
- 信用证欺诈 —— 银行付款或承兑前，买方有确凿证据，证明卖方确有欺诈行为的，可请求法院向银行颁发止付令
- 2005 年《关于审理信用证纠纷案件若干问题的规定》（2020 年修正）
  - 止付要求
    - ①在银行付款或承兑前
    - ②有确凿证据
    - ③有充分担保
    - ④向有管辖权的法院提出申请，发止付令
  - 时间限制 —— 48 小时内作出裁定
- UCP600 对 UCP500 的修改
  - ①删除了可撤销信用证
  - ②审单期限改为自翌日起 5 个工作日
  - ③银行可以联系开证申请人，当其放弃不符点时，银行可以释放单据
  - ④关于转让信用证，明确了第二受益人的交单必须经过转让行

中国《对外贸易法》（2022 年修正）　适用范围　不适用于：①特殊物质或产品的进出口；②边境地区贸易；③单独关税区（港澳台）

外贸管理制度

出口管制法
- 出口管制的对象：两用物项、军品、核；既包括有形的货物，也包括无形的技术资料等
- 出口管制体制：实施统一的出口管制制度，通过制定管制清单、实施出口许可等方式管理
- 出口管制措施：出口管制清单、出口临时管制、禁止出口等
- 两用物项、军品出口的特别管理：出口两用物项应当如实、依法提交相关材料；国家实行军品出口专营制度

★反倾销措施
- 条件：倾销　损害：实质性损害、实质性损害威胁、实质性阻碍　因果关系
- 调查：机构　方式：经申请调查、依职权主动调查　终止调查：撤销申请、证据不足、倾销幅度低于 2% 等
- 措施　①临时反倾销措施：立案调查决定公告之日起 60 天内不得采取临时反倾销措施；②价格承诺；③反倾销税
- 期限　临时措施：一般不超过 4 个月　反倾销税和价格承诺：一般不超过 5 年
- 复审　①商务部决定复审；②利害关系方申请复审

反补贴措施
- 条件：存在专项性补贴　损害：实质性损害、实质性损害威胁、实质性阻碍　因果关系
- 程序：同反倾销调查程序　措施：价格承诺可由出口国政府或出口经营者作出

保障措施
- 条件：进口产品数量增加　价格承诺可由出口国政府或出口经营者作出　因果关系
- 实施　措施　①临时保障措施（提高关税）；②保障措施（提高关税、数量限制）
- 实施　期限　临时保障措施：不超过 200 天　保障措施：一般不超过 4 年；需要延长的，最长不超过 10 年

国际贸易公法

基本原则　①最惠国待遇原则；②国民待遇原则；③关税减让原则

★世界贸易组织

中国的特殊义务　外贸经营权的放开　15 年非市场经济承诺：①反倾销调查；②反补贴领域　12 年特定产品保障措施承诺

TRIMs　①违反国民待遇原则：当地成分要求；贸易平衡要求 ②违反取消数量限制原则：进口用汇限制（限制进口）；国内销售要求（限制出口）

GATS
- 功能分类　①跨境供应（服务产品本身跨境）；②境外消费（消费者跨境）；③商业存在；④自然人流动
- WTO 成员方关于服务贸易的承诺　①一般承诺：最惠国待遇；②具体承诺：国民待遇、市场准入；③GATS 本身是框架性协议

WTO 争端解决机制　磋商　专家组审理（非常设、核心程序、审查事实问题与法律问题）
- 上诉机构审理（常设、非必经、只审查法律问题）　DSB 通过报告　报告的执行和监督　不执行　交叉报复　争端解决机构一票赞成通过
- DSB 通过报告　报告的执行和监督　不执行　交叉报复　争端解决机构一票赞成通过

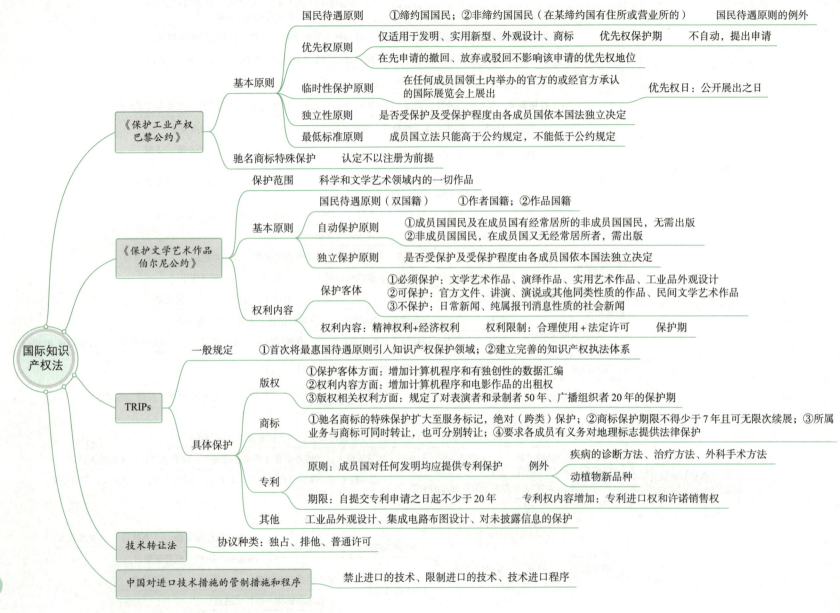

国际知识产权法

《保护工业产权巴黎公约》

- **基本原则**
  - **国民待遇原则** — ①缔约国国民；②非缔约国国民（在某缔约国有住所或营业所的） — 国民待遇原则的例外
  - **优先权原则**
    - 仅适用于发明、实用新型、外观设计、商标 — 优先权保护期 — 不自动，提出申请
    - 在先申请的撤回、放弃或驳回不影响该申请的优先权地位
  - **临时性保护原则** — 在任何成员国领土内举办的官方的或经官方承认的国际展览会上展出 — 优先权日：公开展出之日
  - **独立性原则** — 是否受保护及受保护程度由各成员国依本国法独立决定
  - **最低标准原则** — 成员国立法只能高于公约规定，不能低于公约规定
- **驰名商标特殊保护** — 认定不以注册为前提

《保护文学艺术作品伯尔尼公约》

- **保护范围** — 科学和文学艺术领域内的一切作品
- **基本原则**
  - **国民待遇原则（双国籍）** — ①作者国籍；②作品国籍
  - **自动保护原则** — ①成员国国民及在成员国有经常居所的非成员国国民，无需出版 ②非成员国国民，在成员国又无经常居所者，需出版
  - **独立保护原则** — 是否受保护及受保护程度由各成员国依本国法独立决定
- **权利内容**
  - **保护客体** — ①必须保护：文学艺术作品、演绎作品、实用艺术作品、工业品外观设计 ②可保护：官方文件、讲演、演说或其他同类性质的作品、民间文学艺术作品 ③不保护：日常新闻、纯属报刊消息性质的社会新闻
  - **权利内容：精神权利+经济权利** — 权利限制：合理使用+法定许可 — 保护期

TRIPs

- **一般规定** — ①首次将最惠国待遇原则引入知识产权保护领域；②建立完善的知识产权执法体系
- **具体保护**
  - **版权** — ①保护客体方面：增加计算机程序和有独创性的数据汇编 ②权利内容方面：增加计算机程序和电影作品的出租权 ③版权相关权利方面：规定了对表演者和录制者50年、广播组织者20年的保护期
  - **商标** — ①驰名商标的特殊保护扩大至服务标记，绝对（跨类）保护；②商标保护期限不得少于7年且可无限次续展；③所属业务与商标可同时转让，也可分别转让；④要求各成员有义务对地理标志提供法律保护
  - **专利**
    - **原则**：成员国对任何发明均应提供专利保护 — **例外** — 疾病的诊断方法、治疗方法、外科手术方法 / 动植物新品种
    - **期限**：自提交专利申请之日起不少于20年 — 专利权内容增加：专利进口权和许诺销售权
  - **其他** — 工业品外观设计、集成电路布图设计、对未披露信息的保护

技术转让法 — 协议种类：独占、排他、普通许可

中国对进口技术措施的管制措施和程序 — 禁止进口的技术、限制进口的技术、技术进口程序

国际投融资资法与税法（一）

MIGA

- 性质　★承保险别：①货币汇兑险；②征收和类似措施险；③政府违约险；④战争与内乱险；⑤其他非商业风险
- 合格投资者：自然人、法人、东道国的自然人和法人　　合格投资：性质、类别、时间　　合格东道国　　代位求偿

★ICSID

- 行使管辖权的条件：①性质：直接投资；②主体；③主观条件：书面协议；④东道国政府有权要求投资者用尽当地救济
- 行使管辖权的后果：①对争议管辖的同意不得单方撤销，仲裁裁决具有终局性的法律约束力；②仲裁期间投资者母国不得进行外交保护（除非东道国政府拒绝遵守和履行解决投资争端国际中心的裁决）

国际融资担保

- 国际融资担保　①见索即付的保证；②备用信用证；③意愿书或安慰函；④浮动抵押
- 独立保函的司法解释　统一了国际国内独立保函的交易规则
  - 定义　　性质：独立性、跟单性　　开立
  - 认定要件　前提：载明据以付款的单据和最高金额+以下任何一个条件：①载明见索即付（核心特征）；②载明适用独立保函交易示范规则；③开立人付款义务的相对独立性
  - 效力
    - 生效　①一经开立即生效，但独立保函载明生效日期或事件的除外；②未载明可撤销的，开立后不可撤销
    - 终止　到期、已付、零、免除、其他
  - 单据审查：单单、单函表面相符的，开立人承担付款义务，但受益人欺诈除外　　保函欺诈情形：串通虚构交易基础等
  - 救济方式
    - 申请　构成止付　①有证据证明欺诈有高度可能性；②情况紧急，可能造成难以弥补的损失；③申请人提供担保；④开立人善意付款前
    - 止付申请程序　①作出裁定：受理申请后48小时内；②执行裁定：裁定止付的，立即执行；③解除裁定：止付裁定作出后30日内未提起诉讼或申请仲裁；④止付异议：申请复议

国际税法

- 居民税收管辖权与来源地税收管辖权
  - 居民税收管辖权　居民：①自然人居民身份的认定；②法人居民身份的认定　　境内外所得
  - 所得来源地税收管辖权：营业所得、劳务所得、投资所得、财产所得
- 国际双重征税及解决　①国际重复征税：同一纳税人+同一税种；②国际重叠征税：不同纳税人+不同税种
- 国际逃税、避税及防止
  - 国际逃税　①隐匿财产和所得；②不报纳税资料；③谎报所得额；④虚构扣除项目；⑤伪造账册和收支凭证等　　违法
  - 国际避税　①纳税主体的跨国移动；②转移定价；③不合理分摊成本和费用；④避税港设立基地公司　　不违法但不道德
  - 共同申报准则（CRS）
    - 目的：遏制跨境逃税，进行有效国际合作　　时间表
    - CRS与双边协定中情报交换条款的区别：CRS是自动的，无需提供理由的信息交换
    - CRS涵盖的信息源：海外金融机构、资产信息、个人信息　　CRS识别依据
    - 不受CRS影响或影响较小的情形：25万美金以下、不产生现金流的资产

国际投融资法与税法（二）

海商法

海商法的适用范围和相关概念

海商法的适用范围
- 不适用于我国港口之间的海上货物运输
- 适用于海上或与海相通的可航水域的货物及旅客运输以及船舶碰撞和海难救助等海上事故
- 我国港口之间的旅客运输合同适用《海商法》，我国港口和外国港口之间的货物运输合同和旅客运输合同亦适用《海商法》

船舶所有权
- 船舶所有权的取得、转让、消灭、共有都必须登记
- 未经登记，不得对抗第三人
- 所有权的转让必须以书面形式进行

船舶担保物权类型及排序

约定担保物权

船舶抵押权
- 登记对抗；不登记，不得对抗第三人
- 船舶抵押权消灭
  - 船舶灭失
  - 船舶抵押权担保的主债权消灭
  - 抵押船舶被强制拍卖

法定担保物权

船舶优先权
- 海事请求人依照《海商法》的规定，向船舶所有人、光船承租人、船舶经营人提出海事请求，对产生该海事请求的船舶具有优先受偿的权利
- 内容
  - 船长、船员等的工资、其他劳动报酬、船员遣返费用和社会保险费用的给付请求
  - 在船舶营运中发生的人身伤亡的赔偿请求
  - 船舶吨税、引航费、港务费和其他港口规费的缴付请求
  - 海难救助的救助款项的给付请求
  - 船舶在营运中因侵权行为产生的财产赔偿请求

船舶留置权
- 船舶建造人、修船人在合同另一方未履行合同时，可以留置所占有的船舶，以保证造船费用或者修船费用得以偿还的权利

国际经济法新领域（一）

- "一带一路"倡议
  - 含义　丝绸之路经济带和21世纪海上丝绸之路
  - 首倡国　中国
  - 双边投资协定内容　最惠国待遇与公正待遇、损失或损害的赔偿、担保机构的代位权、征收等
  - 亚投行　对"一带一路"沿线国家基础设施的建设和风险的分散具有重要作用

- 人民币加入特别提款权（SDR）
  - ★特别提款权的用途
    - 各会员国可以凭特别提款权向基金组织提用资金
    - 特别提款权可与黄金、外汇一起作为国际储备
    - 作为一种账面资产或记账货币
      - 办理政府间结算
      - 偿付政府间结算逆差
      - 偿还基金组织的贷款
      - 作为偿还债务的担保

- ★外商投资法及相关解释
  - 外商投资的准入　外国的自然人、企业或其他组织直接或者间接进行的投资活动
  - 外商投资的鼓励和促进
    - 提高外商投资政策的透明度
    - 保障外商投资企业平等参与市场竞争
    - 加强外商投资服务，国家建立健全外商投资服务体系
    - 依法依规鼓励和引导外商投资
  - 外商投资的保护
    - 加强对外商投资企业的产权保护：所得可依法以人民币或者外汇自由汇入、汇出；鼓励开展技术合作，不得利用行政手段强制转让技术
    - 保护外商投资者的商业秘密
    - 强化对涉及外商投资规范性文件制定的约束
    - 促使地方政府守约践诺
    - 完善外商投资企业投诉维权机制
  - 外商投资的管理
    - 准入前国民待遇加负面清单管理制度，取消了逐案审批制管理模式
    - 明确按照内外资一致的原则对外商投资实施监督管理
    - 规定国家建立外商投资信息报告制度
    - 对外商投资安全审查制度作了原则性规定，并明确安全审查决定为最终决定
  - 《最高人民法院关于适用〈中华人民共和国外商投资法〉若干问题的解释》
    - 负面清单之外的投资合同，应认定为有效
    - 负面清单规定禁止投资的领域，应认定为投资合同无效
    - 负面清单规定限制投资的领域，当事人违反限制性准入特别管理措施的，应认定为投资合同无效
    - 法不溯及既往原则

国际经济法
新领域
（二）

**《外商投资安全
审查办法》**

- 审查的外商投资类型　　直接投资、间接投资
- 安全审查机构　　国家发展改革委、商务部牵头，承担外商投资安全审查的日常工作
- 安全审查范围
  - ①投资军工、军工配套等关系国防安全的领域，以及在军事设施和军工设施周边地域投资
  - ②投资关系国家安全的重要农产品、重要能源和资源、重大装备制造、重要基础设施、重要运输服务、重要文化产品与服务、重要信息技术和互联网产品与服务、重要金融服务、关键技术以及其他重要领域，并取得所投资企业的实际控制权

**《区域全面经济
★ 伙伴关系协定》
（RCEP）**

- 概述
  - ★ 中国、日本、韩国、澳大利亚、新西兰和东盟十国（菲律宾、老挝、马来西亚、缅甸、泰国、文莱、印尼、越南、新加坡、柬埔寨）共15个成员
  - 是当前世界上人口最多、经贸规模最大、最具发展潜力的自贸区
- 生效条件　　15个成员中至少9个成员批准，其中要至少包括6个东盟成员国和中国、日本、韩国、澳大利亚、新西兰中至少3个国家
- 特点
  - 覆盖疆域最广（跨区域）、惠及人口最多、经济体量最大的高质量自贸协定
  - 包容的、灵活的、互惠互利的自贸协定
  - 唯一一个以发展中经济体为中心的区域贸易协定；由东盟发起
- ★ RCEP对外贸企业和行业的影响
  - 货物贸易方面，90%以上的货物贸易将最终实现零关税
  - 原产地规则方面，使用区域累积原则
  - 进一步降低和取消了区域内的非关税壁垒
  - 细化通关便利规则，进一步加深了贸易便利化程度
  - 全面提升了区域内知识产权整体保护水平
  - 加强了电子商务领域的合作，为电子商务发展提供了良好环境
  - 降低了中小企业贸易门槛，创造了相对透明和公平的贸易合作环境

**网络安全与
数据跨境流动**

- 基本法律　　《网络安全法》《数据安全法》《个人信息保护法》
- ★ 主要内容
  - 《网络安全法》以"属地原则"为主、"域外适用"为辅　　关键信息基础设施的运营者在中国境内运营中收集和产生的个人信息和重要数据应当在境内存储；因业务需要，确需向境外提供的，应当按照国家网信部门会同国务院有关部门制定的办法进行安全评估
  - 《数据安全法》采用"属地原则"+"保护原则"的模式
    - "属地原则"针对中国"境内"
    - "保护原则"针对"境外"
    - 依法追究法律责任（民事、刑事、行政）
  - 数据安全审查制度采用"双层审查启动机制"　　当事人申报与依职权审查

思 维 导 图

理 论 法

法理学

法的本体　　法的概念、法的本质和特征、法的作用和价值、法的要素、法的渊源、法律部门与法律体系、法的效力、法律关系、法律责任

法的运行　　立法、法的实施、法适用的一般原理、法律推理与法律解释、法律漏洞的填补

法与社会　　法与社会的一般理论、法与经济／政治／宗教的关系

法的演进　　法的起源、法的发展、法的传统、法的现代化、现代中国法律文化的渊源、法律意识

习近平法治思想

习近平法治思想的形成发展及重大意义

习近平法治思想的核心要义（十一个坚持）

习近平法治思想的实践要求

理论法体系（一）

宪法学

宪法的基本理论　　宪法概述、宪法制定、宪法的基本原则、宪法的渊源与宪法典结构、宪法的作用、宪法规范与宪法效力

宪法的实施及其保障　　宪法实施概述、宪法修改、宪法解释、宪法监督、我国规范性文件的审查制度、宪法实施的保障

国家的基本制度（上）　　政治、经济、文化、社会制度

国家的基本制度（下）　　人民代表大会制度、国家结构形式、民族区域自治制度、基层群众自治制度、特别行政区制度、选举制度

公民的基本权利与义务　　公民的基本权利与义务概述、我国公民的基本权利、我国公民的基本义务

国家机构　　国家机构概述、全国人民代表大会及其常务委员会、全国人民代表大会各委员会、中华人民共和国主席、国务院、中央军事委员会、地方各级人民代表大会及其常务委员会和地方各级人民政府、人民法院和人民检察院、监察委员会

国家标志　　国旗、国歌、国徽、首都

司法制度和法律职业道德概述 —— 司法的概念、特征和功能，司法区别于行政的特点，中国特色社会主义司法制度，司法公正，司法效率，★审判独立与检察独立，法律职业，法律职业道德

审判制度和法官职业道德 —— 审判制度概述、法官职业道德、法官职业责任

检察制度和检察官职业道德 —— 检察制度概述、检察官、检察官职业道德、检察官职业责任

司法制度和法律职业道德

律师制度和律师职业道德 —— 律师制度概述、律师、律师事务所、律师职业道德、律师职业责任、★法律援助办法

公证制度和公证员职业道德 —— 公证制度概述、公证机构与公证员、公证程序与公证效力、公证员职业道德、公证员职业责任

其他法律职业人员职业道德 —— 法律顾问职业道德、仲裁员职业道德、行政机关中从事行政处罚决定法制审核/行政复议/行政裁决的公务员职业道德

理论法体系（二）

中国法制史

先秦时期的法律思想与制度 —— 西周以降的法律思想、★西周以降的主要法制内容、铸刑书与铸刑鼎、《法经》、商鞅变法与法家思想

秦汉至魏晋南北朝时期的法律思想与制度 —— 秦汉时期的法律思想与制度、魏晋南北朝时期的法律思想与制度

隋唐宋元明清时期的法律思想与制度 —— 隋《开皇律》、唐律与中华法系、两宋的法律思想与制度、明代的法律思想与制度、清代的法律思想与制度（近代以前）

清末的法律思想与制度 —— 清末的法律思想

中华民国的法律思想与制度 —— 民国初期的法律思想、中华民国的法律制度

中国共产党民主政权宪法性文件 —— 中国共产党民主政权宪法性文件与审判制度

法的本体
（一）

法的概念

　法的概念争议

　　实证主义 ★（恶法亦法）

　　　分析主义法学　　以权威性制定为首要定义要素（奥斯汀、哈特、凯尔森）

　　　法社会学和法现实主义　　以社会实效为首要定义要素（埃利希、庞德、霍姆斯）

　　非实证主义（恶法非法）

　　　古典自然法学　　以法的内容的正确性，即道德为唯一定义要素（亚里士多德、西塞罗）

　　　★第三条道路　　以内容的正确性、权威性制定以及社会实效同时作为定义要素（阿列克西、德沃金）

　　　　争议核心为法与道德是否存在概念上的必然联系，道德非实证、实证不道德

　三个理论争点

　　本质上的联系：法在本质上是否包含道德

　　内容上的联系：是否应有限度以及限度何在

　　功能上的联系：社会调整以何者为主

　法与道德的区别

　　生成方式：法是自觉建构（人为创制）的产物；道德是自发的和非建构的，由自然演进生成

　　规范内容：法同时关注权利和义务；道德只强调义务

　　行为标准：法有确定性，有特定的表现形式，具体明确，可操作性强；道德有模糊性，无特定具体的表现形式，笼统，标准模糊

　　存在形态：法有一元性；道德是多元的

　　调整方式：法侧重外在行为；道德关注内在动机

　　运作机制：法具有程序性；道德具有非程序性

　　强制方式：法是外在强制，有国家强制力为后盾；道德是依靠内心良知认同的内在强制

　　解决方式：法具有可诉性；道德不具有可诉性

　"国法"及其外延　"国法"是国家现行有效的法；"外延"包括国家专门机关制定的法、法院或法官在判决中创制的规则、国家通过一定方式认可的习惯法、其他执行国法职能的法

法的本质

　法的正式性（官方性、国家性）　国家按照一定的权限和程序制定或认可，依靠正式权力机制保证实现，是国家意志的体现

　法的阶级性　法是统治阶级的整体意志的体现，而非社会共同体意志的体现

　法的物质制约性　法的内容受社会存在制约，最终由一定社会物质生活条件决定

285

法的特征
- 规范性　法是调整人的行为的一种社会规范
- 国家意志性　法是由公共权力机关制定或认可的具有特定形式的社会规范
- 普遍性　法是具有普遍性的社会规范
- 权利义务对等性　法是以权利义务为内容的社会规范
- 强制性　法体现国家权力并由国家强制力保证实施
- 程序性　法是以国家强制力为后盾，通过法律程序保证实现的社会规范
- 可诉性　依据法律提起诉讼，作出判决

法的本体（二）

法的作用
- ★ 规范作用（针对单个人）
  - 指引　法对本人的行为具有引导作用；分类：规范性指引 VS 个别性指引、确定的指引 VS 选择的指引
  - 评价　具有判断、衡量他人行为合法与否的评判作用
  - 教育　通过法的实施对一般人的行为产生有益的影响，包括示警和示范作用
  - 预测　预测未来人与人之间的行为
  - 强制　通过制裁违法犯罪行为来强制人们遵守法律
- 社会作用及其局限性
  - 社会作用　政治职能、社会职能
  - 法的局限性　法律不是万能的

法的价值
- 法的价值含义　法的价值是指其对人的用处
- 事实判断 VS 价值判断　事实判断强调对法律的客观认识，价值判断强调个人的主观性
- 法的价值种类
  - 基本价值　秩序（基础）、自由（最高、最本质）、正义（保护弱者、司法裁判）、人权（实然）
  - 非基本价值
    - 利益
    - 效率
- 限制个人自由的理论基础　伤害原则（侵犯了特定他人的权利）、道德主义/冒犯原则（损害公众的道德信念）、家长主义原则（禁止自我伤害）
- ★ 法的价值冲突及其解决
  - 个案中的比例原则　具体问题具体分析；最小损害原则；禁止过度原则
  - 价值位阶原则　为了价值高的，可以牺牲价值低的

法的本体（三）—— 法的要素（1）

法律概念

- 概念　法律概念是指任何具有法律意义的概念
- 独立性　法律概念是法律规范的组成部分，其意义受到法律规范的影响，但法律概念的意义并不完全取决于法律规范，它具有一定程度的独立性
- 分类
  - 是否表述清晰　分为确定性概念与不确定性概念（不确定性概念又可分为描述性不确定性概念和规范性不确定性概念）
  - 定义要素之间的关系不同
    - 分类概念　定义要素中不存在可分级的要素；包括积累式必要（要素之间以"和""并且"联结）和选择式必要（要素之间以"或""或者"联结）
    - 类型概念　定义要素中含有可分级的要素
  - 概念的功能差异
    - ★描述性概念　用以描述事实的概念；其事实分为自然事实、社会事实、制度性事实；有真假之分
    - 评价性概念　包含价值判断的概念；没有真假之分
    - 论断性概念　基于对一个事实的确认来认定另一个事实的存在，如民法上的"推定"

法律规则

- 概念　法律规则，是指以一定的逻辑结构形式具体规定人们的法律权利、法律义务以及相应的法律后果的一种法律规范
- ★逻辑结构
  - 逻辑上缺一不可，内容上可省略
  - 假定条件　即法律规则所预设的在什么时间、什么空间、对什么人、什么行为适用的条件
  - 行为模式　法律规则所规定的具体行为方式，分为可为模式、应为模式、勿为模式
  - 法律后果　人的实际行为符合或不符合行为模式时所产生的相应效果，分为合法后果、违法后果
- 法律规则与语言
  - 规范语句
    - 命令句　有道义助动词，"必须""应当""禁止"
    - 允许句　有道义助动词，"可以"
  - 非规范语句　陈述句　没有道义助动词
- 法律规则与法律条文
  - 法律规则与法律条文并非一一对应
  - 规范性条文　直接表述法律规范（法律规则和法律原则）的条文
  - 非规范性条文　不直接规定法律规范，而规定某些法律技术内容（术语界定、公布机关和时间、生效日期等）
- ★规则的分类
  - 根据规则的内容规定不同
    - 授权性规则　规定人们有权做或不做一定行为的规则，即规定人们的"可为模式"的规则
    - 义务性规则
      - 命令性规则　规定人们的积极义务，"应当""必须"
      - 禁止性规则　规定人们的消极义务，"禁止""不准"
  - 根据规则内容的确定性程度不同
    - 确定性规则　内容明确肯定，无需再援引、参照其他规则来确定其内容的法律规则
    - 委任性规则　内容尚未确定，仅作概括性指示，指向其他机关加以确定的法律规则
    - 准用性规则　内容本身没有规定人们具体的行为模式，而是可以援引或参照其他相应内容规定的规则
  - 根据对行为限定的范围或程度不同
    - 强行性规则　内容具有强制性，不允许随意更改的法律规则
    - 任意性规则　允许自行选择、协商行为的模式

法的本体（四） ← 法的要素（2）

法律原则

- 概念：法律原则，是指为法律规则提供某种基础或本源的、综合性的、指导性的价值准则或规范，是法律诉讼、法律程序和法律裁决的确认规范

- 分类
  - 公理性原则与政策性原则
  - 基本原则与具体原则
  - 实体性原则与程序性原则

- ★ 法律规则与法律原则的区别
  - 内容
    - 法律规则是具体规定，着眼于"个性"，其目的是削弱或防止"自由裁量"
    - 法律原则是笼统规定，同时关注"共性"和"个性"，适用时具有较大的余地
  - 适用范围
    - 法律规则针对某一类型的行为
    - 法律原则对某一类行为、某一法律部门甚或全部法律体系均适用
  - 适用方式
    - 法律规则是全有或全无的方式（排他性）
    - 法律原则中不同强度的，甚至冲突的原则可能共存于一部法律之中（衡量性）

- 法律原则的适用条件
  - 穷尽法律规则，方得适用法律原则
  - 除非为了实现个案正义，否则不得舍弃法律规则而直接适用法律原则；没有更强理由，不得径行适用法律原则

权利与义务

- 分类
  - 基本权利义务（基于宪法规定）与普通权利义务（基于普通法律规定）
  - 绝对权利义务（针对不特定法律主体的权利义务）与相对权利义务（针对特定法律主体的权利义务）
  - 个人权利义务、集体权利义务与国家权利义务

- 权利与义务的联系与区别
  - 从结构上看，两者相互依存，是紧密联系、不可分割的
  - 从数量上看，两者总量相等
  - 从产生和发展看，两者经历了从浑然一体到分裂对立再到相对一致的过程
  - 从价值上看，权利和义务代表不同的法律精神，在历史上受重视的程度不同，有主次地位之分；一般而言，特权社会强调"义务本位"，民主法治社会强调"权利本位"

法的本体（五）

法的渊源

分类

- **正式渊源** 具有明文规定的法律效力，可以直接作为推理大前提，主要是制定法
- **非正式渊源** 不具有明文规定的法律效力，但具有说服力，可以构成法律推理的大前提，如道德、政策等

当代中国法的正式渊源

宪法、法律（法律保留的范围）、监察法规、行政法规、部门规章、地方性法规、民族自治法规和经济特区规范性文件、地方政府规章、国际条约和国际惯例、对法律所作的有权解释、其他正式渊源

★法的正式渊源的效力原则

- 不同位阶的法的渊源之间的冲突原则：以宪法为核心，遵循上位法高于下位法原则
- 同一位阶的法的渊源之间的冲突原则：特别法优先原则，后法优先（新法优先）原则
- **位阶交叉的法的渊源之间的冲突原则**
  - 自治条例和单行条例依法对法律、行政法规、地方性法规作变通规定的，在本自治地方适用自治条例和单行条例的规定
  - 经济特区法规根据授权对法律、行政法规、地方性法规作变通规定的，在本经济特区适用经济特区法规的规定
  - 地方性法规、规章之间不一致时，由有关机关依照规定的权限作出裁决
    - ①同一机关制定的新的一般规定与旧的特别规定不一致时，由制定机关裁决
    - ②地方性法规与部门规章之间对同一事项的规定不一致，不能确定如何适用时，由国务院提出意见，国务院认为应当适用地方性法规的，应当决定在该地方适用地方性法规的规定；认为应当适用部门规章的，应当提请全国人民代表大会常务委员会裁决
    - ③部门规章之间、部门规章与地方政府规章之间对同一事项的规定不一致时，由国务院裁决
    - ④根据授权制定的法规与法律规定不一致，不能确定如何适用时，由全国人民代表大会常务委员会裁决

当代中国法的非正式渊源

- 习惯（仅指社会习惯，适用时不得违背公序良俗）
- 判例（最高人民法院发布的指导性案例，各级人民法院审判类似案件时应当参照）
- 政策（非道德或伦理原则；在我国仅包括国家政策和中国共产党的政策，不包括党自身的行动计划的政策）

法律部门与法律体系

法律部门

- 含义 ★法律部门是根据一定标准和原则所划定的调整同一类社会关系的法律规范的总称
- 划分标准 以调整对象为主，调整方法为辅。最早由乌尔比安提出公法与私法的划分

法律体系

- 含义 法律体系是一国的全部现行法律规范按不同法律部门形成的有机整体
- **当代中国法律体系**
  - 7个法律部门 宪法及宪法相关法、民商法、行政法、经济法、社会法、刑法、诉讼与非诉讼程序法
  - 3个不同层级 法律→行政法规→地方性法规、自治条例和单行条例

法的本体（六）

法的效力

含义 法的约束力、强制力，其指人们应当按照法律规定的行为模式来行为，必须予以服从的一种法律之力

范围

规范性法律文件的效力与非规范性法律文件的效力
- 规范性法律文件的效力对不特定主体反复适用，如民法、刑法等的效力（规范不特定）
- 非规范性法律文件的效力对特定主体适用，如判决书、合同等的效力（特定非规范）

对人效力、对事效力、空间效力与时间效力

对人效力
- 属人主义　法律只适用于本国公民，不论其身在国内还是国外
- 属地主义　法律适用于该国管辖地区内的所有人，若本国公民不在本国，则不受本国法律保护
- 保护主义　任何侵害本国利益的人，不论其国籍和所在地域，都要受到追究
- 以属地主义为主，与属人主义、保护主义相结合

对事效力　法所调整的社会关系

空间效力　一国法律适用于该国主权范围所及的全部领域，包括领土、领水及其底土和领空

★ 法的溯及力：①以法律不溯及既往为原则；②法律不溯及既往并非绝对，各国采用的通例是遵循"从旧兼从轻"原则；③在某些有关战争、基本人权和民事权利的法律中，法律有溯及力

时间效力　生效时间包括：①自法律公布之日起生效；②由该法律规定具体生效时间；③规定法律公布后符合一定条件时生效

法律关系

法律关系是指在法律规范调整社会关系的过程中所形成的人们之间的权利义务关系

概念

性质与特征
- 法律关系是根据法律规范建立的社会关系
- 法律关系是体现意志性的特定社会关系
- 法律关系是特定法律关系主体之间的权利义务关系

★ 种类
- 调整性和保护性法律关系　调整性法律关系由主体间的合法行为产生；保护性法律关系由主体间的违法行为产生
- 横向和纵向法律关系　横向法律关系是指主体间地位平等，无隶属关系；纵向法律关系是指主体间地位不平等，有隶属关系
- 单向、双向和多向法律关系　单向法律关系是指权利人仅享有权利，义务人仅履行义务；双向法律关系是指一方的权利对应另一方的义务，反之亦然；多向法律关系是指3个或3个以上相关法律关系的复合体
- 第一性与第二性法律关系　第一性法律关系是指独立存在的或居于支配地位的法律关系，在逻辑上先发生，为主法律关系；第二性法律关系是指由第一性法律关系产生的法律关系，在逻辑上后发生，为从法律关系

主体
- 种类　公民（自然人）；机构和组织（法人）；国家
- 权利能力　其指能够参与一定的法律关系，依法享有一定权利、承担一定义务的法律资格
- 行为能力　其指法律关系主体能够通过自己的行为实际取得权利、履行义务的能力

内容 其指法律关系主体之间的法律权利和法律义务

客体 其指法律关系主体之间的权利和义务所指向的对象，包括物、人身、精神产品、行为结果等

产生、变更和消灭的条件 法律规范；法律事实 ★（法律行为、法律事件）

法的本体（七） — 法律责任

- 概念
  - ★ 行为主体应当承担的法律上的不利后果。包括由违法行为和违约行为引起的过错责任，以及由法律特别规定引起的责任
  - 法律责任与权力、权利、义务的关系
    - 法律责任与权力的关系　　责任通过权力落实，责任约束和限定了权力的行使
    - 法律责任与权利、义务的关系　　在逻辑上，法律权利与义务先于法律责任；法律责任是法律权利与义务成为事实的保证

- 竞合
  - 含义：一个法律行为同时引发两种以上彼此相冲突的法律责任
  - 处理：择一重处罚；轻责已追究的，可折抵重刑

- 归责与免责
  - 归责原则
    - 责任法定原则　　责任须明确规定；追责依据同时包括实体法和程序法；禁止擅断责任和法外责罚
    - 公正原则　　法律面前人人平等；定性公正；定量公正
    - 效益原则　　其指应当追求法律责任效益最大化，其衡量标准是法律有威慑力且责任适度
    - 责任自负原则　　谁违法谁负责，反对株连或变相株连；违法责任得追究，无责必不被追究；现代社会中，独立的主体自主选择行为，相应地自己承担后果
  - 免责条件
    - 法律上的免责条件分为法定免除条件和意定免除条件
    - 我国法律规定的免除条件主要为：①不诉免责；②时效免责；③自愿协议免责；④自首、立功免责；⑤正当防卫、紧急避险、不可抗力免责；⑥人道主义免责

- 法律制裁
  - ★ 其指由特定国家机关对违法者依其法律责任而实施的强制性惩罚措施
    - 法律责任以补偿、惩罚的方式承担；有法律责任不一定有法律制裁，但有法律制裁就一定有法律责任

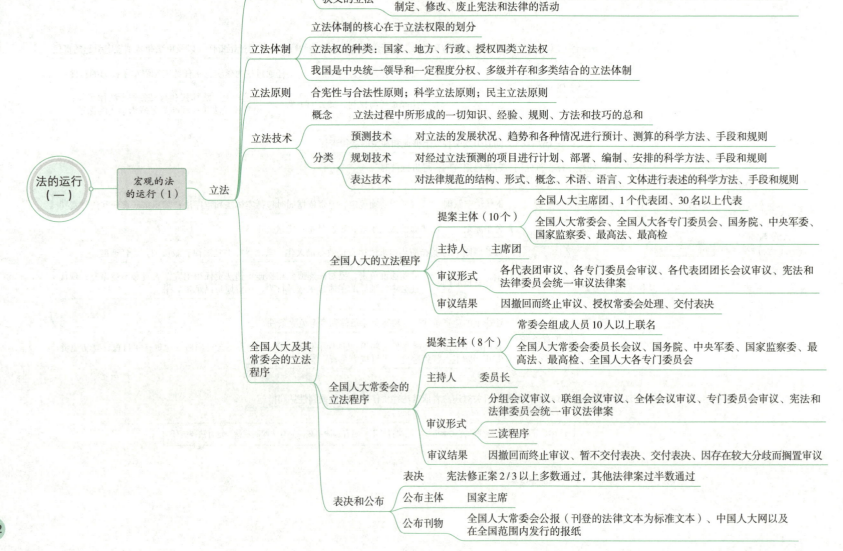

法的运行（一）

宏观的法的运行（1）

立法

立法的含义
- 广义的立法：泛指一切国家机关依照法定职权和程序，制定、修改、废止法律和其他规范性文件及认可法律的活动，是对社会资源、社会利益进行第一次分配的活动
- 狭义的立法：仅指享有国家立法权的国家机关的立法活动，即国家的最高权力机关及其常设机关依法制定、修改、废止宪法和法律的活动

立法体制
- 立法体制的核心在于立法权限的划分
- 立法权的种类：国家、地方、行政、授权四类立法权
- 我国是中央统一领导和一定程度分权、多级并存和多类结合的立法体制

立法原则
- 合宪性与合法性原则；科学立法原则；民主立法原则

立法技术
- 概念：立法过程中所形成的一切知识、经验、规则、方法和技巧的总和
- 分类
  - 预测技术：对立法的发展状况、趋势和各种情况进行预计、测算的科学方法、手段和规则
  - 规划技术：对经过立法预测的项目进行计划、部署、编制、安排的科学方法、手段和规则
  - 表达技术：对法律规范的结构、形式、概念、术语、语言、文体进行表述的科学方法、手段和规则

全国人大及其常委会的立法程序

全国人大的立法程序
- 提案主体（10个）
  - 全国人大主席团、1个代表团、30名以上代表
  - 全国人大常委会、全国人大各专门委员会、国务院、中央军委、国家监察委、最高法、最高检
- 主持人：主席团
- 审议形式：各代表团审议、各专门委员会审议、各代表团团长会议审议、宪法和法律委员会统一审议法律案
- 审议结果：因撤回而终止审议、授权常委会处理、交付表决

全国人大常委会的立法程序
- 提案主体（8个）
  - 常委会组成人员10人以上联名
  - 全国人大常委会委员长会议、国务院、中央军委、国家监察委、最高法、最高检、全国人大各专门委员会
- 主持人：委员长
- 审议形式
  - 分组会议审议、联组会议审议、全体会议审议、专门委员会审议、宪法和法律委员会统一审议法律案
  - 三读程序
- 审议结果：因撤回而终止审议、暂不交付表决、交付表决、因存在较大分歧而搁置审议

表决和公布
- 表决：宪法修正案2/3以上多数通过，其他法律案过半数通过
- 公布主体：国家主席
- 公布刊物：全国人大常委会公报（刊登的法律文本为标准文本）、中国人大网以及在全国范围内发行的报纸

法的实施与法的实现 —— 法的实施是指法在社会生活中被人们实际施行，包括执法、司法、守法和法律监督等环节；法的实现是指法的要求在社会生活中被转化为现实

当代中国的司法原则：司法公正原则、司法平等原则、司法合法原则、司法职权独立行使原则、司法责任原则

司法与执法的区别
- 主体 —— 司法适用于司法机关及其公职人员；执法适用于国家行政机关、司法机关及其公职人员
- 内容 —— 司法针对的对象仅仅是案件；执法是对社会进行全面管理
- 程序性要求 —— 司法有严格的程序性要求；执法的程序性要求不如司法严格和细致
- 主、被动 —— 司法具有被动性，前提是案件的发生；执法具有主动性，不基于相对人的意志引起和发动

法的运行（二）

宏观的法的运行（2）

法的实施

守法
- 积极守法：主动行使自己的权利
- 消极守法：不违法
- 守法义务
  - 区别于法律义务（法律本身所规定的义务）：法律义务来源于特定国家的法律，是守法义务的对象或主题之一；守法义务来源于道德，是道德义务而非法律义务
  - 因为守法义务是道德义务，所以自然法学者主张实际存有一个守法义务，而法实证主义者一般否认守法义务的实存，甚至否认初始性的守法义务的实存

法律监督
- 概念
  - 狭义监督 —— 特定国家机关依照法定权限和法定程序，对立法、司法和执法活动的合法性所进行的监督
  - 广义监督 —— 所有国家机关、社会组织和公民对各种法律活动的合法性所进行的监督
  - 五要素 —— ①主体：谁监督；②客体：监督谁；③内容：所有与监督客体行为合法性有关的问题；④权利与权力；⑤监督规则
- 分类
  - 国家法律监督：国家权力机关（核心）、行政机关、监察机关和司法机关
  - 社会法律监督：非国家机关（党的监督、政协的监督、社会组织的监督等）

微观的法的运行（1）

法适用的一般原理

法适用的目标
- 得出合理的法律决定。合理的法律决定就是指法律决定具有可预测性和正当性
- ★可预测性为形式法治，即合法性；正当性为实质法治，即合理性
- 法律的可预测性优先

法适用的步骤 —— 确认案件事实（小前提）——寻找法律规范（大前提）——推导法律决定（结论）

法律证成
- 概念 ★法律证成，是指给一个决定提供充足理由的活动或者过程，即适用法律的过程
- ★内部证成与外部证成的区别
  - 内部证成是按照一定的推理规则从相关前提中逻辑地推导出法律决定（内部逻辑）
  - 外部证成是对法律决定所依赖的前提的证成（外部前提）
  - 外部证成保证内部证成的前提正当；外部证成必然涉及内部证成

法的运行（三） ─ 微观的法的运行（2）

法律推理

- 含义：法律推理是指法律人从一定的前提推导出法律决定的过程
- 特点：①法律推理以法律以及法学中的原理或理由为基础；②法律推理要受现行法律的约束（正式渊源＋非正式渊源）；③法律推理是一种寻求正当性证明的推理
- 种类
  - 演绎推理：从一般到个别；典型的三段论（大前提是一般规范，小前提是个案事实判断）；唯一必然性推理
  - 归纳推理：从个别到一般，包括完全归纳推理（根据某个集合中的所有特称判断得出全称判断）、不完全归纳推理（根据某个集合中的部分特称判断得出全称判断）；归纳推理的结论并非因果判断，而是价值判断
  - 类比推理：类似案件类似处理，同案同判；类比推理扩张了法律规范的后果，属于"积极推理"
  - 反向推理：即"反面推论"，从某一法律适用的情形推出这一法律不适用的情形；反向推理限制了法律规范的后果，属于"消极推理"
  - 当然推理：举轻以明重，举重以明轻；当然推理并非逻辑上有效的推论，而依赖于实质判断
  - 设证推理：又称"推定"，由果到因，即从某个事实或结论出发，推导出某个曾发生的事实或前提；分为经验推定和规范推定

法律解释

- 法律解释的种类
  - 正式解释（法定解释、有权解释）：其指由特定的国家机关、官员或其他有解释权的人对法律作出的具有法律上约束力的解释
  - 非正式解释（学理解释、无权解释、任意解释）：一般指由学者或其他个人及组织对法律规定所作的不具有法律约束力的解释
- 法律解释的方法与位阶
  - 文义解释：其解释依据是法条字面含义
  - 体系解释：其解释依据是其他法条。该方法将被解释的法律条文放在整部法律中乃至整个法律体系中，联系此法条与其他法条的相互关系来解释法律
  - 立法者目的解释：其指根据参与立法的人的意志或立法资料揭示某个法律规定的含义，或者说将对某个法律规定的解释建立在参与立法的人的意志或立法资料的基础上
  - 历史解释：其解释依据是历史事实或某现象有史以来的情况
  - 比较解释：其解释依据是外国的判例和判例学说，利用另一个社会或国家的法律状况证成某个法律解释结果
  - 客观目的解释：★其解释依据是社会共同伦理道德的需要，侧重于对社会利益和社会效果的衡量
  - ★通行的位阶：文义解释→体系解释→立法者目的解释→历史解释→比较解释→客观目的解释（非绝对不变）
- ▶法律解释方法的适用模式
  - 单一模式：将一种解释方法作为证成法律解释结果的唯一或首要理由
  - 累积适用模式：运用多种解释方法得出相同的解释结果
  - 冲突适用模式：运用多种解释方法得出相互对立的解释结果
- 当代中国的法律解释体制
  - 对宪法的解释：由全国人大常委会解释
  - 对法律的解释
    - 立法解释：由全国人大常委会解释；国务院、中央军委、全国人大各专门委员会、国家监察委、最高法、最高检、省级人大常委会可以要求解释
    - 司法解释：由最高法和最高检解释；自公布之日起30日内报全国人大常委会备案
  - 对行政法规的解释
    - 国务院的解释：需要明确具体含义、出现新情况
    - 国务院法制机构的解释：行政工作中的具体应用问题
  - 对地方性法规的解释
  - 对行政规章的解释

法的运行（四） — 微观的法的运行（3）

法律漏洞的填补

概念

- 法律漏洞即违反立法计划（规范目的）的不圆满性
- ★ 性质　法律漏洞不是法外空间而是"法内空间"；法外空间是原本不该由法律调整的领域；法律漏洞不是简单的法律缺失，而是不合目的或者依照目的被评价为不好的缺失状态
- 原因　立法者的理性有限；"禁止拒绝裁判原则"的存在

★ 法律漏洞的分类

- "漏"的程度
  - 全部漏洞　根本没有被规定——立法空白
  - 部分漏洞　已规定但不完全
- "漏"的表现形态
  - 明显漏洞　应积极规定却未规定（目的论扩张）
  - 隐藏漏洞　已规定，但应设例外却未设例外（目的论限缩）
- "漏"的时间
  - 自始漏洞
    - 明知漏洞（法政策漏洞）　制定法律时立法者已意识到存在漏洞，但有意不规定，将问题保留给其他部门解决
    - 不明知漏洞　制定法律时立法者因疏忽或欠缺认知能力没有意识到存在漏洞
  - 嗣后漏洞　因法律相对于社会现实的滞后而产生

法律漏洞的填补方法

- 目的论扩张
  - 含义　规范未能涵盖某类案件，但依据规范的目的应当扩张规范的适用范围，以纳入此类案件
  - 用途　法律之"潜在包含""词不达意"
  - 要求
    - 提出理性论据来论证待扩张的规范目的或立法计划是什么
    - 必须证明待扩张案件可以/应当被规范目的涵盖或被赋予相同法律后果
  - 注意事项　★ 目的论扩张有别于扩张解释：目的论扩张是扩张规范之适用范围以涵盖案件，扩张解释是扩张语词文义以期正确适用法条
- 目的论限缩
  - 定义　规范已经涵盖某类案件，但依据规范的目的应当限缩规范的适用范围，以排除此类案件
  - 用途　法律之"过度包含""言过其实"
  - 要求
    - 提出理性论据来论证待限缩的规范目的或立法计划是什么
    - 必须证明待限缩案件并不被规范目的涵盖或该类案件与规范目的并不兼容
  - 注意事项　目的论限缩有别于限缩解释：目的论限缩旨在添加限制性的规范，限缩解释是限缩语词文义以期限制法条的适用

法与社会的一般理论 — 法以社会为基础；法是社会的产物，社会物质生活条件最终决定法的本质；社会是法的基础；制定法律必须以社会为基础；法以社会为基础，既指社会决定法的性质与功能，又指法的变迁与社会发展的进程基本一致

★ 法对社会的调整，首先是通过调和社会各种冲突的利益来实现的；法律不是万能的，在某些社会关系领域中，法律控制不是唯一或最佳手段；必须使法律与其他资源分配系统（宗教、道德、政策等）相配合，即全方位社会和谐

法与经济 — 法与经济的关系：法由经济基础决定，还受其他因素影响；法对于经济基础有能动反作用，但是，法在任何时候都不得不服从经济条件，它只是表明和记载经济关系的要求而已

法与科技：一方面，科技进步对法产生影响；另一方面，法对科技进步具有规制、促进作用

法与社会、经济、政治、宗教

法与政治 — 法与政治的一般关系：法与政治属于上层建筑，都受制于并反作用于一定的经济关系；它们是相互作用、相辅相成的关系

法与政策：法与执政党政策在内容和实质方面存在联系，在包括阶级本质、经济基础、指导思想、基本原则和社会目标等根本方面具有一致性；但二者的区别也很明显，体现在意志属性、规范形式、实施方式、调整范围等方面的不同

法与国家：法与国家权力构成相互依存、相互支撑的关系；与此同时，法与国家权力也存在紧张或冲突关系

宗教对法的影响 — 宗教可以推动立法，宗教影响司法程序

法与宗教 — 法对宗教的影响 — 政教合一的国家里，一方面，法可以作为国教的工具和护卫者；另一方面，法又可以作为异教的破坏力量

近现代政教分离的国家里，法与宗教分离，法对各种宗教之争持中立态度，法保障宗教信仰自由

现代法律对宗教的影响，主要表现为法对本国宗教政策的规定

我国现行的宗教政策 — 全面正确地贯彻宗教信仰自由政策；依法加强对宗教事务的管理；积极引导宗教与社会主义建设事业相结合

法与社会和法的演进（一）

法产生的主要标志 — 国家的产生、权利义务观念的形成、法律诉讼和司法的出现

法的产生 — 产生方式 — 法由国家制定和认可；原始社会规范是在长期生产生活中自发形成的

法与原始社会规范的主要区别 — 反映的利益和意志 — 法反映统治阶级的意志；原始社会规范反映社会全体成员的意志

保证实施的力量 — 法以国家强制力保证实施；原始社会规范依靠社会舆论、领袖威信等保证实施

适用范围 — 法适用于主权所及的地域内所有居民；原始社会规范只适用于本部落成员

法的起源

从个别调整到规范性调整、一般规范性调整到法的调整

★ 法产生的一般规律 — 从习惯到习惯法再到制定法

从法与宗教规范、道德规范浑然一体到法与这二者分离并相对独立发展

法与社会和法的演进（二）

法的发展

- 法的历史类型：法的历史类型是按照法所据以产生和赖以存在的经济基础的性质和体现的阶级意志的不同而划分的；法的历史类型有四：奴隶制法、封建制法、资本主义法和社会主义法
- 法的继承 ★ 法的继承是不同历史时代的法律制度之间的延续和继受（本国）
- 法的移植 ★ 法的移植是在鉴别、认同、调适、整合的基础上，引进、吸收、采纳、摄取、同化外国法，使之成为本国法律体系的有机组成部分，为本国所用（外国）

法的传统

- 法的传统的概念 法的传统是世代相传、辗转相承的有关法的概念、制度的总和
- 西方两大法系
  - 民法法系 / 大陆法系
  - 普通法法系 / 英美法系 / 判例法系
  - 对比
    - 思维方式：民法法系是演绎型思维；普通法法系是归纳型思维，注重类比推理
    - 法的渊源：民法法系的正式渊源只有制定法；普通法法系的正式渊源包括判例法、制定法
    - 法律的分类：民法法系分为公法与私法；普通法法系分为普通法与衡平法
    - 诉讼程序：民法法系属于纠问制；普通法法系属于对抗制
    - 法典编纂：民法法系有大规模的法典编纂活动；普通法法系不倾向于大规模的法典编纂
- 中西方的法律文化传统
  - 中国古代法的传统 礼法结合、德主刑辅；等级有序、家族本位；以刑为主、民刑不分；重视调解、无讼是求
  - 西方的法律传统 受宗教影响较大；强调个体地位和价值；私法文化发达；以正义为法律的价值取向

法的现代化

- 法的现代化的标志 法与道德相互分离；法成为形式法；法对现代价值的体现和保护；法具有了形式合理性
- ★ 法的现代化的类型
  - 内发型法的现代化 特定社会自身力量，法的内部创新；自发、自下而上、缓慢渐进
  - 外源型法的现代化 依靠外来因素推动，法律文化革新；被动、具有依附性
- 当代中国的法的现代化的历史进程与特点
  - 属于外源型法的现代化
  - 由被动接受到主动选择；由模仿民法法系到建立有中国特色的社会主义法律制度；启动形式是立法主导型；法律制度变革在前，法律观念更新在后，思想领域斗争激烈
- 积极推进我国法的现代化转型 将政府推动和社会参与相结合；立足本国国情和借鉴国外经验相结合；制度改革与观念更新相结合

现代中国法律文化的渊源

马克思主义法思想和社会主义各国法治建设经验；西方法律制度和法律思想；中国古代法的传统

法律意识

- 法律意识可以使一个国家的法律传统得以延续
- 法律意识相对独立于法律制度
- 法律意识包含法律心理和法律思想体系

时代背景　当今世界正在经历百年未有之大变局；我国正处于中华民族伟大复兴的关键时期；我国经济正处于转变发展方式、优化经济结构、转换增长动力的攻关期

发展逻辑　历史逻辑、理论逻辑、实践逻辑

形成发展及重大意义

鲜明特色　原创性、系统性、时代性、人民性、实践性

重大意义　①是马克思主义法治理论同中国实际相结合的最新成果
②是对党领导法治建设丰富实践和宝贵经验的科学总结
③是在法治轨道上推进国家治理体系和治理能力现代化的根本遵循
④是引领法治中国建设、实现高质量发展的思想旗帜

习近平法治思想

核心要义

坚持党对全面依法治国的领导

坚持以人民为中心

坚持中国特色社会主义法治道路

坚持依宪治国、依宪执政

坚持在法治轨道上推进国家治理体系和治理能力现代化

坚持建设中国特色社会主义法治体系

坚持依法治国、依法执政、依法行政共同推进，法治国家、法治政府、法治社会一体建设

坚持全面推进科学立法、严格执法、公正司法、全民守法

坚持统筹推进国内法治和涉外法治

坚持建设德才兼备的高素质法治工作队伍

坚持抓住领导干部这个"关键少数"

实践要求

充分发挥法治对经济社会发展的保障作用

正确认识和处理全面依法治国一系列重大关系：政治和法治、改革和法治、依法治国和以德治国、依法治国和依规治党

宪法的基本理论（一）

宪法概述

- 概念：宪法是规定国家的根本制度和根本任务、集中体现各种政治力量对比关系、保障公民基本权利的国家根本法

- 基本特征
  - 宪法是国家的根本法：①内容上，宪法规定一个国家最根本、最核心的问题；②法律效力上，宪法具有最高法律效力；③制定和修改程序上，宪法比普通法律更加严格
  - 宪法是公民权利的保障书
  - 宪法是民主事实法律化的基本形式

- 分类
  - 成文与不成文宪法：美国 1787 年宪法是世界上第一部成文宪法；法国 1791 年宪法是欧洲大陆第一部成文宪法；英国是典型的不成文宪法国家
  - 柔性与刚性宪法：实行不成文宪法的国家往往是实行柔性宪法的国家；但实行成文宪法的国家不一定都是实行刚性宪法的国家，如哥伦比亚、智利、秘鲁、新西兰等国家
  - 钦定、民定与协定宪法：钦定宪法：法国 1814 年宪法、意大利 1848 年宪法、日本 1889 年《明治宪法》、中国 1908 年《钦定宪法大纲》；民定宪法：法国 1793 年宪法；协定宪法：英国 1215 年《大宪章》、法国 1830 年宪法

宪法制定

- 近代意义宪法产生的原因
  - 经济原因：近代意义宪法的产生是资本主义商品经济普遍化发展的必然结果
  - 政治原因：资产阶级革命的胜利以及资产阶级国家政权的建立和以普选制、议会制为核心的民主制度的形成为近代意义宪法的产生提供了政治条件
  - 思想原因：资产阶级启蒙思想家提出的民主、自由、平等、人权和法治等理论，为近代意义宪法的产生奠定了思想基础

- 宪法制定的具体要求
  - 制宪主体：★人民作为制宪主体是现代宪法发展的基本特点，但是人民作为制宪主体并不意味着人民直接参与制宪的过程
  - 制宪权与修宪权：制宪权与修宪权的性质不同，但制宪权、修宪权都属于根源性的国家权力，即能够创立立法权、行政权、司法权、其他具体组织性国家权力的权力
  - 制宪程序：设立制宪机关→提出宪法草案→通过宪法草案→公布宪法
  - 我国的宪法制定：我国的制宪主体是人民；1954 年《宪法》的起草机关是 1953 年中华人民共和国宪法起草委员会，制宪机关是 1954 年第一届全国人大第一次会议，1954 年《宪法》由第一届全国人民代表大会第一次会议以全国人民代表大会公告的形式公布

- 中国宪法的历史发展
  - 新中国宪法的历史发展：《中国人民政治协商会议共同纲领》→1954 年《宪法》→1975 年《宪法》→1978 年《宪法》→1982 年《宪法》
  - 1982 年《宪法》的历次修改
    - 1988 年《宪法修正案》
    - 1993 年《宪法修正案》
    - 1999 年《宪法修正案》
    - 2004 年《宪法修正案》
    - 2018 年《宪法修正案》

- 宪法的发展趋势：①各国宪法越来越强调保障人权，不断扩大公民基本权利的范围；②行政权力的强化及其限制；③各国日益重视通过建立合宪性审查制度来维护宪法的最高权威；④宪法领域从国内法扩展到国际法

宪法的基本原则 —— 人民主权原则（一切权力属于人民）、基本人权原则、法治原则（1791 年《人权宣言》明确阐述了这一原则）、权力制约原则

宪法的
基本理论
（二）

宪法的渊源与
宪法典结构

　宪法的渊源 —— 宪法典（我国现行《宪法》即宪法典）；宪法性法律；宪法惯例（我国有丰富的宪法惯例：以宪法修正案的形式修改宪法，以全国人大主席团发布、全国人民代表大会公告的方式公布宪法修正案，由中共中央提出修宪建议）；宪法判例（我国没有）；国际条约（我国现行《宪法》未规定与其之间的关系，仅涉及和平共处五项原则）

★宪法典结构
　序言（我国《宪法》序言包括：历史发展的叙述、国家的根本任务、国家的基本国策、宪法的根本法地位和最高法律效力）
　正文（是宪法典的主要部分，具体规定宪法基本制度和权力体系的安排）
　附则（我国现行《宪法》无附则）

> 我国现行《宪法》正文共 4 章、143 条，其排列顺序是：第 1 章"总纲"，第 2 章"公民的基本权利和义务"，第 3 章"国家机构"，第 4 章"国旗、国歌、国徽、首都"

宪法的作用、
宪法规范与
宪法效力

宪法的一般功能　确认功能、保障功能、限制功能、协调功能
宪法在社会主义法治国家建设中的作用　立法、执法、司法、守法

宪法规范
　主要特点　根本性、最高性、原则性、纲领性、稳定性
　分类
　　确认性规范（又称为宣言性规范、调整性规范、组织性规范、授权性规范）
　　禁止性规范（又称为强制性规范）
　　权利性规范与义务性规范
　　程序性规范

★宪法效力
　来源　正当性基础（宪法制定权的正当性、宪法内容的合理性、宪法程序的正当性）
　表现
　　宪法效力具有最高性与直接性
　　宪法对人的适用　适用于所有中国公民，适用于华侨，外国人和法人在一定条件下也能成为某些基本权利的主体
　　宪法对领土的适用　其效力及于中华人民共和国的所有领域
　宪法与条约的关系　我国现行《宪法》文本没有规定宪法与条约的关系，但《宪法》序言阐明了基本原则，即我国以和平共处五项原则为基础，发展同各国的外交关系和经济、文化交流

宪法的实施及其保障（一）

宪法实施概述

- 宪法实施的概念 ★ 其指宪法规范在实际生活中的贯彻落实，包括宪法的遵守（一切主体）、宪法的适用（主体是司法机关）和宪法实施的保障（主体是代议机关和行政机关）三个方面，其中，宪法的遵守是宪法实施的最基本的要求，也是其最基本的方式
- 宪法实施的主要特点 宪法实施具有广泛性和综合性、最高性和原则性、直接性和间接性

宪法修改

- 宪法修改的方式
  - 全面修改 全面修改即对宪法全文进行修改
  - 部分修改 部分修改即对宪法原有的部分条款加以改变，或者新增若干条款，而不牵动其他条款和整个宪法的修改方式

  > 从各国的宪法规定和宪政实践来看，宪法修改的程序一般包括提案、先决投票、起草和公布修宪草案、通过和公布五个阶段，但并非所有国家的宪法修改都必经这些程序

- 宪法修改的程序 提案、先决投票、起草和公布修宪草案、通过和公布

- 我国的宪法修改制度
  - 四明文
    - 全国人大修宪 明确规定宪法的修改机关是全国人大
    - 人常五一提案 明确规定提案主体是全国人大常委会或者 1/5 以上的全国人大代表
    - 绝对多数通过 明确规定通过程序是由全国人大以全体代表的 2/3 以上多数通过
    - 公告形式公布 由全国人大主席团以全国人民代表大会公告的方式公布宪法修正案
  - 二惯例
    - 中央建议 中共中央提出修宪建议
    - 用修正案 以宪法修正案的形式修改宪法

- 我国宪法修改的实践
  - 3 次全面修改 第一次是对 1954 年《宪法》的修改，通过了 1975 年《宪法》→ 第二次是对 1975 年《宪法》的修改，通过了 1978 年《宪法》→ 第三次是对 1978 年《宪法》的修改，通过了 1982 年《宪法》，即现行《宪法》
  - 7 次部分修改 即对 1978 年《宪法》在 1979 年和 1980 年的 2 次修改，以及对 1982 年《宪法》在 1988 年、1993 年、1999 年、2004 年、2018 年的 5 次修改

宪法解释

- 概念 宪法解释是指特定主体依据一定的标准或原则对宪法内容、含义及其界限所作的说明
- 解释机关
  - 代议机关 模式源自英国；我国宪法解释权由全国人大常委会行使
  - 司法机关 模式源自美国；在"马伯里诉麦迪逊"一案中确立了司法审查制度，其属于附带性审查，只对具体案件有法律效力，一般没有普遍约束力
  - 专门机关 由宪法法院、宪法委员会等专门成立的机关作为解释机关，采用司法积极主义原则；代表人物为汉斯·凯尔森
- 宪法解释的原则 依法解释原则、符合制宪目的原则、以宪法的根本精神和基本原则为指导原则、适应社会发展需要原则、字面解释原则、体系解释原则

宪法监督 — 概念：宪法监督，是指由宪法授权或宪法惯例所认可的机关，以一定的方式进行合宪性审查，取缔违宪事件，追究违宪责任，从而保证宪法实施的一种制度；宪法监督的对象主要包括规范和行为

监督体制
- 由普通司法机关作为宪法监督机关的体制：源自于美国 1802 年的"马伯里诉麦迪逊"一案
- 由代议机关作为宪法监督机关的体制：源自于英国
- 由专门机关作为宪法监督机关的体制：源自于法国 1799 年宪法设立的护法元老院

监督方式
- 事先审查和事后审查：区别在于被审查的规范性文件是否已经生效
- 附带性审查和宪法控诉

我国的宪法监督制度　　我国属于由代议机关作为宪法监督机关的体制，采取事先审查与事后审查相结合的方式

1954年《宪法》确立

宪法的实施及其保障（二）

我国规范性文件的审查制度

- 全国人大常委会对规范性文件的审查　　国务院、中央军委、国家监察委、最高法、最高检和各省级人大常委会，其他国家机关和团体、企业事业组织以及公民，可以向全国人大常委会书面提出审查要求或建议

- 规范性文件的改变与撤销
  - 改变或撤销：人大–常委会；政府–工作部门；上级政府–下级政府
  - 只能撤销不能改变：人大常委会–政府；上级人大常委会–下级人大常委会；授权机关–被授权机关

- 备案审查　　原则上报上位法的制定机关备案。但是，法律不备案；人大不接受备案；规章的备案找不到全国人大常委会；事先经过批准的法等同于批准机关的立法，由批准机关报送备案；自治区的自治条例和单行条例不备案

宪法实施的保障　　宪法监督制度、政治保障、社会保障、法律保障

国家的基本制度（一）

人民民主专政制度

- 我国的国家性质 —— 社会主义
- 我国人民民主专政的主要特色 —— 中国共产党领导的多党合作和政治协商制度、爱国统一战线是我国人民民主专政的主要特色
- 中国人民政治协商会议 —— 是党领导的多党合作和政治协商的重要机构，是爱国统一战线的组织形式

基本经济制度

- 社会主义市场经济体制
  - ★ 国家财产：①主要部分（国有自然资源与国有企业，1993年《宪法修正案》将全民所有制经济由"国营经济"改为"国有经济"）；②重要部分（国家机关、事业单位、军队等全民单位的财产）
  - 社会主义公有制是我国经济制度的基础 —— 全民所有制经济，即国有经济；集体所有制经济
  - 非公有制经济是社会主义市场经济的重要组成部分 —— 劳动者个体和私营经济；外商投资
- ★ 国家保护社会主义的公共财产和公民的合法的私有财产
  - 社会主义的公共财产神圣不可侵犯
  - 公民的合法的私有财产不受侵犯

基本文化制度

- ★ 文化制度在各国宪法中的表现
  - 资产阶级宪法对文化的规定 —— 1919年德国《魏玛宪法》：公民的文化权利、国家的基本文化政策；这部宪法第一次比较全面系统地规定了文化制度，为许多资本主义国家宪法所效仿
  - 社会主义宪法对文化的规定 —— 宣布社会主义文化是大众文化，重视对公民受教育权的国家教育制度的规定
  - 二战以来的变化 —— 二战后，相关规定大体有三类：资本主义的文化制度、社会主义的文化制度和民族民主主义的文化制度
- 我国《宪法》关于基本文化制度的规定 —— 现行《宪法》明确规定了国家发展教育事业、科学事业、文学艺术及其他文化事业，以及开展公民道德教育

基本社会制度

- 概念 —— 社会制度，是指一国通过宪法和法律调整的以基本社会生活保障及社会秩序维护为核心的各种基本关系的规则、原则和政策的综合
- 我国现行《宪法》对基本社会制度的规定
  - 社会保障制度（核心内容） —— 《宪法》第14条第4款规定，国家建立健全同经济发展水平相适应的社会保障制度（《宪法》第45、48、49条）
  - 劳动保障制度（《宪法》第42条第2~4款）
  - 医疗卫生事业（《宪法》第21条第1款）
  - 计划生育制度（《宪法》第25条、第49条第2款）
  - 社会人才培养制度（《宪法》第23条）
  - 社会秩序及安全维护制度（《宪法》第28、29条）

国家的基本制度（二）

人民代表大会制度

政权组织形式概述
- 资本主义国家的政权组织形式主要分为二元君主立宪制、议会君主立宪制、总统制、议会共和制、委员会制和半总统半议会制等
- 社会主义国家的政权组织形式都是人民代表大会制

人民代表大会制度的基本内容
- 人民主权原则
- 全国人大和地方各级人大是人民掌握和行使国家权力的组织形式
- 人大代表由人民选举，受人民监督
- 各级人大是国家权力机关，其他国家机关都由人大产生，对其负责，受其监督

人民代表大会制度的性质　我国的根本政治制度，我国实现社会主义民主的基本形式

国家结构形式

单一制与联邦制的区别
①法律制度上：单一制是由一部宪法规定国家权力的配置、国家机关的设置及相互关系，而联邦制是联邦宪法与成员国或加盟国的宪法并存；②政权组织形式上：单一制是一套政府体制，而联邦制是多套政府体制；③权力配置上：单一制是地方权力源于中央，国家权力重心在中央，而联邦制是联邦权力源于成员国或加盟国的让与，并明确列举让与部分；④国际关系上：单一制是一个国际法主体，而联邦制是联邦国家允许成员国或加盟国参与国际关系；⑤国籍上：单一制国家公民具有统一的国籍，而联邦制国家公民同时具有联邦和成员国或加盟国的双重国籍；⑥地方的独立性上：单一制地方没有独立性，没有从国家分离出去的权力，而联邦制成员国或加盟国有权力脱离联邦

我国单一制的国家结构形式

具体表现
- "一宪"：只有一套以宪法为基础的法律体系，维护宪法的权威和法制的统一是国家的基本国策
- "一体系"：只有一套包括最高国家权力机关、最高国家行政机关和最高国家司法机关在内的中央国家机关体系
- "一籍"：对外关系上，中华人民共和国是一个统一的国际法主体，公民具有统一的中华人民共和国国籍
- "央统地"：在中央与地方的关系方面，各种地方行政区域都是中央人民政府领导下的地方行政区域，不得脱离中央而独立；台湾是中华人民共和国不可分割的一部分

主要特点
- 通过建立民族区域自治制度解决单一制下的民族问题
- 通过建立特别行政区域制度解决单一制下的历史遗留问题

我国现行的行政区域划分
- 行政区划是有目的的国家活动，属于国家内政，需有宪法法律以及相关法规的授权
- 类型：普通行政区划、民族自治地方区划、特别行政区划

★行政区域变更的法律程序
- 全国人大批准省、自治区和直辖市的建置（设立、撤销、更名），批准特别行政区的设立
- 国务院批准省、自治区、直辖市区域界限的划分、变更，批准县、市行政区域的重大变更，批准自治州、县、自治县、市的建置和区域划分
- 省、自治区、直辖市人民政府根据国务院的授权审批县、市、市辖区的部分行政区域界线的变更，决定乡、民族乡、镇的建置和区域划分

国家的基本制度（三）

民族区域自治制度

- **概念**：其指在国家的统一领导下，以少数民族聚居区为基础，建立相应的自治地方，设立自治机关，行使自治权，使实行区域自治的民族人民自主地管理本民族地方性事务的制度

- ★ **内容**
  - 自治地方：自治区、自治州和自治县
  - 自治机关：自治区、自治州和自治县的人大和人民政府
  - 自治区主席、自治州州长、自治县县长由实行区域自治的民族的公民担任；自治区、自治州、自治县的人大常委会中应当有实行区域自治的民族的公民担任主任或副主任

- **自治权**
  - 立法权　民族自治地方有权制定自治条例和单行条例
  - 变通或停止执行权（宪民基专不得变）
  - 自主管理地方财政权
  - 自主管理地方性经济建设
  - 自主管理教育、科学、文化、卫生、体育事业
  - 组织维护社会治安的公安部队
  - 使用本民族的语言文字

基层群众自治制度（1）

- **概念**：其指依照有关法律规定，以城乡居民（村民）一定的居住地为纽带和范围设立，并由居民（村民）选举产生的成员组成的，实行自我管理、自我教育、自我服务的社会组织；体现了群众性、自治性（不是国家机关、具有自身组织上的独立性）

- **村民会议和村民委员会**
  - ★ 村民委员会的设立、撤销、范围调整，由乡、民族乡、镇的人民政府提出，经村民会议讨论同意后，报县级人民政府批准
  - **村民委员会**
    - 村民委员会召集村民会议、村民代表会议
    - 村民委员会成员由年满18周岁未被剥夺政治权利的村民直接选举产生，任期为5年一届，其成员可连选连任
    - ①选任：任何组织或者个人不得指定、委派或撤换村委会成员；村委会成员只能通过村民选举的方式产生，选举村民委员会，有登记参加选举的村民过半数投票，选举有效，候选人获得参加投票的村民过半数的选票，始得当选
    - ②罢免：本村1/5以上有选举权的村民或者1/3以上的村民代表联名，可以要求罢免村委会成员，罢免须有登记参加选举的村民过半数投票，并须经投票的村民过半数通过；连续2次被评议不称职的，其职务终止；丧失行为能力或被判处刑罚的，其职务自行终止
    - 村民委员会实行村务公开制度，对一般事项每季度一公开，财务往来较多的应当每月一公开，涉及村民利益的重大事项随时公开；村民委员会成员实行任期和离任经济责任审计
  - **村民会议**：村民会议由本村18周岁以上的村民组成；召开村民会议，应当有本村18周岁以上村民的过半数参加，或者有本村2/3以上的户的代表参加；必要时可邀请本村的企事业单位和群众组织派代表列席

- **村民代表会议和村民小组**
  - **村民代表会议**
    - 人数较多或者居住分散的村，可以设立村民代表会议
    - 村民代表应当向其推选户或者村民小组负责，接受村民监督
  - **村民小组**：村民委员会可以根据村民居住状况、集体土地所有权关系等分设若干村民小组

基层群众自治制度（2）

错误决定的纠正与救济
- 申请人民法院撤销：村民委员会侵害村民合法权益
- 乡、民族乡、镇人民政府责令改正：村民委员会不履行法定义务
- 上一级人民政府责令改正：乡、民族乡、镇人民政府干预村民自治事项；村规民约侵害村民合法权益
- 村民会议有权撤销或者变更村民委员会不适当的决定，有权撤销或变更村民代表会议不适当的决定
- 村民会议可以授权村民代表会议撤销或者变更村民委员会不适当的决定

居民委员会
- 居民委员会的设立、撤销、规模调整，由不设区的市、市辖区的人民政府决定；居民公约由居民会议讨论制定，报不设区的市、市辖区的人民政府或者它的派出机关备案

国家的基本制度（四）

特别行政区制度（1）

我国《宪法》规定，国家在必要时得设立特别行政区。在特别行政区内实行的制度按照具体情况由全国人民代表大会以法律规定

特点
- 高度的自治权（行政管理权、立法权、独立的司法权和终审权、对外权限）
- 特别行政区保持原有的资本主义制度和生活方式，50年不变
- 特别行政区的行政机关和立法机关由该地区永久性居民依法组成
- 特别行政区原有的法律基本不变

中央和特别行政区的关系
- 特别行政区是我国享有高度自治权的地方行政区域，直辖于中央人民政府
- 全国人大决定特别行政区的设立及其制度；制定、修改特别行政区基本法
- 全国人大常委会增减基本法附件三的全国性法律；监督立法会制定、修改法律；解释基本法；决定特别行政区进入紧急状态
- 中央人民政府管理特别行政区相关的外交事务、防务；任免特别行政区政府的行政长官、主要官员及澳门特别行政区检察长；特殊情况下发布命令在特别行政区实施全国性法律

特别行政区的政治体制 A

★ 行政长官
- 特首由年满 40 周岁，在香港特别行政区通常居住连续满 20 年并在外国无居留权的香港特别行政区永久性居民中的中国公民，或在澳门特别行政区通常居住连续满 20 年的澳门特别行政区永久性居民中的中国公民担任
- 特首经选举或协商产生，由中央人民政府任命，任期为 5 年，可连选连任 1 次

行政会议
- 职能：协助行政长官决策；组成：行政长官从行政机关主要官员、立法会议员、社会人士中委任，《澳门特别行政区基本法》规定的人数为 7~11 人；任期：不超过行政长官的任期；会议：每月至少 1 次

立法会

任职条件
- 香港特别行政区：无外国居留权，香港特别行政区永久性居民中的中国公民
- 澳门特别行政区：只要求是澳门特别行政区永久性居民

职权
- 立法权：立法会制定的法律须经行政长官签署、公布方有法律效力，且须报全国人大常委会备案，备案不影响该法律的生效
- 财政权：立法会通过的财政预算案须由行政长官签署并由行政长官报送中央人民政府备案
- 监督权：听取施政报告，质询政府工作，辩论公共利益以及弹劾行政长官（弹劾案报请中央人民政府决定）
- 其他职权：接受当地居民的申诉并进行处理等

行政长官和立法会之间的关系：
- 行政长官对立法会法案的相对否决权
- 行政长官可以解散立法会
- 立法会有权弹劾行政长官

香港特别行政区的司法组织系统包括终审法院、高等法院、区域法院、裁判署法庭和其他专门法庭；高等法院设上诉法庭和原讼法庭

司法组织系统

澳门特别行政区的司法组织系统包括检察院和法院，法院包括终审法院、中级法院、初级法院组成的法院系统和行政法院（相当于基层法院）；澳门特别行政区检察机关的检察权独立行使

司法机关

特别行政区的法官均由当地法官和法律界及其他知名人士组成的独立委员会推荐，由行政长官任命；澳门特别行政区的检察官经检察长提名，由行政长官任命

特别行政区的政治体制 B

《香港特别行政区行政长官的产生办法》

★ 资格审查

候选人资格审查委员会负责审查并确认行政长官候选人和选举委员会委员候选人的资格

香港特别行政区维护国家安全委员会就候选人是否符合法定要求和条件作出判断，并就不符合要求和条件的候选人出具审查意见书

特别行政区制度（2）

香港特别行政区立法会的产生办法和表决程序

立法会议员每届90人

★ 选举委员会选举的议员

候选人须获得不少于10名、不多于20名委员的提名

每个界别参与提名的委员不少于2名、不多于4名

每名委员只可提出1名候选人

无记名投票

功能团体选举的议员

分区直选的议员

每一选票所选的人数等于应选议员名额的有效，得票多的40名候选人当选

法律制度

国家的基本制度（五）

我国选举制度的基本原则　普遍性；平等性；直接间接并用；秘密投票；广泛的代表性

选举机构

直接选举　主持机构是县、乡级选举委员会；选举委员会由县级人大常委会任命、领导，受省级、市级人大常委会指导

间接选举　①各级人大常委会主持本级人大代表的选举工作；②县级以上地方人大选举上一级人大代表时，由各该级人大主席团主持

人大代表名额及其分配

省级人大代表名额为350~1000人，自治区、聚居的少数民族多的省，经全国人大常委会决定，代表名额可以另加5%

▸ 地方各级人大代表名额

设区的市级人大代表名额为240~650人

不设区的市级人大代表名额为140~450人

乡级人大代表名额为45~160人

全国人大代表名额　不超过3000人；港澳特别行政区代表由人大另行规定

选举制度（1）

选举程序 A

★ 选民登记

一次登记，长期有效

精神病患者不能行使选举权的，经选举委员会确认，不列入选民名单

选民名单在选举日的20日以前公布

对选民名单有意见的，在名单公布之日起5日内向选举委员会提出申诉，选举委员会在3日内作出处理意见；如不服处理决定，可在选举日的5日以前起诉，法院在选举日以前作出判决，法院所作判决为最后决定

国家的基本制度（六） — 选举制度（2）

选举程序 B

- 提出候选人
  - 推荐候选人
    - ①各政党、各人民团体，可以联合或者单独推荐代表候选人
    - ②选民或者代表 10 人以上联名，也可以推荐代表候选人（所荐人数不得超过本选区或选举单位应选代表名额；选举上一级人大代表时，候选人不限于本级人大代表）
  - 公布候选人名单
    - 直接选举：选举日前 15 日公布 → 如提名的候选人数超过最高差额比例，则应预选 → 正式候选人名单在选举日前 7 日公布
    - 间接选举：提名候选人的时间不少于 2 天 → 如提名的候选人数超过最高差额比例，则应预选
  - 介绍候选人：选举日必须停止代表候选人的介绍
- 投票和当选
  - 直接选举
    - ①选区全体选民过半数参加投票，选举有效，不足半数则改期；候选人获得过半数选票即可当选（双过半）
    - ②委托投票条件：选委会同意；书面委托；每 1 人接受的委托不超过 3 人；按委托人的意愿投票
  - 间接选举：获得全体代表过半数选票即可当选
- 确认和宣布
  - 由选举委员会或者人大主席团予以公布
  - 公民不得同时担任 2 个以上无隶属关系的行政区域的人大代表

代表资格审查委员会
- 县级以上人大常委会设立代表资格审查委员会
- 代表资格审查委员会只负责审查并提出意见，最终确认当选或者确定当选无效的权力归属于县级以上的各级人大常委会或者乡、民族乡、镇的人大主席团

对破坏选举行为的制裁
- 选举中出现贿赂、暴力胁迫、伪造等违法行为的代表候选人，如果当选，则其当选无效；根据情况分别给予行政处罚或刑事处罚；国家工作人员有这些行为的，还应当依法给予行政处分

特别行政区全国人大代表的选举
- 特别行政区全国人大代表的选举，首先是在特别行政区成立全国人大代表选举会议；选举会议名单由全国人大常委会公布；选举会议的第一次会议由全国人大常委会主持

★人大代表的罢免、辞职和补选
- 罢免
  - 直接选举：原选区选民联名向县级人大常委会提出罢免案
  - 间接选举：由选举他的大会主席团或者代表提出，或由选举他的人大常委会主任会议或者常委会成员联名提出

  谁产生我，谁罢免我

  罢免和辞职的代表：
  ①直接选举的，公告即可；间接选举的，需公告且报备上一级人大常委会
  ②在人大系统的职务相应终止
- 辞职
  - 直接选举：乡级代表向其所在的乡级人大提出，县级代表向其所在的县级人大常委会提出
  - 间接选举：向选举他的人大常委会提出
- 补选
  - 人大代表因故在任期内出缺，由原选区或选举单位补选；补选可以差额选举，也可等额选举；县级以上地方各级人大闭会期间，可由本级人大常委会补选上一级人大代表

★选举的物质保障和法律保障
- 各级人大的选举经费列入财政预算，由国库开支
- 不得直接或间接受境外机构、组织、个人提供的与选举有关的任何形式的资助；违反规定的，不列入代表候选人名单；已经列入名单的，从名单中除名；已经当选的，其当选无效

基本权利的主体　主要是公民；有些国家的宪法规定，法人和外国人也可以成为基本权利的主体，但是我国现行《宪法》对此并未作规定；"政治权利"的规定与宪法并不完全相同

基本权利的效力　其指基本权利对社会生活领域产生的拘束力，其目的在于保障宪法规定的人权价值的实现

基本权利的限制
　内在限制　宪法规定的基本权利概念本身对其范围和界限进行了必要的限定
　　　　　　通过附加的文句对其范围进行了限定
　宪法和法律的限制　宪法为基本权利的行使确定了总的原则与程序

概　述

我国的规定
　最普遍的是紧急状态下对基本权利实施的限制
　根据《宪法》第51条的规定，限制基本权利只有在出于维护公共利益或他人的基本权利的目的时才具有正当性（限制公民的基本权利应当体现合理原则，不得超过必要的限度）

基本权利与人权　人权是基本权利的来源，经由宪法的保障，人权就由应然权利、道德权利转化为实然权利、法律权利（本源性、历史性、国际性）

基本权利的分类
　积极权：公民可主动向国家提出请求
　消极权：公民不能主动提出请求，而是强调权利行使免于国家干涉

公民的基本权利与义务（一）

基本权利（1）

平等权　法律面前一律平等、禁止差别对待、允许合理差别

政治权利和自由
　包括选举权与被选举权，表达意愿的言论、出版、集会、结社、游行和示威自由
　现行刑法对"政治权利"的规定与宪法并不完全相同

宗教信仰自由　其指公民有信教或者不信教的自由，有信仰这种宗教或者那种宗教的自由，有信仰同宗教中的这个教派或者那个教派的自由，有过去不信教而现在信教或者过去信教而现在不信教的自由

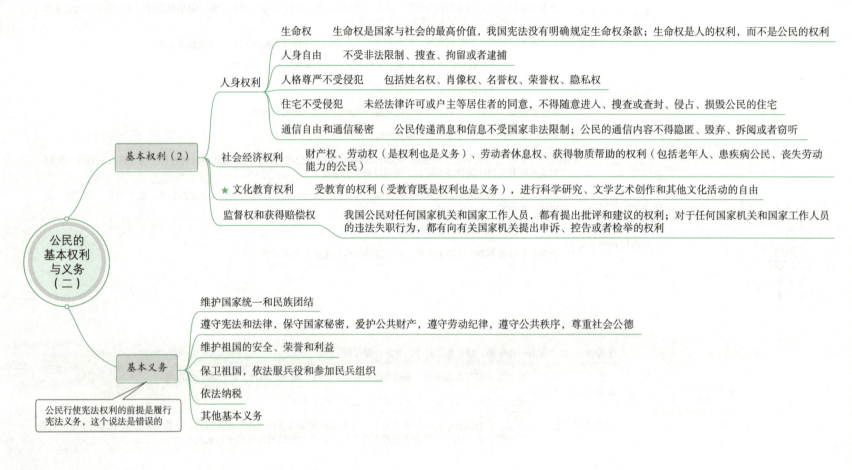

生命权　　生命权是国家与社会的最高价值，我国宪法没有明确规定生命权条款；生命权是人的权利，而不是公民的权利

人身权利

　人身自由　　不受非法限制、搜查、拘留或者逮捕

　人格尊严不受侵犯　　包括姓名权、肖像权、名誉权、荣誉权、隐私权

　住宅不受侵犯　　未经法律许可或户主等居住者的同意，不得随意进入、搜查或查封、侵占、损毁公民的住宅

　通信自由和通信秘密　　公民传递消息和信息不受国家非法限制；公民的通信内容不得隐匿、毁弃、拆阅或者窃听

基本权利（2）

社会经济权利　　财产权、劳动权（是权利也是义务）、劳动者休息权、获得物质帮助的权利（包括老年人、患疾病公民、丧失劳动能力的公民）

★ 文化教育权利　　受教育的权利（受教育既是权利也是义务），进行科学研究、文学艺术创作和其他文化活动的自由

监督权和获得赔偿权　　我国公民对任何国家机关和国家工作人员，都有提出批评和建议的权利；对于任何国家机关和国家工作人员的违法失职行为，都有向有关国家机关提出申诉、控告或者检举的权利

公民的基本权利与义务（二）

基本义务

维护国家统一和民族团结

遵守宪法和法律，保守国家秘密，爱护公共财产，遵守劳动纪律，遵守公共秩序，尊重社会公德

维护祖国的安全、荣誉和利益

保卫祖国，依法服兵役和参加民兵组织

依法纳税

其他基本义务

公民行使宪法权利的前提是履行宪法义务，这个说法是错误的

国家机构（一）

概述

我国的国家机构
- 中央国家机构
- 县级以上地方国家机构
- 乡、民族乡、镇的国家机构分为人大和政府，乡级人大不设人大常委会，乡级不设监察委、法院、检察院

我国国家机构的责任制原则
- 集体负责制，是指由全体组成人员集体讨论，并且按照少数服从多数的原则作出决定，集体承担责任的一种体制
- 个人负责制，是指由首长个人决定问题并承担相应责任的领导体制

> 军事、行政机关为首长个人负责制，其他都是集体责任制

全国人大、全国人大常委会与各委员会（1）

全国人大

性质和地位
全国人大是最高国家权力机关、最高国家立法机关；全国人大在我国国家机构体系中居于首要地位

> 全国人大不受其他任何国家机关监督

组成和任期
每届任期 5 年；在任期届满的 2 个月以前，全国人大常委会必须完成下届全国人大代表的选举工作；如遇非常情况，由全国人大常委会以全体委员 2/3 以上多数通过，可以推迟选举，延长本届全国人大的任期

会议制度和工作程序
- 常规会议　全国人大开展工作的主要方式是每年举行一次会议
- 临时会议　全国人大常委会认为必要或者 1/5 以上的全国人大代表提议，可临时召集全国人大会议
- 全国人大会议均由全国人大常委会召集，其中每届全国人大第一次会议由上一届全国人大常委会召集
- 所有会议均须有 2/3 以上代表出席始得进行

★ 职权

立法权　修改宪法，监督宪法的实施；制定和修改基本法律

人事权
- 选举权　选举全国人大常委会委员长、副委员长、秘书长和委员，国家主席、副主席，中央军委主席，国家监察委员会主任，最高院院长，最高检检察长
- 决定权　根据国家主席的提名决定国务院总理的人选；根据国务院总理的提名决定国务院副总理、国务委员、各部部长、各委员会主任、审计长和秘书长的人选；根据中央军委主席的提名决定中央军委副主席和委员等其他组成人员的人选
- 罢免权　全国人大主席团、3 个以上代表团、1/10 以上的代表联名提出对全国人大选举和决定的人员的罢免案，由主席团提请大会审议，并经全体代表的过半数同意通过

经济权　审批国民经济和社会发展计划和计划执行情况的报告；审批国家的预算和预算执行情况的报告

监督权
- 四报告　人大常委会、政府、法院、检察院对本级人大负责并报告工作
- 三例外
  - 国家主席对全国人大不负行政责任，不报告工作
  - 监察委员会不向人大报告工作，只向人大常委会作专项工作报告
  - 中央军委主席对全国人大和全国人大常委会负责，但不报告工作

重大事项决定权　批准省、自治区和直辖市的建置；决定特别行政区的设立及其制度；决定战争与和平问题；其他应当由全国人大行使的职权

性质和地位　全国人大常委会是全国人大的常设机关，是最高国家权力机关的组成部分，行使国家立法权

全国人大常委会的成员不得兼任国家行政机关、监察机关、审判机关和检察机关的职务

组成和任期　全国人大常委会的任期与全国人大相同，即 5 年

全国人大常委会委员长、副委员长连选连任不得超过两届，但秘书长和委员连选连任无此限制

全体会议：2 个月举行一次，由委员长召集并主持

会议制度　质询案：常委会组成人员 10 人以上联名，可以提出对一府两院一委的质询案

委员长会议：由委员长、副委员长和秘书长组成，处理全国人大常委会重要的日常工作

国家机构（二） — 全国人大、全国人大常委会与各委员会（2） — 全国人大常委会

解释宪法，监督宪法的实施

制定和修改除应当由全国人大制定的法律以外的其他法律；在闭会期间，对全国人大制定的法律进行部分补充和修改

★ 立法权　解释法律；国务院、中央军委、最高法、最高检、全国人大各专委会、省级人大常委会可以向全国人大常委会提出法律解释的要求

撤销行政法规，省、自治区、直辖市的地方性法规，以及审查和监督民族自治法规；全国人大有关的专门委员会和常务委员会工作机构可以对报送备案的规范性文件进行主动审查

最高法、最高检的司法解释自公布之日起 30 日内向全国人大常委会备案

人事权　决定、任免国家机关领导人员

★ 职权　经济权　对国民经济和社会发展计划、国家预算部分调整方案和国家决算的审批权，审议审计工作报告

监督权　监督国务院、中央军委、国家监察委、最高法、最高检的工作，包括询问和质询、对法律实施的检查、听取专项工作报告

决定批准或废除同外国缔结的条约和重要协定；决定驻外全权代表的任免；规定军人和外交人员的衔级制度和其他专门衔级制度

决定特赦、规定和决定授予国家勋章和荣誉称号

★ 重大事项决定权　在全国人大闭会期间，有权决定宣布战争状态；决定全国总动员或局部动员；决定全国或者个别省、自治区、直辖市进入紧急状态

决定法律在一定期限、部分地方的暂时调整、暂停适用

国家机构（三）—— 全国人大、全国人大常委会与各委员会（3）

人大各委员会

常设性委员会

乡级没有常委会、专门委员会，只有县级以上才有

专门委员会是人大常设的辅助性工作机构，受各该级人大及其常委会的领导

人大闭会期间，人大常委会可以补充任命专门委员会的个别副主任委员和部分委员

临时性委员会（特定问题调查委员会）

全国人大的调查委员会：主席团、3个以上代表团或1/10以上代表联名，可以向全国人大提议组织关于特定问题的调查委员会

全国人大常委会的调查委员会：委员长会议、1/5以上常委组成人员书面联名，可以向全国人大常委会提议组织关于特定问题的调查委员会

调查委员会可以聘请有关专家参与调查工作，与调查的问题有利害关系的人员不得参加调查委员会；完成任务后该委员会即予以撤销，无固定任期

宪法宣誓制度

概念

我国的宪法宣誓制度包括：宣誓人员为国家工作人员；宣誓应当在就职时进行；宣誓应当公开进行；宣誓的具体制度由法律规定（2018年3月，以宪法修正案的形式写入《宪法》）

范围和程序

宣誓主体

各级人大及县级以上各级人大常委会选举或者决定任命的国家工作人员，以及各级政府、监察委员会、法院、检察院任命的国家工作人员

宣誓仪式的组织

全国人大主席团负责组织全国人大产生的所有人员的宣誓

除主任之外的国家监察委员会副主任、委员，由国家监察委员会组织宣誓；除院长之外的最高人民法院的其他成员，由最高人民法院组织宣誓；除检察长之外的最高人民检察院的其他成员，由最高人民检察院组织宣誓；驻外全权代表由外交部组织宣誓

全国人大常委会产生的人员原则上由全国人大常委会委员长会议组织宣誓

地方各级国家工作人员宣誓的具体组织办法，由省、自治区、直辖市人大常委会参照《全国人民代表大会常务委员会关于实行宪法宣誓制度的决定》制定，报全国人大常委会备案

宣誓方式

根据情况，可以采取单独宣誓或者集体宣誓的形式

宣誓场所应当悬挂中华人民共和国国旗或者国徽

宣誓仪式应当奏唱中华人民共和国国歌

负责组织宣誓仪式的机关，可以根据《全国人民代表大会常务委员会关于实行宪法宣誓制度的决定》并结合实际情况，对宣誓的具体事项作出规定

功能

①有利于树立宪法权威，全面推进依法治国
②有利于增强公职人员的宪法观念，激励其忠于和维护宪法
③有利于提高公民的宪法意识，凝聚社会共识
④有利于在全社会树立宪法信仰，推动宪法实施

国家机构（四）

全国人大、全国人大常委会与各委员会（4）

全国和地方各级人大代表

人大代表的权利

出席人大会议，参加审议各项议案、报告和其他议题，发表意见，在人大各种会议上的发言和表决不受法律追究

★ 提出质询案　全国人大1个代表团或者30名以上的代表联名 → 国务院及其部委 + 两高；全国人大常委会成员10人以上联名 → 国务院及其部委 + 两高；地方各级人大代表10人以上联名 → 本级政府及其所属部门 + 两院（乡无两院）；省级、设区的市级人大常委会成员5人以上联名，县级人大常委会成员3人以上联名 → 本级政府+两院

★ 提出罢免案

全国人大　全国人大主席团、3个以上的代表团、1/10以上的代表联名，提出对全国人大选举和决定的人员的罢免案，由主席团提请大会审议，经全体代表的过半数通过

县级以上人大主席团、人大常委会，1/10以上的代表联名，提出对本级人大选举产生的全体人员的罢免案

地方人大　乡级人大主席团、1/5以上的代表联名，提出对本级人大产生的全体人员的罢免案

人身受特别保护权　县级以上各级人大代表非经本级人大主席团许可，闭会期间非经本级人大常委会许可，不受逮捕或刑事审判以及法律规定的其他限制人身自由的措施；如果是现行犯被拘留，执行拘留的公安机关应立即向该级人大主席团或人大常委会报告

代表资格终止　①迁出或调离本行政区域的；②辞职的；③被罢免的；④丧失中国国籍的；⑤丧失行为能力的；⑥依法被剥夺政治权利的；⑦未经批准2次不出席人大会议的

暂时停止执行代表职务　①因刑事案件被羁押正在受侦查、起诉、审判的；②被依法判处管制、拘役或者有期徒刑但没有附加剥夺政治权利，正在服刑的

国家主席

性质和地位　国家机构，对内对外代表国家

产生和任期　主席和副主席由全国人大选举产生：①有选举权和被选举权的中华人民共和国公民；②年满45周岁。任期5年

★ 职权　公布法律、发布命令、宣布国务院的组成人员和驻外全权代表任免、授予国家勋章和荣誉称号（根据常委会的决定）

代表国家进行国事活动，接受外国使节，国事活动中可以直接授予外国政要、国际友人等人士"友谊勋章"

职位补缺

国务院（1）

性质、地位、组成、任期

即中央人民政府，是最高国家权力机关的执行机关、最高国家行政机关

国务院由总理、副总理若干人、国务委员若干人、秘书长、各部部长、各委员会主任、审计长组成

任期5年，总理、副总理、国务委员连续任职不得超过2届

首长负责制和会议制

国务院实行总理负责制；各部、各委员会实行部长、主任负责制

国务院全体会议由国务院全体成员组成，一般每2个月召开一次；国务院常务会议由总理、副总理、国务委员、秘书长组成，一般每周召开一次

国家机构（五）
- 国务院（2）
  - 职权　★依法决定省、自治区、直辖市的范围内部分地区进入紧急状态（全国人大或全国人大常委会授权）
  - 机构调整　国务院各部、各委员会的设立、撤销、合并，经总理提出，由全国人大决定，在闭会期间，由全国人大常委会决定
  - 审计机关　审计机关在国务院总理领导下，依照法律规定，独立行使审计监督权，不受其他行政机关、社会团体和个人的干涉
  - 国务院秘书长和办公厅　国务院秘书长在总理领导下，负责处理国务院的日常工作；国务院设副秘书长若干人，协助秘书长工作；国务院设立办公厅，由秘书长领导
  - 国务院直属机构与办事机构
    - 国务院可以根据工作需要和优化协同高效精简的原则，按照规定程序设立若干直属机构主管各项专门业务，设立若干办事机构协助总理办理专门事项
    - 每个机构设负责人2~5人，由国务院任免
- 中央军事委员会
  - 性质和地位　军事委员会作为独立的国家机关领导全国的武装力量
  - 组成和任期
    - 中央军委由主席、副主席若干人，委员若干人组成，实行主席负责制
    - 任期5年，但是现行《宪法》中没有规定中央军委主席的任届限制
- 地方各级人大、人大常委会和地方各级人民政府（1）
  - 地方各级人大　〔各级人大之间是监督关系，无隶属关系〕
    - 性质、地位　地方各级人大是地方国家权力机关，在同级国家机关中处于支配和核心地位
    - 组成和任期　地方各级人大的每届任期均为5年
    - 会议制度
      - 地方各级人大每年至少举行一次会议，经1/5以上代表的提议，可以临时召集本级人大会议
      - 县级以上地方各级人大召开会议，首先举行预备会议，预备会议由本级人大常委会主持
      - 乡级人大无预备会议，直接选举主席团主持会议，并负责召集下一次大会会议
    - ★职权
      - 立法权　制定和修改地方性法规、自治条例、单行条例
      - 人事权
        - 选举本级人大常委会主任、副主任、秘书长（县级不设）和委员，本级政府正、副职，本级监察委主任，法院院长，检察院检察长（乡级人大选举乡级人大正、副主席，以及政府正副职）
        - 罢免　县级以上人大主席团、常委会，1/10以上的代表联名，对本级人大选举产生的全体人员提出罢免案；乡级人大主席团，1/5以上的代表联名，对本级人大产生的全体人员提出罢免案；罢免案由主席团提请大会审议，并经全体代表的过半数同意通过
      - 经济权　县级以上地方人大审批本行政区域内国民经济和社会发展计划和计划执行情况的报告，以及预算和预算执行情况的报告，执行上级计划；乡级人大没有审批上述两种报告的权力，但是民族乡人大可以采取适合民族特点的具体措施
      - 监督权
        - 四报告　人大常委会、政府、法院、检察院对本级人大负责并报告工作
        - 一例外　监察委员会不向人大报告工作，只向人大常委会作专项工作报告
      - 重大事项决定权　县级以上人大讨论、决定本行政区域的重大事项

国家机构
（六）

地方各级人大、
人大常委会和地方
各级人民政府（2）

地方各级
人大常委会

性质、地位、组成和任期
县级以上地方各级人大设常委会作为常设机关，由本级人大在代表中选举主任、副主任若干人，秘书长（县级不设此职）、委员若干人组成

乡级没有人大常委会

会议制度
县级以上人大常委会会议分常委会会议和主任会议；常委会会议由主任召集，至少每2个月举行一次；主任会议由常委会主任、副主任、秘书长（县级无秘书长）组成，处理常委会的日常工作

职权

立法权
省级、自治区、直辖市、设区的市、自治州的人大常委会可以依法制定地方性法规；在本行政区域内，保证宪法、法律、行政法规和上级人大及其常委会决议的遵守和执行

人事权
①任免政府个别副职，决定"一府两院"的代理正职
②撤销本级政府个别副职
③任免政府部门正职
④任免监察委、法院、检察院副职和其他成员

预算管理权
审查和批准本行政区域内上一年度的本级决算草案；听取和审议本级政府提出的审计机关关于上一年度预算执行和其他财政收支的审计工作报告

监督权
监督本级政府、监察委员会、法院和检察院的工作，联系本级人大代表，受理人民群众对上述机关和国家工作人员的申诉和意见

重大事项决定权
讨论、决定本行政区域内的政治、经济、教育、科学、文化、卫生、环境和资源保护、民政、民族等工作的重大事项

地方各级
人民政府

性质和地位
地方各级国家权力机关的执行机关，是地方各级国家行政机关

领导体制和任期
首长负责制；任期5年

所属工作部门
县级以上地方各级政府工作部门的设立、增加、减少或者合并，由本级政府报请上一级政府批准，并报本级人大常委会备案

派出机关
省、自治区政府在必要时，经国务院批准，可以设立若干行政公署作为它的派出机关

县、自治县政府在必要时，经省、自治区、直辖市的政府批准，可以设立若干区公所，作为它的派出机关

市辖区、不设区的市的政府，经上一级政府批准，可以设立若干街道办事处，作为它的派出机关

国家机构
（七）

人民法院和人民检察院

性质
- 国家的审判机关
- 国家的法律监督机关

组成体系
- 上下级法院之间不是领导关系，而是监督关系
- 上级检察院领导下级检察院的工作

监察委员会

组成和任期　监察委员会由主任、副主任若干人、委员若干人组成；国家监察委员会主任连续任职不得超过2届，地方各级监察委员会主任没有任届限制

负责制
- 国家监察委员会对全国人大和全国人大常委会负责
- 地方各级监察委员会对产生它的国家权力机关和上一级监察委员会负责

领导体制
- 国家领导各级，上级领导下级，下级负责上一级
- 上级办理下一级，必要时办理所辖各级
- 管辖有争议，找共同上级
- 指定下级或其他，需要上级请上级

监察机关与其他国家机关的关系

对监察委员会的监督　县级以上各级人大代表和人大常委会成员可以就监察工作的问题进行质询或询问

概述
- 我国《宪法》第四章明确规定了国家标志（国家元首非国家标志），《国旗法》《国歌法》《国徽法》等作出了相应的具体规定
- 我国的国旗是五星红旗；我国的国歌是《义勇军进行曲》；我国的国徽中间是五星照耀下的天安门，周围是谷穗和齿轮；我国的首都是北京

国家标志

国旗
- 每日升挂
  - ①北京天安门广场、新华门；②中国共产党中央委员会，全国人民代表大会常务委员会，国务院，中央军事委员会，中国共产党中央纪律检查委员会、国家监察委员会，最高人民法院，最高人民检察院，中国人民政治协商会议全国委员会；③外交部；④出境入境的机场、港口、火车站和其他边境口岸，边防海防哨所
- 工作日升挂
  - ①党中央各部门和地方各级委员会；②国务院各部门；③地方各级人大常委会；④地方各级人民政府；⑤中国共产党地方各级纪律检查委员会、地方各级监察委员会；⑥地方各级人民法院和专门人民法院；⑦地方各级人民检察院和专门人民检察院；⑧中国人民政治协商会议地方各级委员会；⑨各民主党派、各人民团体；⑩中央人民政府驻香港特别行政区有关机构、中央人民政府驻澳门特别行政区有关机构

  > 举行宪法宣誓仪式时，应当升挂国旗

- 举行哀悼仪式时，可以覆盖国旗的人士
  - ①国家主席、全国人大常委会委员长、国务院总理、中央军委主席；②全国政协主席；③对中国作出杰出贡献的人；④烈士

国歌
- 应当奏唱国歌
  - ①人大、政协会议的开幕、闭幕；②各政党、各人民团体的各级代表大会等；③宪法宣誓仪式、升国旗仪式；④各级机关举行或组织的重大庆典、表彰、纪念仪式等；⑤国家公祭仪式、重大外交活动、重大体育赛事等
- 不得用于或者变相用于商标、商业广告，不得在私人丧事活动等不适宜的场合使用，不得作为公共场所的背景音乐等

国徽
- 应当悬挂国徽的机构
  - ①各级人大常委会和政府；②中央军委；③外交部；④国家驻外使馆、领馆和其他外交代表机构；⑤各级法院和专门法院；⑥各级检察院和专门检察院；⑦各级监委；⑧中央人民政府驻香港/澳门特别行政区有关机构
- 应当悬挂国徽的场所
  - ①北京天安门城楼、人民大会堂；②县级以上人大及其常委会会议厅、乡镇人大会场；③各级法院和专门法院的审判庭；④出境入境口岸的适当场所；⑤宪法宣誓场所

  > 国徽都是应当悬挂，没有可以悬挂一说，选项中出现可以悬挂均为错误

- 不得用于
  - ①商标、授予专利权的外观设计、商业广告；②日常用品、日常生活的陈设布置；③私人庆吊活动；④其他

立法法专题（一）
├─ 立法程序、权限与冲突裁决
│ ├─ 全国人大及其常委会的立法程序
│ │ ├─ 立法案的提出和审议
│ │ │ ├─ 全国人大
│ │ │ │ ├─ ①全国人大主席团提出的法律案，由全国人大审议
│ │ │ │ ├─ ②全国人大常委会、国务院、中央军委、国家监察委、最高法、最高检、全国人大各专门委员会提出的法律案，由主席团决定列入会议议程
│ │ │ │ └─ 1个代表团或者30名以上的代表联名提出的法律案，由主席团决定是否列入会议议程，或者先交有关的专门委员会审议、提出是否列入会议议程的意见，再决定是否列入会议议程，列入会议议程的法律案由宪法和法律委员会进行审议 ──[有可能不被列入会议议程]
│ │ │ └─ 全国人大常委会
│ │ │   ├─ 委员长会议提出的法律案，由常委会审议
│ │ │   ├─ 国务院、中央军委、国家监察委、最高法、最高检、全国人大各专门委员会提出的法律案，由委员长会议决定列入常委会会议议程，或者先交有关的专门委员会审议、提出报告，再决定列入常委会会议议程
│ │ │   └─ 常委会成员10人以上联名提出的法律案，由委员长会议决定是否列入常委会会议议程
│ │ ├─ 表决　宪法修正案由全国人大代表的2/3以上的多数表决通过，其他法律案只需过半数
│ │ └─ 公布　宪法修正案以全国人大公告的形式，由全国人大主席团公布；法律案以主席令的形式公布
│ ├─ 全国人大常委会解释、审查和监督规范性文件的权力
│ │ ├─ 法律解释
│ │ │ ├─ 国务院、中央军委、国家监察委、最高法、最高检和全国人大各专委会以及省级人大常委会可以向全国人大常委会提出解释法律的要求
│ │ │ └─ 全国人大常委会的法律解释同法律具有同等效力
│ │ ├─ 法规审查　国务院、中央军委、国家监察委、最高法、最高检和各省、自治区、直辖市的人大常委会认为行政法规、地方性法规、自治条例和单行条例同宪法或者法律相抵触的，可以向全国人大常委会书面提出进行审查的要求
│ │ └─ 司法解释　最高法、最高检的司法解释，应当自公布之日起30日内报全国人大常委会备案
│ └─ 规范性法律文件的效力位阶及其冲突裁决

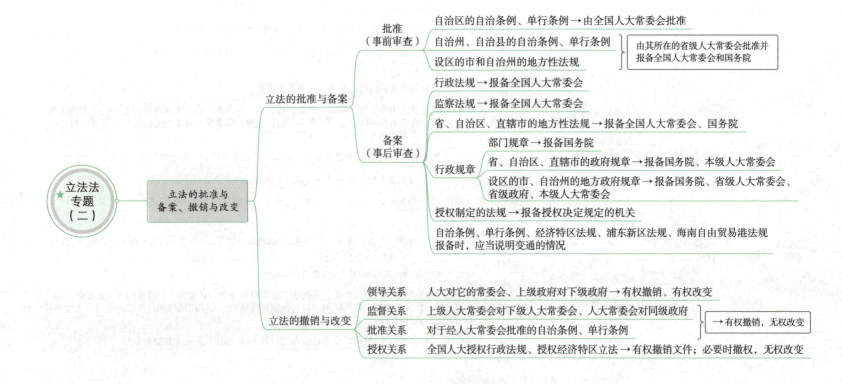

立法法专题（二）

立法的批准与备案、撤销与改变

立法的批准与备案

批准（事前审查）
- 自治区的自治条例、单行条例 → 由全国人大常委会批准
- 自治州、自治县的自治条例、单行条例
- 设区的市和自治州的地方性法规
} 由其所在的省级人大常委会批准并报备全国人大常委会和国务院

备案（事后审查）
- 行政法规 → 报备全国人大常委会
- 监察法规 → 报备全国人大常委会
- 省、自治区、直辖市的地方性法规 → 报备全国人大常委会、国务院
- 行政规章
  - 部门规章 → 报备国务院
  - 省、自治区、直辖市的政府规章 → 报备国务院、本级人大常委会
  - 设区的市、自治州的地方政府规章 → 报备国务院、省级人大常委会、省级政府、本级人大常委会
- 授权制定的法规 → 报备授权决定规定的机关
- 自治条例、单行条例、经济特区法规、浦东新区法规、海南自由贸易港法规报备时，应当说明变通的情况

立法的撤销与改变
- 领导关系　人大对它的常委会、上级政府对下级政府 → 有权撤销、有权改变
- 监督关系　上级人大常委会对下级人大常委会、人大常委会对同级政府
- 批准关系　对于经人大常委会批准的自治条例、单行条例
} → 有权撤销，无权改变
- 授权关系　全国人大授权行政法规、授权经济特区立法 → 有权撤销文件；必要时撤权，无权改变

司法制度和法律职业道德（一）

司法制度和法律职业道德概述（1）

司法特征

- 独立性　司法机关只服从于法律，不受上级机关和行政机关的干涉
- 被动性　不告不理
- 交涉性　整个过程离不开多方利益主体的诉讼参与
- 程序性　司法机关处理案件必须依据相应的程序法规定
- 普遍性　司法不仅具有形式上的普遍性，在实质意义上，司法可以解决其他机关所不能解决的一切纠纷
- 终极性　司法是解决纠纷、处理冲突的最后环节

司法功能

- 应然功能 VS 实然功能
- 直接功能 VS 间接功能

司法公正

- 司法活动的合法性　每一具体环节和步骤都要按照规定的权限和程序进行
- 司法人员的中立性
- 司法活动的公开性　诉讼程序的每一个阶段和步骤都应当以当事人和社会公众看得见的方式进行
- 当事人地位的平等性　当事人享有平等的诉讼权利；法院平等地保护当事人诉讼权利的行使
- 司法程序的参与性
- 司法结果的正确性

★ **司法人员的廉洁性**

- 不得泄露司法机关办案工作秘密或者其他依法依规不得泄露的情况
- 不得为当事人推荐、介绍诉讼代理人、辩护人，或者为律师、中介组织介绍案件，不得要求、建议或者暗示当事人更换符合代理条件的律师
- 不得接受当事人、律师、特殊关系人、中介组织请客送礼或者其他利益
- 不得向当事人、律师、特殊关系人、中介组织借款、租借房屋，借用交通工具、通讯工具或者其他物品
- 不得在委托评估、拍卖等活动中徇私舞弊，不得与相关中介组织和人员恶意串通、弄虚作假、违规操作等
- 司法人员不得与当事人、律师、特殊关系人、中介组织有其他不正当接触交往行为

司法效率　公正优先，兼顾效率

★ **审判独立与检察独立**

- 国家的审判权和检察权只能分别由法院和检察院依法统一行使，其他机关、团体或个人无权行使这项权力
- 司法机关依照法律独立行使职权，不受行政机关、社会团体和个人的干涉（但仍然受党的领导与权力机关的监督）
- 司法机关在司法活动中必须依照法律规定，正确地适用法律

> 司法权归属于且仅归属于司法机关，司法权不得分割行使，排除其他机关行使具有司法性质的权力，也不允许在司法机关之外另设特别法庭

法律职业　主要是指律师、法官、检察官、公证员、法律顾问、法律类仲裁员及从事行政处罚决定法制审核、行政复议、行政裁决的人员，还包括立法工作者、其他行政执法人员、法学教育研究工作者等

司法制度和法律职业道德（二）

├─ 司法制度和法律职业道德概述（2）── 法律职业道德
│   ├─ 特征：政治性、职业性、实践性、正式性、更高性
│   └─ 基本原则：忠于党、忠于国家、忠于人民、忠于法律；以事实为依据，以法律为准绳；严明纪律，保守秘密；互相尊重，相互配合；恪尽职守，勤勉尽责；清正廉洁，遵纪守法

├─ 审判制度和法官职业道德（1）
│
│   ├─ 我国审判制度的特征
│   │   ├─ 政治性、人民性 ── 法院由国家权力机关产生并受其监督
│   │   ├─ 统一性、单一性
│   │   │   ├─ 只有一套法院系统，不设独立的行政法院
│   │   │   └─ 法院独立行使审判权，而不是合议庭独立审判，更不是法官独立审判
│   │   └─ 民族性、特殊性
│   │
│   ├─ 《法官法》
│   │   ├─ 法官的条件和遴选
│   │   │   ├─ 条件（同检察官）：①中国国籍；②本科以上学历；③从事法律工作满5年（可放宽至4年或3年）；④取得法律职业资格证书
│   │   │   ├─ 禁止条件（同检察官）：①因犯罪受过刑事处罚的；②被开除公职的；③被吊销律师、公证员执业证书或者被仲裁委员会除名的；④其他
│   │   │   └─ 遴选：初任法官基层任职；逐级遴选，最高院和高院可以下两级遴选；违法任命的，任命机关应当撤销该项任命，上级法院应当建议下级法院提请任命机关撤销该项任命
│   │   │
│   │   ├─ 法官的任免
│   │   │   ├─ 一般：院长由人大选举，其他人员由人大常委会任免
│   │   │   ├─ 特殊的中院：省级人大常委会任免
│   │   │   ├─ 兼职禁止：①不得兼任人大常委会的组成人员；②不得兼任行政、监察、检察机关的职务；③不得兼任企业或者其他营利性组织、事业单位的职务；④不得兼任律师、仲裁员和公证员
│   │   │   ├─ 存在夫妻关系、直系血亲关系、三代以内旁系血亲关系以及近姻亲关系的，不得同时担任下列职务：①同一法院的院长、副院长、审判委员会委员、庭长、副庭长；②同一法院的院长、副院长和审判员；③同一审判庭的庭长、副庭长、审判员；④上下相邻两级法院的院长、副院长
│   │   │   └─ 任职回避：法官的配偶、父母、子女有下列情形的，法官应当实行任职回避：①担任该法官任职法院辖区内律所的合伙人或设立人；②在该法官任职法院辖区内以律师身份担任诉讼代理人、辩护人或提供其他有偿法律服务
│   │   │
│   │   └─ 法官的考核、奖励和惩戒
│   │
│   └─ 法官职业道德（同检察官）
│   ├─ 凡是出现"擅自"的，都是不允许的；凡是"不当影响"，都应该避免
│   ├─ 一方面要独立思考、自主判断，另一方面要独立行使审判权，不过问、不干预、不评论；但是法院内部的正常程序管理除外
│   ├─ 可以参加纯学术的研讨会
│   └─ 禁止未审先判；不应该与案件有实质的利益牵涉；司法礼仪要牢记；严格按照既定诉讼规则办事；与媒体的关系：不受有关事实问题报道的影响，不参与媒体评论，可以研究媒体上发表的各种法律意见

司法制度和法律职业道德（三）

- 审判制度和法官职业道德（2）
  - 《关于建立健全禁止法官、检察官与律师不正当接触交往制度机制的意见》
    - ①严禁法官、检察官非因办案需要且未经批准在非工作场所、非工作时间与辩护、代理律师接触；②不得为律师介绍案件，不得向律师、当事人索贿，不得受贿；③非因工作需要或者未经批准，不得擅自参加律所或律师举办的讲座、研讨会；④不得从事其他营利性活动
  - 《关于进一步规范法院、检察院离任人员从事律师职业的意见》
    - ①离任后2年内，不得以律师身份担任诉讼代理人或者辩护人；②终身不得担任原任职法院、检察院办理案件的诉讼代理人或者辩护人，但是作为当事人的监护人或者近亲属除外；③被开除公职的法检工作人员不得在律所从事任何工作；④不得以任何形式充当司法掮客；⑤离任后从事律师相关职业的，应当如实报告从业去向，签署承诺书

- 检察制度和检察官职业道德
  - 检察制度概述
    - 特征
      - 检察长领导本院检察工作，管理本院行政事务 ← 检察委员会和检察长之间不是领导与被领导的关系
      - 最高检领导地方各级检察院和专门检察院的工作，上级检察院领导下级检察院的工作
    - 基本原则
      - 检察权独立行使原则 —— 不受其他行政机关、社会团体和个人的干涉，但是要受到检察一体原则的制约
      - 检察权统一行使原则 / 检察一体化原则
        - 在上下级检察机关和检察官之间存在着上命下从的领导关系
        - 各地和各级检察机关之间有职能协助义务
        - 检察官之间和检察院之间在职务上可以发生相互承继、移转和代理的关系
    - 《人民检察院组织法》
      - 一般职权 —— 检察权作为一种监督权，其性质是建议权而非决定权
      - 检察院的办案组织 —— 1名检察官独任或2名以上检察官组成办案组；检察委员会
      - 人员任免
        - 一般：检察长由本级人大任免，并报上一级检察院检察长提请本级人大常委会批准；其他人员由本级人大常委会任免
        - 特殊分检：由省级人大常委会任免
    - 《检察官法》之检察官遴选
      - 省级检察官遴选委员会 —— 组成人员应当包括地方各级检察院检察官代表、其他从事法律职业的人员和有关方面代表，其中检察官代表不少于1/3
      - 最高检检察官遴选委员会
      - 具体遴选工作
        - 逐级遴选，最高检和省级检察院可以从下两级检察院遴选
        - 上级检察院发现下级检察院检察官的任命违法的，应当要求下级检察院依法提请任命机关撤销该项任命
    - 《人民监督员选任管理办法》
      - 人民监督员属于检察权行使的外部监督制约机制
      - 每个县（市、区）人民监督员名额不少于3名

司法制度和法律职业道德（四）

律师制度和律师职业道德（1）

律师执业的资格条件

- 正常条件：①拥护《宪法》；②通过法考；③律所实习满1年；④品行良好
- 特殊条件：具有高等院校本科以上学历＋在法律服务人员紧缺领域从事专业工作满15年＋有高级职称或同等专业水平＋有专业法律知识＋国务院司法行政部门考核合格
- 禁止条件：①无、限制民事行为能力的；②受过刑事处罚的，但过失犯罪的除外；③被开除公职或者被吊销律师、公证员执业证书的
- 限制条件：①公务员不得兼任执业律师；②律师可以兼任人大常委会组成人员，但任职期间不得从事诉讼代理或辩护业务；③法官离任后2年内，不得以律师身份担任诉讼代理人或者辩护人；④法官离任后不得担任原任职法院受理案件的诉讼代理人或者辩护人，但是作为当事人的监护人或者近亲属除外；⑤律师只能在一个律师事务所执业

申请律师执业证书的程序：向设区的市级或者直辖市的区政府司法行政部门书面申请

律师宣誓制度
- 对象：经司法行政机关许可，首次取得或者重新申请取得律师执业证书的人员
- 形式：在获得执业许可之日起3个月内，分批集中进行宣誓

①执业期间不得以非律师身份从事法律活动；②律师担任各级人大常委会成员的，任职期间不得从事诉讼或者辩护业务；③律师担任人大代表的，则不受此限制，因为人大代表的工作性质是兼职

①可以通过举办或者参加各种形式的专题、专业研讨会，宣传自己的专业特长；②广告不得有损律师形象，不得采用一般商业广告的艺术夸张手段制作；③不得进行歪曲法律和事实或可能使公众对律师产生不合理期望的宣传

律师执业道德和行为规范

律师的辩护、代理意见未被采纳的，不属于虚假承诺

★利益冲突
- 律师在同一案件中为双方当事人担任代理人，或代理与本人或者其近亲属有利益冲突的法律事务的
- 律师办理诉讼或者非诉讼业务，其近亲属是对方当事人的法定代表人或者代理人的
- 曾经亲自处理或者审理过某一事项或者案件的行政机关工作人员、审判人员、检察人员、仲裁员，成为律师后办理该事项或者案件的
- 同一律师事务所的不同律师同时担任同一刑事案件的被害人的代理人和犯罪嫌疑人、被告人的辩护人的，但在该县区域内只有一家律师事务所且事先征得当事人同意的除外
- 在民事诉讼、行政诉讼、仲裁案件中，同一律师事务所的不同律师同时担任争议双方当事人的代理人，或者本所或其工作人员为一方当事人，本所其他律师担任对方当事人的代理人的
- 在非诉讼业务中，除各方当事人共同委托外，同一律师事务所的律师同时担任彼此有利害关系的各方当事人的代理人的
- 在委托关系终止后，同一律师事务所或同一律师在同一案件后续审理或者处理中又接受对方当事人委托的

司法制度和法律职业道德（五）

律师制度和律师职业道德（2）

律师事务所的概述与设立、终止

概述　律师事务所不得从事法律服务以外的经营活动；合伙律师事务所的名称，可以使用设立人的姓名连缀或者姓氏连缀作字号；应将委托人财产、律师财产、律所财产严格分离

设立　①有自己的名称、住所和章程；②有符合《律师法》规定的律师；③设立人应当是具有一定的执业经历，且3年内未受过停止执业处罚的律师；④有符合国务院司法行政部门规定数额的资产

终止　①不能保持法定设立条件，经限期整改仍不符合条件的；②律师事务所执业证书被依法吊销的；③自行决定解散的；④法律、行政法规规定应当终止的其他情形（律师事务所终止的，由颁发执业证书的部门注销该律师事务所的执业证书）

★ 法律援助办法

刑事案件
- 可以申请　经济困难
- 无需进行经济审查　智障一二级，共犯被落下，检方来抗诉，影响很重大
- 指定辩护　盲聋哑、半疯傻，无期、死刑，未长大，强制医疗，缺席审判

民事、行政案件
- 可以申请　国赔、保救、抚，三养、劳关报，无限人身损害，其他、环境、生态
- 无需进行经济审查　英烈、再审、见义，虐待、家暴、遗弃

《法律援助值班律师工作办法》

公证制度和公证员职业道德

我国公证制度的特征

公证是一种特殊的证明活动
- 公证职能只能由依法设立的公证机构统一行使
- 公证的对象是没有争议的民事法律行为、有法律意义的事实和文书；公证的内容是证明公证对象的真实性和合法性
- 经法定程序公证证明的法律事实和文书，法院应当作为认定事实的根据，但是有相反证据足以推翻公证证明的除外
- 公证程序的法定性

公证是一种非诉讼司法活动

概述

公证机构　不以营利为目的，依法独立行使公证职能、承担民事责任的证明机构

公证员
- 禁止任职条件　①无、限制民事行为能力的；②因故意犯罪或者职务过失犯罪受过刑事处罚的；③被开除公职的；④被吊销公证员、律师执业证书的
- 免职　丧、老、病、辞、被吊销，由所在地司法行政部门报省、自治区、直辖市人民政府司法行政机关提请司法部

公证申请
- 申请人可以向当事人住所地、经常居住地、行为地或者事实发生地的公证机构提出；申请涉及不动产的公证事项，应当向不动产所在地的公证机构提出；申请涉及不动产的委托、声明、赠与、遗嘱的公证，可以适用前述规定
- 申请办理遗嘱、生存、收养关系等应当由本人申办的公证事项，不得委托他人办理

公证员职业道德
忠于法律、尽职履责；爱岗敬业、规范服务；加强修养、提高素质；廉洁自律、尊重同行

其他法律职业人员职业道德

- 法律顾问职业道德
- 仲裁员职业道德
  - 独立公正、诚实信用、勤勉高效、保守秘密、尊重同行
  - 我国尚未规定仲裁员的民事责任
- 行政机关中从事行政处罚决定法制审核、行政复议、行政裁决的公务员职业道德

中国法制史（一）

西周

- 法律思想
  - 以德配天，明德慎罚
  - "出礼入刑"的礼刑关系
- ★法制内容
  - 五刑　墨（脸上刺字）；劓（割鼻）；刖（砍脚）；宫（男子去其势，女子幽闭）；大辟（死刑）
  - 刑罚适用原则　区分"眚（过失）""非眚（故意）"；"惟终（惯犯）""非终（偶犯）"
  - 民事法律
    - 契约　买卖契约称"质剂"（大为质，小为剂）；借贷契约称"傅别"
    - 婚姻　一夫一妻；同姓不婚；父母之命，媒妁之言（否则为淫奔）；六礼；七出；三不去（有所娶无所归、与更三年丧、前贫贱后富贵）
    - 继承　嫡长子继承制
  - 司法制度　大小司寇；听讼（民事）；断狱（刑事）；五听；三赦（幼弱、老耄、蠢愚，赦）；三宥（不识、过失、遗忘，减刑）；三刺（讯群臣、讯群吏、讯万民，慎刑）

东周至秦

- 春秋战国
  - 郑国子产铸刑书（中国历史上第一次公布成文法的活动），晋国赵鞅铸刑鼎（中国历史上第二次公布成文法的活动）；打破"刑不可知，则威不可测"的传统
  - 李悝所著的《法经》是中国历史上第一部比较系统的封建成文法典，共六篇：《盗》（侵犯财产）；《贼》（侵犯人身）；《网》和《捕》（诉讼法范围）；《杂》（盗贼之外的其他犯罪，主要为六禁）；《具》（相当于刑法典中的总则部分）
  - 商鞅变法：改法为律，扩充法律内容；以变法实现富国强兵的终极目的；行剥夺旧贵族特权之法；全面贯彻以法治国和明法重刑的主张；实行连坐
- 秦律
  - 罪名
    - 危害皇权（谋反；泄露机密；偶语诗书、以古非今；诅咒、诽谤；妄言、妖言；非所宜言；投书；不行君令）
    - 侵犯财产（盗；贼杀、伤人、斗伤、斗杀）
    - 渎职（见知不举、不直、纵囚、失刑）
    - 妨害管理秩序（违令卖酒；逋事、乏徭；逃避赋税）
    - 破坏婚姻家庭（夫殴妻、夫通奸、妻私逃；擅杀子、子不孝、子女控告父母、卑幼殴尊长、乱伦）
  - 刑罚
    - 笞刑（针对轻微犯罪或作为减刑后的刑罚）
    - 徒刑：城旦舂（男犯筑城，女犯舂米）；鬼薪（男犯为祭祀砍柴）、白粲（女犯为祭祀择米）；隶臣妾（罚为官奴，男称隶臣，女称隶妾）；司寇（伺察寇盗）；候（发往边地充当斥候，即侦察兵）
    - 流放刑：迁刑和谪刑（适用于犯罪的官吏）
    - 肉刑：黥（或墨）、劓、刖（或斩趾）、宫
    - 死刑：弃市、戮、腰斩、车裂、枭首、族刑、具五刑
    - 羞辱刑：髡、耐
    - 赀赎刑：罚金
    - 株连刑

    > 前五类相当于现代的主刑，后三类相当于现代的附加刑
  - ★刑罚适用原则　刑事责任能力以身高（六尺五寸）为标准；区分故意（端）与过失（不端）；盗窃按赃值分三等（110钱、220钱、660钱）定罪；共犯和集团犯罪（5人以上）加重处罚；累犯加重；教唆犯加重；自首减轻；诬告反坐原则

中国法制史（二）

├─ 两汉至隋唐（1）
│
├─ 汉代
│ ├─ 汉文帝：黥刑改为髡钳城旦春（去发，颈部系铁圈，服苦役5年）；劓刑改为笞三百；斩左趾改为笞五百，斩右趾改为弃市（死刑）
│ ├─ 汉景帝：笞三百改为笞二百；笞五百改为笞三百　颁布《箠令》
│ ├─ 文帝、景帝废肉刑　导火索：缇萦上书
│ ├─ 法律思想
│ │ ├─ 上请　请示皇帝减免特权人物的刑罚
│ │ ├─ 恤刑　衿老恤幼
│ │ └─ 亲亲得相首匿　汉宣帝时期确立：卑幼首匿尊长的犯罪行为，一概不追究刑事责任；尊长首匿卑幼的犯罪行为，若卑幼罪不至死则不负责任，若卑幼罪应处死则上请皇帝宽贷
│ ├─ 诉讼制度与汉律儒家化
│ │ ├─《春秋》决狱，以"论心定罪"为原则
│ │ └─ 秋冬行刑
│ └─ 司法机关
│   ├─ 皇帝掌握最高审判权；廷尉是中央司法机关的长官，审理全国案件，其职责是审理皇帝交办的案件，即诏狱，同时也有权审理各地上报的重大疑难案件
│   ├─ 地方上行政兼理司法，郡县分设郡守、县令，基层设乡里组织，负责本地治安与调解工作
│   └─ 御史制度，汉代设御史大夫（西汉）、御史中丞（东汉），负责法律监督（西汉武帝设司隶校尉，监督中央百官与京师地方司法官吏；设刺史，专司各地行政与法律监督之职）
│
└─ 魏晋南北朝
   ├─ 法律形式、法典结构和内容上的变化
   │ ├─ 形成了律、令、科、比、格、式相互为用的格局
   │ ├─ ★《魏律》又称《曹魏律》，共18篇，将《法经》中的"具律"改为"刑名"，置于律首；《晋律》又称《泰始律》，共20篇，在《魏律》的"刑名"后增加"法例"；《北齐律》共12篇，将"刑名"与"法例"合为"名例"，精炼刑法分则为11篇，是魏晋南北朝时期最高水准的法典
   │ └─ 八议、官当、准五服以制罪、重罪十条、刑罚制度改革、死刑复奏制度
   ├─ 司法制度
   │ ├─ 北齐正式设大理寺，由尚书台中的三公曹与二千石曹执掌司法审判，同时掌狱政
   │ ├─ 皇帝直接参与司法审判
   │ ├─ 直诉制形成于西晋，此后历代相承
   │ ├─ 曹魏改汉代上诉之制，简化程序，晋律允许上诉，北魏允许冤案再诉
   │ ├─ 死刑复核制形成
   │ └─ 加强自上而下的审判监督
   └─ 御史台对司法的监督
      ├─ 御史台自少府独立而出，成为皇帝直接掌握的独立监察机关；曹魏取消了地方监察机关，改由中央御史出巡
      └─ 曹魏、西晋沿用东汉司隶校尉，与御史中丞分掌监察事务；东晋废司隶校尉，其行政权归扬州刺史，监察权归御史台

中国法制史（三） ─◁ 两汉至隋唐（2） ── 隋唐

基本法典

《开皇律》的特点
- 定封建五刑（笞、杖、徒、流、死），史称新五刑，从法典律文上结束肉刑
- 承袭"八议"，规定"例减"（特权人物非十恶，则例减一等）；规定"赎刑"（使以钱财抵刑罚的做法被制度化、法律化）；袭用"官当"，并增加区分公罪、私罪的标准
- 增减"重罪十条"而成"十恶"，置于律之首篇"名例律"；但唐律明确规定犯"十恶"者，不享有议、请、减、赎、官当等减刑特权，而且不允许被赦免，也不适用自首

《武德律》 唐代首部法典

《贞观律》 较大修改：增设加役流；缩小连坐处死的范围；确定了五刑、十恶、八议以及类推等原则和制度

《唐律疏议》 标志着中国古代立法达到了最高水平

唐律的发展
- 礼法合一、礼律合一
- 科条简要、宽简适中，立法技术完善，是法典楷模和中华法系形成的标志

★ **十恶、六杀、六赃、保辜**

十恶 谋反、谋大逆、谋叛、恶逆、不道、大不敬、不孝、不睦、不义、内乱；凡犯十恶者，不适用八议、自首等规定，且为常赦所不原

六杀 谋杀、故杀、斗杀、误杀、戏杀、过失杀

六赃 适用于官员的有受财枉法、受财不枉法、受所监临；适用于平民的有强盗、窃盗；两者皆适用的是坐赃

保辜 针对伤人罪，对伤害结果不是立即显露的伤人行为设"辜限"，人死于辜限之内以故意杀人罪论，人死于辜限之外以故意伤害罪论；辜限之长短，辜限之远近，取决于伤人方式之重轻

唐律中的刑罚原则
- 区分公罪与私罪原则 公罪从轻，私罪从重
- 自首原则
- 化外人原则 诸化外人，同类自相犯者，各依本俗法；异类相犯者，以法律论

唐律与中华法系 礼法合一；科条简要、宽简适中；立法技术完善；中国传统法典的楷模与中华法系形成的标志

司法制度

中央三法司 大理寺（中央司法审判机关）、刑部（中央司法行政及复核机关）、御史台（中央监察机构）；三司推事、都堂集议

地方司法机关 唐代州县行政兼理司法，均设佐史协理。县以下的乡官、里正有责任纠举犯罪，调解、处理轻微犯罪与民事案件，并将结果呈报上级

诉讼制度

刑讯 必先以情，审察辞理，反复参验，犹未能决，事须拷问者，立案同判，然后拷讯；同时规定人赃俱获，经拷讯仍拒不认罪的，也可"据状断之"；若拷讯数满，被拷者仍不承认的，应当反拷告状之人，以查明有无诬告等情形；禁止对特权人物和老幼废疾拷讯，只能据"众证定罪"

司法官回避 《唐六典》第一次以法典的形式肯定了司法官的回避制度

中国法制史（四） ── 宋元明清（1） ── 宋

《宋刑统》与编敕
- 《宋刑统》继承和发展了《唐律疏议》，其篇目、内容大体同于《唐律疏议》，篇下分门，采用律令合编的法典结构，删去历史渊源部分，亦有避讳改字，是一部具有统括性和综合性的法典
- 编敕起源于宋太祖的《建隆编敕》

宋代刑罚的变化
- 折杖法：将笞杖徒流刑折合成杖刑，使"流罪得免远徒，徒罪得免役年，笞杖得减决数"，但折杖法对反逆、强盗等重罪不予适用
- 配役：源于隋唐的流配刑，其中最严酷者为刺配，系刺面、杖脊、配流之集合
- 凌迟刑：始于五代时的西辽，仁宗时首开凌迟刑的先例，神宗熙宁以后成为常刑，至南宋《庆元条法事类》正式成为法定死刑

★契约、婚姻与继承
- 契约：绝卖（一般买卖）、活卖（典卖）、赊卖（类似预付方式）
- 婚姻：离婚 ── "七出与三不去"；义绝，即由官府审断，强制离婚
- 继承：
  ①遗产兄弟均分制，允许在室女享受部分财产继承权，承认遗腹子与亲生子享有同样的继承权
  ②"户绝"的立继方式（凡夫亡而妻在，立继从妻，称为"立继"；凡夫妻俱亡，立继从其尊长亲属，称为"命继"）
  ③继子与户绝之女均享有继承权，但只有在室女的，在室女得3/4，继子得1/4；只有出嫁女的，出嫁女、继子、官府各得1/3

司法制度
- 中央三法司沿袭唐制，但刑部机构设置略有变化，宋代刑部负责大理寺详断的全国死刑已决案件的复核及官员叙复、昭雪等事宜
- 御史台和谏院合二为一
- 地方州县行政兼理司法；司法派出机构
- 翻异别勘：又分为差官别推和移司别推；犯人否认其口供，且所翻情节实碍重罪时，案件改由同级的另一法官或另一司法机关审理

中国法制史（五） —— 宋元明清（2） —— 明至清中期

律例与大诰
- 《大明律》的体例改为名例、吏、户、礼、兵、刑、工七篇
- 《明大诰》是重典治世的集中体现
- 乾隆元年重新修订《大清律例》，其体例、结构、篇目大致同于《大明律》，仅增其"附则"；《大清律例》是中国历史上最后一部封建成文法典，系集大成者
- 《大清会典》　清廷效仿《明会典》编定《清会典》，遵循"以典为纲，以则例为目"的原则，典、例分别编辑遂成固定体例
- 条例专指刑事单行法规；则例是指某一行政部门或某项专门事务方面的单行法规汇编；事例是指皇帝就某项事务发布的上谕或经皇帝批准的政府部门提出的建议；成例也称定例，是指经过整理编订的事例，是一项单行法规

立法思想与刑罚原则
- 明刑弼教
- 刑罚从重从新；重其所重，轻其所轻

罪名与刑罚
- "奸党"罪，为朱元璋创设，无确定内容
- 充军刑：强迫犯人到边远地区服苦役；廷杖：廷杖系法外用刑

司法机关
- 中央司法机关为刑部（主要审判机关）、大理寺（中央司法复核机关）、都察院（中央监察机构）　〔注意刑部、大理寺的职能和唐宋时期相反〕
- 地方司法机关
  - 明　设省、府、县三级
  - 清　设督抚、省按察司、府、县四级

管辖制度
- 在交叉案件的管辖上，继承了唐律"以轻就重、以少就多、以后就先"的原则；被告原则；一体约问

司法制度
- 厂卫：特务司法机关　锦衣卫：刑狱、缉察逮捕；锦衣卫下设南、北镇抚司，北镇抚司专理诏狱
- 三司会审（明清时期重大疑难案件由刑部、大理寺、都察院三法司共同会审）
- 会审制度
  - 明
    - 九卿会审，又称圆审（凡是地方上报的重大疑难案件，罪犯经过二审后仍不服判决者，则由六部尚书、大理寺卿、左都御史、通政使九卿联合审判，最后报奏皇帝裁决）
    - 朝审（朝廷官员会审在押重囚的司法制度）
    - 大审
  - ★清
    - 秋审（审理全国各地方上报的斩监候、绞监候案件）
    - 朝审（审理刑部判决的重案及对京师附近绞监候、斩监候案件进行的复审）　〔情实、缓决、可矜、留养承祀〕
    - 热审（对发生在京师的笞杖刑案件进行重审）

中国法制史（六） ──○ 清末民国

├─ 清末
│ ├─ "预备立宪"
│ │ ├─《钦定宪法大纲》是中国近代历史上第一个宪法性文件；给皇权专制制度披上"宪法"的外衣
│ │ ├─"十九信条"在形式上被迫缩小了皇帝的权力，但仍然强调皇权至上
│ │ └─谘议局是清末预备立宪的地方咨询机关；资政院是清末预备立宪的中央咨询机关
│ ├─ 清末修律的主要内容
│ │ ├─《大清现行刑律》是在《大清律例》基础上稍加修改的一部过渡性法典；改律名为"刑律"；取消了六律总目，将法典各条按性质分隶30门；对纯属民事性质的条款不再科刑；废除了一些残酷的刑罚手段，增加了一些新的罪名
│ │ ├─《大清新刑律》是中国历史上第一部近代意义上的专门刑法典，并未正式施行
│ │ ├─《大清民律草案》的基本思想格局是"中学为体，西学为用"
│ │ └─诉讼法律与法院编制法 ──《大清刑事诉讼律草案》《大清民事诉讼律草案》《大理院编制法》《各级审判厅试办章程》《法院编制法》
│ └─ 司法体制的变化
│   ├─司法机构改革 ── 改刑部为法部，掌司法行政，改大理寺为大理院，为最高审判机关；实行检审合署制
│   ├─实行四级三审制
│   ├─领事裁判权、观审
│   └─会审公廨 ── 凡涉及外国人之间、中国人与外国人之间，甚至租界内纯属中国人之间的诉讼，均由外国领事观审并操纵判决
│
└─ 民国
   ├─ 民国初期
   ├─ 南京临时政府
   │ ├─★《修正中华民国临时政府组织大纲》是中华民国第一部全国性的临时宪法文件；《中华民国临时约法》具有中华民国临时宪法的性质，具有与宪法同等的效力，是中国历史上第一部资产阶级共和国性质的宪法文件
   │ └─司法制度
   │   ├─中央设"临时中央裁判所"作为全国最高审判机关；审检合署，各级地方审判厅内设同级检察厅；法官独立审判，不受上级官厅干涉
   │   ├─废除刑讯体罚
   │   └─采用律师制度
   ├─ 北京政府
   │ ├─★制宪活动
   │ │ ├─"天坛宪草（1913）"即《中华民国宪法（草案）》：北洋政府时期的第一部宪法草案
   │ │ ├─"袁记约法（1914）"即《中华民国约法》：以根本法的形式彻底否定了《中华民国临时约法》确立的民主共和制度，代之以个人独裁，是军阀专制全面确立的标志
   │ │ └─"贿选宪法（1923）"即《中华民国宪法》：中国近代史上首部正式颁行的宪法；以资产阶级民主自由掩盖军阀独裁
   │ └─司法制度
   │   ├─司法机关 ── 大理院是最高审判机关；平政院主管行政诉讼
   │   └─诉讼审判 ── 运用判例和解释例、四级三审制、县知事兼理司法、军事审判取代普通审判、承认领事裁判权
   └─ 南京国民政府
      ├─六法全书
      └─司法制度

《中华苏维埃共和国宪法大纲》　　对人民民主专政的基本问题作出了明确规定

《陕甘宁边区施政纲领》　　保障抗战、加强团结、健全民主制度、发展经济、普及文化教育

★《陕甘宁边区宪法原则》
- 陕甘宁边区第三届参议会通过
- 采取人民代表会议的政权组织形式，以保证人民管理政权机关
- 确立边区的人民司法原则和经济文化政策

马锡五审判方式　　巡回审判、依靠群众、深入农村调查研究、审判与调解相结合

中国法制史（七）

中国共产党民主政权宪法性文件与审判制度

工农民主政权的司法制度
- 否定了南京国民政府形式上三权分立的原则，实行各级司法机构受同级政府领导的体制（政审合一）
- 审检合一：检察机关附设于审判机关内，独立行使检察权；各级检察员受同级审判机关负责人领导，其职责是预审、起诉等工作
- 审判权和司法行政权在中央采"分立制"，在地方采"合一制"

抗日民主政权的司法制度
- 高等法院是陕甘宁边区最高司法机关，负责边区审判及司法行政工作；各分区设边区高等法院分庭，作为高等法院的派出机关，受理不服各县司法处一审判决要求上诉的民刑案件

解放区人民的司法制度
- 各解放区均设立大行政区、省、县三级司法机关，称"人民法院"
- 设立负责审理与土地改革有关案件的人民法庭

图书在版编目（ＣＩＰ）数据

思维导图 / 厚大法考组编. -- 北京：中国政法大学出版社，2025. 4.
ISBN 978-7-5764-2049-4

Ⅰ. D920.4

中国国家版本馆 CIP 数据核字第 2025PS9039 号

出　版　者　　中国政法大学出版社

地　　　址　　北京市海淀区西土城路 25 号

邮寄地址　　北京 100088 信箱 8034 分箱　邮编 100088

网　　　址　　http://www.cuplpress.com（网络实名：中国政法大学出版社）

电　　　话　　010-58908285(总编室) 58908433（编辑部）58908334(邮购部)

承　　　印　　河北翔驰润达印务有限公司

开　　　本　　787mm×1092mm　1/16

印　　　张　　21.5

字　　　数　　530 千字

版　　　次　　2025 年 4 月第 1 版

印　　　次　　2025 年 4 月第 1 次印刷

定　　　价　　69.00 元

2025年百日冲关班·主客一体模式

*开课时间：6月中旬

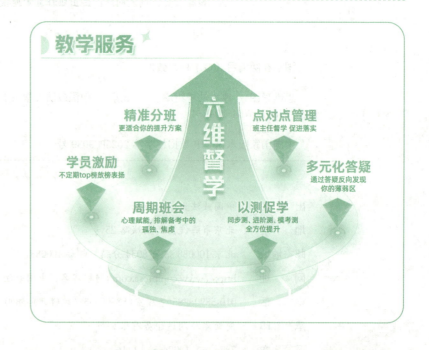

100天你能 收获哪些？

4轮 学习
知识点原理
搞明白记清楚

800道 单科测
学练一体
二次强化掌握度

100天 督学助跑
班主任督学
点对点促进落实

10套 模考卷
必做卷提升卷
帮你提速度

24H 内答疑
群内+平台
不限次数答疑

主客一体模式
扫码购买了解详情

客观题普通模式
扫码购买了解详情